# 우리민족의 대이동

아메리카 인디언은 우리민족이다 멕시코편

「코리」는 아메리카의 우리민족에 관한 책을 만듭니다.
「코리」는 사라져버렸던 우리민족의 위대한 역사를 되찾아 전 세계에 알립니다.

이 책의 내용은 세계 최초로 우리민족의 아메리카 대이동을 밝히고 있습니다.
저작권자의 동의 없이, 연구 · 교육 · 비영리적 보도 이외의 목적으로 인용이나 발췌를 금하며, 모든 종류의 복사를 금합니다.

Copyrights© 2014 by Son, Sungtae
All rights reserved including the rights of reproduction in whole or in part in any form.
Printed in Korea.
Derechos reservados del autor sobre toda la obra,
incluyendo su compilación y reproducción total o parcial. Impreso en Corea del Sur.

우리민족의 대이동

아메리카 인디언은 우리민족이다 멕시코편

1판 4쇄 인쇄 | 2024. 10. 01
1판 4쇄 발행 | 2024. 10. 01

지은이 | 손성태
펴낸이 | 윤광민
펴낸곳 | 코리
디자인 | 디자인 디도
전　화 | (02) 6212-9119
팩　스 | (02) 6217-2367
주　소 | (143-724) 서울시 광진구 구의강변로 64, 구의아크로리버 B-1104
등　록 | 2014년 6월 13일, 제2014-43호
이메일 | sonstt@hanmail.net

ISBN 979-11-953077-0-8 03900

ⓒ손성태, 2014

「이 도서의 국립중앙도서관 출판예정도서목록(CIP)은 서지정보유통지원시스템 홈페이지(http://seoji.nl.go.kr)와 국가자료공동목록시스템(http://www.nl.go.kr/kolisnet)에서 이용하실 수 있습니다.(CIP제어번호: CIP2014020316)」

* 초간본의 오자 · 탈자 등이 수정되었습니다.

우리민족의 대이동

아메리카 인디언은 우리민족이다 멕시코편

손성태 지음

여러분은 이런 고대 우리민족의 역사가 이해되십니까?

　인구수가 곧 국력이었던 시대였습니다. 동북아의 역사가 시작된 이래 우리 선조들은 북방 민족들 가운데 가장 인구수가 많았던 민족이었고, 그 힘을 바탕으로 동북아에서 가장 비옥한 만주대평원을 비롯하여 가장 넓은 땅을 차지하여 살았던 북방의 강자였습니다. 거란족이나 숙신족은 우리민족에게 밀려 주변의 작고 척박하며 추운 지역에 살았습니다. 이런 상황은 기원후 3세기까지도 지속되었습니다.

　그런데 10세기경에는 모든 것이 돌변해 있었습니다. 동북아 역사에 이해할 수 없는 미스터리가 발생했던 것입니다. 좁고 척박한 땅에 살던 작은 민족 거란과 숙신은 인구가 폭증하여, 먼저 거란족이 만주대평원을 차지하며 요(遼)나라를 건국했고, 그들이 서쪽으로 떠난 뒤 숙신족이 차지하여 금(金)이라는 대제국을 건설한 반면, 우리 선조들은 만주대평원을 잃어버린 채, 한반도 청천강 이남으로 밀려 좁은 땅만 차지한 소수민족으로 돌변했습니다.

우리민족과 거란 · 숙신의 영토 변화

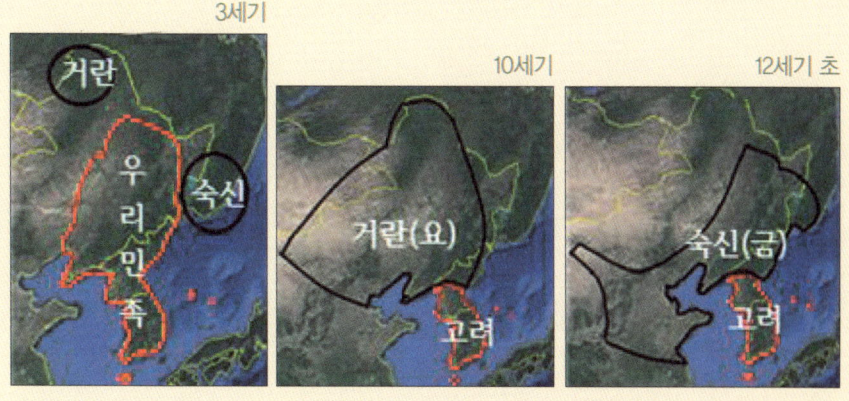

　우리민족의 영토가 왜 이렇게 줄었을까요? 역사에는 진리가 있습니다. 먹고사는 것이 중요했던 그 시대에는, 비옥한 땅을 차지하고 살던 민족이 척박한 땅에 살던 민족보다 인구수에서 더 빠르게 증가하는 것이 진리입니다. 넓고 비옥한 영토를 차지했던 우리민족이 거란이나 숙신에 비하여 인구수가 더 폭발적으로 늘어야 했고, 국력도 몇 배로 늘어야 했으며, 그 힘을 바탕으로 영토도 훨씬 더 넓어졌어야 했습니다. 역사는 그렇게 진행되었어야 했습니다.
　그런데 3세기에서 10세기 사이에 전개된 우리민족의 역사는 정확히 그 반대로 흘렀습니다. 도대체 우리 선조들에게 무슨 일이 벌어졌던 것일까요?

16세기 멕시코 원주민 모습
(우리민족 고유의 갓을 쓰고 한복과 두루마기도 입고 있다)

멕시코 남동부 지역에서 전쟁하는 우리민족
(상투가 눈에 띈다)

위대한 우리 선조님들께 감읍하며…

2006년도쯤 어느 날, 꿈을 꾸었다. 너무나 특별하고 이상한 꿈이었기에 오랫동안 잊혀지지 않았다. 시간이 흘러 그 꿈도 거의 기억하지 못할 때쯤 두 번째 꿈을 꾸었다. 이번엔 더 특별하고 이상한 꿈이었기에 잊어버렸던 첫 번째 꿈마저 기억나게 했다.

2007년 아메리카 인디언 언어를 연구하기 시작했다. 대학교 2학년 시절 우연히 읽었던 책에서 단 한 줄 '아메리카 인디언 언어 구조가 우리말과 비슷하다'라는 문장이 마음속 씨앗이 되어, 30여 년이나 지난 뒤에 비로소 싹이 트기 시작했던 것이다. 미국 애리조나 대학 도서관에서 무심코 집어 펼쳐 본 책에서 '야히 있다(ŋahi-ta)'라는 문장이 '약이 있다(have medicine)'라고 해석되어 있는 것을 발견했다. 충격을 받았다. '약이 있다'라니, 우리말이 틀림없었다. 연이어 펼쳐 본 페이지에서 드러나는 우리말들… 아메리카 인디언들이 우리말을 사용했다는 확신이 드는 순간이었다. 아무도 없는 밤, 서고에 홀로 앉아 울었다. 하염없이 눈물이 흘렀다.

연구를 지속하는 가운데 그 이상한 꿈은 잊을 만하면 계속되었다. 그 꿈과 함께 필자의 연구는 전인미답의 길을 쉼 없이 전진했다. 날마다 쏟아지는 우리 민족의 흔적들 앞에 끊임없이 전율하는 밤낮이 이어졌다. 검은 갓을 쓰고 흰 두루마기를 입은 상투한 노인들의 모습, 색동저고리 한복을 입고 비녀를 꽂은 여인들의 모습, 그리고 방대하게 쏟아지는 고대 순우리말과 갖가지 풍습, 팽이치기니 윷놀이 같은 각종 놀이, 고고학적 유물 그리고 우리말로 표기된 달력과 침술 등등… 거기에 더하여 남북 아메리카 대륙 거의 모든 지역에서 드러나는 우리말로 된 옛 지명들.

"이렇게 많은 증거들이 있는데, 어떻게 왜 지금까지 세상 사람들은 몰랐을까, 전 세계 학자들은 지금까지 도대체 무엇을 하고 있었을까, 이렇게 방대한 흔적을 남기고 수많은 지명들까지 우리말에서 비롯될 정도면 엄청난 숫자의 우리 선조들이 바다를 건너와 정착했다는 이야기인데, 도대체 우리는 지금까지 왜 몰랐을까"

홀로 되새기고 되새기며 밤잠을 설치는 날들이 계속되었다. 누가 우리 선조들이 아메리카로 건너가 인디언이 되었으리라고 상상이나 할 수 있었겠는가! 필자도 이 연구를 시작하기 전엔 꿈도 꾸지 못했다. 그러나 그들의 언어, 문화, 풍습, 유물, 종교, 달력과 의술 등 인간생활 모든 면에서 드러나는 거대한 우리 민족의 흔적, 흔적들. 상황이 예사롭지 않음을 깨닫고 멕시코 고대 문헌 내용을 바탕으로 우리민족 고대사를 연구하기 시작했다. 이렇게 거대한 흔적을 남길 정도로 우리민족이 아메리카로 건너 왔다면 우리 고대사의 어딘가에 사라진 선조들의 흔적이 있어야 하고 이동 루트에도 흔적이 남아 있어야 한다고 생각했다. 그리고 드러나는 정황들, 지금까지 어떤 학자도 눈치채지 못했던 우리 민족 고대사의 어마어마한 미스터리가 한눈에 들어오기 시작했다.

반달형 돌칼이 보였다. 일본학자 이시케 나오미치(石毛直道)가 추수하던 도구라고 설명한 후, 우리나라 학자들이 그대로 받아들이고, 고등학교 역사 교과서에조차 그렇게 되어 있는 설명이 잘못되었음을 알게 되었다. 발해 멸망 원인이 지배집단의 권력투쟁 때문이라고 했던 일본학자 미카미 쓰기오(三上次男), 그리고 그의 설명을 역시 그대로 받아들여 고등학교 역사 교과서에까지 쓰여 있는 설명도 잘못되었음을 알게 되었다. 부여·고구려·발해의 멸망의 근본 원인은 백성들의 이탈 때문이었다. 우리민족은 북쪽으로 대규모 이동하여 오늘날 러시아 캄차카반도에 도착한 후에 알류산열도를 통하여 대규모 민족이동으로 아메리카로 건너갔던 것이다.

기원전에 쓰인 중국 고대 문헌에서조차 우리 선조들이 처음 시작했다고 했지만, 국내 학자들 중에 아무도 우리 선조들의 것이라고 공식적으로 주장하지 못해왔던 침술, 그 침술이 우리민족의 것이라는 증거가 아메리카에 남아 있었다. 역시 중국에서조차 우리 선조들이 처음 만들었다는 달력도, 국내에서는 아직까지 우리 것이라고 주장하지 못해왔는데, 그곳에 우리 것이라는 증거가 있었다. 중국의 「구당서」와 「신당서」에 기록된 우리 선조들의 태양신 신앙, 그것에 대한 방대한 증거들이 쏟아져 나왔다. 이것뿐이겠는가!

최근 우리나라 대표적인 사학자들까지도 '고려시대에 조작된 것이다'라고 주장했던 단군신화 속의 아사달, 그곳이 어딘지를 알 수 있는 단초가 있었고, 우리민족의 정신 '얼'이 나왔으며, 우리민족의 상징 태극도 나왔다. 태극이 어떤 과정으로 생겨났으며, 어떤 의미인지도 보였다. 우리의 뿌리가 어떠했는지 거기에 있었다. 사라져버린 우리민족 고대사의 이야기가 우리민족의 혼 '얼'과 함께 거기에 고스란히 있었다.

우리민족의 역사를 다시 써야 한다는 것을 국민에게 알려야 함을 깨달았고, 전 세계에 세계사와 인류사를 다시 쓰라고 요구해야 함을 알았다. 아메리카로 떠난 위대한 우리 선조들의 원대한 발걸음을 세상에 알리고, 오늘날 남북 아메리카에 퍼져 숱한 국가의 절대 다수 국민을 형성하고 있는 그 후예들에게 그들의 피의 근원이 '코리아'라는 사실을 알려야 하고, 지난 1천 년의 세월 속에서 잃어버렸던 그들을 되찾아 피를 나눈 형제로서의 관계를 회복하여 새로운 천년을 준비해야 할 역사적 숙명이 오늘의 우리에게 있다는 것을 남북 우리민족 모두에게 알려야 할 책임이 이 작은 몸에 있음도 알았다. 아득한 동북아의 역사가 시작된 이래 주변 어느 민족들보다 유달리 뛰어났던 '우에 우에 다들(조상/고대 순우리말)'의 숭고한 뜻이 내게 닿아 있음을 깨달았다.

때로는 높은 산 바위 위에 홀로 서서 바람 속에서 울었고, 저물어 가는 하늘을 바라보며 내일 새롭게 떠오를 찬란한 태양을 상상하며 웃었다. 민족을 돌아보았고, 아득한 시대부터 오늘날까지 면면히 이어져 온 위대한 우리 선조들의 원대한 발걸음을 끊임없이 반추하는 가운데, 앞으로 펼쳐질 영광된 새 천 년의 우리민족 역사가 마음속에 그려지기 시작했다.

그리고…

이 책을 집필하기 시작했다.

이 책은 잃어버린 우리민족 고대사를 되찾게 하고, 세계사와 인류사도 다시 쓰게 할 것이다.

이 책으로 인해 앞으로 전개될 우리민족의 운명도 욱일승천하게 될 것이다.

3판을 출간하면서, 356~357쪽의 '아사달, 해, 잉카, 발조선'에 대한 설명을 '고조선의 위치와 식민사학'으로 교체했습니다.

(필자는 이 책과 다음 책을 영어와 스페인어로 전 세계에 출판할 예정이다.)

2019년 5월
저자

차례

01. 사라져버린 우리민족 16
- 북방의 강자였던 우리민족 / 16   • 사라져버린 우리민족 / 20

02. 멕시코에 나타난 우리민족 26
- 신대륙의 발견과 멕시코의 우리민족 / 26
- 멕시코에 나타난 우리민족의 모습 / 35

03. 멕시코에 나타난 우리민족의 풍습 83
- 육아 풍습 / 83   • 장례 풍습 / 94   • 신앙 풍습 / 107
- 생활 풍습 / 114

04. 멕시코에 나타난 우리민족의 놀이 풍습 148
- 팽이치기 / 148   • 공기놀이 / 149   • 윷놀이 / 151   • 발돌림 / 161
- 두환놀이 / 166   • 공놀이 / 171   • 실뜨기놀이 / 179

05. 멕시코에 남은 우리민족의 유물과 유적 181
- 곡옥 / 181   • 갈판 / 183   • 칠지도 / 185
- 반달형 돌칼 / 187   • 서수형 토기 / 197   • 개인 향로 / 201
- 양머리 뱀 / 203   • 고인돌 / 205   • 성벽의 쐐기돌 / 208
- 악기 / 212   • 태오티와간 / 218

06. 멕시코에 나타난 우리민족의 천문 지식: 달력 228
- 천문학과 첨성대 / 228   • 달력 / 234   • 천문학과 인디언의 근원 / 244

- **07. 멕시코에 나타난 우리민족의 의학지식: 침술** ·········· 246
  - 침술 / 246 • 침술은 우리 선조들이 창안했다 / 254

- **08. 멕시코 국명과 우리민족의 고대 신앙 풍습** ·········· 258
  - 멕시코 국명의 역사적 유래 / 258
  - 보투리니 고문헌에 나타난 우리 선조들의 신앙적 풍습 / 280
  - 태자귀-들(소쩍새) / 287 • 인신공양과 우리민족 / 308

- **09. 멕시코 자료를 바탕으로 한 우리민족 고대사 해석** ·········· 310
  - 단군왕검과 동명성왕의 호칭 문제 / 310 • 이사금과 임금의 뜻 / 319
  - 우리 선조들의 지명 및 종족 명칭의 표현 방식 / 322 • 다물(多勿) / 325
  - 청산별곡의 미스터리 / 328 • 주격조사 '가'와 '이' / 330

- **10. 아사달(阿斯達)은 어디인가** ·········· 335
  - 멕시코 역사 속의 아스땅 / 335 • 단군신화 속의 아사달 / 340
  - 아사달은 어디인가 / 344

- **11. 부여, 고구려, 발해의 멸망과 그 원인** ·········· 358
  - 부여의 멸망 / 358 • 고구려의 멸망 / 370 • 발해의 건국과 멸망 / 376

- **12. 돌아온 자들** ·········· 386
  - 돌아온 자(1): 혜심 / 387 • 우리민족과 혜심의 이동루트 / 400
  - 돌아온 자(2): 개미핥기 / 403
  - 돌아온 혜심과 개미핥기 제작자, 그리고 만주 / 406

- **13. 사라져버린 우리민족의 규모** ·········· 418

- **14. 현대 인류학의 오류와 반성** ·········· 428
  - 빙하기 이동설 / 428 • 동북아시아인들의 아메리카 유래설 / 431

- **15. 멕시코에 나타난 우리말** ·········· 439
  - 민족이란 / 439 • 발음에 관한 선행 지식 / 440 • 문명 명칭 / 443
  - 찬몰(Chacmool) / 455 • 술의 명칭 / 459 • 마까기틀 / 460
  - 태호고고 / 462 • 고고호치들 / 471 • 아(A) / 474
  - 좀판들이 / 491 • 달, 따, 땅 / 493 • 과거시제 선어말어미 / 496
  - 문장 전체가 우리말인 예문들 / 499 • 사하군 신부의 기록과 우리말 / 501
  - 아사달 문양: 우리 선조들의 그림문자였다 / 507

- **16. 얼: 멕시코-마야에서 발견된 우리민족의 혼** ·········· 511

우리민족의 대이동

아메리카 인디언은 우리민족이다 　멕시코편

01.
사라져버린 우리민족

> 우리는 우리민족의 역사에 대해 얼마나 알고 있을까?
> 부여의 왕은 왜 스스로 800년 왕조의 문을 닫고 고구려로 가서 신하가 되었는지, 승승장구하던 고구려는 왜 문자왕 이후 뚜렷한 이유도 없이 쇠락해가기 시작했는지, 발해는 왜 전쟁 한 번 제대로 치르지도 못하고 항복하여 사라져버렸는지, 우리는 그 이유를 모른다.

● 북방의 강자였던 우리민족

동북아의 역사가 시작된 이래 우리민족은 동북아에서 가장 비옥하고 살기 좋으며 광대한 만주대평원과 요동[1] 일대를 삶의 주된 터전으로 삼고 살아왔다.

---

1. 요동은 수천 년 동안 고조선의 땅이었다. 고조선은 중국 중원과 북만주 및 한반도를 연결하는 교통의 요지였고, 우리 선조들이 살던 땅 중에 가장 잘 살던 곳이었다. 고조선 사람들은 무역 중개 상인이었고, 그 당시의 가장 중요한 교역품은 말과 짐승 가죽이었다. 그들은 가죽을 북만주와 아무르강 일대에서 사와 가공한 뒤에 중원으로 팔아넘겨 부(富)를 축적했다. 중국 사서(史書)에도 요동을 문피(文皮-종이처럼 사용하던 가죽)의 주산지라고 기록하고 있다. 특히 춘추전국시대, 제나라 관중의 「관자」 규도편에 '조선에서 나는 무늬가죽'라는 말과 '한 장의 표피(호랑이 가죽)라도 천금을 주고 살 수 있다면'이라는 말이 있을 정도로

문자가 없던 우리 선조들은 우리의 역사를 기록으로 남겨두지 못했지만, 중국인들은 비록 자기들의 관점에서 그리고 부족한 자료를 바탕으로 하긴 했지만, 그 시대 우리 선조들의 모습을 알 수 있는 매우 귀중한 자료를 기록해 놓았다. 3세기 후반에 집필된 중국의 「삼국지」위지동이전에 따르면, 3세기에도 만주대평원과 요동은 우리민족의 터전이었다. 만주 북쪽의 길림, 장춘 일대에는 부여가 있었고, 만주 남쪽의 집안 일대에는 고구려가 있었으며, 오랫동안 고조선이 존재했던 요동 일대에는, 비록 중국 한나라 후예인 공손씨가 잠시 지배하고 있었지만, 고조선의 후예들이 살고 있었다.

그 당시 만주·요동 일대에 살던 우리 선조들의 수는 얼마나 되었을까? 「삼국지」위지동이전에 따르면 부여가 8만 호, 고구려가 3만 호라고 기록되어 있다. 그리고 요동의 공손씨 치하에 살던 우리 선조들도 대략 3만 호쯤으로 추정할 수 있다. 요동 지역은 우리민족의 역사가 시작된 이래, 중국 중원과 문물 교류의 핵심 통로로서 문화가 가장 발달된 인구 밀집 지역이었기 때문이다. 기원전 108년 고조선이 패망한 이후, 405년 광개토대왕이 다시 정복하여 고구려의 영토로 회복할 때까지 요동의 통치자는 주로 중국이었지만, 실제 그곳에 살던 사람들은 고조선의 후예였던 우리민족이었다. 그 시대 만주 일대에 살던 우리민족의 분포를 지도에 표시하면 대략 다음과 같다.

고조선의 가죽은 유명했다. 고조선이 기원전 108년 한나라 무제에게 패망당한 후에, 요동은 한나라가 지배했다. 기원후 220년 후한이 망한 후에도 후한의 관료였던 공손씨가 요동을 238년까지 통치했다. 238년 위나라는 관구검을 보내어 요동을 정벌하여 영토로 편입하였다. 280년경 위나라가 망하자 요서와 요동은 대흥안령산맥을 타고 내려와서 위나라의 용병 역할을 하던 선비족과 우리민족이 쟁탈전을 벌이던 영토가 되었고, 마침내 405년 광개토대왕이 선비족(후연)을 물리치고 요동을 고구려 영토로 완전히 회복하였다.

01. 사라져버린 우리민족

3세기 초 만주와 요동 지역의 우리민족 분포도

부여를 건국한 집단은 길림과 장춘 일대에 살던 네 개의 고리족 집단(마가, 우가, 구가, 저가)이었다. 부여 북쪽에는 아무르강을 따라 국가 건설에 참여하지 않은 많은 고리족들이 씨족집단으로 흩어져 살고 있었다.

지도에서 우리 선조들이 살던 만주·요동 일대를 살펴볼 때, 우리가 주목해야 할 흥미로운 부분이 있다. 3세기에 만주 동북부에 우리민족이 아닌 집단이 하나 있었다. 그들은 숙신(肅慎)족으로서, 두만강 북쪽 연해주의 작은 지역에 살던, 근원을 알 수 없던 종족이었다. 그들은 부여-고구려를 건국한 우리 선조 고리족과 언어와 풍습이 완전히 달랐다. 그들은 부모가 죽더라도 그 사체를 담비 잡기 위한 먹잇감으로 이용하던 민족이었다. 수개월간 장례식을 성대하게 치르고도, 이웃들이 이제 그만하라고 말릴 때까지 장례식을 지속했던 우리 선조들과는 너무나 대조적이었다. 「삼국지」위지동이전은 그들의 숫자가 매우 적었고, 3세기 초에는 그 당시 만주 일대에서 가장 강국이었던 부여에 스스로 찾아와서 신하가 되었으며, 매년 무거운 공물을 바쳤다고 기록하고 있다.

魏略曰 其國殷富 自先世以來 未嘗破壞

(위략왈 기국은부 자선세이래 미상파양)

위략왈 그 나라(부여)는 매우 부강하여 선대로부터 일찍이 적에게 파괴된 적이 없었다.

이 기록에 의하면 가구 수 8만 호를 가진 부여는 동북아 역사가 시작된 이래로, 매우 부강하여 다른 민족으로부터 파괴된 적이 없었다. 그리고 동쪽의 숙신족은 강대국 부여에게 스스로 찾아와서 굴복했다고 다음과 같이 기록하고 있다.

自漢已來, 臣屬夫餘 夫餘責其租賦重, 以黃初中叛之 夫餘數伐之, 其人衆雖少

(자한이래 신속부여 부여책기조부중 이황초중반지 부여수벌지 기인중수소)

(숙신은) 한나라 때부터 스스로 찾아와서 부여의 신하가 되었다. 부여는 그들을 꾸짖고 조세를 무겁게 부과했다. 그래서 황초년 중에 그들이 반란을 일으켰고, 부여는 그들을 여러 차례 정벌하였다. 그들의 수는 적었다.

삼국시대의 국력은 인구수에 좌우되었다. 숙신은 적은 인구수로 말미암아 약소국이었고, 8만 호의 부여에 스스로 찾아와서 굴복했다. 당시 큰 나라 부여는 그들을 반갑게 맞이하고 후하게 대접한 것이 아니라, 혼내고 무거운 공물을 바치도록 명령했으며, 그들이 반란을 일으킨 황초년(220~226년)간에는 여러 차례 정벌까지 했다.

　그렇다면 그 시대의 만주·요동 일대에 살던 우리 선조들과 숙신의 인구수는 어느 정도 차이가 났을까? 기본적으로 숙신족은 고구려의 인구수보다 훨씬 적었을 것이다. 그 당시의 고구려는 부여에 강력하게 대응하던 국가였던 반면에 숙신은 스스로 부여에 찾아와 굴복하고 조세를 바쳤다는 정황을 고려해보면, 숙신의 당시 인구수는 고구려에 한참 못 미쳤을 것이다. 그 당시 고구려는 3만 호였다. 그렇다면 아무리 많이 추정해도 숙신족은 2만 호도 되지 않았을 것이다.

　따라서 3세기 초의 만주와 요동 일대의 우리민족의 숫자는, 부여 8만 호, 고구려 3만 호, 그리고 요동 3만 호로 추정하면, 합하여 대략 14만 호가 되고, 숙신은 2만 호로 추정할 수 있다. 만주·요동 일대의 우리민족은 숙신보다 인구수에서 7배나 많은 최대집단으로서, 북방의 강자였던 것이다.

● **사라져버린 우리민족**

　494년, 고구려 문자왕이 할아버지 장수왕을 이어서 왕위에 오른 지 3년째 되던 해 음력 2월, 북만주의 추운 겨울바람 속에서 부여의 마시마 왕은 800년 이어오던 왕조의 문을 스스로 닫고, 오직 가족들만 거느린 채 참담한 심정으로 남쪽 고구려로 내려가서 신하가 되었다. 몇 달만 더 기다리면 따뜻한 봄이련만, 무슨 이유로 그는 추운 북방의 겨울바람 속에서 왕조의 문을 서둘러 닫아야 했을까?

역사는 그 원인이 무엇이었는지 후세에 전하지 않았다. 다만, 왕은 남쪽으로 향해 가족들만 데리고 떠났고, 백성들은 난하(눈강)를 건너 북쪽 아무르강을 향하여 집단으로 떠났다고만 전하고 있을 뿐이다. 왕은 남쪽으로 떠났고 백성은 북쪽으로 떠난 것이다. 북쪽으로 떠난 그들은 잠시 두막루국을 건설하여 살다가, 다시 사라져 버렸다. 당시의 '사라졌다'는 의미는 중국 역사가들의 시야가 미치지 못하는 곳으로 떠났음을 의미한다. 백성들이 왕조를 등지고 북쪽으로 사라져 버렸던 것이다.

그 후 698년, 고구려의 후예 대조영은 북만주 일대를 중심으로 발해를 건국했다. 고구려와 건곤일척의 승부에서 겨우 승리한 당나라는 쇠진한 국력으로, 북쪽 대흥안령 산맥 지역에서 성장하던 돌궐족을 막아야 했고, 서쪽에서 쳐들어오는 토번족도 막아야 했으며, 안으로는 친아들까지 독살하며 권력을 휘두

전성기 발해의 영토

이때 이미 만주대평원은 많은 말갈족들(숙신의 후예)이 들어와 거주하고 있었다.

른 측천무후의 폭정으로 인해 각지에서 반란이 일어나면서, 점차 혼란 속으로 빠져들기 시작했다. 이 틈을 탄 발해는 빠른 속도로 남쪽으로 진격하여, 마침내 8세기 중엽에는 옛 고구려의 전성기에 버금가는 영토를 장악했다.

그런데 역사는 다음과 같이 기록을 남겼다:

"발해는 소수의 고구려인 지배층과 대다수인 말갈족 백성으로 구성된 나라이다."

중국 「구당서」와 「신당서」가 그렇게 기록했고, 일본의 「유취국사」도 그렇게 기록했다. 796년 4월, 영충(永忠)이라는 일본 승려는 당나라로 불교를 공부하러 가던 길에 만주를 지나갔다. 그는 만주 곳곳을 둘러보고 다음과 같은 기록을 남겼다:

"마을마다 백성들은 말갈족(숙신의 후예)이었고, 마을 촌장만 고구려인이었다."

여기서 고구려인이란 고구려 전성기의 모든 백성들, 즉 3세기의 부여·고구려의 백성들과 요동에 살던 고조선의 후예들까지 총칭한 말이었다.

3세기경에는 우리 선조들의 수가 숙신보다 대략 7배나 많았었다. 부여-고구려-발해로 이어지는 500년 동안 우리 선조들에게 도대체 무슨 일이 있었기에, 우리의 7분의 1에 불과했던 숙신족이 8세기에는 만주의 최대집단이 되었고, 우리민족은 소수집단으로 돌변했다고 역사는 전하고 있는 것일까? 어떻게 이런 일이 벌어질 수 있었을까? 전 세계 역사에서 이런 미스터리한 일이 또 있었던가!

고대에는 인구수가 많은 종족이 강자였다. 그들은 넓고 비옥한 땅을 차지했고, 인구수가 적은 종족은 약자로서 좁고 척박한 땅에 살았다. 먹고 살 식량이 중요했던 그 시대에는, 넓고 비옥한 땅에 사는 사람들의 인구수가 빠르게 증가했고 척박한 땅에 살던 사람들은 그만큼 인구 증가도 느렸다. 따라서 만주대평원의 광대하고 비옥한 땅을 차지하고 살았던 우리민족의 인구수가 숙신족에 비하여 세월이 흐를수록 기하급수적으로 폭증해야 했다. 역사는 그렇게 진행되었어야 했다. 그런데 만주의 역사는, 3세기에서 8세기까지의 500년 동안의 만주 역사는 정확하게 그 반대로 흘렀다. 그리고 8세기 말의 만주는 우리민족이 아니라 숙신의 후예 말갈의 땅이 되어 있었다. 만주의 주인공이 바뀌어 있었다고 역사 기록은 전하고 있다.

기록이 잘못되었을까? 그렇지 않다. 우리민족이 대대로 살던 만주대평원에 8세기에는 말갈족이 살고 있었다는 것은 기록이 잘못된 것이라고 우리나라 일부 사가(史家)들이 주장하고 있지만, 그 이후에 전개된 만주 역사는 '기록의 오류'가 아니라는 것을 보여주었다. 흥망성쇠의 인류 역사에는 진리가 있다. 어느 땅에 어떤 민족이 계속 머물러 산다면, 다른 민족에게 정복당하여 잠시 지배받을지라도, 언젠가는 반드시 그 민족 중에서 새로운 왕조가 그 땅에서 반드시 다시 일어나곤 했다. 이것이 역사의 진리이다. 숙신족보다 7배나 많았던 우리민족이 계속 만주에 살고 있었다면, 발해가 멸망한 이후에도 우리민족의 왕조가 어떤 형태로든 그 땅에서 다시 일어났어야 했다. 하지만 발해가 멸망한 10세기 이후, 두 번 다시 우리민족의 왕조가 그 땅에서 일어난 적이 없다. 발해를 마지막으로 우리민족은 만주대평원에서 사라졌고, 만주의 주인은 바뀌어 버렸던 것이다.

우리민족은 만주를 떠났던 것이다. 어디로 갔을까? 동북아 모든 북방 민족들의 역사를 살펴보면, 하나의 공통점이 나타난다. 모든 민족들이 인구가 불어나 점차 강대해지면, 중국 중원을 향하여 남하했다. 동북아 역사에서 최초로 나타난 흉노가 그랬고, 그 이후의 선비, 거란, 숙신(여진족), 몽골, 다시 숙신(만주족)이 그랬다. 그리고 그들은 중국 왕조 역사에 그들이 세운 왕조의 발자취를 남겼다. 선비족은 수(隋)·당(唐)을 건국했고, 거란은 요(遼)를 건국했으며, 숙신은 금(金)과 청(淸)을 건국했고, 몽골족은 대원제국을 건국했다.

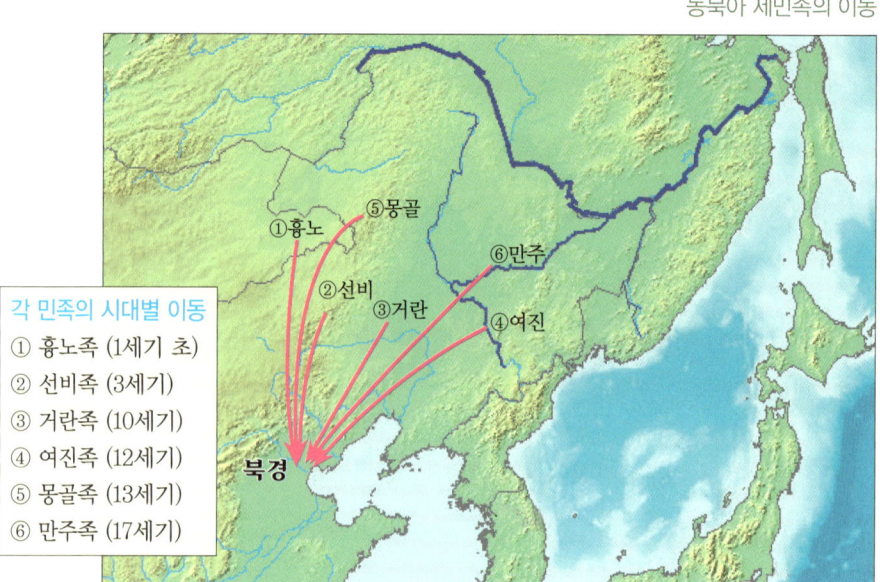

동북아 제민족의 이동

각 민족의 시대별 이동
① 흉노족 (1세기 초)
② 선비족 (3세기)
③ 거란족 (10세기)
④ 여진족 (12세기)
⑤ 몽골족 (13세기)
⑥ 만주족 (17세기)

동북아의 역사가 시작된 이래 만주 최대집단으로 살았던 우리 선조들도 중국 중원으로 남하했을까? 절대로 아니다. 만약 남하했다면, 중국 왕조 역사에 우리 선조들이 세운 왕조가 적어도 하나쯤은 있어야 했다. 그러나 중국 왕조 역사에서는 그런 흔적을 찾아 볼 수 없다.「삼국지」위지동이전에 기록된 부여의 백성들과, 「구당서」·「신당서」에 기록된 요동의 고구려 백성들의 이동 방향은 중원을 향한 남쪽이 아니라 아무르가 있는 북쪽이었다.

우리민족은 북쪽 어디로 사라졌을까? 동북아 역사가 시작된 이래, 가장 넓고 비옥한 만주·요동 일대를 장악하고 살던 북방의 강자들은 도대체 어디로 사라졌기에, 불과 7분의 1밖에 안 되던 변두리의 소수민족 숙신이 8세기에는 요동까지 차지하며 만주대평원의 주인공으로 돌변할 수 있었을까?

그들이 사라진 이후, 남은 우리 선조들은 소수민족으로 급전직하했다. 남은 사람들을 모아서 918년 왕건은 고려를 건국했지만, 이미 우리민족의 수는 너무나 줄어, 소수민족으로서 북방에서 불어오는 모진 바람을 맨몸으로 겪어야 하는 끝없는 시련의 세월이 기다리고 있었다. 거란족의 세 번의 침략, 여진족의 침략, 몽골의 일곱 번의 침략, 왜의 임진왜란, 청나라의 정묘호란과 병자호란 그리고 마침내 나라를 강탈당한 한일합방까지, 언설로 표현하기 어려운 시련을 겪으며, 지난 1천 년의 세월을 견뎌내어야 했다. 그리고 오늘도 동북아의 소수민족으로서의 모진 운명을 짊어지고 살고 있다. 떠난 자들로 인하여 남은 자들의 운명이 결정되어 버렸던 것이다.

만약 그 떠난 자들을 이제 되찾는다면, 남은 자들의 앞으로의 운명은 어떻게 바뀔까? 그 떠난 선조들의 후예들을 되찾아 그들과 손을 잡게 될 날이 온다면, 시련의 1천 년이 끝나고 민족중흥의 새로운 1천 년이 시작되는 것은 아닐까? 하늘의 안배일까, 사라져버렸던 우리민족이 아메리카로 건너갔고 그 후예들이 수많은 나라들을 이루어 살아오고 있다는 사실이 인류역사의 장막을 걷고 그 모습을 드러내기 시작했다.

02. 멕시코에 나타난 우리민족

● **신대륙의 발견과 멕시코의 우리민족**

1492년 스페인의 콜롬부스는 지구를 한 바퀴 돌아서 인도로 가고자 하다가 뜻밖에 신대륙을 발견했다. 중세시대 유럽은 인도에서 오는 향신료에 대한 수요가 매우 컸다. 인도에서 생산되던 향신료는 육로로 오늘날의 이스라엘과 레바논 지역에 도착하면, 이탈리아 베네치아 상인들이 받아, 지중해를 통해 유럽으로 실어 나르곤 했다. 그런데 터어키에서 성장한 이슬람교의 오스만터어키 제국이 이 지역을 점령하면서 향신료의 이동을 가로막자, 기독교의 중세유럽에서 향신료 가격이 급등하여 금신료가 되었고, 유럽의 각국들은 향신료를 구하기 위하여 인도로 갈 수 있는 새로운 길을 찾기 시작했다.

제일 먼저 바닷길을 발견한 것은 포르투갈이었나. 바다를 끼고 있던 포르투갈은 재빨리 뱃길을 찾기 시작했고, 마침내 1487년 바르톨로메 디아스(Bartolomeo Días)가 배를 타고 아프리카 해안을 따라서 남하한 후에, 지금의 남아프리카공화국 희망봉을 돌아 인도로 향하는 뱃길을 발견하는 데 성공했다. 이웃 국가인 스페인도 희망봉을 돌아서 인도로 가고자 했지만, 포르투갈이 항로에 대한 권리를 주장하며 방해를 했다. 이에 콜롬부스는 지구가 둥글다는 뱃사람들의 이야기를 바탕으로, 대서양 서쪽으로 배를 타고 계속가면 지구를 한 바퀴 돌게 되어 인도에 도착할 것이라고 믿어 먼 바다로 나갔다. 그는 바다에서 폭풍우를 만났고, 배는 떠밀려 오늘날의 쿠바 근처 작은 섬들이 있는 곳에 도착했다. 콜롬부스는 비록 폭풍에 떠밀려 도착한 곳이지만 그곳이 인도인 줄 알았다. 그래서 그곳에 사는 원주민들을 오늘날까지 스페인어로 '인디오', 영어로는 '인디언'이라고 부르게 되었고, 그가 도착했던 섬 지역은 '서쪽에 있는 인도'라는 뜻으로 오늘날 서인도제도라고 부르게 되었다.

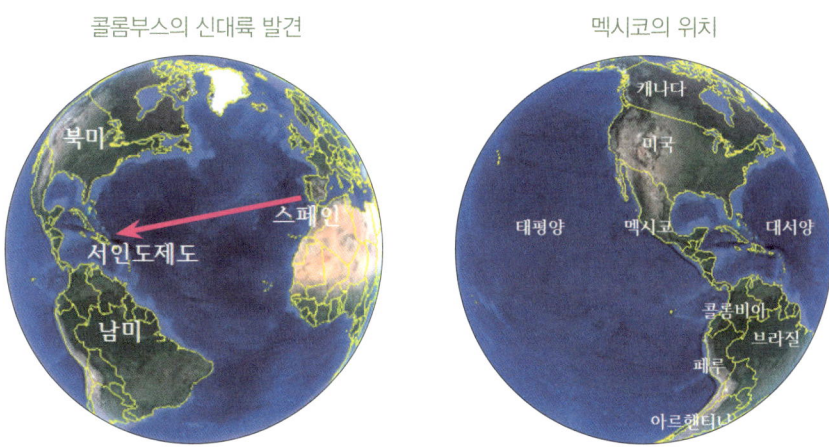

콜롬부스의 신대륙 발견   멕시코의 위치

신대륙을 발견한 지 26년이 지난 어느 날, 스페인 사람들은 지금의 멕시코

---

1. 지구가 둥글다는 것은 15세기 말 유럽의 뱃사람들 사이에서 이미 잘 알려진 사실이었다. 그러나 먼 바다에 나가는 것을 무서워하여, 콜롬부스가 신대륙을 발견하기 전까지 아무도 나가지 않았다. 이탈리아 갈릴레오 갈릴레이가 '지구는 둥글고 돈다'는 주장을 공식적으로 발표한 것은 이보다 무려 100여 년 후의 일이다.

수도인 멕시코시티 지역과 유카탄 반도에 매우 발달된 문명이 있다는 것을 우연히 발견했다. 그 당시 멕시코 지역은 아스태가인들이 중심이 되어 세운 아스태가제국이 지배하고 있었다. 아스태가제국의 수도는 태흐고고(Texcoco)라는 큰 호수 안에 있는 섬이었는데, 30만 평의 규모에 20여 만 명이 살고 있었다. 도시 중심에는 큰 신전이 있었고, 그 주변은 동서남북의 네 구역으로 나누어, 씨족별로 모여 살고 있었다.

아스태가제국의 수도 맥이곳/태노치티땅

아스태가인들은 이곳을 맥이곳(Mexico) 또는 태노치티땅(Tenochtitlán)이라고 불렀다. 맥이곳은 '맥이가 사는 곳'을 뜻하고, 태노치티땅은 '신성한 나의 사람의 땅'이라는 뜻으로, 고대 순우리말이다. 오늘날 멕시코 수도 멕시코시티는 이 도시가 주변을 매립하여 현대적으로 발전한 것이다.

1519년 코르테스(Córtes)가 이끄는 한 무리의 스페인 사람들이 아스태가제국 수도를 향해 갔다. 그들은 태흐고고 호수와 주변의 큰 평원이 내려다보이는 먼 산 위에 올라가, 아스태가제국의 수도 태노치티땅(태노치티뜰란)²을 바라보고 충격을 받았다. 그 당시 유럽에서 가장 발달했던 파리나 런던도 인구 5만여 명 정도에 불과했는데, 이 도시는 그보다 훨씬 더 큰 규모였고, 모든 도로는 직선으로 이어져 바둑판처럼 보이는, 당시 유럽에서도 보기 드문, 매우 발달된 도시였기 때문이었다. 또 멀리서 본 그들의 눈에는 푸른 호수 안에서 도시 전체가 저녁 햇살에 하얗게 빛나고 있어 환상적인 분위기였다. '도시 전체가 하얗게 빛나고 있어서, 전설로 내려오던 은으로 된 도시인 줄 알았다'고 코르테스 일행들은 기록해 놓았다³. 아스태가인들이 흰색을 숭상하여 흰옷을 주로 입었고, 거의 모든 건물을 흰 흙(회)으로 칠해 놓았기 때문에 그렇게 보였던 것이었다.

회칠한 흔적이 남아있는 멕시코 우흐말(Uxmal) 유적

---

2. 오늘날 멕시코인들은 '-티뜰란(titlán)'이라고 말한다. 이 어휘는 원래 '-티땅(titán)'이었다. 이 책에서는 원래의 원주민 말에 따라 '티땅'으로 하겠다.
3. Eduardo Noguera, 「El Horizonte Tolteca Chichimeca」, Ediciones Mexicanas, 1950, p.32.

아스태가 책(보르히아 고문헌)

아스태가인들은 처음 찾아 온 스페인인들에게 매우 친절하고 융숭하게 대접했다. "이 사람들은 매우 친절하고 예의 바르며, 노인을 공경하는 것은 타고난 듯하다"고 스페인인들은 기록했다[4]. 그들은 미개한 원주민이 아니었다. 왕과 큰무당을 중심으로 매우 체계적인 국가조직을 갖추고 있었고, 왕과 큰무당, 귀족과 무당, 상인과 기술자, 평민, 노예로 구분되는 신분제도와 사회조직, 체계적인 교육제도까지 갖추고 있었으며, 정복한 땅에는 왕족을 통치자로 파견하고, 각 지역에서 매년 두 차례 공물을 받았으며, 학교를 세우고, 그들의 역사와 신앙을 그림문자로 기록한 책까지 만들어 아이들에게 가르치고 있었다. 그들도 나무껍질을 으깨어 하얀 종이를 만들어 사용하고 있었던 것이다. 또 때와 절기를 따라서 조상과 신들에게 제사를 올렸으며, 하늘의 별과 태양의 움직임

---

4. Luis Nava Rodríguez, 「Tlaxcala en la Historia」, Editorial Progreso S.A., 1966, p. 39.

을 관찰하는 천문대까지 건설해 놓고 있었다.

　스페인을 비롯한 유럽 국가들은 흥분했다. 신대륙에 사는 사람들이 고도로 발달된 문명을 건설하여 살고 있고, 어떤 분야는 그 당시의 유럽보다 더 높은 지식을 쌓고 있다는 사실에 경악했다. 유럽의 기독교 국가들은 멕시코 인디오(원주민)들이 구약성경에서 사라진 '단'지파의 후예들일지 모른다고 생각했다. 구약성경에는 야곱의 이야기가 있다. 하나님의 사람 야곱은 12명의 아들을 낳았고, 그들이 각 지역으로 퍼져서 인류가 번성했다고 한다. 그런데 12명의 아들 중 '단'의 후손들에 대한 이야기만 나오지 않는다. 성경에서 사라져 버린 것이다. 성경은 그들이 어디로 왜 사라졌는지 단 한 마디도 기록하지 않았고, 기독교의 중세 유럽은 이것이 큰 수수께끼였다. 신대륙이 발견되고 아스태가제국이 발견되었을 때, 유럽 국가들은 드디어 사라져버린 '단'의 후예들을 찾았다고 생각했다. (그러나 곧 단 종족의 후예가 아님을 알았지만, 영국의 킹스버그 남작 같은 경우처럼 19세기까지도 단 종족일 가능성을 연구한 사람도 있다.)

　그 당시, 스페인은 유럽 국가들 중에서도 기독교 신앙이 매우 깊던 나라였다. 전국에 많은 수도원이 널려 있었고, 평생 동안 성경을 중심으로 여러 가지 학문을 연구하던 세계 최고의 학자들이 있었다. 스페인 왕실은 1521년 아스태가제국을 정복한 직후부터 학자이면서 가톨릭 신부였던 그들을 대거 멕시코에 파견하여, 그 원주민들이 어디서 왔으며, 어떤 사람들이며, 무슨 언어를 말하며, 풍속은 어떠한지 등을 조사하여 기록하도록 했다.

　먼저, "너희들은 누구냐"고 물었다. 원주민들은 '우리들은 고리족과 맥이족'

이라고 대답했다[5]. 고리족이 먼저 그곳에 왔고, 맥이족은 나중에 왔다고 했다. (중국 고대 문헌들은 우리민족을 '예맥'족이라고 기록했다. 만주대평원와 아무르강 유역에 살며 부여-고구려를 건국했던 우리 선조들은 고리족이었고, 예족이라고도 불리었다[6]. 요동에 살며 고조선을 건국했던 우리 선조들은 맥족이었다. 맥족은 5세기 이후부터는 '맥이(貊耳)'족이라고 불리었다.)

"너희들은 어디서 왔는가"라고 물었다. 고리족은 태양신을 믿던 고리족 땅에서 왔다고 대답했다. 맥이족은 자기 조상들은 원래 아스땅(Aztlán)에서 살았고, 그래서 자신들을 아스태가(azteca)라고도 부르며, 조상들이 살던 그곳이 어딘지는 모르지만 위가 평평한 피라밋이 있는 곳이라고 대답했다. (우리 선조 고리족은 부여-고구려를 건국했던 사람들로서 태양신을 믿었다. 아스땅은 단군신화에 나오는 아사달(阿斯達)이고, '땅'과 '달'은 같은 말이다. 아사달(阿斯達)의 원래 발음은 '아스따'이다. 만주에는 우리 선조들이 건축한 수만 기의 피라밋이 있는데, 모든 피라밋은 위가 평평하다.)

"너희들은 이곳에 어떻게 왔느냐"고 물었다. 고리족들은 기억이 너무 오래 되어 아무 대답도 못했지만, 그곳에 늦게 온 맥이족은 '아스땅을 떠나서 고리족이 살던 땅을 지나서 어느 곳에 도착한 후에, 많은 섬들이 징검다리처럼 있는 곳을 배를 타고 건너왔다'고 대답했다.

---

5. '고리'라는 명칭은 멕시코에서 '골화(Colhua)'로 나온다. 골화(Colhua)는 원래 고리(Coli)라는 말이었다고 멕시코 고대사의 대가 에두어드 젤러(Eduard Seler)가 이미 100년 전에 밝혔다. 보다 자세한 것은 손성태(2009) 논문을 참조하기 바란다. (손성태. '아스텍의 역사 제도 풍습 및 지명에 나타나는 우리말 연구', 「스페인·라틴아메리카 연구」, 제 2권, 2009, pp.1-54.)
6. '예'는 우리말 '해'를 한자어 음(音)으로 표기한 단어이다. 중국인들이 부여-고구려인들이 '태양신'을 믿는 것을 보고서, '해'를 믿는다고 하여 '해족'이라고 했고, 그것을 한자어로 옮긴 것이 '예(濊,穢,獩)'이다. 이 어휘들의 중국 고대 발음은 모두 '희/해'였다.

아스카티땅 고문헌: 아스땅에 살 때의 모습과 배 타고 바다를 건너는 모습

무용총의 점박이 무늬 옷

〈아스가티땅 고문헌(Códice de Azcatitlán/하얀사람 땅의 고문헌)〉의 첫 페이지 그림이다. 맥이족의 선조들이 아스땅에 살다가 배를 타고 떠나왔던 역사를 그려놓은 문헌으로서, 16세기 말에 그려진 필사본이고, 현재 프랑스 파리국립도서관에 소장되어 있다.〉

그림 설명: 왼쪽은 아스땅에 살던 맥이족의 모습이다. 위가 평평한 두 개의 피라밋이 있고, 그 위에 신전(神殿)처럼 생긴 건축물이 설치되어 있다. 상투를 맨 사람과 안 맨 사람이 있고, 옷은 점박이 무늬이다. 오른쪽은 배를 타고 아메리카로 건너가는 모습이다. 우리 선조들은, 고구려 고분 벽화(예: 무용총)에서 볼 수 있듯이, 점박이 무늬 옷을 많이 입었다.

02. 멕시코에 나타난 우리민족

"너희들은 무슨 언어를 말하는가"라고 물었다. 원주민들은 그들 언어에 대한 명칭이 따로 없었기에, 그저 '나와 다들이 이렇게 말한다'라고 대답했다. (원주민 언어를 거의 알아듣지 못했던 스페인인들은 '나와 다들이'를 언어 명칭으로 착각했다. 그래서 오늘날 멕시코 원주민 언어를 '나와다들이어(Nahuatlatoli)'라고 하고, 줄여서 '나와들어' 또는 '나와어'라고도 한다.)

"너희들은 언제 이곳으로 왔는가"라고 물었다. 원주민들은 '맥이족은 820년경 아스땅을 떠나서 이곳으로 왔고, 고리족은 그보다 매우 오래전에 왔다'고 대답했다. (년도는 나중에 스페인인들이 아스태가인들의 달력을 서양력으로 해석한 것이다.)

이렇게 원주민의 언어, 역사, 문화에 대해 관심을 갖고 기록하기 시작한 스페인의 조치는 현명했다. 그 후에 아메리카에 온 유럽의 다른 국가들과는 분명히 달랐다. 스페인에 이어서 신대륙에 도착한 나라는 프랑스와 포르투갈이었고, 영국은 거의 100여 년 후에나 도착했다. 프랑스와 영국 같은 유럽 국가들은 원주민들의 언어나 문화에는 관심이 없었고, 오직 원주민들이 쌓아두고 있던 가죽과 그들이 살고 있는 땅의 정복에만 관심이 있었다. 그도 그럴 것이 신대륙에 도착한 초기의 프랑스인이나 영국인들은 학자가 아니라 주로 뱃사람, 짐승 가죽 장사꾼, 해적들과 군인들이었다. 북미에 도착한 백인들이 미국과 캐나다 인디언들의 언어나 문화에 대해 관심을 기울이기 시작한 시기는, 그로부터 수백 년이 지나서부터였다. 원주민들이 이미 백인들의 언어와 풍습에 오랜 시간 깊게 영향을 받아, 그들 고유의 언어와 풍습이 상당히 변질되어버린 18세기 말 또는 19세기 초였고, 그나마 본격적인 연구는 19세기 말부터였다. 오늘날 아메리카 원주민에 대한 뿌리 깊은 연구는 주로 멕시코와 페루를 중심으로 이루어지는 것도 바로 이러한 역사적 배경 때문이다.

원주민의 역사 문화에 적지 않은 관심을 보였던 스페인이었지만 그들 역시 정복자였다. 정복자로서의 스페인 사람들은 아스태가인들이 그림으로 기록하여 보관해 오던 수많은 책들을 불태워버렸고, 여러 가지 풍습도 금지했다. 그림으로 가득한 그 책들이 모두 기독교 신앙을 위배하는 이교도 신앙과 관련된 책이라고 생각했고, 그들의 고유 풍습도 우상(偶像)을 숭배하기 위한 풍습이라고 생각했기 때문이었다. 그럼에도 불구하고, 현명했던 일부 가톨릭 신부들은 자기들이 보고 들은 원주민들의 말과 풍습을 기록하여 오늘날까지 남겨 두었고, 극히 적은 수이지만 원주민들이 직접 그린 책도 살아남았다. 이렇게 남겨진 자료에 다음과 같은 내용이 담겨 있다.

● 멕시코에 나타난 우리민족의 모습

멕시코의 원래 국명은 '맥이고(México)'이다. 이 명칭은 스페인 사람들이 처음 멕시코에 왔을 때, 아스태가제국을 건설하고 살던 사람들이 자신들이 사는 곳을 '맥이곳'이라고 불렀던 말에서 유래했다. 맥이곳은 '맥이가 사는 곳'이라는 뜻이었다. 그들은 국가를 세운다는 것보다 그냥 맥이족이 모여 산다는 생각에서 그렇게 불렀다. 그러나 맥이곳은 신분체계나 관료조직 같은, 고대국가로서의 기본 틀을 다 갖추고 있었다.

신대륙 발견 이후부터 약 300여 년 동안 스페인은 멕시코를 '뉴스페인(Nueva España)'이라고 불렀다. 오늘날 '멕시코'라는 국명은 1821년 스페인 식민지 지배로부터 독립하면서 사용하기 시작한 국명으로, 영어식 발음이고, 멕시코인들은 아직도 '맥이고'라고 말한다. 우리 선조 '맥족'이 5세기부터 '맥이(貊耳)'족이라고 불렸다는 것을 고려할 때, 멕시코는 국명부터 우리에게 특별한 의미로 다가온다.

◆ 남자들의 모습

(1) 상투

우리민족의 상투가 언제 시작되었는지 정확히 알지는 못한다. 다만 기원전 1세기에 편찬된 사마천의 「사기(史記)」 조선편에는 '위만이 상투를 하고 오랑캐 옷을 입었다'고 기록되어 있다. 위만이 고조선을 찾아 온 시기는 기원전 2세기였고, 그가 상투를 한 것은 자신도 조선인이라는 것을 보여주기 위함이었다. (위만은 나중에 고조선의 왕위를 찬탈한 인물이다.) 따라서 그 시기에 우리 선조들은 상투를 이미 했던 것으로 추정된다. 기원전에 편찬된 중국의 「예기(禮記)」 왕제편에는 우리민족에 대하여 피발문신(被髮文身)이라고 기록했다. '머리를 풀어헤치고 몸에 문신을 했다'는 뜻이다. 따라서 우리 선조들은 상투를 하기도 하고 머리를 풀어 헤쳐 다니기도 했던 모양이다. 필자는 이것을, 조선시대처럼, 어른들은 상투를 하고, 젊은이들은 머리를 풀어헤친 것으로 이해하고자 한다.

신대륙을 발견했을 때, 멕시코 원주민들도 상투를 하고 있었다. 상투는 붉은 천이나 끈으로 묶어서 만들었는데, 조선시대 선조들이 사용하던 망건 같은 것이 없어서, 묶은 천이 헐거워지면 뒷머리는 밑으로 쳐지곤 했다. 아래는 아스태가족(맥이족)의 모습이다.

오아하카주에 거주하던 때의 모습　　　맥이곳에 나라를 건설할 때의 모습

왼쪽 그림은 맥이족의 그림 역사서로 알려진 페르난데스 레알 고문헌 (Códice de Fernández Real)에 나오는 한 장면이다. 멕시코 학자들에 따르면, 맥이족이 멕시코 남서부 오아하카 지방에 거주하던 때의 모습으로서, 8세기에서

---

7. 중국인들도 상투와 비슷한 머리 모양을 했다. 진시황릉에서 발굴된 인형들 중에 상투 비슷한 머리 형태를 한 것이 많다. 그러나 이것은 상투라기보다는 뭉친머리이다. 우리민족의 상투와 비교하면 굵고 둥글다. 위치도 정수리가 아니라 약간 비스듬한 위치이다. 조선시대 우리민족의 상투는 정수리 부분의 머리를 잘라내고 주변 머리를 모아 묶었기 때문에 뾰족한 형태였다.

15세기 사이에 그려진 것이라고 한다. 필자가 아스태가족이 이동한 루트를 연구해 본 결과, 그들이 오아하카 지방에 머문 시기는 대략 11세기로 판단된다. 사람의 머리 옆에 그려진 기호는 그들의 이름을 그림으로 표시한 것이다. 독자들은 이들 중에 몇 사람 얼굴에 문신이 그려져 있는 것도 기억해두기 바란다.

오른쪽 그림은 「멘도사 고문헌(Códice de Mendoza)」이라는 그림 역사서의 첫 페이지의 일부로서, 지도자인 무당과 한 족장의 모습이다. 「멘도사 고문헌」은 1535년 멕시코 초대 총독으로 임명된 안토니오 멘도사(Antonio de Mendoza)가 10여 년 전에 멸망한 아스태가제국 수도에 도착한 후에, 원주민 화가를 불러서 "너희들 역사를 그림으로 그리라"고 명령하여 만들어진 책으로, 후세 사가(史家)들이 '멘도사 고문헌'이라고 부른다. 원주민 말로 화가들은 '다기려(Tlacuilo)'라고 불리었다. 우리말 '다 그리다'에 해당하는 말이다. 고대 우리민족은 명사 어휘가 부족하여 동사를 명사처럼 취급하여, 호칭에 많이 사용했다. 대표적인 것으로 친구를 '안다'라고 불렀다.

멘도사 고문헌은 맥이족이 1325년 처음 나라를 어떻게 건설했고, 주변의 어떤 마을과 부족국가를 정복하여 점점 제국으로 발전했으며, 생활 풍습은 어떠했는지 등을 보여주는 그림 역사서이다. 〈별도 페이지의 그림〉에서 보듯이, 9명의 큰 씨족 족장들이 1명의 무당을 둘러싸고 모여 앉아 '신이 약속한 땅'을 발견한 기쁨에 제사를 올리기 위해 모여 있는 모습이다. 9명의 족장들은 모두 상투를 하고 있는데, 머리 위 양쪽으로 삐죽 나온 것은 상투를 묶은 천 자락이다. 가운데 머리를 풀고 앉아있는 사람은 맥이족의 최고 지도자인 무당이다. 그가 최고 지도자라는 것을 표시하는 것은 그의 입 앞에 그려진 '밑으로 휘어진 혀'

맥이족이 태노치티땅에 나라를 건국할 때의 모습

(1535년경 그려진 「멘도사 고문헌」의 첫 페이지)

맥이족이 오랫동안 유랑 생활을 마치고 마침내 1325년 태흐고고 호수 안의 나지막한 섬에 나라를 건설할 때의 모습이다. 처음 나라가 건설될 때에는 아홉 개의 큰 씨족 집안이 중심이 된 연합체 형식이었다. 이 나라가 나중에 왕권이 강화되면서 아스태가제국으로 발전했다. 〈그림〉에는 붉은 천으로 상투를 묶은 아홉 명의 족장들이 지도자인 무당 기질로포치들이 주변에 둘러 앉아 있다. 기질로포치들이는 머리를 풀어헤친 채 스스로 오른쪽 귀를 잘라서 피를 흘리고 있다. 가운데는 그가 꿈에서 보았던 '아침 태양을 향해 날개를 펴고 있는 독수리 한 마리'의 모습이 보인다. 그림 좌우에 있는 연결된 구슬 모양의 동그라미와 각종 기호는 '년도'를 나타내는 그림문자이다.

의 그림이다. 이것은 그가 '말하는 자', 즉 '지시하는 자'라는 뜻이다. 그는 머리를 풀어헤치고 귀에서 피를 흘리고 있는 모습이다. 상투를 풀어 머리를 풀어헤치는 것은 '간절함'을 담아 신에게 소원을 빌 때 하던 우리 선조들의 습관이었고, 자신의 몸에 스스로 상처를 내어 피를 내는 것도 신(神)에게 간절함을 담아 신성한 제사를 올릴 때 하던 행위였다. 맥이족의 역사에 따르면 그들은 제사를 올릴 때, 새의 피를 주변에 먼저 뿌리고 제사를 올렸는데, 중요한 제사의 경우에는 지도자가 스스로 자기 몸에 상처를 내어 자신의 피를 흘리곤 했다. 우리나라 무속인들도 굿을 할 때, 과거에는 닭이나 돼지의 피를 주변에 먼저 뿌리고 올렸고, 때로는 자신의 피를 흘리기도 했다고 한다. 이것도 우리민족의 풍속으로서, 신성한 제사를 올릴 때 혹시 있을지 모르는 잡귀를 물리친다는 의미가 있다.

멕시코나 마야 원주민들은 이렇게 올리는 제사를 '굿(cu)'이라고 했다. 우리도 역시 '굿'이라고 한다. 오늘날 멕시코 학자들은 이 어휘를 마야인들의 말이라고 설명하고 있다. 필자는 마야문명도 우리 선조들이 이룩했던 문명이라는 많은 증거를 가지고 있다. 준비 중인 다른 책에서 공개하겠다.

무당이 가운데에 앉고, 그 주변에 9명의 족장들이 둘러 앉아 있는 이 그림이 뜻하는 것은 아스태가제국의 첫 시삭은 9명의 족장들이 이끄는 씨족 연맹체였다는 것과 그 연맹체를 이끄는 최고 지도자가 무당이었다는 것을 의미한다. 그의 이름은 기질로포치들이(Huitzilopochtli)였다[8].

---

8. 스페인어에서 'hui'의 발음은 '휘'이다. 그러나 스와데쉬(Swadesh)에 따르면 '기/귀'로 읽어야 한다.

상투와 관련하여 흥미로운 16세기 그림이 있다[9]. 옆의 그림은 스페인 장군 코르테스(Cortes)가 아스태가제국을 정복하기 위해, 제국의 전초기지에 해당하던 촐룰라(Cholula)를 먼저 공격하던 장면이다. 상투한 병사들은 방어하는 촐룰라 병사들이다. 말을 타고 있는 사람은 코르테스이고, 그 앞에 선 병사들(①)은 스페인

촐룰라의 멸망

측에 가담한 원주민들이고, ②번 병사는 갑옷과 투구를 쓴 스페인 병사이다.

 스페인 사람들이 멕시코에 왔을 때, 아스태가제국의 지배에 저항하던 지방의 여러 부족국가들은 스페인 편에 가담하여 아스태가제국을 멸망시키는 데 큰 역할을 했다. 필자는 그들도 우리민족의 후예들이었다는 증거들을 확인했다. 그들의 언어와 풍습에서도 우리말과 우리민족 고유풍습이 많았다. 그림 속에서 스페인 편에 가담한 원주민들도 상투를 하고 머리에 두 개의 새 깃털을 꽂고 있다. 머리에 두 개의 새 깃털을 꽂는 풍습도 고구려 풍습이었다. 코르테스 옆에 서 있는 여자는 아스태가인이다. 그녀는 도냐 마리나(Doña Marina)라는 스페인 이름으로 전해지고 있는데, 코르테스의 통역사이자 애첩이었다. 그녀는 원래 아스태가제국 귀족 집안 출신으로서, 어릴 때 계모로부터 버림받아

---

9. 저자 미상, 「Relaciones Geograficas del siglo XVI, Tlaxcala」, Rene Acuña 해설, UNAM, 1984, 그림 35번.

여러 상인들에게 팔려 다니다가 코르테스의 애첩이 되어, 아스태가제국을 멸망시키는데 지대한 공헌을 했다.

(2) 새 깃털 장식

멕시코 원주민들은 맥이족과 고리족이었다. 맥이족은 820년경 아스땅(아사달)을 떠나서 10세기 말 또는 11세기 초에 멕시코에 도착했던 사람들이었고, 고리족은 기원 오래전부터 아메리카에 도착하기 시작하여 남북 아메리카 대륙 전체에 퍼져 살던 사람들이었다. 고리족들은 멕시코 최초의 문명부터 마야문명과 남미 잉카문명까지 건설한 사람들이었다.

우리 역사에서 고리족들은 예족이라고도 불리었다. 그들은 부여-고구려를 건국했던 우리 선조들로서, 머리에 새 깃털을 꽂는 풍습이 있었다. 아래는 고구려 고분 벽화와 중국 당나라 때 그려진 왕회도라는 그림이다. 백제가 멸망(660년)하기 전에 그려진 이 그림에는 당나라를 방문한 백제, 고구려, 신라의 사신들의 모습이 나오는데, 고구려 사신은 머리에 새 깃털을 꽂았다.

아래 그림들을 자세히 보면 고구려계 선조들이 주로 두 개의 깃털을 머리에 꽂았지만 여러 개를 꽂은 사람도 있다는 것을 알 수 있다. 무용총의 그림에는 두 개의 깃털을 꽂은 사람과 여러 개를 꽂은 사람이 보이고, 왕회도의 고구려 사신은 긴 깃털 두 개와 여러 개의 작은 깃털을 함께 꽂았다.

「아스가티땅 고문헌」에 그려진 아스태가제국의 멸망

(1) 스페인 군대의 침략

코르테스와 마리나

 맨 앞에 스페인 장군 코르테스와 그의 애첩 도냐 마리나를 앞 세우고 아스태가 제국으로 전진하는 스페인 군인들.

(2) 일시적인 승리를 거둔 아스태가 전사들

 붉은 끈으로 상투를 맨 아스태가 전사들이 스페인 군대의 깃발을 빼앗아 흔들고 있다. 피라밋 아래에는 두 명의 전사가 악기를 두드리며 용기를 북돋우고 있고, 피라밋 옆에 독수리 가면을 쓴 전사의 모습도 보인다. 쓰러져 있는 모습은 '죽었음'을 나타낸다. 피라밋 기단 위에 지어진 집 안에는 신분이 높은 상투한 두 사람이 밖을 내다보고 있다.

고구려 무용총(4세기 말)

왕회도: 왼쪽부터 백제, 고구려, 신라의 사신 모습

　멕시코 원주민들도 새 깃털을 꽂는 풍습이 있었다. 멕시코뿐 아니라 남북 아메리카 전 대륙에 이 풍습은 널리 퍼져 있었다. 이 풍습과 관련하여 흥미로운 멕시코 고대 그림 문헌이 있다. 페르난데스 레알(Fernández Real) 고문헌으로, 11세기경에 맥이족이 멕시코 서남부 오아하카 지방에 도착하여, 그곳에 이미 정착해 살고 있던 고리족을 만나 전쟁을 치렀던 역사를 그려놓은 책이다. 그 책에 다음 그림들이 있다.

멕시코 오아하카 지방의 위치

　먼저, 그림(1)은 이동 중이던 맥이족이 그곳에 정착해 살던 고리족과 맞닥뜨려 전쟁을 치르는 장면이다. 이 그림을 해설한 레네 아쿠냐(Rene Acuña)는 상투한 사람들을 맥이족으로 보았고, 상투하지 않은 사람들은 구체적으로 어느 종족인지 밝히지 않았다. 필자는 그들이 멕시코에 먼저 가서 정착한 고리족이라고 판단한다. 상투를 하지 않은 사람들의 선두에 선 두 사람의 머리 위에 뱀용이 그려져 있기 때문이다.

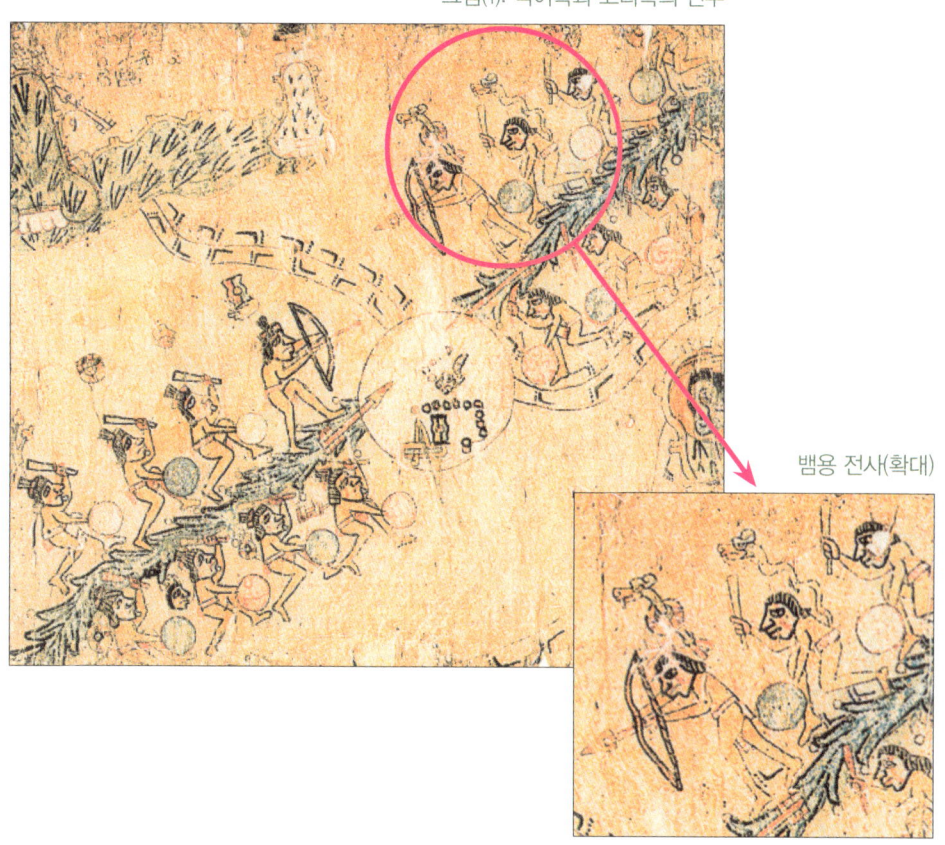

그림(1): 맥이족과 고리족의 전투

뱀용 전사(확대)

그림에서 왼쪽 아래에는 상투한 맥이족이, 오른쪽 위에는 상투하지 않은 고리족이 대치하고 있다. 모든 사람들 머리 위에 기호가 그려져 있는데, 각 사람의 이름(신분 등을 나타내는 상징)이다. 글자가 없었으므로, 각 사람의 이름을 그림으로 나타낸 것이다. 뱀용을 멕시코에서는 꽤잘꼬아들(Quetzalcoatl)이라고 불렀는데, '꽤 잘 꼬아'라는 뜻의 우리말이다[10]. 뱀용은 고리족의 신앙이었다(이 부분에 대해서는 준비 중인 다른 책에서 자세히 다루겠다). 필자가 그들을 우리민족 고리족이라고 하는 또 다른 이유는 오아하카 지방에서도 우리말이 많이 발견되었고, 멕시코 역사에서 꽤잘꼬아들 신앙을 가진 모든 사람들이 '고리족'이었기 때문이다. 그림에서 사람들 발밑을 따라서 푸른색 풀처럼 길게 그려진 것은 강이나 개울을 뜻한다. 그림의 모양으로 보건대, 강 상류의 고리족과 강 하류의 맥이족이 강을 따라 움직이며 전쟁을 벌이고 있다. 대립하는 양 진영의 가운데에 좌우로 길게 난 발자국은 길을 뜻한다.

그림(2): 죄인의 재판

그림 (2)에서 두 줄로 앉은 모든 사람들이 상투를 하고 있고, 새 깃털을 머리에 꽂고 있다. 머리 위에 있는 이름을 상징하는 기호를 보면, 그림 (1)에서 서로 대치하며 전쟁을 벌이던 맥이족과 고리족이 여기서는 함께 앉아 있고, 모두 상투를 하고 있다는 것을 알 수 있다. 그들은 상투를 하지 않은 한 사람을 사다리

---

10. 꽤잘꼬아들은 '꽤 + 잘 + 꼬아 + 들'로 구성된 말이고, '꽤 잘 꼬는 것들'이라는 뜻의 우리말이다. '꼬아'는 '뱀'을 뜻한다. 뱀의 특징은 움직이지 않을 때는 몸통을 꼬고 있다는 점이다. 오늘날 중국 용과 우리의 용이 비슷하지만 발이 없다는 차이점이 있다.

위에 묶어 놓고 있다. 가슴을 크게 그려놓은 것으로 보아 여자로 보인다. 사다리 밑 양쪽에는 두 사람이 서 있는데, 그들의 머리 위에 꽤잘꼬아들 뱀용이 그려져 있다. 이들은 전쟁할 때 고리족 전사들을 선두에 서서 이끌던 사람들로서, 이름이 꽤잘꼬아들이다. 멕시코에서는 신의 이름과 그 신을 모시던 무당의 이름이 같았다. 케잘꼬아들 신을 모시던 무당은 모두 꽤잘꼬아들이라고 불리었다. 두 줄로 앉은 고리족과 맥이족 전사들에게 한 명의 꽤잘꼬아들이 뭔가를 설명하는 모습이다. 아마도 사다리에 묶여있는 여자의 죄를 설명하는 것 같고, 그 죄는 전쟁이 일어난 동기와 관련된 듯하다. 높게 세운 대 위에는 네 명의 독수리 모자를 쓴 사람들이 올라가 앉아 있는데, 손에는 소나무 잎 같은 것을 들고 있고, 자세를 보면 그것을 밑으로 떨어뜨릴 준비를 하고 있는 것 같다. 멕시코 고대 문명에서 독수리는 태양을 상징하는 새, 즉 태양조(太陽鳥)였다. 독수리 모자를 쓴 사람들은 태양신을 섬기던 무당들이며, 이 사건에서는 재판관 역할을 하는 것으로 추정된다. 아마도 꽤잘꼬아들이 죄인의 죄목을 설명하고, 독수리 무당들 네 명이 손에 든 나무 잎사귀를 각자 판단에 따라 떨어뜨려서 그 죄를 판단한 것이 아닐까 추정된다. 즉 네 명의 재판관의 합의부식

그림(3): 죄인의 처형

재판이 아니었을까 상상되고, 사형이 결정되면, 그림(3)에서처럼, 밑에서 활을 쏘아 죽였다. 재판이 벌어진 곳이 큰 길가였다는 것은 길을 나타내는 발자국이 사다리가 세워진 곳으로 이어져 있는 것으로 알 수 있다.

그림(2)에서 우리가 주목할 점은, 고리족이 그림 (1)에서는 상투하지 않았는데, 여기서는 상투를 했다는 것과 모두가 새 깃털을 꽂고 있다는 것이다. 고구려 역사에서 새 깃털을 꽂은 사람들은 모두 신분이 높은 사람들이었다. 멕시코 역사에서 이름을 가지고 있는 사람들은 모두 신분이 높은 사람들이었다. 평민은 이름이 없었다. 따라서 이 그림에 나오는 사람들은 모두 높은 사람들이어서 새 깃털을 꽂았다. 아마 전쟁에 참가한 많은 평민들은 이 그림에 나타나지 않았을 것이다. 또 상투에 대해서 앞에서 이미 설명했듯이, 우리 선조들은 상투를 했지만, '머리를 풀어 헤쳤다'는 기록도 있었다. 이 그림에서 보면 고리족들은 상투를 하기도 했고, 때로는 안 하기도 했음을 알 수 있다.

그림(4): 일상생활로 돌아간 모습

그림(4)는 죄인을 처벌한 후에 맥이족과 고리족이 일상으로 돌아가, 길을 사이에 두고 이웃하여 평화롭게 살아가는 모습이다. 여기서는 머리에 새 깃털을 꽂지 않았다. 따라서 새 깃털은 일상생활에서는 꽂지 않았고, 어떤 특별한 일이 있을 때 꽂았다는 것을 알 수 있다.

이 그림들을 설명했던 레네 아쿠냐(Rene Acuña)는 새 깃털을 '돌칼'이라고 설명했다[11]. 머리에 돌칼을 꽂는 민족이 어디 있겠으며, 무거운 돌이 매달려 있을 수나 있겠는가! 멕시코에서조차도 이 정도로 고대 멕시코 원주민들의 풍습을 아직까지도 제대로 설명하지 못하고 있다.

멕시코 이외의 다른 지역 원주민들도 새 깃털을 꽂았다. 북미 미국 인디언들도 새 깃털을 머리에 꽂았던 우리민족의 후예였고, 남미 칠레에 살던 원주민들도 역시 우리민족의 후예라는 많은 증거가 있다. 미국 인디언들은 머리에 꽂던 새 깃털을 나중에는 좀 더 화려하고 큰 깃털 모자로 만들어 추장의 권위를 과시하기도 했다. 아래는 새 깃털을 꽂았던 남미 칠레의 남쪽 지역에 살고 있는 마부체(Mapuche)족 전사 도끼(Toqui)의 모습과 미국 인디언의 사진이다.

깃털 꽂은 칠레의 마부체족(16세기)

깃털 꽂은 미국 인디언

[11]. Rene Acuña, 「Códice Fernández Real」, Instituto de Investigaciones Filológicas, UNAM, 1991, pp. 43 & 45.

두 개의 깃털을 꽂은 미국 아파치족 인디언(1903~1905년)

아파치(Apache)족은 미국 애리조나주 남동부, 뉴멕시코주 남부, 텍사스주 남서부에 걸쳐 살던 인디언들로서, 여인들은 볼에 붉은 볼연지를 찍는 등, 우리민족 고유의 풍습을 가지고 있었다. 미국인들에게 우리말 '아버지'를 발음시켜 보면 항상 '아파치'라고 발음한다.

(3) 갓과 두루마기

우리민족은 아주 최근까지 외출할 때 어른들은 검은 갓을 쓰고 흰 두루마기를 입는 풍습이 있었다. 멕시코 아스태가제국의 노인들도 외출할 때 갓을 쓰고 흰 두루마기를 입었다는 증거가 있다. 아래는 400여 년 전 촐룰라 지방의 두 명의 어른들이 외출하는 모습과 20세기 중반의 우리나라 어른들이 외출할 때의 모습이다.

멕시코 원주민 족장의 외출 모습(17세기)   우리나라(20세기)

우리민족의 흰 두루마기의 특징은 아래로 내려갈수록 폭이 넓어진다. 400년 전의 멕시코 원주민들이 입었던 두루마기와 20세기 우리나라 어른들이 입은 두루마기는 이 특징까지 같다. 또 양쪽을 비교해 보면, 검은 갓 모자도 같고, 심지어는 길을 나설 때 손에 지팡이를 짚던 풍습까지 같다.

이 그림은 촐룰라 고문헌(Códice de Cholula)에 실려 있는 것으로, 스페인이 멕시코를 완전히 정복하여 지배한 지 거의 100년 정도 지난 후에 그려진 그림이다. 그림 속의 두 노인은 촐룰라 지역의 족장이라고 한다. 스페인의 지배 아래서 우리민족 고유의 풍습이 많이 사라졌음에도 불구하고, 갓과 흰 두루마기, 그리고 길을 갈 때 지팡이를 짚고 다니던 풍습은 그때까지도 이렇게 남아 있었음을 알 수 있다.

멕시코의 역사를 들여다보면, 우리민족의 검은 갓과 흰 두루마기의 유래도 짐작할 수 있다. 흰 두루마기와 검은 갓은 고조선의 맥족에서 유래된 것이 아니라, 부여-고구려를 건국했던 고리족에게서 유래된 것이다. 필자가 이렇게 판단하는 근거는 고구려 감신총 고분 벽화에도 갓을 쓴 모습이 있고, 촐룰라 원주민에 대한 고대 기록에도 그들이 부여-고구려계 고리족이라는 것을 보여주는 증거들이 많기 때문이다.

고구려 감신총의 갓을 쓴 인물(5세기)

스페인이 아스태가제국을 정복할 당시에 촐룰라에 살던 사람들의 조상은 원래 태흐고고(Texcoco)호수 북쪽, 툴라(Tula)에서 9세기에서 11세기까지 존재했던 돌태가(Tolteca)문명을 건설했던 사람들이었다. 그리고 돌태가문명을 건설했던 집단의 조상은 원래 기원전 1세기부터 기원후 8세기까지 존재했던, 멕시코 중부지역 최초의 문명이었던 태오티와간(Teotihuacan)문명을 건설했던 사람들이었다. 즉 촐룰라 사람들은 태오티와간에서 툴라를 거쳐 온 사람들로서, 맥이족이 멕시코에 도착하기 훨씬 이전부터 이미 멕시코에 가서 정착해 살던 고리족계 우리 선조들이었다.

독자들 중에 촐룰라 사람들이 우리민족이었다는 증거로 갓과 두루마기 외에 또 있는가 라고 의문을 제기할 분들이 있을지 모르겠다. 앞에서 촐룰라 사람들이 상투를 한 모습을 이미 보았다. 촐룰라에 대한 기록 중에 가장 눈에 띄는 내용은 다음과 같다. 1577년 스페인 왕은 멕시코 각 지역 통치자들에게 그 지역의 역사, 지리, 풍습을 보고하라고 명령했다. 촐

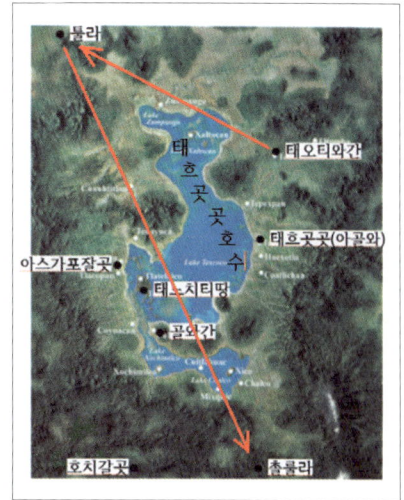

촐룰라인의 이동

룰라를 다스리던 가브리엘 로하스(Gabriel de Rojas)가 쓴 보고서에 의하면, 촐룰라의 주민들이 말하기를 자기 조상들은 원래 돌태가문명의 중심지였던 툴라(Tula)에서 도망쳐 온 사람들이고, 자기네 말로 줄랑(Choloan)은 '도망치다'라는 뜻이며, 줄랑이(Choloani)는 '도망친 이(사람)'를 뜻한다고 했다. 또 그들은 위가 평평한 피라밋을 건설해놓고 다지왈태백(Tlachihualtepec)라고 불렀는데, '손으로 만든 산'을 뜻한다고 보고했다.

이 말들은 전부 우리말이다. 오늘날 우리들은 '도망치다'를 '줄행랑'이라고 한다. 가운데의 '행'은 중국 한자어 '갈 행(行)'으로, 이를 빼면 순우리말 '줄랑'이 나온다[12]. 따라서 '줄랑이'는 우리말로도 '도망친 이'를 뜻한다. 고구려 시대 우

---

12. 한 단어 속에 한자와 우리말이 결합된 경우가 많다. 예를 들어, '양달, 음달'의 양(陽)과 음(陰)은 한자어지만, '달'은 순우리말이다. 부여의 사출도인 '마가, 우가, 구가, 저가'의 호칭에서 첫 글자는 각각 말, 소, 개, 돼지를 뜻하는 중국 한자어지만, 뒷 글자 '가'는 사람을 뜻하는 우리말이다. 경상도의 '가가가가'의 '가'가 바로 이것이다. '모찌떡'도 같은 경우다. '모찌'는 '떡'을 뜻하는 일본어이다.

리 선조들은 만주대평원에 위가 평평한 피라밋 수만 기를 건축해놓았지만, 우리는 선조들이 그것을 무엇이라고 불렀는지 알지 못한다. 그런데 이 문헌에 따르면, 피라밋을 '태백'이라고 불렀다고 한다. 멕시코 원주민들의 말에서 태백(tepec)은 '산, 언덕'을 뜻한다. 태백은 고구려계 선조들이 '산'을 칭하던 순우리말이었다.[13] 다지왈태백(Tlachihualtepec)은 '다 지은 태백'이라는 뜻의 우리 옛말이다. 그래서 '손으로 지은 산'이라고 해석한 것이다. 졸불라인들은 의복이니 갓과 같은 외모만 우리민족과 같았던 것이 아니라, 그들이 사용하던 언어도 우리말이었다는 것을 알 수 있다.

또 그들은 풍습에서도 우리와 같았다. 같은 보고서에 의하면 그들은 개고기를 먹었고, 풀을 뜯어 먹었으며, 신발은 풀로 엮은 짚신이었는데, '각–들이(cac-tli)'라고 칭했다고 한다. 개고기는 우리민족의 식습관이었고, 풀을 뜯어 먹는 것은 우리민족의 나물 먹는 풍습을 말하며, 우리 선조들은 짚신을 옛날에 각(屩)이라고 했다.[14] 멕시코 원주민 언어에서 명사 뒤에 사용된 '–들/들이(tl/tli)'는 뜻이 없는 경우가 많다. 또 같은 문헌에는 모든 마을에 신(神)을 모시는 성황당이 있었는데, 원래 약 800개나 되었지만, 보고서를 작성할 당시에는 다 파괴되고 남은 것이 3개밖에 없다고 한 기록도 있다. 이것은 우리나라의 마을 앞 성황당 풍속과 같다.

유카탄 반도의 마야인들도 갓모자를 쓰고 흰 두루마기를 입었다. 아래 그림

---

13. 결국 '태백산'은 '산'을 뜻하는 고대 우리말 '태백'에 같은 뜻의 중국어 '산(山)'이 결합된 어휘이다. 자세한 내용은 손성태(2013) 논문을 참조하세요. (손성태, '멕시코의 국명 및 지명연구', 「언어학」, 21권 3호, 대한언어학회, 2013, pp. 385~405.)
14. 「삼국지」위지동이전의 삼한에 대한 기록에 '족리혁각답(足履革屩蹋)'이라는 말이 있다. 신발(족리)은 가죽과 짚신(혁각답)이 있었다는 뜻이다.

은 마야문명이 남긴 「칠랑팔랑」(Chilam Balam/17세기~18세기 문헌)이라는 책에 실린 마야문명의 지도자 중 한 명의 모습이다. 검은 갓 모자의 이마 부분이 밖으로 비쳐 하얗게 보이는 것도 오른쪽 우리나라 무속인의 갓 쓴 모습과 일치한다. 갓 양쪽에 새 깃털을 꽂았는데, 이것도 우리나라 무속인들이 아직까지 유지하는 풍습이다.

칠랑팔랑의 마야인

우리나라 무속인

「칠랑팔랑」이라는 책에는 마야인들의 역사, 종교, 천문학, 의술, 제사, 문학, 그 외에 다양한 이야기들이 뒤섞여 있다. 필자가 보기에는 책 제목도 우리말인 것 같다. 우리말 칠랑팔랑은 '사물이 서로 연결되지 못하고 고르지도 못한 모습'을 가리키는 말이다[15]. 이 책의 내용이 일관성이 없고, 잡다한 성격의 이야

---

15. 국어사전에 '칠랑팔랑'을 칠령팔락(七零八落) 또는 칠락팔락(七落八落)이라고 적고 있는데, 이것은 우리말을 한자어로 기록한 것으로 판단된다.

기가 함께 섞여있는 것을 고려할 때, 칠랑팔랑이라는 책 제목은 책 내용과 잘 어울리는 우리말이다.

독자들은 이제 다음과 같은 의문을 가지게 될 것이다: 그럼 마야문명의 주인공도 우리민족이었다는 말인가? 왜 아니겠는가. 준비 중인 다른 책에서 마야문명을 설명할 때 그 문명 속에서 적나라하게 드러나는 우리민족의 증거를 제시하겠다.

(4) 뒤가 없는 모자와 고깔모자

고구려 선조들은 '뒤가 없는' 특이한 모자를 썼던 모양이다. 이 모자를 쓴 사람들은 신분이 상당히 높은 사람들이었다고 「삼국지」위지동이전에 다음과 같이 기록되어 있다.

大加主簿頭著幘 如幘而無餘 其小加著折風 形如弁
(대가주부두저책 여책이무여 기소가저절풍 형여변)
대가나 주부는 천으로 된 두건을 머리에 둘렀는데, 수건처럼 생겼으나 뒤가 없다. 그 소가는 절풍을 둘렀는데, 모양이 고깔이다.

이 모자의 모양이 고구려 고분 벽화에도 남아있고, 6세기 일본 사가마키 고분에서 출토된 흙인형에도 남아 있다. 그 당시에 일본으로 건너간 고구려인의 모습이라고 한다.

무용총의 대가(4세기 말)　　　　　　　　　　　　사카마키 고분의 고구려인 인형

　아직까지 우리나라 일본 학계에서 이런 모자를 쓴 고구려인들의 신분이 무엇이었는지 분명하게 설명하지 못하고 있다. 무용총의 대가(大加)는 매우 고급스러운 평상 위에 앉아, 허리를 약간 뒤로 젖히고 턱을 조금 위로 들고 아래로 내려다보는 자세이다. 이 자세는 그가 다른 사람들을 내려다 볼 수 있는 높은 신분이라는 것을 의미한다. 위지동이전의 기록에 따르면, 대가(大加)는 고구려 왕족이나 높은 귀족을 부르던 호칭이었다.

　그런데 이 호칭이 멕시코에 그대로 전해져 태가(teca)라고 기록되어 있다. 멕시코나 미국 학자들은 이 말을 그냥 '사람'이라고 해석하고 있다. 그러나 필자가 우리나라 문헌과 멕시코 문헌을 비교 분석하고, 관련 어휘들을 종합적으로 연구한 결과, 대가(大加)와 태가(teca)는 같은 말로서 '신성한 사람'을 뜻하는 고대 우리말이었다. 나중에 보다 자세하게 설명하겠다.

　아스태가제국에서도 '뒤가 없는' 모자를 많이 썼다. 이 모자를 쓴 사람들은 신분이 가장 높은 사람들이었다. 왕과 가장 높은 무당, 그리고 멕시코 각 지역

에서 자기 부족을 다스리던 통치자들이 썼다. 아스태가제국을 비롯하여 멕시코에 존재했던 모든 부족국가들은 신정국가(神政國家)였고, 모든 왕들은 신들에게 '굿'을 올리던 무당 신분이었다. 따라서 이 모자는 신분이 가장 높은 무당 계층이 썼다고 판단된다. 아래 그림들은 아스태가제국 제4대 황제 이스꼬아들(Izcoatl/하얀 뱀)의 모습과, 제국 말기에 왕족들이 모여 통곡하는 모습이다. 이스꼬아들 황제의 얼굴 옆에는 하얀 뱀이 그려져 있다.

제4대 황제 이스꼬아들

제국의 멸망을 예견하고 통곡하는 장면(추정)

고구려의 신분제도에서 조금 낮은 귀족은 소가(小加)라고 불리었고, 고깔모자를 썼다. 아스태가제국에서도 신분이 낮은 무당들은 고깔모자를 썼다. 그들은 굿을 할 때나 전쟁을 할 때, 옆의 그림에서처럼 악기를 연주하기도 했다.

고깔모자를 쓴 무당들

58 우리민족의 대이동

◆ **여자들의 모습**

(1) 한복과 가체(加髢)

한복은 우리민족의 전통 의복이고, 가체(加髢)는 신분이 높은 부인들이 빠진 머리카락을 평소에 모아서 땋아 놓았다가, 잔치나 의례가 있을 때 머리에 덧대어 장식하던 풍습이다. 우리민족 여인들은 풍성한 머리가 아름다움의 상징이라고 믿어, 이런 풍습이 생겨났다고 한다.

아스태가제국의 여인들도 한복을 입었고 가체를 했었다. 아래 왼쪽 그림을 보면 아스태가 여인이 입고 있는 옷은 한복이고, 가운데 다섯 명의 여인들이 입은 옷도 색동저고리 한복인 것을 알 수 있다. 우리민족 한복의 특징 중 하나는 가슴 부분에 둥글거나 네모의 색다른 문양을 넣기도 했는데, 아스태가 여인들이 입은 한복에도 사각형의 문양이 보인다.

한복을 입은 아스태가 여인 　　　　　　　　　　　　아스태가 귀족 여인

18세기 신윤복의 그림

02. 멕시코에 나타난 우리민족

아스태가 귀족 여인들의 머리도 유달리 풍성하게 보이는데, 양 옆으로 붉은 천으로 묶은 것을 볼 수 있다. 과거에 우리민족 여인들도 가체를 덧댈 때 천으로 묶었다. 아래쪽의 18세기 신윤복의 그림에도 가체를 할 때 천으로 묶은 것을 확인할 수 있다. 우리민족의 가체 풍습은 이미 삼국시대부터 시작되었고 조선시대 말까지 이어졌다.

가체 모양을 한 멕시코 여인

멕시코의 가체에 관하여 흥미로운 기록이 있다. 1950년대 멕시코 풍물 학자 도널드와 도로시 코드리(Donal & Dorothy Cordry)에 따르면, 멕시코 여인들이 가체를 하기 위하여 빗질로 빠진 머리카락이나 자른 머리카락을 작은 독 안에 몇 년씩 모았다고 한다[16].

(2) 양쪽 올린 머리

우리민족 여인들은 여인의 아름다움은 풍성하고 아름다운 머리에 있다고 믿었다. 그래서 풍성한 머리를 만들기 위하여 가체라는 독특한 풍습이 생겼고, 그 외에도 쪽진 머리, 올린 머리, 땋은 머리 등 매우 다양한 머리 모양으로 여인의 아름다움을 나타내었다.

기록에 의하면, 백제나 신라의 여인들은 같은 머리 모양을 했는데, 특히 백제 여인들은 미혼에는 땋은 머리를 했지만, 결혼하면 머리를 두 갈래로 나누어 뭉쳐서 머리 양쪽에 구부려 얹어 놓았다고 한다[17]. 하지만 이 머리 모양이 기록

---

16. Donald & Dorothy Cordy, 「Méxican Indian Costumes」, University of Texas Press, 1968, p. 125.
17. 안명숙 · 김용서 공저, 「한국복식사」, 예학사, 2003, p.37.

에는 있으나 구체적으로 어떤 모습인지 우리에게 벽화나 유물로 남아있지 않아 정확하게 알 수 없었다.

그런데 그 모습이 멕시코 여러 지역의 그림 문헌에 구체적으로 남아있다. 오른쪽 그림은 사하군(Sahagun) 신부의 역사서에 있는 것이다[18].

사하군의 역사서

(3) 쪽진 머리와 비녀

우리민족 여인들에게서 아직까지도 볼 수 있는 머리형태가 쪽진 머리이다. 머리를 목뒤에서 모아 뭉쳐서 비녀를 꽂은 형태이다. 아래 왼쪽 사진은 우리민족 여인의 모습이고, 오른쪽 그림은 아스태가 여인들이 통곡하는 모습이다. 모두 머리 뒤의 목 부분에 머리를 뭉쳐서 쪽을 짓고 비녀를 꽂았다. 이 그림은 아마도 스페인의 공격으로 제국의 멸망이 가까워졌다는 소식에 통곡하는 모습으로 보인다.

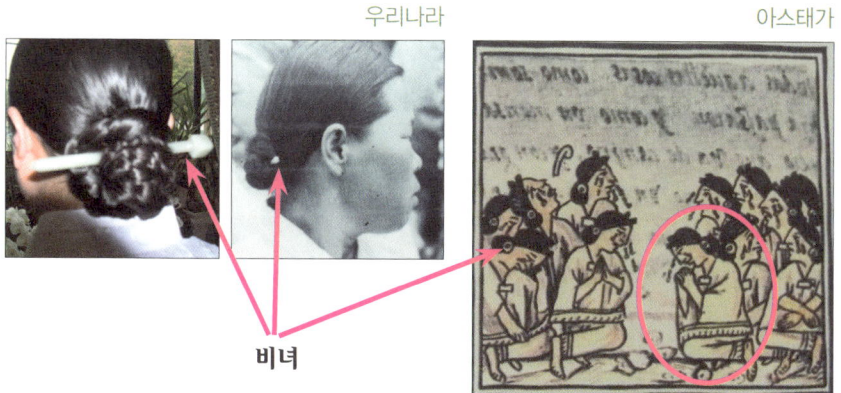

우리나라 　　　　　아스태가
비녀

---

18. 사하군(Sahagún)신부는 1528년 멕시코 도착하여 평생을 그곳에서 살면서 원주민의 언어, 종교, 생활풍습에 대한 매우 방대한 자료를 남겼다.

오른쪽 아스태가 그림에서 가운데 여인(원 안)의 소매를 보면, 우리 한복 소매의 특징이 그대로 나타난다. 한복 소매는 어깨에서 팔꿈치까지 부드러운 곡선으로 통이 넓어지다가 손목 부분에서 살짝 좁아지는데, 그 특징이 그대로 보인다. 머리 부분에서 특이한 점은 이마 윗부분에 머리를 뭉쳐서 두 개의 뿔 같은 모양을 만들었다는 점이다. 이와 같은 모습도 고구려 고분 벽화에도 나오는데, 삼국시대부터 조선시대 초까지 우리민족에게 있던 머리 형태였다.

비녀는 근세까지 우리나라 여인들이 쪽진 머리를 할 때 가장 흔하게 사용했던 장신구이다. 비녀는 주변 다른 민족이 사용하지 않았다. 비녀에는 왕족이나 고관대작의 부인들이 의례용으로 착용하던 장식용 비녀와 일상생활에서 서민들이 착용하던 실생활용 비녀가 있었다. 장식용 비녀는 아래 사진에서 보듯이 매우 길어, 가장 긴 것은 44센티 정도였고, 서민용 비녀는 보통 10센티 길이였다.

장식용 비녀

실생활용 비녀

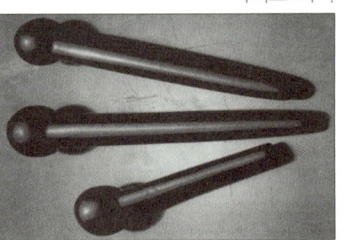
멕시코 비녀

멕시코 원주민 여인들도 비녀를 사용했다. 사진 속의 검은색 옥비녀는 긴 것은 40센티 정도 길이고, 짧은 것은 10센티 정도이다. 비녀 머리가 둥근데,

이런 비녀를 우리나라에서도 '콩머리비녀'라고 했다. 우리나라에서도 검은색 옥비녀를 장례용으로 사용했다고 한다.

멕시코 학자 부체와 올긴(Serra Puche & Solís Olguín)은 이것이 왕이나 귀족의 신분을 나타내는 홀(笏) 같다고 설명했다[19]. 그러나 이것은 홀이 아니다. 홀은 왕이나 귀족이 어떤 행사에서 자신의 신분을 나타내는 상징물로, 보통 손에 들고 행사에 참석하는 것이다. 홀은 다른 사람에게 자신의 신분을 드러내기 위한 상징물이었다. 그런데 위의 유물에서 작은 것은 10cm정도의 길이로, 손으로 감아쥐면 다른 사람들 눈에 거의 띄지도 않을 정도로 작아, 홀로서의 기능을 전혀 할 수 없다는 것을 알 수 있다. 또 일반적으로 홀은 높은 신분의 상징물이므로 그에 걸맞게 매우 화려하게 조각되어 있고, 금이나 옥으로 장식되어 있는 것이 보통이다. 그러나 위의 유물은 조각도 없고 전혀 화려하지도 않다. 따라서 비녀가 분명하고, 멕시코 학자들은 우리민족의 비녀 풍습에 대해서 전혀 모르기 때문에 이런 오류를 범한 것으로 보인다.

17세기 영국 찰스2세의 홀 머리 부분

우리민족 여인들의 머리와 관련하여, 다른 나라에서 볼 수 없는 풍속 가운데 하나가 머리 수건이다. 아래에서 볼 수 있듯이, 우리민족의 여인들과 마찬가지로 멕시코와 미국 인디언 여인들도 머리에 수건을 썼다. 멕시코의 수건을 쓴 여인상은 멕이코시티의 소칼로(Zocalo) 광장옆 박물관에 전시되어 있었다.

---

19. Mari Carmen Serra Puche & Felipe Solís Olguín, 「Cristales y Obsdiana prehispánicos」, Siglo Veintiuno Editores, 1994, p.137.

우리나라　　　　　　　　　　멕시코　　　　미국 캘리포니아

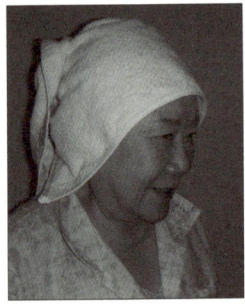

　소칼로 광장은 아스태가제국의 중심지였다. 이 광장 한쪽 가에서 1521년 8월 13일 해 질 녘에 아스태가제국의 마지막 황제 과우흐태목(Guauhtemoc)이 스페인 군인들에게 체포됨으로써 제국이 멸망했던 유서 깊은 곳이다. 지금은 제국의 유적은 사라진 지 오래고, 그 자리에 가톨릭 성당이 서 있다.

　미국 캘리포니아주에 살던 인디언들도 우리민족이었다는 흔적이 많다. 남자들은 상투를 했었고, 여인들은 머리에 수건을 둘렀다. 오른쪽 사진에는 미국 캘리포나아주 남부 지역에 살던 가길라(Cahuilla)족 인디언 할머니가 나무절구에 무엇인가 빻고 있는 모습이다.

(4) 머리꽂이와 봉잠

　우리민족 여인들은 머리를 아름답게 하기 위하여 가체뿐 아니라 다양한 머리꽂이를 머리에 꽂아 장식했다. 다음은 19세기말 명성황후로 추정되는 여인의 모습과 20세기 중반의 멕시코 여인이 멕시코의 전통 머리꽂이를 한 사진이다. 두 나라 머리꽂이의 모양과 꽂는 방법이 시대와 거리를 초월하여 거의 같다는 것을 확인할 수 있다.

우리나라

멕시코

머리꽂이로 빼놓을 수 없는 것이 봉잠(鳳簪)이다. 봉잠은 봉황새 모양으로 만든 장식 비녀를 말한다. 아래는 조선왕조 말 영왕비의 소립봉잠(小立鳳簪)과 멕시코 유물로 발견된 봉잠이다. 새가 하늘을 향해 머리를 들고 있고, 꽁지는 뒤로 들고 있으며, 발을 길게 내려서 꽂는 부분으로 만든 모양이 모두 같다.

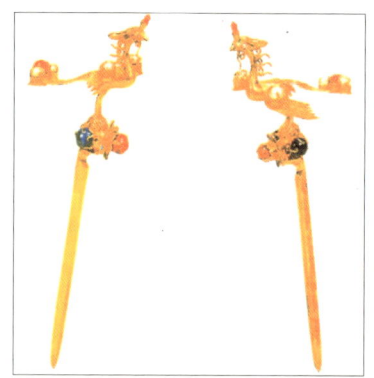
영왕비의 소립봉잠

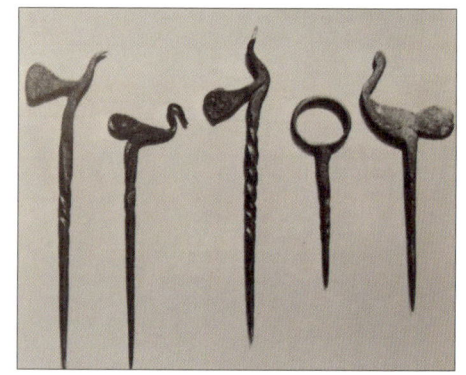
멕시코의 봉잠

(5) 붉은 볼연지

우리민족 여인들이 볼에 붉은 볼연지를 찍는 풍습은 이미 삼국시대부터 있었다. 아래는 고구려 쌍영총(5세기 말)의 세 여인의 그림이다. 모두 붉은 볼연지를 찍었다. 볼연지 풍습은 오늘날까지도 이어져, 결혼식에서 아직도 볼 수 있다.

쌍영총

오늘날의 결혼식

붉은 볼연지를 찍던 우리민족의 풍습은 우리민족의 이동루트를 따라서 북

66 우리민족의 대이동

미대륙 전 지역에 퍼졌고, 그 흔적은 19세기 말까지 남아 있었다. 우리민족은 북쪽 알류산열도를 건너서 알래스카에 도착한 뒤에, 캐나다 서해안을 따라 남하하여 오늘날의 캐나다 밴쿠버와 미국 씨애틀 지역에 도착했다. 이 지역은 미국 고고학계에서 퓨제사운드(Puget Sound)라고 부르는 곳으로 인디언 생활 유물이 많이 출토된 매우 중요한 지역이다. 우리민족은 이곳에서 상당한 기간 동안 머물러 살다가 미국 내륙 곳곳으로 흩어졌고, 그 중의 상당수는 멕시코와 남미까지 이동했다.

볼연지는 미국과 멕시코 거의 모든 지역의 인디언들이 지니고 있던 풍습이었다. 미국 동부 뉴욕 지역에 살던 인디언들도 볼연지를 했고, 오대호 주변, 서부 캘리포니아주, 남부 애리조나주와 뉴멕시코주에서도 볼연지를 했다. 멕시코에서는 중부 최초의 문명이었던 태오티와간문명(기원전 1세기~기원후 8세기)에서부터 멕시코 모든 문명에서 볼연지가 나온다. 태오티와간문명에서 볼연지가 나왔다는 것은 맥이족보다 먼저 온 고리족도 볼연지를 했다는 것을 의미한다. 쌍영총의 볼연지 여인들의 벽화도 고리족의 것이다. 따라서 이 풍습 자체가 부여-고구려계 선조인 고리족들에 의해서 시작되었을 것이다. 다음은 멕시코의 태오티와간문명, 14세기 초의 골화간 공주의 볼연지 그리고 아스태가문명의 볼연지의 예들이다. 골화(colhua)는 '고리'와 같은 말이다.

| 태오티와간의 벽화 | 골화간의 공주 | 아스태가 여신상 |

골화간의 공주는 특이하게 검은 볼연지를 했는데, 이 공주가 아스태가의 지도자 무당에게 시집간 그날 밤에 신(神)의 제물로 희생되어, 골화간과 맥이족 사이에 전쟁이 벌어졌었다. 이 전쟁은 1323년경에 일어났고, 아스태가인들은 그동안 살던 골화간 땅에서 쫓겨나 도망쳐야 했다. 이 공주를 멕시코 역사에서 '야오 시악(Yao cihuac)'이라고 부른다. 뜻은 '전쟁의 여인'이라고 한다. '야오'는 우리말 '야루다〈시비걸다, 싸움걸다〉'와 관련된 말이고, '시악'은 여인을 뜻하는 우리말 '시악씨, 색씨'에서 중국 한자어 씨(氏)를 뺀 순우리말이다[20].

아래는 우리 선조들이 이동하면서 남긴 볼연지의 자취들이다. 알류산열도에서도 볼연지를 했고, 캐나다 서해안의 원주민들은 19세기 초까지 상투와 볼연지를 했다는 것을 볼 수 있다.

---

20. 중국 한자어 씨(氏)를 우리말 뒤에 붙인 경우가 많다. 예를 들어, 아저씨의 '씨'도 그렇다. 경상도에서는 '아재'라고 한다. 강길운 교수가 '우리말과 쌍둥이'라고 했고, 필자가 우리민족의 후예라고 했던 아무르강 하류의 길약족의 언어에서는 '아자(atsa)'라고 한다.

알류산열도	캐나다 서해안		틀린깃족 추장과 부인(확대)

알류산열도의 유물은 고래의 상아에 조각한 것이고, 캐나다 서해안의 그림은 틀린깃족의 족장 칼리안과 그의 부인의 모습이다. 부인은 앞모습과 옆모습을, 족장은 모자 쓴 모습과 뒷모습을 한 그림 속에 그려 놓은 것으로, 1802년의 것이다[21]. 칼리안의 뾰족한 상투와 부인의 붉은 볼연지(확대한 그림)가 보인다. 칼리안은 특이한 모자를 쓰고 있는데, 캐나다 서해안 인디언들의 전통 모자로 알려져 있다. 삿갓 모양의 이 모자는 가운데에 원통형 기둥이 있는데, 상투를 꽂는 구멍이었다.

캐나다 인디언 전통 모자
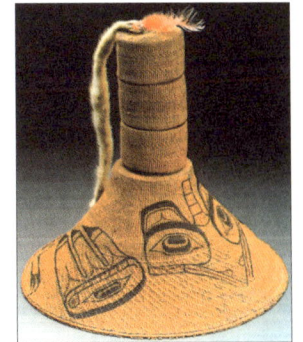

미국에 살던 많은 인디언들도 볼연지를 찍었고, 그 풍습이 일부 지역에서는 19세기 말까지 남아 있었다. 다음은 중북부의 사우스다고타주와 노스다고타주에 살던 19세기 슈(Sioux)족 인디언 추장 부부의 모습, 동부 뉴욕주의 인디언의 모습, 남부 애리조나주 호피족 여인의 모습과 그들의 토기 조각, 그리고 뉴멕시코주에 살고 있는 아파치족 여인의 초상화이다. 슈족

---

21. Fitzhugh William W. & Crowell, Aron, 「Crossroads of continents」, Smithsonian, p.76.

은 미국에서 두 번째로 큰 인디언 집단으로, 필자는 그들도 우리민족의 후예라는 여러 가지 증거를 확인했다. 슈족의 원래 명칭은 '나도왔슈(Nadowesioux)'이고, 그 남자들도 원래는 상투를 하고, 새 깃털을 머리에 꽂던 풍습이 있었다. (보다 자세한 것은 '미국 인디언편'을 다루는 다른 책에서 설명하도록 하겠다.) 동부 뉴욕주에 살던 세 인디언 여인 그림에서 아기를 돌보는 기혼녀만 볼연지를 했다. 남서부의 아파치 여인의 초상화는 1895년 그려진 것으로서, 불과 120여 년 전의 모습이다.

슈족 추장 부부

동부 지역 여인들

호피족 여인과 토기 조각

19세기 말 아파치족 여인

◆ 귀고리

　오늘날 우리들이 잘 알지 못하는 우리 선조들의 풍습 가운데 하나가 귀고리 풍습일 것이다. 우리 선조들은 조선시대 초기까지 양반이든 평민이든 남녀노소를 불문하고 귀고리를 많이 착용했고, 또 그것을 우리민족의 중요한 전통풍습으로 여겼다는 조선시대 기록도 있다. 세종실록1년(1418년) 1월 6일 기록에는 '금과 은은 우리나라에서 생산되지 않으니, 사대부 자손들이 귀고리에 사용하는 경우 외에는 일절 사용을 금한다(金銀本國不産之物…士大夫子孫耳環外 一皆禁用/금은본국불산지물…사대부자손이환외 일개금용)'는 조서를 내린 내용이 남아 있다. 그 당시에 금이 너무 부족하여 사대부들이 사치품으로 금을 사용하는 것을 금하면서도 귀고리만큼은 예외로 두겠다는 세종의 어명이었다.

　또 이 귀고리가 매우 컸다는 것을 알 수 있는 기록도 있다. 1506년 연산군을 쫓아낸 중종반정이 일어났고, 연산의 아들 양평군은 9살 나이에 사사(賜死)되었는데, 어떤 사체가 양평군이 맞는지 진위를 가릴 때 양평군은 '귀고리 구멍이 매우 컸다(耳環穴闊大/이환혈활대)'는 사실로 사체의 진위를 조사한 기록이 있다.

　이러한 우리 선조들의 귀고리 풍습은 임진왜란이 일어난 직후에 사라지기 시작했다. 명나라의 지원으로 왜적을 물리친 선조는 명나라 사신들의 요구로 귀고리를 하지 못하도록 어명을 내려, 귀고리 풍습이 빠르게 사라졌다. 명나라는 그 당시에 만주에 살던 숙신의 후예(만주족)로부터 큰 위협을 받고 있었는데, 그들이 귀고리를 많이 했기 때문이었다.

　필자는 숙신의 후예들이 우리민족으로부터 만주대평원이라는 땅만 물려받은 것이 아니라, 귀고리 착용 풍습도 배웠을 것으로 추정한다. 그들은 후기 고구려

시대부터 발해시대까지 우리민족과 함께 살면서 여러 가지 풍습과 신앙도 배웠을 것이다.

왕회도의 고구려 사신

부여-고구려의 우리 선조들이 착용했던 귀고리는 매우 컸다. 그 증거가 거의 남아 있지는 않지만, 7세기 중국에서 그려진 왕회도의 고구려 사신을 보면 귀고리가 매우 컸다는 것을 알 수 있다.

삼국시대 우리민족의 귀고리가 멕시코로 건너가서 멕시코의 귀고리가 되었다고 추정할 수 있는 간접적인 증거가 있다. 삼국시대 옥저(沃沮)는 동해안에 정착해 살던 부여계 선조들로서, 두 개의 부족국

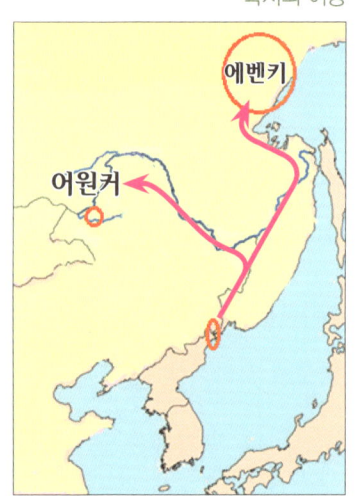

옥저의 이동

가로 나뉘어 살았다. 북옥저는 지금의 두만강 위쪽과 연해주 사이에서 살았던 것으로 추정되고 있고, (남)옥저는 함경도 동해안 지역에 있었던 것으로 추정되고 있다. 그런데 우리민족이 북쪽으로 대거 이동할 때 남북 옥저도 북쪽으로 이동해 사라졌다.

중국과 러시아 사학계는 오래전부터 아무르강 상류인 아르군강 유역, 내몽골의 후룬베이얼(呼伦贝尔)에 살고 있는 어원커족과 러시아 오호츠크해 연안에 살고 있는 에벤키(Evenki)족이 옥저의 후예들이라고 주장하고 있다. 에벤키는 어원커를 러시아식으로 발음한 것이다. 옥저(沃沮)의 중국 고대 발음도

'어욱쩌'로서 '어원커'와 비슷하다.

아래는 귀고리를 한 어원커족 여인들의 최근 모습이다(2011년 2월 17일, KBS 역사스페셜, 귀고리편 참조). 귀고리의 앞부분은 마치 원형 판처럼 생겼고, 가운데는 구멍이 뚫려서 굵은 대가 연결되어 귀에 꽂도록 되어 있다. 이 귀고리는 모양도 나팔꽃 또는 원판 모양으로 특이하지만, 일반적인 귀고리는 귀에 달아서 밑으로 처지는 형태로 착용되는데 비하여, 이것은 앞을 향하고 있다는 점도 매우 특이하다. 오른쪽 어원커족 여인의 귀고리를 보면 그 대가 매우 굵다는 것을 알 수 있다. 우리민족의 '귀고리 자국의 구멍이 크다'는 기록과 일치하는 부분이다.

어원커족 귀고리

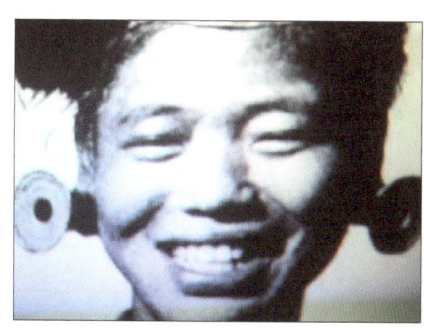 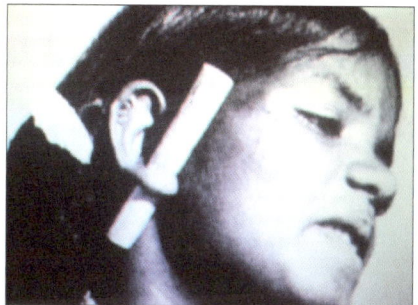

옥저의 후예인 어원커족의 특이한 이 귀고리가 고대 멕시코와 마야 사람들이 주로 착용하던 귀고리였고, 멀리 남미 잉카제국 사람들도 착용했으며, 오늘날에는 아마존 밀림 속의 원주민들이 착용하고 있다는 사실을 우리는 어떻게 이해해야 할까? 다음은 멕시코의 태오티와간문명과 아스태가문명, 그리고 마야문명의 조각에 새겨진 나팔꽃 모양의 귀고리들이다.

태오티와간문명   마야문명   아스태가문명

여기 제시된 인물 조각상들이 착용하고 있는 귀고리를 보면, 어원커족이 아직까지 착용하는 귀고리와 정확하게 같다는 것을 한눈에 알 수 있다. 태오티와간문명과 마야문명은 기원전 1세기경부터 시작되었던 문명이다. 태오티와간문명은 기원후 8세기에 사라졌다. 따라서 이 귀고리는 늦어도 8세기 이전에 이미 멕시코에 널리 퍼져 있었다고 할 수 있다. 아스태가문명은 16세기까지 지속된 문명이다. 따라서 멕시코 원주민들이 적어도 16세기까지 이 귀고리를 착용했다고 보아야 한다. 이 사실을 종합하면, 멕시코 원주민들은 이 특이한 귀고리를 적어도 800년 이상 착용했다는 것을 알 수 있다.

현대의 어원커족 귀고리와 16세기 이전의 멕시코 원주민들의 귀고리가 어떻게 이렇게 같을 수 있을까? 이 귀고리의 모양과 착용방법이 매우 독특하여, 우연히 양쪽의 귀고리가 일치했을 것이라고 볼 수는 없다. 따라서 남는 의문은 '어떻게 아메리카로 전달된 것일까?'이다. 이 의문도 오직 필자가 주장하는 '우리민족의 대이동'으로만이 설명될 수 있을 것이다. 필자는 지금까지 다양한 연구를 통하여 우리민족은 아메리카로 대거 이동했고, 그 주된 시기는 3세기에서 7세기 사이였으며, 이동한 사람들은 부여-고구려를 건국했던 우리 선조 고

리족이었으며, 고조선을 건국했던 맥족은 9세기 초에 요동의 아사달을 떠나, 고리족보다는 매우 늦게 멕시코로 갔다고 주장해 왔다.

시기적으로 보면, 태오티와간문명과 마야문명은 고리족들이 건설했던 문명이고, 아스태가문명은 맥족이 고리족을 만나서 함께 건설한 것으로 나중에 생긴 문명이다. 따라서 이 귀고리는 고리족들의 귀고리였다. 중국학자들은 어원커족이 원래는 한반도 동해안에 살았던 옥저라고 설명했다. 우리 역사는 옥저가 고리족의 일파였다고 설명하고 있다. 따라서 멕시코 자료를 바탕으로 이 귀고리는 고리족의 것이라는 필자의 주장과, 어원커족은 옥저의 후예라는 중국의 주장과, 옥저는 고리족의 일파였다는 우리 역사의 기록이 정확하게 일치한다.

참고로, 에벤키족이 이 귀고리를 착용했는지는 아직 확인하지 못했다. 그러나 강덕수 교수(한국외대, 러시아과)는 에벤키족의 언어에서 우리말이 발견된다고 보고한 적이 있다.

이 귀고리는 우리민족의 이동루트를 따라서 남미대륙까지 퍼졌다. 아래는 페루 잉카제국의 유물과 콜롬비아에서 발굴된 유물이다. 모두 앞부분이 둥근 원판 형태의 귀고리를 착용하고 있다.

페루 　　　　　　콜롬비아

어원커족의 막대형 귀고리도 멕시코와 남미 원주민들이 착용했다. 아래는 붉은색 막대형 귀고리를 착용한 아스태가 전사들의 모습과 남미 페루 원주민 전사의 조각상이다. 특히 페루의 조각상은 잉카제국이 건국되기 800년 전인 기원후 5세기의 것이다.

아스태가 전사들[22]   페루의 원주민[23]

그리고, 남미 아마존의 밀림 속에 사는 일부 원주민 부족들이 아직까지 이런 모양의 귀고리를 착용하고 있다. 아래는 마티스족의 귀고리 모습이다.

아마존의 마티스족의 귀고리

 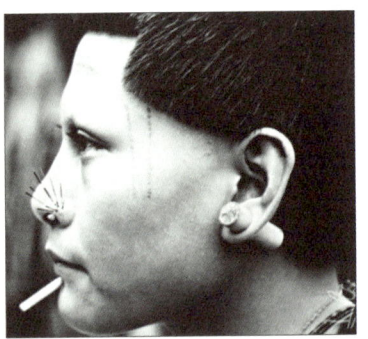

22. 저자 미상, 「Códice de Mendoza」, Regent Books, 1984, p.105.
23. Hans Dietrich Disselhoff, 「Daily life in ancient Peru」, McGraw hill book company, 1967, p.132.

이로써, 우리는 고대 우리 선조들의 귀고리가 멕시코 문명과 마야문명의 유물로 남아 있고, 남미 잉카제국의 유물에도 남아 있으며, 오늘날에는 아무르강 상류 내몽골의 후룬베이얼지역에 사는 어윈커족, 즉 옥저의 후예들과 아마존 밀림속에 사는 마티스족에게도 남아 있다는 사실을 알았다. 오늘날 어윈커족의 귀고리가 남미대륙 아마존 밀림 속에 사는 원주민의 귀고리와 같다는 이 사실은 우리 선조들의 발걸음의 크기가 우리의 상상을 뛰어넘었다는 것을 보여준다.

귀고리는 오늘날 우리가 잘 모르던 우리 선조들의 풍습이었다. 이와 같이 오늘날 우리는 모르지만, 아메리카로 이동한 우리민족의 흔적에는 고대 우리 선조들의 다양한 풍습의 흔적이 남아 있다. 마티스족의 코장식 모습도 멕시코의 아스태가인들이 일반적으로 하던 풍습이었고, 위에서 본 틀린깃족 추장의 부인의 아랫입술 모양도 오늘날 아마존 밀림의 원주민들에게서 볼 수 있다.

◆ **코걸이**

아메리카로 이동한 우리민족의 풍습 중에 매우 생소한 풍습이 코걸이 장식일 것이다. 이 풍습이 동북아의 우리 선조들에게 있었는지, 아니면 민족 이동 과정에서 생긴 새로운 풍습인지 판단할 수 있는 자료가 우리에게는 없다. 그러나 앞에서 본 아마존 밀림의 원주민의 코걸이 장식이 멕시코 아스태가제국에서 신분이 높은 지배자들 사이에 유행했었고, 그 장식은 우리민족의 이동루트였던 알류산열도의 섬에서도 19세기까지 남아 있었다는 것은 분명하다.

우리민족의 이동과정을 고려할 때, 이 풍습이 멕시코에서 새롭게 시작된 풍습이 아니라, 멕시코에 도착하기 훨씬 이전부터 있었던 풍습이었다는 것을 짐작할 수 있다. 그리고 우리민족의 이동과정에서 알류산열도의 섬은 배를 타고 지나갔던 지역에 불과했고, 물이나 식량이 필요한 경우에 잠시 들러, 그곳에 정착해 살던 사람들에게 쇠칼과 같은 것을 주고 물물교환으로 필요한 것을 받고서는 곧바로 지나갔던 지역에 불과하다. 따라서 알류산열도에서 시작된 풍습을 아스태가제국의 최고 지배 계층이 배워서 했을 가능성은 없다. 필자는 코걸이 풍습도 우리 선조들이 원래 가지고 있던 풍습이 아닐까 조심스럽게 추정한다. 아래는 코걸이를 한 알류산열도의 청년의 초상화(19세기)와 아스태가제국 제5대 황제 목테수마(15세기)의 모습이다.

알류산열도의 코걸이   아스태가제국 제5대 황제 목테수마

---

24. Dorothy Jean Ray, 「Aleut and Eskimo art: tradition and innovation in South Alaska」, University of Washington Press, 1981, p.90.

아스태가 제국의 시작

아스태가제국 최초의 왕은 맥이족이 아니라 고리족의 왕자였다. 맥이족은 아사달(아스땅)을 떠나 먼저 고리족 땅에 도착했는데, 그때 그 무리의 숫자는 1만여 명이었다고 한다[25]. 맥이족은 그곳에서 8개 고리족 집단과 함께 다시 길을 떠나 아메리카로 건너갔다. 그리고 물고기가 많이 잡히는 어느 곳에서 그동안 함께 이동했던 고리족과 작별한 후에, 맥이족만 오늘날의 멕시코로 이동했다. 그들은 오늘날의 멕시코 땅에 도착한 뒤에도 오랫동안 이곳저곳을 떠돌면서 방랑 생활을 하며, 온갖 고생 끝에 드디어 1325년, 오늘날의 멕시코 수도 멕시코시티가 있는 지역의 태흐고고(Texcoco)호수 안, 아무도 살지 않던 빈 섬에 나라를 세웠다. 그리고 곧바로 호수 건너편에 있던 골화간(Colhuacan)으로 가서 골화간 왕자를 데려와 왕으로 삼았다.

바로 이 부분이 아스태가제국 역사를 연구해온 세계 모든 학자들이 "도저히 이해할 수 없다"라고 하는 내용이다. 맥이족은 유랑생활을 하면서 멕시코 남부까지 갔다가 방향을 틀어 다시 중부 지역의 옛 돌태가문명이 있던 툴라(Tula)까지 북상해서 올라왔고, 거기서 한동안 살다가 다시 방향을 틀어 남쪽으로 내려가서, 그 당시에 가장 많은 사람들이 몰려 살던 태흐고고 호수 주변에 도착했다. 이때가 1250년경이었다. 태흐고고 호수 주변은 넓은 분지를 이루는 평지였고, 수량이 풍부하여 농사짓기에 알맞아, 그 당시에 많은 사람들이 집단을 이루어 각자 도시국가나 마을을 이루어 살고 있었다. 그들은 맥이족보다 오래전에 그곳에 도착한 사람들로서, 모두 부여-고구려계 우리 선조였던 고리족들이었다.

맥이족은 할 수 없이 아무도 살지 않던 자불태백(Chapultepec)이라는 산에 정착

[25.] Chimalpain Cuauhtlehuanitzin, Domingo Francisco de San Anton Muñon, 『Memorial Breve acerca de la Fundación de la ciudad de Culhuacan』, Universidad Nacional Autónoma de México, 1991, p.27.

했다. 그런데 갑자기 나타난 이 유랑집단에 대하여 그곳에 살던 부족국가들은 위협을 느끼기 시작했고, 마침내 골화간의 왕을 중심으로 연합군을 편성하여 맥이족을 공격했다. 이때가 1298년경이었다. 전쟁에서 패한 맥이족은 지도자들을 포함하여 대부분의 백성들이 포로가 되어 골화간으로 끌려갔다.

그런데 여기서 이상한 일이 발생했다. 그 당시에는 전쟁에 패한 종족들은 전부 노예가 되었고, 신분이 높은 지도자들은 인신공양 제사의 제물로 희생되곤 했던 시대였다. 따라서 맥이족도 그렇게 되었어야 했는데, 골화간 사람들은 맥이족을 자유인으로 해방시켜 주었을 뿐 아니라, 그들이 집단으로 모여 살아갈 수 있도록 영토까지 내어 주었다. 얼마 후에는 전쟁에서 도망쳤던 맥이족들까지 그곳으로 찾아와 함께 살기 시작했다. 또 고리족들과 맥이족들은 서로 형제라고 부르면서 시집장가도 가기 시작했다. 또 몇 년을 같이 살다가, 맥이족의 지도자 무당이 골와간의 공주와 결혼했는데, 결혼한 그날 밤에 공주를 죽이는 사건이 발생했다. 이튿날 분노한 골화간 사람들은 맥이족을 공격했고, 도망친 맥이족들은 다시 2년간 주변 지역에서 유랑생활로 살다가 마침내 호수 안의 빈 섬을 발견하여 그곳에 나라를 세웠다. 그리고 곧바로 자신들을 내쫓았던 골화간으로 찾아가서 왕자를 데려와 왕으로 옹립했던 것이다.

전 세계 모든 학자들은 포로로 잡혀간 맥이족이 골화간으로 끌려가서 노예가 되지 않고, 골화간인들이 그들에게 땅을 주고 자유인으로 살아갈 수 있도록 도와주었을 뿐 아니라, 서로 형제라고 부르며 결혼까지 하며 평화롭게 살았고, 나중에 골화족에 의해 쫓겨난 맥이족이 나라를 세우자마자 골화간으로 다시 찾아가서 왕자를 왕으로 모셔온 것은 도저히 이해할 수 없다고 했다.

그 당시 멕시코의 풍습에 따라, 지도자들은 모두 인신공양으로 희생되었어야 했고, 백성들은 모두 노예가 되었어야 했는데, 어떻게 서로 형제라고 부르며 돕고 살아가게 되었을까? 고대 멕시코에서 벌어진 이 충격적인 사건을 다른 나라 학자들은 이해하지 못해도, 이 책을 읽는 독자들은 이해할 수 있을 것이다. 맥이족과 골화족은 바로 우리 선조들로서 같은 민족이었기 때문이다. 맥이족은 요동에 살며 고조선을 건국했던 맥족이고, 골화족은 원래 고리족으로서, 만주대평원과 아무르 유역에 살면서 부여-고구려를 건국했던 선조들이었기 때문이다. 독자들은 3세기 후반에 집필된 「삼국지」위지동이전 부여편에 부여를 건국했던 사람들을 고리(高離)라고 기록하고 있다는 사실을 기억하기 바란다. 그리고 멕시코에서도 골화(Colhua)라는 말은 원래 '고리(coli)'가 변화되어 생겨난 말이라고 설명했고, 그 뜻은 '가는 물건이 둥글게 휘어진 것'을 뜻하거나 '노인'을 뜻한다고 설명하고 있다. 그렇다! 바로 우리말 '고리'가 그런 뜻이다[26].

결국, 고리족들이 대이동하여 멕시코로 먼저 가서 정착했고, 맥이족은 그들보다 수백 년 뒤에 멕시코에 도착하여, 처음에는 서로 동족인지 알아보지 못하여 전쟁을 했지만, 곧 동족이라는 것을 깨닫고서, 서로 형제라고 부르면서 도우며 살았고, 나중에 국가를 세우자마자 골화간의 왕자를 데려와서 왕으로 모셨던 것이다.

맥이족과 고리족이 만주에 살던 우리민족이었다는 역사적 사실을 모르는 유럽과 아메리카 학자들이 아스태가의 진정한 역사를 어떻게 이해할 수 있겠는가!

이렇게 모셔온 골화간의 왕자에게 맥이족 노인들이 '이 불쌍한 집단을 도와 달라'고 간절하게 부탁했다. 이때부터 왕을 다도안이(Tlatoani)라고 부르기 시작했는데, '모든 것을 도와주는 사람'이라는 뜻의 우리말이다. 아스태가제국 제1대 황제가 된 그 왕자의 이름이 아까마피치들이(Acamapichtli)이다. '우리 까만 피 사람'이라는 뜻의 우리말이다.

또 골화간 공주의 죽음으로 골화간의 공격을 받아 맥이족이 도망쳤던 곳을, 그들은 처음에는 아가진티땅(Acatzintitlán)이라고 부르다가 나중에 맥이가진고(Mexicatzinco)라고 고쳐 불렀다. 이 지명의 뜻을 해석한 학자는 아직까지 아무도 없다. 그러나 우리들은 매우 쉽게 해석할 수 있다. 아가진티땅은 '우리가 진 티땅', 즉 '우리가 진 땅'이라는 뜻이다. '맥이가진고'는 글자 그대로 '맥이가 진 곳'이라는 뜻이다. 그날 맥이족들은 골화간의 대규모 공격을 받고서 도망쳐 조금 떨어진 호수의 갈대숲으로 피신했다. 밤새도록 갈대숲 물속에서 공포와 추위에 떨었던 맥이족 여

---

[26] 우리말 '고리'가 '노인'을 뜻한다는 근거로 '고리타분한'이라는 말이 있다. 이 어휘는 '생각이나 행동이 시대에 뒤떨어진 행태'를 뜻하는데, 생각이나 행동이 시대에 뒤떨어진 사람은 '노인'이기 때문이다. 필자는 '고리타분한'이 '고리답다/고리다운'에서 유래된 표현으로 본다.

인들과 아이들이 "차라리 죽여달라"고 울며 외쳤다고 한다. 그 때 맥이족 전사들은 그들을 위하여 온돌식 목욕탕을 건설했는데, 그것을 때마스갈리(Temazcali)라고 불렀다. '때마스'는 만주어로 '청결'을 뜻하고, '갈'은 몽골식 천막집을 뜻하는 몽골어 '겔'과 비슷하다. 맥이족과 고리족이 살던 호수 명칭 태흐고고(Texcoco)도 '태양의 곳곳'을 뜻하는 우리말이다.

이렇게 간단히 살펴본 멕시코 고대 역사 속에서도 우리민족의 두 뿌리에 해당하는 맥이족과 고리족이라는 명칭이 나오고, 다양한 우리말이 쏟아져 나온다. 따라서 멕시코의 고대 역사, 문화, 지명 등을 제대로 이해하려면 우리말을 기반으로 해야 한다.

도대체 왜 어떻게 멕시코 고대 역사에 우리말이 이렇게 많이 쏟아져 나오고, 그들의 역사적 지명도 우리말로 해석되고, 골화족과 맥이족은 왜 만주와 요동에 살던 우리 선조들의 호칭과 같을까?

03. 멕시코에 나타난 우리민족의 풍습

● **육아 풍습**

인간에게 가장 근본적인 문제는 생명의 탄생과 죽음일 것이다. 이것은 시작과 끝이고 만남과 이별이며 가장 큰 기쁨과 가장 큰 슬픔이다. 이렇게 극적인 감정 변화를 불러일으키는 순간에 대해 모든 민족은 오랫동안 각자 특별한 의식을 치러왔고, 그것이 점차 그 민족 고유의 풍속과 전통이 되어 다른 민족과 구별되는 기준이 되어 왔다. 삶과 죽음에 대한 민족 나름의 특별한 의식은 그 민족의 신앙과도 연결되어 다른 민족과 구별되는 독특한 정체성이 되곤 했다. 우리민족에게도 아기가 태어났을 때와 집안 어른이 죽었을 때 매우 독특한 민족 고유의 풍습이 있었다.

그런데 수천 년 동안 바로 이웃해 살고 있는 중국, 몽골, 일본 등의 나라에도 없는 우리민족 고유의 이러한 풍속이, 불과 70년 전까지만 해도 상호 교류는커녕 서로 존재 자체를 몰랐을 정도로 지리적으로 먼 멕시코에서 발견된다면, 우리는 이 사실을 도대체 어떻게 이해해야 할까?

◆ **금줄과 정한수**

아기 탄생에 대한 우리민족 고유 풍습으로 먼저 들 수 있는 것은 금(禁)줄이다. 금줄은 아기가 태어나기 며칠 전부터 집 앞 길에나 대문에 쳤던 새끼줄을 말한다. 이 새끼줄은 보통의 새끼줄과는 반대 방향으로 꼬고, 일정한 간격으로 짚이나 붉은 고추, 흰 종이, 검은 숯 등을 끼워놓은 것이다. 금줄을 치는 이유는 아기 탄생의 신성한 순간에 외부 잡인의 출입으로 인하여 좋지 못한 기운이 집안으로 들어오는 것을 막고자 하는, 소위 부정 타는 일이 발생하지 않도록 하기 위하여 외부인에게 '출입금지'를 알리는 풍속이었다.

우리 선조들은 '아기'를 '아해'라고 했는데, 이 말은 '우리 태양'이라는 뜻으로서, 태양신을 믿었던 우리 선조들은 아기 탄생에 대하여, '새 생명은 태양신으로부터 태어난다'고 믿었기 때문이다. 아기가 태어날 때 산모와 연결된 생명의 줄을 '탯줄'이라고 하는데, 이것도 '신성한 줄'을 뜻한다.(보다 자세한 설명은 '태양신앙'을 다루는 다른 책에서 하도록 하겠다.)

금줄은 아기가 태어날 집 앞 대문뿐 아니라 신성한 제사를 올리는 장소에는 어디에나 쳤다. 마을의 성황당과 산신제를 올리는 장소 입구에도 제사를 올리기 얼마 전에 미리 금줄을 쳐서, 부정 타는 것을 막고자 잡인의 출입을 금지하였고, 제사를 지낸 뒤 일정한 기간이 지나면, 자연히 그 효력이 상실되는 것으로 믿었다.

아기 탄생 원형금줄

성황당에 쳐진 금줄

우리민족은 남녀노소를 불문하고 밤낮없이 어울려 노래를 부르던 흥겨운 민족이었지만, 아기 탄생의 신성한 순간만은 이웃조차도 출입을 금지하여 '신성한 순간'을 지키고자 한 것이 금줄이었다. 이것은 아기 탄생의 신성한 순간에 외부 잡귀(나쁜 귀신)로 인하여 부정 타는 것을 막아야 아이가 무병장수할 수 있다는 민족 고유의 신앙에서 비롯된 것이다.

따라서 금줄 풍속은 일상적인 다른 풍속과는 그 깊이가 다르다. 예를 들어, 여인들이 아름답게 보이려고 하던 볼연지나 가체, 혹은 남자들의 상투와 같은 풍속과는 달리, 우리민족의 전통 신앙에 뿌리를 두고 있다. 우리민족에게 '부정 탄다'는 의미는 '나쁜 귀신이 들어와 해를 끼친다'는 의미였으므로, 금줄은 나쁜 귀신을 막고자 했던 우리민족 고유 신앙의 표현이었다. 그리고 민족 신앙이란 그 민족에게 오랜 세월에 걸쳐 형성된 정신세계이고, 그렇게 형성된 정신세

---

1. 필자의 고향 마을 입구에 있는 성황당이다. 이 성황당은 매우 오래된 것으로서, 성황당 안쪽 담 바로 뒤에, 1970년대 중반까지 둘레가 약 4m에 달하며 수백 년 된 매우 큰 버드나무가 신목으로 있었다.

계는 다른 민족이 흉내 낼 수 없는 민족 정체성의 일부이므로, 금줄은 우리민족 정체성과 관련된 풍습이라고 할 수 있다. 민족이 다르면 정신세계도 다르다는 점에서 볼 때, 다른 민족이 아기 탄생 금줄을 모방하기는 어려웠을 것이다.

멕시코 원주민들도 금줄을 쳤다. 그들도 아이가 태어날 때, 집 앞에 그리고 신성한 장소 입구에 금줄을 쳤다. 아래는 사하군(Sahagún)신부와 두란(Durán) 신부가 아스태가제국 정복 직후에 그들의 고유 풍습과 신앙에 대해 기록하면서 함께 그려둔 그림들이다. 그 신부들의 설명에 따르면, 아기가 태어날 때 산파는 점쟁이를 찾아가서 금줄을 받았고, 산에는 제사를 올리는 신성한 장소가 있었는데, 그곳에도 금줄을 쳤다고 한다. 두 그림에 나오는 금줄에는 일정한 간격으로 무엇인가 끼워져 있는데, 우리민족의 금줄은 단순한 새끼줄이 아니라 일정한 간격으로 붉은 고추, 검은 숯, 짚이나 종이 등을 끼워 놓은 것이다.

멕시코의 아기 탄생 금줄

멕시코의 신성한 장소 금줄

2. Sahagún, Bernardino, 「Historia general de las cosas de Nueva España」, 4권 1장.
3. Durán, Diego, 「Los ritos y fiestas de los antiguos mexicanos」, Editorial Innovación, 1980, p.112.

왼쪽 그림에는 산파가 점쟁이를 찾아가서 둥근 금줄을 받아들고 있고, 점쟁이는 뭔가를 바닥에 던져서 점을 치고 있는데, 아기의 운명을 점치는 것으로 보인다. 오른쪽 그림은 산신제를 올리는 장면으로서, 두 명의 무당이 악기를 연주하며 제사를 올리는 장면이다. 이것을 기록한 두란 신부는 원주민들이 굿하기 며칠 전에 새끼줄을 쳤다고 했으며, 그 새끼줄에 대하여 다음과 같이 설명했다.

짚으로 꼬아 만든 새끼줄 하나가 작은 나무와 중간의 큰 나무 그리고 작은 나무로 연결되어 있고... 그 새끼줄에는 같은 풀이나 짚이 일정한 간격으로 끼워 매달아져 있었다[4].

두란 신부의 이 설명은 정확하게 우리민족의 금줄을 묘사한 것이다.

아기 탄생과 관련된 또 다른 기록에는, '태어난 지 4일째 날, 산파는 물 한 그릇을 떠 오게 하고 나서, 아기를 안아 머리는 동쪽으로 향하게 한 뒤, 아기의 복을 기리는 축사를 했고, 이 의식이 끝난 후에 친척들과 친척 아이들이 아기를 보러 왔다'고 한다[5]. 여기서 물 한 그릇은 우리민족의 '정한수'이다. 우리민족은 초저녁이나 새벽녘에 깨끗하고 차가운 물 한 그릇을 떠 놓고, 자손들의 건강과 복을 비는 풍습이 있었다. 아이 머리를 동쪽으로 향하는 것도 '남자 아

---

4. 본문에서 '짚'이라고 하기는 했지만, 아스태가제국에서 벼농사를 짓지는 않았다. 추정하건대, 풀을 짚이라고 표현했을 가능성이 있다.
5. Dolores, Roldán, 「Códice Cuauhtemoc」, Editorial Orion, 1984, P.33. 이 내용은 아스태가제국 마지막 황제인 과우흐태목이 태어났을 때에 행해진 풍습이었다.

이를 수태하기 위하여 부인이 머리를 동쪽으로 향하는' 우리의 옛 풍습과 연관성이 있고, 태양신을 믿었던 우리민족 신앙과도 관계가 있다.

◆ **아이의 사주(四柱)를 보았다**

우리민족은 오래전부터 인간은 태어난 날짜와 시간에 따라서 그 운명이 정해진다고 믿었다. 그래서 태어난 연월일시(年月日時)를 매우 중요하게 생각하여 사주(四柱)라고 불렀다. 사주는 인간의 운명을 결정하는 네 개의 기둥이라는 뜻으로, 좋은 사주를 타고나야 무병장수하며 잘 살 수 있다고 믿어 '사주팔자'라는 말도 생겨났다. 오늘날 우리가 사주를 볼 때 사용하는 달력은 중국 산동반도 지역에서, 기원 1천 년 전까지 번성했던 은나라(상나라)에서 만들어진 음력 달력을 기준으로 한다[6].

멕시코 원주민들도 아이가 태어나면 그 아이의 운명을 알기 위하여 점을 치고, 사주를 보았다. 다음 그림은 아이를 데리고 점쟁이한테 가서, 아이의 팔자에 관하여 묻는 장면이다.

사하군 신부의 기록에 따르면, 멕시코 원주민들도 아이가 태어난 연월일시(年月日時), 즉 사주가 아이의 모든 것을 결정한다고 믿었다. 우리처럼, 아이가

---

6. 은나라는 근본이 우리민족과 관련이 깊다. 은나라는 중국 산동반도를 중심으로 기원전 1600년경~기원전 1100년경까지 존재했던 나라로서, 중국인(화하족)의 주나라가 점차 공격해 오자, 그 백성들은 지금의 중국 북경, 요서·요동 지역으로 대거 이동했다. 그 당시의 요서·요동 지역에는 고조선이 있었다. 대만의 역사학자 문숭일(文崇一)도 다음과 같이 말했다: "황하 유역의 여러 부족들이 결합하여 중국민족을 형성하기 이전에, 이미 산동반도, 요동, 한반도에는 맥족(貊)이 거주했다. 은나라 사람들은 예맥족과 같은 집단이었다."(참조: 권태원, 「한국사회풍속사연구」, 경인문화사, 1980, p.13.) 예맥은 기원 전후부터 우리민족을 칭하기 위해서 중국인이 사용하던 용어이다.

아이를 데려가 사주를 보는 모습(사하군의 역사서 제6권)

태어나면 그 태어난 사주에 따라서 그 아이의 평생의 운명, 인생의 성패, 그리고 죽음까지도 결정된다고 믿었다. 그래서 아이가 태어나면 다마틴이(Tlamatini)를 찾아가 아이의 운명을 알아보는 점을 치는 풍습이 있었다. 이 풍습에 대하여 그는 다음과 같은 기록을 남겼다.

> 아이가 태어나면, 사람들은 그의 운명을 알아보기 위하여 점쟁이를 찾아 갔다. 점쟁이는 아이가 태어난 시각에 대해서 묻고 나서, 자기 책을 들쳐보고 달력에 적혀있는 기호를 찾는다. 그는 아이가 밤에 태어났는지, 낮에 태어났는지, 아니면 자정에 태어났는지, 또는 자정이 지난 뒤에 태어났는지 묻는다. 만약 자정 이전에 태어났다면, 그 전 날의 기호를 말해주고, 자정이 지난 뒤에 태어났다면, 그 아이의 탄생은 그 다음 날의 기호에 해당 한다.

7. Sahagún, Bernardino, 『Historia general de las cosas de Nueva España』, Editorial Porrua, S.A.,

이렇게 아이가 태어나면, 태어난 시간을 확인하고 날짜를 확인했다. 점쟁이는 아이의 생년월일시를 모두 알고 나서, 자기가 가지고 있던 책을 보고서 아이의 탄생 기호를 찾아, 그 기호를 해석하여 아이의 운명을 예언했다. 그가 가지고 있던 책은 기호(그림문자)로 된 달력이었다.

사하군신부는 사주를 보기 위하여 점쟁이들이 자기 책들을 자주 들쳐보곤 했다고 했다. 우리도 사주를 볼 때에는 음력달력으로 생년월일시의 기호를 찾아낸 후에, 그것의 의미를 주역(周易)과 같은 책에서 찾아내어 설명 한다[8]. 아스태가제국의 점쟁이들도 이것과 비슷한 책을 사용했던 것으로 보이지만, 구체적으로 어떤 책인지는 알 수 없다. 남아 있는 책들이 없기 때문이고, 또 그 책에 그려진 그림 기호의 의미를 아는 사람들은 소수의 지배계층인 무당들이었는데, 스페인과의 전쟁에서 그들부터 희생되었기 때문이다.

아스태가제국 시대의 무당들은 높은 지식을 갖춘 지배계층이었다. 그들은 스페인과의 전쟁에서 선봉장 역할을 했고, 가장 용감한 전사로서 싸웠으며, 정복된 후에는 가장 큰 박해를 받았던 사람들이기도 했다. 그래서 전쟁 후에 살아남은 자들도 그들의 신분을 드러내지 않으려 했고, 그들의 종교와 예언에 관한 지식도 절대로 외부 사람들에게 알려주지 않았다. 그들의 이러한 태도에 대

1956, México D.F, 6권 36장.

8. 주역은 인간의 운명을 예언하는 책으로서, 음양오행론을 포함하고 있다. 원래 주역과 음양오행론은 따로 발전했다. 주역은 중국의 춘추시대(기원전 771년~기원전 403년)에 만들어졌고, 음양오행론은 전국시대(기원전 403년~기원전 201년)에 만들어졌다. 그 후에 주역에 음양오행론이 결합된 것이 오늘날의 주역이다. 멕시코 기록을 살펴 본 필자의 판단으로는, 사주를 보는 지식은 맥족(아스태가)이 멕시코로 가져간 것이 아니고, 먼저 간 고리족(부여-고구려계 선조)들이 가져간 것이다. 그리고 주역의 기본 원리를 창안한 태호복희가 오늘날 중국 삼황(三皇)의 하나로 추앙받고 있지만, 그도 우리 선조였다는 증거도 멕시코에 있다. 준비 중인 다른 책에서 다루도록 하겠다.

하여, 테스카들 이짝(Tezcatl Itzac)은 아스태가제국 마지막 황제의 유언 때문이라며, 다음과 같이 설명했다.

> 아스태가인들과 점쟁이들은 그들의 위대한 지식과 그것을 해설해주었던 모든 것들(책들)을 감추고 은폐했다. 모든 것을 감추라는 마지막 황제 과우흐태목(Guauhtemoc)이 유언으로 남긴, 마지막 명령 때문이었다[9].

아스태가제국에서 점쟁이를 다마틴이(Tlamatini)라고 불렀다[10]. 우리들 중에 이 말을 듣고서 '다 맞히는 사람'을 뜻하겠구나 라고 깨닫지 못할 사람은 없을 것이다. 500년 전 멕시코 원주민들이 사용하던 말을 우리는 어떻게 듣자마자 바로 그 뜻을 짐작할 수 있는 것일까? 오늘날 멕시코인들 조차도 스페인어를 사용한 지 오래되어 이 말의 뜻을 아는 사람들이 거의 없는데 말이다. 그런데 우리나라 사람들은 누구든지 '다마틴이'의 뜻을 쉽게 알아차릴 수 있다. 이것이 우연일까? 언어에는 우연의 일치란 없다. 이 말은 바로 우리말이기 때문이다. 우리말인가 아닌가를 확인하는 가장 정확한 방법은 그 어휘의 구성요소(형태소)를 우리말과 비교하여 뜻과 발음이 일치하는지 확인하는 것이다. 다마틴이를 국어의 형태소로 분석하면 다음과 같다.

---

9. Tezcatl Itzac, 「Descodificación del calendario azteca」, Impresor Asociado, p.13.
10. 오늘날 멕시코인들은 '들라마틴이'이라고 발음한다. 15세기말~16세기 초에 발생한 언어 혼란으로 T 다음에 L 소리가 새로 생겨, 오늘날까지 지속되어 오기 때문이다. 원주민의 원래 말에는 L 소리가 없기 때문에, 이 책에서는 원래대로, L 소리를 빼고 '다마틴이'로 읽는다.

다마틴이 → 다 + 마티 + ㄴ + 이

뜻 → 모든 것(을) + 맞히(다) + 관형격접사 + 사람

이렇게 분석해 보면, '다마틴이'라는 말을 구성하는 모든 형태소가 우리말이라는 것과 형태소들의 결합 순서와 방식도 우리말과 정확하게 일치한다는 것을 알 수 있다. 특히 '맞히다'의 발음이 '마치다'이고, 우리말에서 이 발음의 고어가 '마티다'였다는 것과 동사가 뒤에 오는 명사를 수식할 때 붙는 관형격접사 'ㄴ'은 우리말 고유 특징이다. 멕시코 원주민 말이 이런 우리말의 특징 하나하나와 모두 일치한다는 사실은, 그들이 우리민족이라는 부인할 수 없는 증거이다.

◆ **아이를 업고 다녔고, 젖을 줄 때 '찌찌'라고 말했다**

멕시코 원주민들의 육아 풍습도 우리민족 전통 육아 풍습과 같았다. 원주민 엄마들도 포대기를 이용해 아이를 업고 다녔고, 젖을 물릴 때는 '찌찌(tzitzi)'라고 말하곤 했다[11]. 1540년대 스페인 역사가이자 신부였던 고마라(Gomara)는 다음과 같이 기록해놓았다[12].

> 엄마들이 갓 태어난 아기에게 첫 날은 하루 종일 젖을 주지 않는 것이 일반적인 풍습이었다. 그 이유는 배고픔을 느끼도록 함으로써, 나중에 젖을 더

---

11. Rodriguez, 「Tlaxcala en la historia」, Editorial Progreso S.A., 1966, p.14.
12. Gómara, Francisco López de, 「La Conquista de México」, Dastin S.L., 2000, p.450.

잘 물도록 하기 위함이었다. 엄마나 아주머니들은 작은 담요(포대기)로 아기를 등에 업었는데, 이 담요로 아기 몸 전체를 싸서 업었다. 등에 업힌 아기의 머리는 엄마의 목에 닿았다. 엄마들은 그 담요 양쪽 끝을 가슴 앞에서 동여매었다. 그렇게 하여 외출할 때 아기를 업고 다녔고, 젖을 줄 때에는 겨드랑이 밑으로 머리를 돌려서 주었다. 그리고 아기가 세 달 되었을 때, 유럽식 계산 방법으로는 두 달에 해당하는데, 그 아기를 무당이 있는 사원으로 데려갔고, 무당은 아기에게 이름을 지어주었다.

이 기록을 보면, 고마라 신부가 마치 우리민족의 옛 육아 풍습을 묘사한 것처럼 보일 정도로, 멕시코 원주민의 육아 풍습이 우리민족의 육아 풍습과 같았다는 것을 알 수 있다. 우리민족도 옛날에 아이를 낳으면 첫 날에는 젖을 물리지 않는 풍습이 있었고, 그 목적도 나중에 아이가 젖을 잘 먹도록 하기 위함이었다. 외출할 때 포대기를 이용하여 아이를 등에 업고 다녔고, 그 포대기 끝을 가슴 위에서 동여매었다. 등에 업힌 아기에게 젖을 물릴 때는 겨드랑이 밑으로 아이 머리를 비스듬히 돌려서 젖을 물리곤 했다.

우리나라에서도 이렇게 젖을 물리는 방법은 매우 특이한 것으로, 아래 사진에서 보듯이 옛날 어머니들이 그렇게 했다. 그런데 아스태가제국을 정복한 직후에 스페인인들은 원주민 여인들이 '찌찌'라고 말하면서 이렇게 젖 물리는 모습을 보았던 것이다.

우리나라 근대의 육아 모습

멕시코 여인의 육아 모습

● **장례 풍습**

◆ 순장

우리 선조들은 다양한 장례 문화를 가지고 있었다. 왕이나 높은 지배계층이 죽으면, 그 부인이나 하인을 산 채로 함께 묻어주던 순장(殉葬)이 부여, 고구려, 신라, 가야에 있었다. 순장은 북방민족의 오래된 풍습으로서, 강제로 하는 경우도 있었지만, 때로는 피순장자가 스스로 원해서 하는 경우도 있었다.

3세기 전반기, 고구려를 통치하며 고조선의 옛 땅 요동을 되찾기 위하여 노심초사하다가 위나라 관구검의 공격을 받고서 옥저까지 도망치기도 했던 동천왕이 248년 죽었을 때, 스스로 순장되겠다고 나선 지원자가 너무 많았다고 한다. 신라에서는 6세기 초에 지증왕이 순장을 금하는 명을 내리기도 했다. 순장이 우리민족에게서 사라진 동기는 불교가 퍼지면서 점차 샤머니즘적 신앙이 백성들로부터 멀어지면서였다[13].

  아메리카에서도 순장은 매우 흔했고 널리 퍼져 있었다. 북미의 캐나다 서부 해안에서부터 남미 페루의 잉카제국까지 순장이 행해졌다. 캐나다 서해안 원주민들은 비가 많이 오는 그 지역의 기후로 인하여, 통나무배 카누에 사체를 넣은 후에 나무 위에 걸쳐놓았는데, 노예를 그 카누 안에 산 채로 묶어 함께 장례를 치렀고, 몇 년이 지난 후에 카누를 내려서 주인과 노예의 뼈를 추려서 땅에 묻었다. 그런데 밴쿠버로 흐르는 프레이저(Fraser)강 유역에서 1860년대 금광이 발견되면서 백인들이 대거 들이닥쳤다. 그들은 강을 타고 이동하기 위하여 원주민들이 장례를 치른 통나무배를 나무에서 내려 시체를 버리고 훔쳐갔다. 이런 일이 잦아지자 원주민들의 장례 문화도 바뀌어 통나무배 장례가 점차 사라져 갔다. 미국에서도 거의 전 지역에서 순장이 보편화되어 남편이 죽으면 부인과 노예를 함께 묻어주는 것이 일반적이었고, 멕시코와 남미 잉카제국 원

---

13. '샤만'이라는 말도 원래 우리 선조들이 사용하던 말이다. 이 말은 원래 만주대평원과 아무르강 유역에서 사용되던 말로서, 높은 사람을 샤만(saman), 또는 샤마(sama)라고 불렀다. 일본어 고어에서 높은 사람에게 붙이는 샤마(さま)도 여기에서 유래된 말이다. (참조: Berthold Laufer, 'Origin of the word Shaman', 「American Anthropologist」, 1917, Vol. 19). 국어학계에서는 이 말이 퉁구스어에서 유래한 말이라고 설명하고 있으나, 퉁구스어는 북만주와 아무르강 유역에 살던 사람들의 언어를 통칭한 용어이고, 우리민족이 만주에서 살다가 북쪽 아무르강 유역으로 대거 이동하였으므로, 퉁구스어의 근본 바탕은 바로 우리 선조들이 사용하던 우리말이다.

주민들도 역시 많은 순장을 했다. 앞에서 언급했던 고마라(Gómara)의 책에도, 왕의 장례식에서 무당이 200여 명의 노예들을 죽여 순장했다고 기록되어 있다.

◆ 거실장

우리 선조들은 이승에서의 삶이 끝나면 저승에서의 새로운 삶이 시작되고, 저승에서의 삶은 후손을 돌볼 수 있는 능력을 갖춘 신(神)으로서의 삶이라고 생각하여, 예로부터 장례식을 매우 성대하게 그리고 오래 치렀다. 그러다보니 장례 풍습도 다양해졌지만 묘의 형태도 다양해졌다. 우리 선조들은 돌로 피라밋을 축조하기도 했고, 흙으로 거대한 봉분을 축조하기도 했으며, 도굴을 못하게 많은 돌을 관위에 쌓아놓은 돌무지무덤을 만들기도 했다. 또 사체를 그대로 묻기도 했고, 화장하기도 했다.

우리 선조들은 무덤을 두 번 만드는 2차 장법을 자주했다. 먼저 한 곳에 묻었다가 나중에 유골만 정리하여 다른 곳에 다시 묻던 장례 풍습이었다. 평민들의 2차 장법으로 특이한 것은 고구려의 거실장이다[14]. 거실장은 가족이 죽으면 밖에 내다 묻은 것이 아니라, 살던 집안 바닥을 파고 묻었다가 얼마간의 시간이 지나면 유골을 꺼내어 밖으로 가져가 묻던 풍습이었다. 또 백제나 신라에서는 무덤을 크게 만들어, 한 봉분 안에 여러 구의 시신을 안치하던 풍습도 있었다.

이 모든 장례 풍습이 아메리카 원주민들에게도 있었다. 미국의 미시시피강 유역과 일리노이주에는 신라의 큰 봉분의 무덤과 같은 무덤들이 매우 많은데,

---

14. 박태호, 「장례의 역사」, 서해문집, 2008, p.52.

일부 무덤에는 여러 구의 유골이 층을 달리하며 묻혀있었다. 2차 장법으로서 거실장 풍습도 미국과 멕시코 원주민들에게 널리 퍼져 있었다. 특히 멕시코에서는 기원전 1세기에 시작되었던 태오티와간문명부터 거실장이 나타나며, 아스태가제국 뿐 아니라 아스태가제국 정복 전쟁에서 스페인 측에 가담하여 군사적 지원을 했던 토토나가(Totonaca)족들도 거실장을 했다. 토토나가족은 멕시코 동해안 지역에 살던 종족으로서, 그 명칭은 '신성하고 신성한 나의 사람'을 뜻하는 우리말이다. 그들은 장례식에서 사체의 입 안에 옥구슬을 넣어주는 등 다양한 우리 고유의 풍습을 가지고 있던 우리민족의 일파였다. 필자는 그들의 언어 흔적에서 다양한 우리말도 발견했다. 아래는 미국 미시시피강 유역에 19세기 말까지 남아 있던 큰 봉분 무덤의 발굴 모습과 거실장 모습이다.

미국 인디언의 무덤
(미시시피강 유역 발굴 모습)

미국 인디언의 거실장
(미시시피강 유역)

◆ **오일장, 상엿소리, 입 안의 옥**

　동북아에서 우리민족은 장례식을 매우 성대하게 치르기로 유명했다.「삼국지」위지동이전의 기록에 따르면, 부여 사람들은 부모가 죽으면, 장례식을 무려 다섯 달 이상 치렀고, 오래 하면 할수록 잘하는 것으로 여겼으며(其俗停喪五月 以久爲榮/기속정상오월 이구위영), 이웃 사람들이 이제 그만하라고 권하면, 상주는 더 하겠다고 하여 실랑이 벌이는 것을 미덕으로 여겼다고 한다. 또 고구려 사람들은 장례를 치를 때 상주는 곡을 하고, 손님들은 북치며 노래하고 춤추었다고 한다. 여기서 부른 노래는 우리민족의 상엿소리, 즉 만가(輓歌)를 말한다.

　그 밖의 우리 선조들의 장례 풍습으로는 사체를 묻을 때, 관 안에 새 깃털을 넣어주고, 사후세계(死後世界)로 가는 노잣돈으로 입 안에 옥구슬을 넣어주기도 하고, 서민들의 경우에는 입에 쌀 세 숟가락을 넣어주기도 했다. 땅에 묻을 때에는 흰 흙(회)을 관 주변에 뿌려주거나 사체(死體) 위에 직접 뿌려주었다.

　이런 우리민족의 장례 풍습을 우리 바로 옆에 살았던 숙신족의 장례 풍습과 비교하면 극명하게 차이가 난다.「위서」열전88에 따르면, 숙신족은 부모가 가을 겨울에 죽으면 그 사체를 담비를 잡기 위한 먹이로 사용했고, 봄 여름에 죽으면 당일 날 바로 들에 가져가 묻었다고 한다. 생과 사에 대한 의례는 그 민족의 정신세계, 즉 정체성에서 나오는 것으로 장례 풍습이 이렇게 달랐다는 것은 두 민족이 근본 뿌리부터 달랐다는 것을 의미한다.

　아메리카 인디언들의 장례 풍습은 우리민족의 장례 풍습과 거의 같았다. 캐나다 서해안에서는 몇 달씩 치렀던 장례식 풍습이 19세기 초까지도 이어졌다. 그 장례식을 원주민들은 '보더라지(Potlach)'라고 불렀는데, 주변의 많은 사람들을 초대하여 잔치처럼 매우 성대하게 치렀다. 필자는 '보더라지'가 우리말 '보다/(와서)보라지'와 관련된 말로 본다. 그들은 먼 곳에 사는 사람들에게도 참석하도록 알리기 위하여 목간(木簡)을 사용했다. 목간은 종이가 없던 시대에 나무를 얇게 쪼개어 글을 쓰던 것으로서, 캐나다 원주민들은 글자가 없어서 글자가 쓰이지 않은 빈 목간을 보내곤 했다. 사진은 '퓨제사운드'라고 부르는 캐나다 밴쿠버에서 미국 씨애틀에 이르는 지역에 살던 인디언들이 19세기에도 사용하던 목간이다

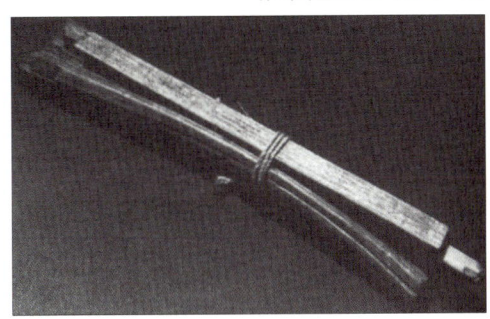

퓨제사운드 인디언의 목간

멕시코 원주민의 장례 풍습도 우리민족의 장례 풍습 그대로였다. 장례식을 몇 달씩 하는 풍습에 대한 기록은 없지만, 5일 동안의 장례식, 상엿소리, 입 안에 옥구슬을 넣어 주었다는 기록 등이 있다. 다음은 16세기 초의 멕시코 원주민들의 장례 풍습을 기록한 스페인 신부 고마라(Gómara)의 기록이다.

왕이 죽자 친척과 친구인 귀족(속국 왕)들에게 알렸다. 그들은 4일 이내에 장례식에 참석했다. 4일 밤낮을 지새우며 울며 곡을 했고, 다음날 왕의 입에 아름다운 에메랄드 옥구슬 한 개를 넣어 주었다. 왕의 얼굴 위에 귀신(악마)의 형상이 그려져 있고 많은 옥(玉)으로 장식된 탈을 씌어주었다. 관을 어깨

---

15. Eells, Myron, 「The Indians of Puget Sound, the notebook of Myron Eells」, University of Washington Press, 1985, p.312.

에 메고 사원으로 가는데, 어떤 사람들은 울면서 가고, 다른 사람들은 노래를 부르고 갔는데, 이렇게 하는 것이 이 사람들의 장례 풍습이었다. 사체를 화장하는 동안, 무당들은 200여 명의 사람들을 순장시켰다. 그 후 왕의 뼈를 거두어 묻었다[16].

고마라는 같은 책에서 그들의 장례식 풍습에 관하여 다음 몇 가지를 더 기록해 놓았는데, 그 내용을 보면 모두 우리민족 고유의 장례 풍습을 묘사한 것 같다고 할 정도이다.

1) 사자(死者)가 생전에 사용하던 보석, 담요, 방패, 무기, 깃발 등을 같이 태워주었다
2) 장례 마지막 날, 사자(死者)를 화장할 때, 집과 화장하는 장소인 사원에 많은 음식으로 제사상을 차렸다.
3) 순장의 대상 중 일부는 자원한 자들로서, 왕과 함께 죽는 것을 영광스럽게 생각했다.
4) 상엿소리는 매우 슬픈 노래로서 사람들은 반복해서 불렀다

---

16. Gómara, F. López, 「La conquista de México」, Dastin S.L., 2000, p.446.

◆ 상엿소리(만가)

필자는 아직 멕시코의 상엿소리를 발견하지 못했다. 그러나 멕시코와 가까운 미국 남부 텍사스주의 바닷가에 사는 가랑가화(karankawa)족 인디언들의 상엿소리를 발견하였다. 가랑가화는 '가랑 가라', 즉 '그와 가라'라는 뜻의 우리말이다. 독자들은 우리말 고어에서 '화(wa)'가 '라'와 같은 경우가 있다는 것을 기억하기 바란다. 대표적인 예로,「용비어천가」의 '불휘'가 '뿌리'이다. 즉 우리말 고어에서 '화=라'였다.

아래 노래는 미국 학자들이 20세기 초에 채집한 그들의 상엿소리로서, 가사에는 '아흐(ah), 하(ha), 흐이(hae)'와 같은 탄식을 나타내는 소리와 '애타(e tha)'라는 슬픔을 나타내는 말이 반복되고 있다. '애타'는 '애타다, 애달프다'라는 우리말이다. 참고로 우리말에서 서술어 종결어미 '~다'는 20세기 초까지 거의 사용되지 않았다. 따라서 오늘날의 '애타다'는

가랑가화(가랑가라)족의 위치

100년 전까지만 해도 '애타'라고 말했다. '애타(e tha)'라는 말이 무슨 뜻인지 이 노래를 채집했던 미국 학자조차도 아직까지 알지 못한다. 그러나 우리나라 독자들 중에 이 말이 무슨 뜻인지 모를 사람은 아마도 없을 것이다.

---

17. 국어학계에서는 '불휘〉뿌리'를 음운변화로 설명하고 있다. 먼저 'ㅎ'이 탈락한 뒤에 앞소리 받침 'ㄹ'이 뒷소리로 와서 '뿌리'가 되었다고 설명한다. 필자는 이것이 음운변화가 아니라 방언 관계라고 본다. 보다 자세한 것은 '언어편'에서 설명하기로 한다.

가랑가화족의 상엿소리[18]

[18] 「Peabody Museum of American Archaeology and Ethnology」, Harvard University papers Vol. 1, The salem press Co., 1904, p.122.

◆ 흰 흙과 새 깃털

앞에서 필자는 우리민족의 장례 풍습 특징 중 매장할 때 관 안에 새 깃털을 넣어주고, '회'라는 흰 흙을 관 주변에 뿌려주던 풍습이 있었다고 했다. 「삼국지」위지동이전 변진(가야 · 신라)편에는 '사람이 죽으면 큰 새의 깃털로 장식하여 죽은 자를 보내는데, 그 뜻은 죽은 자의 혼이 하늘로 날아오르도록 하는데 있었다(以大鳥羽送死其意欲使死者飛揚/이대조우송사 기의욕사사자비양)'라고 기록하고 있다. 흰 흙의 풍습은 오늘날까지도 이어져, 경기도에서는 관을 열어 사체 위에 직접 뿌려주고, 경상도에서는 관 주변에 뿌려준다.

이러한 풍습도 고대 멕시코에 있었다. 아스태가인들이 1250년경 지금의 멕시코시티에 있는 자불태백(Chapultepec)산에 도착하여 거주한 지 50여 년이 흘렀을 때, 주변 종족들과 전쟁이 벌어졌고, 이 전쟁에서 패한 아스태가인들은 포로가 되어 고리족의 나라 골화간(Colhuacan)으로 끌려갔다. 나중에 골화간 사람들은 아스태가인들이 자신들과 같은 민족이라는 사실을 깨닫고, 그들에게 살 땅을 주고 서로 형제라고 부르며 함께 살았지만, 처음에는 형제라는 사실을 몰랐었다. 그때 아스태가의 지도자 중 한 명이었던 귀질로귀들과 여자 한 명이 "포로가 되었으니 죽게 해달라"고 외치면서, 골화간 사람들과 다음과 같은 대화를 나누었다고 기록되어 있다.

(그 즉시 한 여자가 나와서 외쳤다.) 왜 우리를 죽이지 않는 거냐? 왜 당신네들은 우리와 함께 살려고 하지? 왜 우리는 죽지 못하는 거지? 우리에게 흰 흙과 새 깃털을 다오 (죽음의 장식물). (그들은 여자의 말을 듣고 말했다) 귀질로귀

들에게도 물어봐라, 그도 역시 흰 흙과 새 털을 원하는지[19].

여기서 여자는 전쟁에 져 포로가 되어 끌려왔으니 당연히 지도자들은 죽임을 당할 것이라 믿고서 '왜 안 죽이느냐, 죽음에 필요한 흰 흙과 새 깃털이나 준비해 달라'고 외쳤던 것이다. 그 후 맥이족은 그곳의 고리족과 함께 살다가 마침내 1325년 태흐고고 호수 안의 빈 섬에 나라를 건국했다. 그 후 그들은 인구가 번성하여 발전을 거듭하였고, 1400년경에는 골화간을 합병하여 한 나라가 되었다. 이렇게 맥이족이 세운 나라가 발전을 거듭하자, 이웃하던 태파네간(Tepanecan)이라는 부족국가가 위협을 느끼기 시작했고, 마침내 두 나라 사이에 전쟁 위기가 고조되었다. 당시에 태흐고고 호수 주변의 부족국가들 중에서 가장 강했던 태파네간과의 전쟁은 곧 멸망을 뜻한다고 생각했던 맥이곳 백성이 근심의 나날을 보내고 있었을 때, 왕의 조카가 나서서 태파네간 왕에게 찾아가서 협상해보겠다고 말했다. 그 때 이스꼬아들(Itzcoatl/하얀 뱀)왕은 근심어린 마음으로 조카에게 다음과 같이 말했다.

네가 해야 할 일은 아스카푸잘고(Azcaputzalco(테파네간 사람들이 세운 도시국가들 중 가장 큰 도시국가) 왕에게 우리를 버리기로 이미 결정했는지, 아니면 다시 우리를 받아줄 수 있는지 물어보고, 만약 우리를 죽이기로 했다고 대답하거든, 우리가 죽은 자에게 뿌려주는 이 흰 흙을 가져가서, 죽게 될 경우에, 우리가 죽은 사람들에게 하듯이, 온 몸에 그 흰 흙을 바르고 머리에는 새 깃

---

19. 저자 미상, 「Anales de Tlatelolco」, Antigua librería Robredo, 1948년 판, 제153절.

털을 꽂도록 하거라[19].

이 기록은 맥이족의 장례 풍습에 흰 흙을 뿌려주고, 새 깃털을 머리에 꽂아주는 풍습이 있었다는 것을 분명하게 증명하고 있다.

맥이족을 공격하려 했던 태파네간 사람들은 누구였을까? 그들에 대하여 멕시코 역사는 아스태가나 골화간 사람들과 매우 비슷한 풍습을 가지고 있었다고만 기록하고 있다. 그들이 살던 도시 이름이 '아스카푸잘곳'인데, '우리 사람 푹 잘 곳'이라는 뜻의 우리말이다[20]. 아마 또 다른 고리족의 한 갈래였을 것이다. 태흐고고 호숫가에는 아골화(Acolhua)라는 나라도 있었는데, '우리 고리'라는 뜻의 우리말이다. 필자가 이들의 역사를 추적해 본 바, 역시 우리 선조 고리족의 한 갈래였다. 그 당시 멕시코에는 많은 부족국가들이 전국에 산재해 있었는데, 필자가 추적해본 결과 모든 부족국가들의 언어와 풍습에서 우리말과 우리민족 고유의 풍습을 확인할 수 있었다.

부여-고구려는 광대한 만주대평원과 아무르 유역을 차지했던 나라였고, 그 넓은 지역의 곳곳에 거주하던 사람들은 같은 민족이면서 같은 말을 사용하기는 했지만, 지역적으로 방언 차이가 심했다. 그들은 많은 집단으로 나뉘어져 각각 시기를 달리하여 아메리카로 건너가 각자 다른 지역에서 부족국가나 마을을 이루고 살았다. 20세기 초의 백인 학자들이 아메리카 대륙의 인디언들을

---

20. Juan de Tovar, 「Historia y creencias de los Indios de México」, Miraguano S.A., 2001, p.111/저자 미상, 「Códice Ramírez」, p.61.
21. 이 지명의 각 형태소의 뜻은 다음과 같다. '아=우리, 스=의, 카=가(사람), 푸=푹, 잘고=잘 곳.'/여기서 우리말 '의'를 뜻하는 어휘로 '스'가 사용되었는데, 일반적으로는 '흐(h)'가 사용되었다. 우리말에서도 'ㅎ/ㅅ'을 구별하지 않고 사용한 예가 있다: 향단이/상단이. 이것도 방언 차이일 것이다.

수많은 종족으로 분류한 이유는 그들의 언어를 제대로 이해하지 못하여, 방언적 차이로 나타나는 억양이나 말투의 차이를 다른 언어로 판단하고, 사는 지역을 기준으로 각각 다른 종족으로 분류했기 때문이다.

◆ **제사**

아스태카인들도 제사를 지냈다. 우리는 앞에서 장례를 치르는 날 사자(死者)를 위하여 집과 화장하는 곳에 제사상을 차렸었다는 기록을 보았다. 아스태가 제국의 역사서들을 살펴보면, 그들의 제사는 매우 다양했다. 종교 행사로 올리는 제사가 가장 많았고, 절기에 따라서 올리는 제사도 있었다. 종교 행사와는 별개로 올리는 두 번의 큰 제사가 있었는데, 우리의 명절 차례와 비슷했던 것으로 추정된다.

제사의 규모로 보면, 제국 수도에 살던 국민들이 모두 모여 나라의 가장 중요한 신들에게 올리던 제사가 있었고, 각 마을마다 공동으로 올리던 제사도 있었고, 집 안에서 가족이나 친족들끼리 올리던 제사도 있었다.

그들의 제사 방식도 우리와 같았다. 제사를 지낼 때 먼저 향을 피웠고, 제사 올리는 방법은 손을 땅에 짚고 엎드려 절하였다. 다음은 그것에 대한 간단한 기록들이다.

(귀족들은) 왕을 정중히 모시고 신상이 모셔진 사원의 제단으로 갔다. 그곳에서 왕은 관습대로 자신의 몸에서 피를 낸 후에, 신들에게 먼저 향을 피워 올

렸다[22].

그 제사는 전통적인 형식의 제사로서, 사람들은 땅에 손을 대고 엎드려 절을 했다[23].

● 신앙 풍습

◆ 달 속의 토끼

우리민족은 오래전부터 달에는 토끼 한 마리가 살고 있다는 설화를 가지고 있었다. 1924년 일제 강점기에 윤극영님은 민족 설화를 이용하여 '반달'이라는 동요를 작곡하여 민족의 슬픔을 달래기도 했다. 아래 사진은 윤극영님이 그 동요를 발표하던 날, 동아일보 기사이다. 이 기사에는 '달나라에 토끼 한 마리가 살고 있다는 이야기가 옛날부터 내려오던 우리민족의 설화'라는 것을 분명히 하고 있다.

1924년 10월 20일 동아일보 기사

22. Juan de Tovar, 앞의 책, p.146/ 저자미상, 「Códice Ramírez」, pp.93~94.
23. Juan de Tovar, 앞의 책, p.129/ 저자미상, 「Códice Ramírez」, p.77.

달 속에 토끼가 살고 있다는 설화는 중국에도 있지만 우리 설화와는 다르다. '달 속의 토끼'에 대한 중국 설화와 우리 설화의 차이점은 중국의 설화에서는 옥토(玉兎)라는 토끼와 섬여(蟾蜍)라는 두꺼비가 반드시 함께 나온다는 점이다[24].

달 속의 토끼와 두꺼비(중국)

왼쪽 그림은 중국 설화를 바탕으로 그려진 그림으로, 달 속에 산다는 선녀 항아(姮娥)와 두꺼비도 함께 그려져 있는데, 두꺼비는 항아가 변한 모습이다[25]. 이에 반하여 우리민족의 설화에서는 두꺼비가 나오지 않는다.

사하군(Sahagún)신부가 기록한 멕시코 원주민의 신앙 풍습에 대한 내용 가운데, 아스태가인들도 달 속에 토끼 한 마리가 있다고 믿었다고 하는 기록이 있다[26]. 왼쪽은 그가 그린 '달 속의 토끼'와 그 내용을 설명한 부분이다[27].

달 속의 토끼(멕시코)

---

24. 謝海元·顧望,「中國靑銅圖典」, 杭州 浙江人民出版社, 1999, 725쪽.
25. 중국 전설에 따르면, 항아는 전설적인 활의 명수 예(羿)의 아내였고, 그와 함께 천상에서 쫓겨나 인간이 되었다. 다시 신이 되기를 원하는 항아를 위해 예는 곤륜산의 서왕모에게 3천 년에 한 번 꽃을 피우고 3천 년에 한 번 열매를 맺는 불사나무의 열매로 3천 년 걸려 만든 불사약을 받아온다. 불사약은 둘이 먹으면 불로장생한다고 하고 혼자 먹으면 신선이 되어 하늘로 올라갈 수 있는데, 항아는 예가 없는 틈을 타 이 약을 가지고 달로 도망갔다. 예를 배신한 벌로 항아는 아름다운 모습을 잃고 두꺼비의 모습으로 변했다고 한다.
26. Sahagún, Bernardino de,「Historia general de las cosas de Nueva España」, Editorial Pedro Robredo, 1938. 제7권 2장.
27. 그가 기록한 설화 내용에는 한 명의 '바보 신'에 대한 이야기가 나온다. 그 바보 신을 '바보소(baboso)/부보소(buboso)'라고 묘사하고 있다. 오늘날 스페인어 사전에는 '어리석다'는 뜻으로 바보소(baboso)라는 어휘가 수록되어 있는데, 스페인어에서 '바보'는 원래 똔또(tonto)라고 한다. 필자가 판단하기로는 스페인어 사전의 바보소(baboso)는 아스태가인들이 사용하던 우리말 '바보(babo)'에 스페인어 형용사화 접미사

멕시코 원주민들은 토끼를 '토치-들이(tochi-tli)'이라고 했다. 멕시코 원주민어(나와들어)에서 '-들/-들이'는 뜻이 없었으므로, 그들이 토끼를 칭한 말은 '토치'가 된다. 그런데 우리말 고어에서도 '끼'와 '치'를 혼용했던 증거가 있다. 두시언해 초간본(1481년)에는 도끼를 '도치'라고 했다.

두시언해 (초간본/ 1481년): 도치를 가젯는 한아빈(持斧翁)
　　　　　　　　　　　　도끼를 가진 할아버지는

그렇다면 우리말에서 '치〉끼'의 변화는 시간이 흐르면서 생긴 음운변화 현상일까? 아니다. 이것도 방언 차이였다. 아메리카로 건너간 우리말을 보면, '치와 끼'의 관계가 음운변화 현상이 아니라 방언 관계라는 것을 알 수 있다. 멕시코에서는 제사상에 올리는 제물(祭物)을 '미끼(miqui)'라고도 했고, '미치(michi)'라고도 했다. 오늘날 우리가 낚시에서 사용하는 '미끼'는 물고기를 불러들이는 제물이라는 관점에서 보면, 제사상의 제물은 신을 불러들이는 '미끼'임에 틀림없다. 남미 칠레의 마부체족은 오늘날까지도 '도끼'를 '도기(toqui)'라고 한다. 그들은 칠레로 내려간 우리민족 고리족으로서, 적어도 기원후 9세기 이전에 멕시코에 도착했고, 멕시코에서 한동안 살다가 남미로 이동했던 사람들이다.

따라서 우리말에서 '치'가 '끼'로 시간이 지나면서 변한 것이 아니라, 옛날 우리 선조들 중에 어느 지역의 씨족 집단은 '치'라고 말했고, 다른 지역의 씨족 집

'소(-so)'가 붙어서 만들어진 어휘로 보인다. 즉, 스페인어 사전의 이 어휘는 원래 우리말에서 유래한 것으로 판단된다. 스페인어 사전에는 신대륙 발견 이후 원주민의 말에서 유래된 어휘들도 있다.

단은 '끼'라고 말했는데, 그러한 방언 차이를 가지고 아메리카로 이주했다고 보아야 한다. 멕시코에서는 이 두 집단이 함께 살았기 때문에 '미끼/미치'가 함께 기록된 것으로 보인다.

◆ 솟대

우리 선조들은 온갖 자연물과 동식물에 신령한 영(靈)이 깃들어 있다고 믿었다. 높은 산과 큰 강에도, 곰과 호랑이 같은 짐승에게도, 희귀한 새에게도, 마을 앞 성황당의 큰 나무에도 신령(神靈)이 깃들어 있다고 믿고, 제사를 올리고 복을 구했다. 중국 학자 진상승은 이러한 우리민족에 대하여 다음과 같이 말했다: "민속학의 각도에서 동이족의 발치(撥齒), 두정(頭頂), 조숭배(鳥崇拜/새숭배), 지석묘 등과 같은 풍속은 조선 민속에 보편적으로 존재했었다[28]."

조숭배의 풍습은 솟대로 남았다. 솟대는 '솟아 오른 나무 기둥'을 뜻하며, 숭배하는 새를 나무로 조각하여 그 대 위에 올려두었던 풍습을 말한다. 1960년대까지만 해도 우리나라 곳곳의 시골 마을에 솟대가 남아 있었다. 솟대는 우리민족의 이동루트를 따라서 아무르강 유역의 시베리아에도 20세기 초까지 남아 있었다.

아스태가제국을 정복한 지 2년 후인 1523년부터 스페인은 많은 가톨릭 신부들을 비롯하여 여러 계층의 사람들을 파견하여 원주민을 통치하기 시작했

---

28. 김한규, 「요동사」, p. 88, 〈중한교류3천년, 중화서국〉. 발치는 '이빨을 뽑는 것'을 뜻하고, 두정은 '머리 윗부분을 잘라내는 것'을 뜻한다. 우리 선조들의 상투가 뾰족한 이유는 두정을 먼저 하여 머리카락 수를 줄였기 때문이다. 두정 풍습이 마야인들에게도 있었다.

다. 그들은 원주민을 대상으로 기독교 신앙을 전파하여 개종(改宗)을 유도하며, 서양식 학문을 주입하기 시작했다.

두란(Durán)신부는 그가 아직 어렸던 1540년대 초에 부모를 따라서 멕시코 아스태가제국의 수도가 있던 곳, 지금의 멕시코 수도가 있는 곳으로 가서, 그 곳에서 자랐다. 그는 어린 시절부터 아스태가제국의 풍습에 대해 그가 직접 보고 들은 것을 그림으로 그리고 설명을 남겼다. 아래는 그가 직접 보고 그린 아스태가제국 후예들의 솟대 모습과 그 설명이다[29]. 제사 때가 되면, 저렇게 새를 만들어서 솟대 위에 올려두고 제사를 드렸다고 설명하고 있다.

우리나라 솟대

시베리아 솟대(20세기초)

아스태가제국의 솟대

[29]. Durán, Fr. Diego, 「Ritos y fiestas de los antiguos mexicanos」, Editorial Innovación, 1980, P.166.

두란(Durán)신부는 아스태가 솟대와 관련하여 다음과 같은 설명을 남겼다.

이 우상을 소코-들(Xoco-tl)이라고 사람들은 불렀다. 이 말은 이 새를 신(神)으로 믿는 사람들이 사용하는 새의 이름 같다. 새 이름이 아니라면 솔직히 나는 그것이 정확하게 무엇을 의미하는지 모른다. 이 새의 이름일 것이다. 왜냐하면 그 제삿날에 쪼알리(Tzoally)라고 부르는 식물의 씨앗으로 만든 가루로 반죽을 만들어 그 새를 만들었기 때문이다.

아스태가인들은 우리 선조들처럼 새를 신(神)으로 믿었고, 그래서 새를 만들어 높은 나무 대 위에 올려두고 제사를 지내던 풍습을 가지고 있었다. 흥미로운 것은 새를 만드는 재료의 이름이다. '쪼알리'는 '쪼아'라는 우리말과 관련 있는 듯하다. '쪼아'란 '뾰족한 끝으로 콕콕 찍는다'라는 뜻으로, 새가 모이 먹는 것을 '쪼아 먹는다'라고 말한다. 따라서 '쪼아'는 새의 모이와 관련된 단어이고 새의 모이는 씨앗이다. 결국 두란 신부가 말한 대로 '쪼아'는 '씨앗'과 관련된 말이다.

또 '소코들'이라는 어휘도 흥미롭다. 여기서 '들'은 뜻이 없고, 소코(xoco)와 솟대는 의미적으로 어느 정도 연관성이 있다. 솟대의 '솟'은 한자어가 아니라 순우리말로서 '높이 오른'의 뜻이다. 멕시코 나와들어에서 '코/고(co)'는 우리말 '곳'이다. 멕시코(México)도 '멕이 곳', 즉 '멕이가 사는 곳'이라는 뜻이다. 따라서 소코(xoco)는 '높은 곳'을 뜻하게 된다. 또 다른 가능성은 우리말 '것'을 '고(co)'로 표기 했을 가능성이다. '것'에서 우리말 모음 '어'는 스페인어 알파벳으로 정확하게 표기할 수 없다. 그래서 유사한 소리를 내는 다른 알파벳으로 표기하곤 했는데, 여기서는 '오(o)'로 표기했을 수도 있다. 이 유추가 맞다면 소코(xoco)는 '솟것', 즉 '높이 올린 것'을 뜻하게 되고, 바로 솟대와 같은 뜻이 된다.

러시아는 유럽에서부터 아시아까지 걸쳐있는 광대한 영토를 가진 유일한 나라이다. 극동시베리아는 러시아의 동쪽 땅, 즉 아무르강 유역과 그 북쪽 지역을 가리키는데, 러시아가 극동시베리아로 진출하기 시작한 것은 17세기 중엽부터 러시아 코사크족 사냥꾼들이 짐승 가죽을 찾아 아무르강을 따라서 동쪽으로 오면서부터였고, 그 지역을 러시아 영토의 일부로 편입하기 시작한 것은 18세기부터였다. 18세기 이전까지 이 지역은 어느 나라에도 속한 적이 없고, 그곳에 살던 사람들도 어느 나라의 국민으로 소속된 적이 없었다. 그런데 극동시베리아 지역은 바로 우리 선조들이 아메리카로 건너가기 위하여 캄차카반도로 북상하던 이동루트로서, 우리민족의 흔적이 매우 많이 남아 있는 곳이다. 솟대도 그 중의 하나이다.

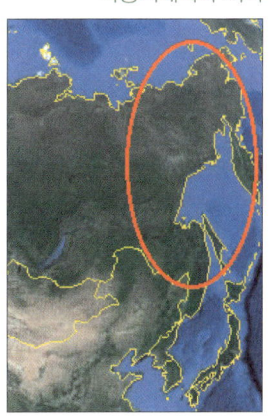

극동시베리아 지역

● 생활 풍습

◆ 창포에 머리 감기

우리의 옛 여인들은 창포라는 푸른 풀을 삶아 우려낸 물로 머리를 감았다. 창포물에 머리를 감으면 숱이 많아지고 윤기가 난다고 믿었다. 이 풍습은 근세까지 남아, 오월 단오 날에 창포에 머리 감는 모습을 볼 수 있었다.

멕시코 원주민 여인들도 푸른 풀을 으깬 물에 머리를 감던 풍습이 있었고, 그 풍습은 1960년대까지도 남아있었다. 16세기 역사가이자 신부이며, 아스테가제국의 문화를 항목별로 분류하여 체계적으로 기록하여 남긴 사하군(Sahagún)신부도 이 풍습을 목격하고서, 다음과 같이 기록하고 있다.

여자들은 초록색 풀을 으깬 물로 머리 감는 풍습이 있었다. 이렇게 하면, 머리는 촉촉하게 젖은 채 빛이 났다[30].

창포에 머리를 감는 멕시코 여인

오른쪽 사진은 미국인 학자 도널드와 도로시 코드리(Donal & Dorothy Cordry)가 1960년대에 찍은 것으로, 멕시코 텔레싱고(Telecingo) 지역에 남아 있던 이 풍습을 담

---

30. Sahagún, Berdinado de Sahagún, 「Historia general de las cosas de Nueva España」, 제8권, 15장, p.314.

은 사진이다[31]. 풀을 으깨어 우려낸 녹색 물에 머리를 감고 있다.

◆ 고수레와 콩

우리민족에게는 무당이 굿을 끝내고 음식을 나눠 먹을 때, 들에서 음식을 먹을 때, 다른 집에서 가져온 음식을 먹을 때, 그 음식을 손으로 조금 떼어 밖으로 던지며 '고수레(고시네)'라고 외치던 풍습이 있었다. 이 풍습이 언제부터 어떻게 시작되었는지는 정확히 알 수 없으나, 고조선의 단군시대 고시(高矢)라는 사람이 농사짓는 법을 가르친 데서 유래했다는 설이 있다. 이 풍습은 필자의 고향 마을에도 1970년대 초까지 있었다.

멕시코 원주민들에게도 이 풍습이 있었다. 사하군(Sahagún)신부는 그의 「최초의 기억들(Primeros Memoriales)」이라는 책에서 다음 그림과 함께 멕시코 원주민들의 고수레 풍습을 설명하고 있다. (그림에서 상투가 보이지 않는 이유는 스페인의 통치하에서 상투 풍습이 급격히 사라졌기 때문이다.)

> 사람들이 음식을 먹을 때, 먹기 시작하기 직전에 화로에서 익은 음식을 아주 조금, 손톱으로 떼어서 주변에 던졌다. 그 후에 식사하기 시작했다[32].

이 풍습을 어떤 책에서는 다도야살리-즈들이(Tlatoyaçali-ztli)라고 했고, 다

---

[31] Donal & Dorothy Cordry, 「Mexican Indian costumes」, University of Texas, 1978, p.128.
[32] Berdinado de Sahagún, 「Primeros Memoriales」, University of Oklaoma Press, 1953, fol. 254v.

른 책에서는 다다살리(tlatlazali)라고 했다. 멕시코 학자들에 따르면 '-즈들이'는 특별한 뜻이 없다. 따라서 다도야살리는 '다 도와 살자'를 뜻하고, 다다살리는 '다다 살자', 즉 '모두 함께 살자'로 해석되는 우리말이다.

음식을 떼어 던지는 모습

멕시코 원주민들의 주식(主食)은 옥수수였다. 그들은 콩 농사도 지었지만, 멕시코 남부 지역에서 자생하던 옥수수를 재배하기 시작하면서 식량이 풍부해졌다. 그들은 옥수수를 '맛있어'라고 했는데, 이 말을 스페인인들은 '마이스(maíz)'라고 기록했다. 그들의 선조들이 만주에서 가져 온 다른 콩들에 비하여 옥수수는 달착지근한 맛이 있었다. 또 옥수수의 긴 수염을 보고 '센 털'이라고 했는데, 이것을 스페인인들은 '센트리(centli)'라고 기록했다. 이 말은 나중에 신틀이(cintli)라고 변하였는데, 이것이 옥수수의 한 품종의 학명(學名)이 되었다. 옥수수는 신대륙 발견 이전에 이미 미국으로도 퍼졌는데, 미국 인디언들은 그것을 다른 콩과 마찬가지로 '콩'이라고 부르기도 하고, '맛있세'라고도 했다. 이것을 미국에 온 서양인들은 '인디언 콩(Indian corn)' 또는 '마이세(maize)'로 기록했다[33]. 오늘날 영어에서 옥수수를 '콘(corn)'이라고 하는데, 이 단어의 어원은 우리말 '콩'이다.

---

33. 조선시대 우리 선조들도 '맛있다'를 '맛있세'로 말하던 언어습관이 있었던 것 같다. 송강 정철의 시조에 '쓴 나물 데운 물이 고기도곤 맛이 있세'라는 구절이 있다.

아메리카로 건너간 우리민족, 즉 아메리카 인디언들은 콩이든 옥수수 콩이든 빻아서 가루로 만든 후에, 그것을 물에 이겨 반죽을 만든 후에, 옆의 조각상에서 보듯이 얇게 펴서, 불에 굽거나 쪄서 먹었다. 가루를 물에 이긴 반죽을 멕시코에서는 '다말(tamal)'이라고 했는데, 바로 우리말 '(물에) 다 말다'에서 서술형종결어미 '~다'를 뺀 형태이다. 종결어미 '~다'는 우리 국어에서도 20세기 초까지 거의 사용되지 않았다.

다말을 펴는 조각상

◆ **전통 시장 5일장**

우리의 재래 전통 시장은 항상 열려있는 상설시장이 아니라 5일마다 열리는 5일장이었다. 이 풍습은 아직까지 이어져서 전국의 많은 곳에 지금도 닷새마다 장이 서고 있는데, 필자의 고향에서도 지금까지 이 전통 시장이 서고 있다. 오랜 옛날부터 5일장이 서는 날에는 농사일을 접고, 한복과 두루마기를 차려 입고 장터로 가서 물건을 사고팔 뿐만 아니라, 구경도 하고, 친구들도 만나고, 새로운 소식도 듣고, 먼 곳에 사는 사람들의 안부를 묻거나 기별을 보내기도 하던 것이 우리민족의 풍습이었다.

멕시코에서도 5일장 풍습이 있었다. 사하군(Sahagún) 신부는 「멕시코의 풍물역사서」에서 이 시장의 역사를 자세히 기록하고 있다. 그 기록에 따르면 맥이족들은 오랜 유랑생활 끝에, 1325년 마침내 자기 나라를 건설하고 정착하게 되자 바로 시장을 열었다. 시장을 처음 연 곳은 평민들이 중심이 되어 모여 살던 다들올고(Tlatelolco)이었다. '모든 사람들이 올 곳'이라는 뜻의 우리말로서, 멕시코 전역에서 장터가 있는 곳의 지명으로 쓰였다. 어떤 사람들은 그곳을 다들올리(Tlatelolli)라고도 불렀는데, '모든 사람들이 오리'라는 뜻의 우리말이다[34]. 아스태가제국이 강성하여 주변을 정복하면서, 5일장의 풍습은 멕시코 전역으로 퍼져나갔다. 아래는 멕시코 원주민들이 다들올곳을 표기한 기호이다. 그들은 글자가 없어서 그림으로 모든 것을 표기했는데, 장터는 아래와 같은 그림으로 표기했다. 원 안에 많은 점을 찍은 것은 '많은 사람들이 모인다'는 것을 뜻한다.

아스태가의 다들올곳   다흐칼태카의 다들올곳

시장에서 거래되던 상품은 금덩이, 옥, 짐승가죽, 담요, 담배, 귀한 새 깃털, 옷감, 옥수수 등 매우 다양했는데, 거래 방법은 처음에는 물물교환이었고, 나중에 교역량이 많아지자 카카오를 화폐처럼 사용하기도 했다.

아스태가제국을 정복한 스페인인들의 눈에 비친 5일장은 매우 흥미로웠던

---

34. 초기 스페인 가톨릭 신부들은 이 지명을 '둑(제방)이 있는 곳'이라고 해석했다. 물론 잘못된 해석이다. 그들이 그렇게 해석한 이유는, 맥이족이 정착한 섬이 태흐고고(Texcoco)호수 안의 나지막한 섬이었다. 인구가 불어나자 맥이족은 섬 주변의 낮은 지역에 둑을 쌓고 매립하여 거주지를 넓혀 나갔다. 그래서 다들올곳(Tlatelolco)은 주변에 둑이 많았다. 원주민들의 말을 정확하게 이해하지 못했던 스페인 신부들은 이 지명의 뜻을 그 지역 특징과 연결하여 '둑이 많은 곳'이라고 이해했고, 그렇게 기록하여 오늘까지 전하고 있다. 원주민의 많은 말들이 이렇게 스페인인들이 자의적으로 유추하여 해석함으로써, 잘못된 뜻으로 전해지고 있다.

것 같다. "원주민들은 일반적으로 4일 일하고 5일째 되는 날은 시장에 가곤 했는데, 시장가는 날에는 일을 하지 않았다. 그들의 일주일은 5일이었다"라고 기록했다[35].

'일주일'의 개념은 서양식 개념이다. 기독교의 구약성경에는 하나님이 6일간 천지를 창조하시고 제 7일에는 쉬었다고 쓰여 있다. 그래서 '쉬는 날'은 곧 '일요일'이라는 개념이 시작되었고, '일주일=7일'의 개념도 생겼다. 그런 사고방식을 가진 스페인인들이 아스태가제국에 와보니, 원주민들이 5일마다 일은 안하고 시장가서 친구들을 만나 놀고는 했다. 서양인의 눈에는 멕시코 원주민들의 장날이 곧 일요일로 보였고, 그래서 일주일은 5일로 구성된 것으로 착각했던 것이다. 이 논리대로 하면 우리도 5일마다 장날이었으므로, '일주일이 5일인 민족'인 셈이다.

오른쪽의 사진은 1938년도 멕시코 오아하카 지방의 5일장 날 풍경이다. 흰옷을 주로 입고, 남자들은 밀짚모자를 쓴 모습의 시장 풍경은 몇 십 년 전의 우리나라 시골의 5일장 풍경과 흡사하다.

맥이족이 아스땅을 떠난 것은 820년경이었으므로, 우리민족의 5일장은 9세기 초 이전에 이미 시작되었다는 것을 알 수 있고, 그

멕시코 오아하카 지방 5일장 풍경(1938)

---

35. Rafael Tena, 「El Calendario méxica y la cronografía」, Instituto Nacional de Antropología e Historia, 1987, p. 21.

시작은 상업이 가장 발달했던 고조선의 옛 땅에서였다는 것도 추정할 수 있다. 그리고 멕시코로 간 우리민족은 많은 세월이 흘렀지만 생필품을 구하기 위한 5일장의 풍습을 최근까지도 그대로 간직하고 있었다는 것을 알 수 있다.

◆ **여자들은 이고, 남자들은 지고**

아메리카 여인들도 물건을 머리에 이고 다녔고, 무거운 것을 일 때는 따배(이)를 사용했다. 아래 사진은 멕시코 여인이 머리에 따배(이)를 얹고 그 위에 감자 소쿠리를 이고 가는 모습과 우리나라 여인이 사과 소쿠리를 이고 가는 모습이다. 따배이는 멕시코의 것이다.

멕시코

따배(이)

우리나라(1950년대)

우리민족은 삼국시대에 이미 지게를 사용했다. 3세기 후반에 기록된 「삼국

지「위지동이전에는 우리민족의 지게에 대하여 다음과 같이 기록되어 있다.

> 관가에서 성곽을 쌓을 때, 젊은이들이 등에 1장 길이의 나무를 대고 짐을 나르는데, 온 종일 일하면서도 힘든 줄을 모르더라.

아래 그림들은 1540년대 그려진 멘도사 고문헌(Códice de Mendoza)에 나오는 아스태가제국의 상인들의 모습이다. 왼쪽 그림에는 물건을 지게에 지고 가는데, 지게막대기 대신에 창을 거꾸로 들고 가는 모습이고, 오른쪽 그림에는 지게를 지게막대기로 세워둔 채, 상인들이 두 명의 청년에게 상투가 잡힌 채 몸에 피를 흘리고 있다. 설명에 따르면, 반란 지역의 전사들에게 잡혀 고문을 당하는 모습이라고 한다. 그림에 있는 부채와 지팡이는 아스태가제국에서 상인의 상징물이었다.

장사를 떠나는 상인   고문당하는 상인

03. 멕시코에 나타난 우리민족의 풍습   **121**

주목할 부분은 위지동이전에 지게의 모양을 '등에 댄 나무'라고 기록하고 있는데, 멕시코의 지게가 바로 '두 개의 나무를 연결하여 등에 대는 모양'으로서, 위지동이전의 기록과 같다는 점이다.

아마존 밀림의 원주민

특이한 점은 지게를 등에 멜 때 지게끈을 이마에 걸었다는 점이다. 독자들은 이 모습을 기억해 두기 바란다. 이것을 아메리카 학자들은 '아스태가의 띠'라고 부르는데, 이 모습은 우리민족의 이동루트를 따라서 북으로는 알류산열도에서부터 미국과 멕시코 원주민, 그리고 남으로는 페루와 칠레까지 나온다. 또 남미 아마존 밀림의 원주민들은 오늘날까지도 이런 모양으로 짐을 등에 멘다.

알래스카의 틀린깃족[36]   미국 서부[37]   미국 동부[38]   페루 잉카[39]

36. Aurel Krause, 「The Tlingit Indians」, University of Washington Press, 1971, p.67.
37. Molly Aloian & Bobbie Kalman, 「Life of the California coast nations」, Crabtree publishing company, 2005, p. 20.
38. C Keith Wilbur, 「The New England Indians」, the Globe peQuet press, p.42.
39. Hans Dietrich Disselhoff, 「Daily life in ancient Peru」, McGraw hill book company, 1967, pp.96-97.

독자들은 앞에서 우리 선조들의 귀고리를 아마존 밀림의 원주민들이 아직까지 하고 있었다는 사실과 함께 이것을 기억하기 바란다. 또 코걸이 장식도 과거의 알류산열도에서부터 현대의 아마존까지 나온다는 사실도 기억하기 바란다.

멕시코 원주민들은 이미 태오티와간문명(기원전 1세기~기원후 8세기) 시대부터 먼 지역으로 다니며 상업 활동을 했다. 그들은 짐을 지게에 지고서 동서남북으로 돌아다니며 장사를 했다. 남으로는 과테말라 북부의 마야문명 지역과 엘살바도르까지 가서 물물거래로 상업 활동을 했다.

아스태가제국(14세기~16세기 초) 시대의 상업 활동은 더욱 활발해져, 상인들은 남쪽으로 중미 지역의 과테말라와 엘살바도르, 동쪽으로는 멕시코 만 해안 지역과 유카탄 반도, 서쪽으로는 태평양 해안까지 장사하러 다녔고, 북쪽으로는 미국 애리조나에 살던 원주민 상인들과 연결되었다. 그들은 단순한 상인이 아니라, 전시에는 아스태가의 전사(戰士)로서 전쟁에 참여했고, 평시에는 먼 지방으로 장사하러 다니며, 각 지역의 정치 경제 상황을 아스태가제국에 보고하는 정보원 역할도 했으며, 황제의 명령을 각 지역 통치자들(다도안이)에게 전달하는 전령사 역할도 했다. 만약 어느 지역 통치자가 아스태가제국에 반란 모의하는 것을 발견하게 되면, 중앙 황실에 보고할 뿐만 아니라 경우에 따라서는 직접 그 주모자를 잡아서 처벌하기도 했고, 그러다가 때로는 그림에서 보듯이 반란 지역에서 희생당하기도 했다. 그래서 그들의 신분은 평민보다 높은 위치였다.

아래는 20세기 초의 우리나라 옹기장수의 사진과 시기는 알 수 없지만 멕시코 옹기장수 흙 인형이다. 여러 개의 옹기를 지게에 지는 방법으로 새끼줄을 얼기설기 엮어서 사용한 것이 우리와 똑같다.

우리나라 옹기장수

멕시코 옹기장수 인형

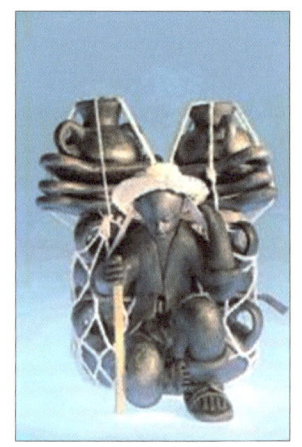

아스태가제국에는 상인이 아니면서 지게를 지는 전문 지게꾼들이 있었다. 아스태가제국의 신분제도는 맨 위에 왕이 있고, 그 밑에 귀족계급, 그 밑에 상인과 기술자 계층이 있었고, 그 다음에 일반 평민이 있었으며, 가장 낮은 계층으로 지게꾼과 땅에 매여 농사만 지어야 하는 계층이 있었다. 이들은 자유가 거의 없고, 땅이 상속되거나 매매되면 그 땅에 매여서 소유주가 바뀌는 사람들이었다. 멕시코에서 이런 지게꾼을 '다메(tlame)'라고 불렀고, 지게꾼들을 '다메메(tlameme)'라고 불렀다[10]. 우리는 '지게 메다'라고 말한다. '다메'는 '모든 것을 메다'라는 뜻의 우리말이다. 또 땅에 매여 농사만 지어야 하는 사람들을 '매예께(Meyeque)'라고 불렀는데, 우리말 '(얽)매이다'와 관련된 호칭으로, '매인 것'으로 해석된다. '다메메(tlameme)'나 '매예께(Meyeque)'는 최 하층민으로서 땅이 상속되거나 매매되면 그 땅에 매여서 소유주가 바뀌는 등 노예와 거의 다를 바 없었다[11].

아스태가제국에서 '다기려'는 화가를 뜻하고, '다메메'는 지게꾼을 뜻하며, '다마틴이'는 점쟁이를 뜻하고, '다도안이'는 다 도와주는 사람, 즉 왕을 뜻한다. 모든 명칭이 '다 + 동사'로 구성되어, 어휘 형성에서 규칙성이 보인다.

화가 :	다 + 그리다	→	다기려
지게꾼 :	다 + 메다	→	다메메
점쟁이 :	다 + 마티다	→	다마틴이
왕 :	다 + 도와주다	→	다도안이
공놀이선수 :	다 + 치다	→	다치들

---

40. 다매-매(Tlame-me)는 '지게꾼-들'을 뜻한다. 멕시코 원주민 말에서 복수형 어미는 '-들(tl)'과 '-떼(te)'로서, 우리말 그대로였다. 그러나 세월이 지나면서 '-들'은 뜻이 없는 어휘로 변하고, 새로운 복수형 어미 '-매(me)'가 생겼다.
41. 필자는 이 사람들이 「삼국지」위지동이전에 기록된 '하호(下戶)'가 아닐까 생각한다. 하호도 노예는 아니지만, 거의 노예와 다를 바 없는 매우 낮은 신분 계층이었다.

◆ 온돌

우리 선조들은 북방 민족들 중에서도 매우 우수하고 선민의식이 강했던 분들이었다. 우리 선조들은 기원 3000년 전에 벌써 천문(天文), 즉 하늘의 별자리 움직임을 깨달았던 사람들로서, 스스로 '하늘의 자손' 또는 '태양의 아들'이라고 믿었고, 주변 민족보다 우수한 민족이라는 자부심에 자신들을 태가(太加)라고 불렀다. 태가는 '신성한 사람'이라는 뜻이었다. 이 말을 멕시코로 가서 정착한 후에도 계속 사용하여, 스페인 사람들이 듣고 태가(teca)라고 기록하였다. (보다 자세한 설명은 뒤에서 하겠다.)

우리민족의 우수성을 잘 보여주는 풍습 가운데 하나가 온돌이라는 난방 방식이다. 북방 민족들은 오랜 세월 동안 북방의 혹독하고 긴 겨울 추위를 견뎌내기 위하여 땅을 파고 바닥을 낮추어 움집을 짓고 그 안에서 모닥불을 피우는 원시적인 방법으로 살았지만, 우리 선조들만은 온돌이라는 획기적인 난방 방식을 창안했다. 온돌은 집 안 방바닥에 긴 굴을 만들고, 밖에서 굴속으로 불을 지펴서 실내를 따뜻하게 데우는 난방 방식이었다. 초기 온돌은 집 안의 한쪽 가에만 굴을 만들어 집 안을 데웠는데, 오늘날의 방 안 바닥 전체에 구들을 놓은 것과는 모양이 달랐다. 이런 초기 온돌을 쪽구들식 온돌이라고 한다.

쪽구들식 온돌이 널리 퍼진 시기는 대략 고구려 시대였던 것으로 추정된다. 「구당서(舊唐書)」 권199는 고구려인의 집의 특징을 다음과 같이 기록하고 있다.

冬月皆作長坑 下燃熅火以取暖(동월개작장갱 하연온화이취난)
겨울철에는 모두 구덩이를 길게 파서 밑에다 숯불을 지펴 방을 데웠다.

온돌의 유적은 북쪽으로는 아무르강 중류의 하바로브스크에서 남쪽으로는 한반도 전 지역, 동쪽으로는 동해안, 서쪽으로는 중국 북부 하북성이나 산서성까지 나타난다. 중국 북쪽의 유적은 매우 드물게 나타나는데, 우리민족의 일부가 이주하여 만든 것으로 추정된다. 고대 온돌 유적이 가장 많이 분포된 지역은 우리민족의 주된 터전이었던 만주대평원과 요동이다.

우리민족이 아메리카로 대이동할 때, 쪽구들식 온돌도 함께 가져갔다. 2007년 알류산열도의 아막낙(Amaknak)섬에서 영국인 고고학자 릭 크넥(Rick Knecht)교수가 발굴한 것도 우리의 쪽구들식 온돌이었다. 아막낙섬 온돌은 기원 1000년 전에 만들어 진 것으로, 우리민족이 알류산열도를 통하여 아메리카로 건너갔다는 중요한 고고학적 증거 중 하나이다. 알류산열도의 여러 섬들의 원래 명칭도 우리말이었다. (이점에 대해서는 우리민족의 이동루트를 다룰 다른 책에서 밝히겠다.)

아막낙섬의 쪽구들식 온돌 유적(원안)

아막낙섬의 위치

온돌로 데워지는 찜질방

멕시코에 정착한 우리민족은 쪽구들식 온돌을 만들어 살았다. 왼쪽 그림은 멕시코 아스태가인들의 역사에 나오는 쪽구들식 온돌집으로서, 찜질방식 목욕탕이다. 왼쪽의 여인이 밖의 아궁이에 불을 넣고 있고, 집 주변으로 열기가 퍼져 나가는 모습을 그려놓았다. 집 안에는 볼연지를 찍은 여인의 모습이 그려져 있는데, 이 여인은 목욕탕을 지키는 여신(女神)이라고 한다. 우리민족은 집 안 곳곳에 신이 있다고 믿었다. 집 안 대들보에는 성주신(城主神), 부엌에는 조왕신(竈王神), 화장실에는 측신(廁神) 등이 있다고 믿었다. 아스태가인들은 목욕탕 안에도 여신이 있다고 믿었던 모양이다. 그들은 목욕탕을 때마스갈리(temazcali)라고 불렀는데, 멕시코에서는 목욕탕을 왜 그렇게 불렀는지 아직도 이해하지 못하고 있다.

'때마스'는 만주어로 '청결, 깨끗함'을 뜻하고, '갈'은 몽골식 천막집 '겔'과 비슷한 어휘로서 '집'을 뜻한다. 따라서 '때마스갈리'는 '청결의 집, 깨끗이 하는 집'을 뜻하여, 목욕탕을 의미하게 된다. 고대 우리 선조들과 몽골인들은 매우 가깝게 지냈다고 한다. 따라서 그들의 말과 우리말에는 비슷한 어휘가 약간 있다. '갈'과 '겔'도 그런 어휘 가운데 하나일 것이다. 만주족은 원래 숙신의 후예로서 고구려−발해 시대에는 말갈족이라고 불리며 만주에서 우리 선조들과 함께 살았던 사람들이다. 그들은 우리 선조들로부터 우리민족 고유의 문화까지 배우기도 했다는 역사적 사실을 볼 때, '때마스'도 고대 우리말이었을 가능성이 있다.

◆ 옷감 짜기와 관련된 풍습: 물레, 베틀, 가락바퀴

우리 선조들의 의복에 획기적 변화가 온 시대는 고려시대였다. 1364년 문익점이 원나라 사신으로 갔다가 목화씨를 몰래 가져와 재배에 성공하면서, 우리 선조들은 그 목화로부터 실을 만들고, 그 실로 따뜻한 옷감을 만들어 입기 시작했다. 목화는 원래 따뜻한 인도에서 자생하던 것이 점차 북쪽으로 퍼져, 마침내 우리나라까지 도입된 것이다.

그렇다면, 목화가 도입되기 전 우리 선조들은 무엇으로 옷을 만들어 입었을까? 삼국시대 고구려의 벽화나 신라의 조각상들을 보면, 입고 있는 옷들이 길고 치렁치렁한 소매에 축 늘어진 중국풍으로서, 소수의 지배계층만이 입었던 비단옷이었다[42].

일반백성들은 삼나무를 재배하여, 그 껍질을 길고 얇게 찢어 실을 만들고, 그 실로 옷감을 짠 삼베옷이나 초면(草綿)으로 만든 옷을 입었다. 초면은 우리나라에 자생하던 목화와 같은 식물이었으나, 목화처럼 꽃 봉오리가 크지는 않았고, 목화가 도입된 후에 급격히 사라졌다. 삼나무 껍질이나 초면으로 실을 만들 때 사용한 도구가 물레와 베틀이었다.

우리 선조들이 삼국시대 대거 아메리카로 이동할 때, 물레와 베틀을 만드는 지식, 그것을 이용하여 실을 자아서 옷감을 만드는 지식도 함께 가져갔다. 그들은 아메리카에 도착한 후에, 삼나무처럼 껍질에서 실을 뽑을 수 있는 식물을

---

42. 흙 인형으로 전해지는 신라 사람들의 모습에서 중국풍의 의복을 입고 있는 것을 볼 수 있다. 이는 그들이 원래 요동에 살면서 중국 중원과 교류를 많이 하던 고조선계 사람들이었기 때문이다. 그들은 이미 기원전 2세기에 진시황제의 전란을 피하여 신라 경주로 이동했다. 고구려 벽화에 나오는 중국풍 의복도 중국으로부터 한자를 비롯한 중국 문화를 받아들이기 시작한 이후의 지배계층의 모습이다.

찾아내었고, 멕시코 남부에서 자생하던 목화도 발견했다. 그 식물 가운데 하나가 아가베 선인장이었다. 그들은 물레를 만들어 실을 자았고, 베틀을 만들어 옷감을 짠 후에 그것을 '삼베(sambe)'라는 우리말로 부르기도 했다.

아래는 18세기 말 김홍도의 그림에 나오는 물레와 사하군(Sahagún) 신부가 그림으로 남긴 아스태가인들이 사용하던 물레를 비교한 것이다.

18세기 말 우리나라 물레   16세기 멕시코 물레

두 그림을 비교해 보면 물레의 구조와 사용 방법이 정확하게 같다는 것을 쉽게 알 수 있다. 물레바퀴는 크고 가락은 가는 나뭇가지처럼 생겼으며, 물레바퀴와 가락은 가는 끈으로 연결되어 있고(아스태가 그림에는 파란색 덧칠 부분), 오른손으로 물레바퀴를 돌리고 왼손에는 솜뭉치를 들고 있다. 물레바퀴를 돌리면 연결 끈으로 이어진 가락이 회전하게 되어, 솜뭉치의 끝 부분은 꼬아져 실이 된다. 그래서 왼손에 든 솜뭉치에 이어진 부분은 꼬아진 실이고(아스태가 그림에서는 노란색 덧칠 부분), 이 실은 반드시 가락의 끝부분에 연결되어 있어야 하는데, 그런 세세한 점까지 정확하게 일치한다.

아래는 베틀의 비교이다. 우리의 베틀은 김홍도의 그림에 나오는 것이고, 멕시코의 베틀은 1560년대 멕시코를 방문했던 발데르라마(Valderrama) 신부가 자기 책에 그려놓은 것이다[43].

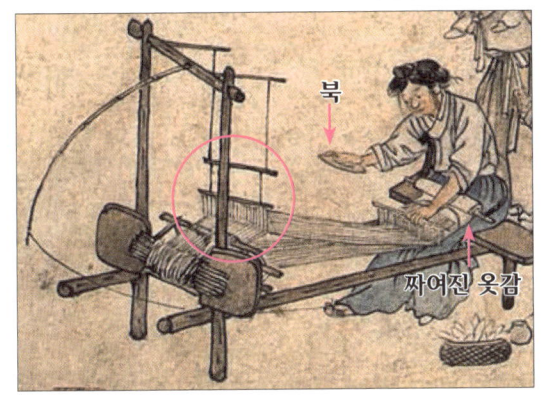

18세기 우리나라 베틀

16세기 멕시코 베틀

이 두 베틀을 비교해 보면 전체적인 구조와 옷감을 짜는 모양이 같다는 것을 확인할 수 있다. 실을 여러 겹으로 옆으로 연결한 것도 그렇고, 수직으로 연

---

[43]. Jerónimo de Valderrama, 「Códice Osuna」, El Servicio de Publicaciones del Ministerio de Educación y Ciencia de España, 1984, p.39.

결된 실틀(원안 부분)도 같고, 오른 손에 북을 들고 있고 이미 짠 옷감은 가슴 앞에 있는 것도 같다.

실을 만드는 물레와 같은 역할을 하던 유물이 있다. 가락바퀴라는 유물은 우리나라 전국에서 가장 많이 출토되는 유물 중 하나로서, 단단하지 않은 돌로 만든 것이다.

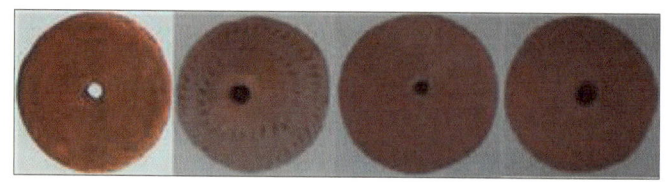

우리나라 각지에서 출토된 가락바퀴 (크기: 지름 6~8cm)

가락바퀴의 용도에 대하여, 국어사전에는 '물레의 왼쪽에 있는 괴머리의 두 기둥에 가락 대를 걸기 위하여 고리처럼 만들어 박은 물건'이라고 설명하고 있다. 그러나 이 설명은 잘못되었다. 위에서 본 김홍도의 그림에서도 확인할 수 있듯이, 가락대에는 가락바퀴와 닮은 것이 없다.

멕시코에도 가락바퀴가 유물로 남아있다. 멕시코에서는 가락바퀴의 용도가 무엇이었는지 그림으로 남겨놓았다. 아래는 멕시코 원주민들의 가락바퀴 유물로서, 크기에 따라서 무게가 13그램에서 75그램까지 다양하다.

멕시코의 가락바퀴

아래 사진과 그림을 보면 이 가락바퀴를 어떻게 사용했는지 쉽게 알 수 있다. 가락바퀴는 물레가 없을 때 가락대와 같은 막대기에 끼워 사용하던 물건이었다. 사진은 최근까지 전통 방식으로 실을 만드는 모습이고, 그림은 16세기 고문헌에 나오는 모습이다.

선인장 섬유로 만드는 실

솜으로 만드는 실

가락바퀴

사진 속의 여인은 선인장에서 뽑아낸 섬유를 가락바퀴를 끼운 대 끝에 연결하여 실을 만들고 있고, 그림 속의 여인은 왼손에 솜뭉치를 들고 있는데, 그 솜에 연결된 실이 역시 가락바퀴를 끼운 대 끝에 연결되어 실이 만들어 지고 있다. 오른손으로는 대를 돌리고 있는데, 이렇게 하여 실이 꼬아지도록 하고, 꼬아진 실은 그 대에 감고, 또 다시 대를 돌려서 실을 꼬는 작업을 반복했다. 가락바퀴는 가락에 해당하는 대의 회전력을 높이기 위해서 끼우던 물건이었다. 이것은 물레를 대신해서 실을 만들기 위해 사용하던 매우 간편한 도구였다.

왼쪽 사진 속의 멕시코 원주민 할머니가 목에 걸고 있는 섬유는 바로 다음 사진의 아가베 선인장 잎을 으깨어 뽑아낸 것이다. 이 선인장의 잎은 긴 것은 1 미터 20센티가 넘는다. 우리 선조들이 삼나무 껍질을 얇게 찢어서 실을 만들기 위한 섬유를 뽑아내었듯이, 멕시코 원주민들도 선인장 잎을 으깨어 그 속에 있는 섬유를 뽑아내었다. 이 실로 짠 옷감은 질감이 뻣뻣하여, 우리의 삼베와 매우 비슷하다.

아가베 선인장　　잎의 섬유　　잎을 으깨어 실을 뽑는 모습

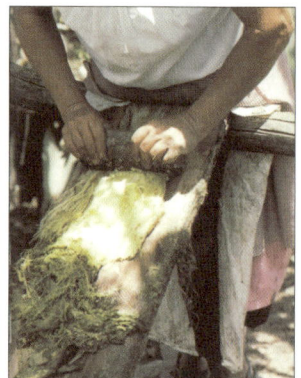

◆ **점(占): 매일 그날의 운을 점 쳤다.**

　아스테카인들은 두 가지 달력을 사용했다. 히으보활리(Xiuhpohualli)와 토날보활리(Tonalpohualli)라고 부르던 것으로서, 멕시코에서는 지금도 이 달력 명칭이 무슨 뜻인지 해석 못하고 있지만, 우리말로 해석해 보면 '해를 보리니'와 '신성한 날을 보리니'라는 뜻이 된다[44]. 우리 선조들은 태양을 '해'라고도 했고,

---

44. '–보활리'의 '화'는 '리'로 읽어야 한다. 이 언어 현상이 용비어천가의 '불휘=뿌리'이다. 오늘날 우리말 '리'

'날'이라고도 했다. '히'는 해의 방언이었다[45]. 멕시코에서는 토날(tonal)을 '태양(sun)/하루(day)'라고 해석하고 있다. 우리말 '날'이 이 두 가지 뜻을 가지고 있는 것은 맞지만, '토'는 무엇일까? '토'는 '신성한'을 뜻하는 '태'의 방언이다. 즉 '토날'의 정확한 뜻은 '신성한 날'이다.

히으보활리는 1년을 365일로 보는 달력이고, 토날보활리는 260일로 보는 달력인데, 점을 치는 데는 토날보활리를 사용했다. 이 달력은 여러 가지 면에서 우리의 음력과 비슷하다. 그 비슷한 내용 중 하나가 날짜의 명칭이다. 음력 달력은 모든 날짜에 '갑자, 을축, 병인…'과 같은 일진(日辰)의 이름이 붙어 있는데, 토날보활리의 모든 날짜의 명칭이 일진의 이름과 비슷하다. 우리가 점을 칠 때 음력의 일진을 사용하듯이 멕시코 원주민들이 토날보활리로 점을 칠 때 각 날짜의 명칭으로 쳤다.

우리 선조들은 어떤 중요한 일을 할 때는 '흉한 날'을 피하고 '좋은 날'을 잡기 위하여 반드시 점을 쳤다. 이 풍습은 아직까지 이어져, 결혼 날짜를 잡을 때, 이사 날짜를 잡을 때, 그리고 어떤 사업의 개업식 날짜를 잡을 때, 우리는 점을 쳐서 경사스럽고 복된 날을 잡는다. 요즘도 이사할 때 소위 '손 없는 날'을 잡아서 하는 사람들이 꽤 있다. '손'은 귀신, 즉 신을 뜻하고, '손 없는 날'은 '신이 간섭을 안 하는 날'을 뜻한다. 혹시 이사하는 것이 신의 뜻을 거슬러 화(禍)를 자초할까 염려한 데서 시작된 풍습이다. 그런데 '손 없는 날'은 드물고, 대부

가 아메리카에서 '화/휘'로 남아있는 예가 많다.

[45]. 고대 우리말은 '해'를 '희'라고도 했다(예: 아이= 아해= 아희/이희승, 「국어대사전」). 일본어로 태양은 히(ひ)라고 한다. 러시아 고고학자 브레단스키에 따르면 일본인의 조상은 대략 기원전 4세기까지 연해주 근처에 살다가 일본 섬으로 이주했다. 또 삼국시대 상당수의 고구려–백제인들이 일본으로 건너가기도 했다. 따라서 일본어의 '히'가 우리말 방언 '희'와 거의 같은 것은 당연하다.

분의 날들은 손이 있는데, 손은 동서남북 가운데 한 방향에 있고, 그 방향은 날마다 바뀌었다. 예들 들어, 오늘은 손이 동쪽에 있으면, 내일은 북쪽에, 모레는 서쪽에, 그 다음날에는 남쪽에, 그리고 닷새째 날에는 다시 동쪽에 있다고 믿었고, 무슨 일을 할 때 손이 있는 방향으로 가서 해야 하면, 신의 노여움을 살까 염려하여, 다른 날로 미루었다.

멕시코와 마야의 원주민들도 중요한 일을 할 때, 반드시 점을 쳐서 운 좋은 날을 잡았다. 그들도 점을 쳐서 좋은 날을 받아 결혼을 했고, 먼 길로 장사도 떠났고, 전쟁도 했다. 특히 결혼은 반드시 이 달력으로 점쳐서 날을 받아 했다[16]. 스페인 신부들의 기록에 따르면, 그들은 어떤 일을 결정할 때는 반드시 먼저 점을 쳐보고 했고, 점을 치지 않고는 아무 것도 하지 않았다고 한다.

오른쪽 그림에서 볼 수 있듯이, 토날보활리 달력에는 날마다 동서남북을 번갈아 신이 지킨다고 표시되어 있다. 매달 첫째 날엔 동쪽에 신이 있고, 둘째 날은 북쪽에, 셋째 날은 서쪽에, 넷째 날은 남쪽에, 그리고 다섯째 날은 다시 동쪽에 신이 있다고 표시되어, 시계 반대 방향으로 날마다 번갈아 가면서 신이 있다고 믿었다. 이것은 우리가 '손 있는 날'에는 신이 있다고 믿던 방향 신앙과 같았다.

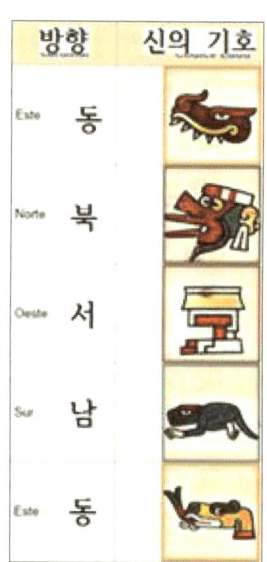

날짜에 따라 동서남북을 번갈아 지키는 멕시코 신들

---

46. Tezcatl Itzac, 「Descodificación del calendario azteca」, Impresor Asociado, 2002, p.11.

모든 민족에게 신앙은 매우 오래된 정신세계의 산물이다. 신앙은 먼 옛날 조상들로부터 시작되어 오랫동안 그 민족에게만 전승되어 내려오는 정신적 전통으로서, 다른 민족에게는 아무런 의미도 없다. 예를 들어, 우리는 '손 있는 날'에 이사하는 것을 꺼리지만, 외국인들은 우리가 손 있는 날과 없는 날을 왜 구별하는지, 손 있는 날에는 왜 이사를 안 하려고 하는지, 전혀 이해하지 못한다. 그런데 멕시코 원주민들은 이런 면에서까지 우리와 정확하게 일치하고 있다. 이런 정신세계의 일치가 우연히 생길 수 있을까?

독자들 가운데 다음과 같은 의문을 가질 사람이 있을 것이다: "멕시코 달력 명칭에 '히/날'과 같은 태양을 뜻하는 단어가 들어 있는 것으로 보아, 그들은 태양력을 사용했고, 우리민족은 1894년 갑오개혁으로 서양식 양력을 받아들이기 전에는 중국에서 들어온 음력 달력을 사용했는데, 멕시코 원주민들이 우리민족이라면 어떻게 음력 달력이 아니라 태양력 달력을 사용했단 말인가?"

이에 대한 설명은 다음과 같다. 우리 선조들이 사용해 왔던 달력은 순수한 음력이 아니다. 달이 지구를 한 바퀴 도는 공전주기를 기준으로 만든 달력이 음력이다. 그런 점에서 한 달을 29일 또는 30일로 한 것은 음력이 맞다. 그러나 1년을 24절기로 나눈 것, 즉 입춘, 입동, 하지, 동지, 춘분, 추분 등과 같은 개념은 1년을 365일로 보는 태양력을 기준으로 만든 것이다. 특히 춘분과 추분은 태양을 기준으로 낮과 밤의 길이가 같은 날이다. 우리 선조들은 낮의 길이가 가장 긴 하짓날에 태양을 맞이하는 큰 제사를 올렸던, 태양신 신앙과 관련된 풍습이 있었다. 따라서 우리 선조들이 사용해 왔고 지금도 사용하고 있는 음력 달력은 사실 음력과 양력이 섞여있는 달력이다.

그리고 또 한 가지 중요한 것이 있다. 우리 선조들은 한자를 받아들이기 훨씬 이전부터 달력을 사용했다. 3세기 후반에 기록된 「삼국지」위지동이전에, 부여는 은정월 달에 영고라는 국가적인 축제를 벌였고, 고구려는 10월 달에 동맹이라는 축제를 벌였다고 기록되어 있다. 한자를 받아들인 시기가 4세기 말이나 5세기 초였으므로, 우리민족이 달력을 사용한 시기는 한자 도입 시기보다 적어도 100년 이상 앞선다. 중국의 음력 달력은 모두 한자로 표기된 달력이다.

따라서 의문점은 부여나 고구려가 사용했던 달력이 중국으로부터 들여 온 음력 달력이었다면 한자어도 그때 이미 함께 사용되었어야 마땅하다. 그런데 한자를 사용한 흔적은 달력보다 무려 100년 이상 늦게 나타난다. 이 괴리를 어떻게 설명해야 할까? 이 의문에 대하여 멕시코에 남은 우리민족의 흔적을 바탕으로 판단하건대, 우리 선조들은 중국의 음력과는 다른, 태양을 기준으로 하는 양력 달력을 사용했을 가능성이 높다. 부여-고구려의 고리족들은 태양신을 믿었던 선조들이다. 고구려의 창건자 주몽은 스스로 '자신은 태양신의 아들'이라고 외쳤다. 우리 선조들은 태양의 움직임을 바탕으로 만든 태양력을 사용했던 것은 아닐까?

태호복희

여기에 필자는 한 가지 사실을 더 독자들에게 이야기하고자 한다. 점은 달력을 가지고 친다. 점을 치는데 중요한 책이 고대 중국에서 만들어진 주역(周

易)이라는 책이다. 주역은 달력의 일진을 해석한 책이다. 이 주역의 저자가 중국 전설로 내려오는 세 명의 황제 중 한 명인 태호복희(太昊伏羲)라고 알려져 있다. 그런데 유물로 남아 전해지는 태호복희 인물화에는, 그의 머리 위에 '달'이 아니라 '태양'이 그려져 있다. 그리고 기원전 1세기에 사마천이 쓴 사기(史記)에는 '태호복희는 동이족이다'라고 기록되어 있다. 태호복희는 중국인들의 선조가 아니라 우리의 선조였다고 기록되어 있고, 그가 만든 점술은 '태양'의 움직임을 바탕으로 한 것이었다. 필자는 준비 중인 다른 책에서 그가 우리 선조였다는, 아직까지 세상에 알려지지 않은 보다 확실한 몇 가지 증거를 제시하겠다.

◆ **노래를 좋아하던 민족**

우리 선조들은 춤과 노래를 좋아했던 풍류를 아는 민족이었다. 「삼국지」위지동이전에는 부여인들이 노래를 좋아하여 밤낮으로 노래를 불렀다고 다음과 같이 전하고 있다.

行道晝夜無老幼皆歌, 通日聲不絶(행도주야 무노유개가 통일성부절)
길을 갈 때, 낮이든 밤이든 노인이든 아이든 구별 없이 모두 노래를 부르니,
종일 노래 소리가 끊이질 않았다.

부여의 풍습과 신앙은 고구려로 계승되었다. 부여-고구려를 건국했던 사람

들은 대거 아메리카로 이주하여, 멕시코에서 처음에는 태오티와간문명과 마야문명을 건설했고, 나중에는 돌태가문명을 건설했다. 돌태가문명이 12세기에 무너지자, 그곳에 살던 사람들은 여러 곳으로 흩어졌는데, 그 일부는 촐룰라(Cholula)로 가서 정착했다.

우리민족이 노래를 좋아하던 풍습도 멕시코로 이어졌던 모양이다. 멕시코 기록에도 톨태카에서 살다 온 촐룰라 사람들은 노래 부르기를 매우 좋아하여, 노래를 가르치고 배우는 학교까지 세웠고, 이런 학교를 세워야만 비로소 나라를 제대로 세웠다고 생각할 정도였다고 한다[47]. 또 14세기 초에 건국된 아스태가제국에서도 이 풍습은 지속되어, 학교까지 세워서 노래를 가르쳤다. 16세기 초에 부모님을 따라서 멕시코로 가서 성장했던 디에고 두란(Diego Durán)신부는 아스태가제국 원주민들이 노래를 좋아했는데, 그 노래들은 대부분이 매우 슬픈 노래들이었다고 다음과 같이 기록했다[48].

> 그들이 부르는 노래는 너무나 슬퍼서, 리듬과 춤도 사람의 심금을 울렸다. 나는 그들이 신앙과 관련된 노래를 부르며 가끔은 춤도 함께 추는 것을 보았다. 그 노래는 너무나 슬퍼서 나도 슬픔과 비애를 금할 수 없었다.

우리민족의 노래에는 흥겨운 가락도 있지만 슬픔, 즉 '한(恨)'이 배여 있는 가락도 많다. 한(恨)은 우리민족의 대표적 정서라고 할 수 있다. 민족의 전통 노

---

47. John Curl, 『Ancient American Poems』, Bilingual Press, 2005, p.6.
48. Diego Durán, 『Book of the gods and rites and The ancient calendar』, Fernando Horcasitas and Doris Heyden역, University of Oklahoma Press, 1973, p.300.

래 가락에는 슬프고 아픈 한이 항상 잠재되어 있다. 그래서 우리민족을 '한(恨)의 민족'이라고도 한다. 멕시코로 건너간 우리민족의 후예들에게도 이러한 민족 정서가 그대로 남아 있었던 모양이다. 아스태가제국이 멸망당한 후에는 민족의 정서 '한'이 극에 달했을 것이다. 필자는 이 '한'의 정서도 우리민족이 둘로 갈라져, 많은 사람들이 아메리카로 떠나면서 생겨난 '이별'로 인하여 시작된 것이 아닐까 추측한다.

◆ **형구—죄인의 모습**

동북아 여러 민족들이 사용하던 형구 중에 죄인의 행동을 자유롭지 못하도록 제약하던 방법 중의 하나가 목에 칼을 채우는 것이었다. 우리 선조들도 조선시대 말까지 '항쇄'라 하여 중죄인에게 목칼을 씌웠다. 목칼은 나무로 만든 것으로서 둥글게 파인 나무판에 죄인의 목을 넣고 뒤에서 채우는 형구이다.

멕시코에서도 바로 이와 같은 목칼이 형구로 사용되었다. 그들도 나무를 둥글게 깎아서, 그것을 죄인의 목에 끼운 후에, 뒤에서 채웠는데, 크기와 모양만 다를 뿐, 근본 원리와 재료는 우리가 사용하던 것과 같다. 아래는 조선시대 목칼과 사하군신부의 책에 그려진 목칼이다.

조선시대의 죄인 　　　　　아스태가제국의 죄인 가족

　아래 그림은 멘도사 고문헌(Códice de Mendoza)에 실려 있는 장면으로서, 아스태가제국의 지방 속국 왕이 반란을 모의하다 발각되어, 제국의 청년들이 목에 밧줄을 걸어 잡아당기며 고문하고 있으며, 부인과 자식은 목칼을 차고서 옆에 앉아있다. 청년들 입 앞에 휘어진 혀 모양의 그림은 '말하고 있다'는 표현이다. 죄를 자백하도록 강요하고 있는 것으로 보인다.

고문을 받는 왕과 목칼을 찬 가족

◆ 편두 풍습

우리 선조들의 고대 풍습 가운데 오늘날 우리가 알지 못하는 풍습들이 매우 많다. 그 가운데 하나가 편두(褊頭)이다. 편두는 어린 아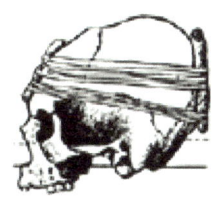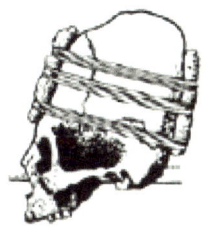
이가 출생하여 아직 머리가 단단하게 굳어지지 않았을 때 돌이나 나무판으로 머리를 누르거나 끈으로 묶어서 두개골의 형태를 변형하는 풍습을 말한다. 편두는 주로 지배계층에서 행해졌는데, 신(神)과 교감하는 선택된 사람들이라는 것을 일반 백성들에게 보여주기 위함이었다.

「삼국지」위지동이전에는 우리 선조들의 편두 풍습에 대하여 다음과 같이 기록하고 있다.

兒生 便以石壓其頭 欲其褊 今辰韓人皆褊頭

(아생 편이석압기두 욕기편 금진한인개편두)

아이가 태어나면 돌로 그 머리를 눌러두는데, 머리를 좁게 만들기 위함이다.

요즘은 진한 사람들이 모두 좁은 머리를 하고 있다.

'진한'은 신라를 말한다. 역사서에 따르면 초기 신라를 구성한 사람들은 만주 여러 지역에서 경주로 이주한 사람들이다. 한반도 안 여러 지역에는 기원 오래전부터 만주 지역에서 작은 씨족 집단으로 이주해 온 사람들이 살고 있었다. 경주 지역에도 이러한 사람들이 살고 있었는데, 거기에 더하여 기원전 2세기경 중국 진시황제의 천하통일 전쟁을 피하여 요동지역에 살던 고조선계 유민들이 집단적으로 이주하여, 일부는 평양에 남고, 나머지는 경주까지 이주하여 정착했다. 기존 정착민과 이 사람들이 주축이 되어 기원전 57년 신라를 건국했다. 그리고「삼국사기」신라본기 탈해이사금 편에 따르면, 기원후 65년 성 밖에 닭 울음소리가 들려서 나가보니 나무 위에 황금색 궤짝이 매달려 있는데, 그 안에 아이가 들어 있었고, 그 아래 흰 닭이 울고 있었다고 한다. 석탈해왕은 그를 아들로 삼고, 김씨 성(姓)을 주고, 나라 이름을 잠시 계림(雞林)으로 고쳐 불렀다. 이 아이가 경주 김씨의 시조인 김알지이다. 그런데 계림은 만주의 길림을 뜻한다[49]. 이 이야기는 김알지 집단이 기원후 65년에 만주 길림 지역에서 경주로 이주했고, 석탈해 왕이 받아들여서 김씨 성을 하사했다는 역사적 사실을 기록한 것이다. 이 시기의 길림은 부여의 중심지 중 한 곳이었으므로, 결국 김알지 집단은 부여의 백성이었다가 경주로 이주한 사람들이라는 것을 알 수 있다. 부여는 태양신을 숭배했는데, 태양신의 상징이 닭이었다. 특히 흰 닭이었다. 따라서 김알지 집단은 태양신 신앙을 신라로 가져 온 사람들이었고, 나라 이름을 잠시 계림으로 고쳤다는 것은 김알지 집단이 상당한 세력을 가진 큰 집단이었음을 뜻한다. 독자들은 우리 선조들이 세운 고대국가의 초기 형태는 모두 부족 또는 씨족 연합체였다는 사실을 기억하기 바란다. 김알지 집단도 경주로 와서 신라 연합체에 참가한 씨족 집단이었을 것이다.

이로써 초기 신라를 구성한 집단은 출신 지역별로 볼 때, 경주에 원래부터 살던 사람들, 요동에서 온 고조선의 후예들, 그리고 길림에서 온 김알지 집단

---

49. 남주성 역, 「흠정만주원류고」, 상권, 글모아, 2010, p.29.

이었다는 것을 알 수 있다. 편두 풍습을 기록한 「삼국지」위지동이전이 3세기 후반에 기록되었다는 사실을 고려할 때, 편두 풍습은 3세기 이전에 경주에 정착했던 이 세 집단 가운데 어느 한 집단의 풍습이었을 것이다. 필자는 편두 풍습은 부여계의 김알지 집단에서 유래했을 것이라고 본다. 근거로, 첫째, 우리나라에서 편두가 발굴된 지역이 김해 예안리로서 가야지역이다. 부족국가 가야를 건국한 사람들은 김해 김씨의 선조들로서, 그들은 민족 대이동 시기에 북만주 일대에서 한반도 동해안을 타고 남하한 집단이었다는 여러 가지 증거가 있다. 그 중의 하나가 북만주 일대에서 살던 고리족들의 필수품인 동복이다. 사진에서 보듯이 가야의 동복과 부여의 동복은 모양이 같다. 동복은 말을 타고 먼 곳으로 사냥 다니며 살던 부여계 선조들이 음식을 끓여 먹던 청동솥을 말

한다. 이것 외에, 가야를 건국한 사람들이 북만주에서 내려 온 사람들이라는 또 다른 증거들은 우리민족의 정체성을 다룰 다른 책에서 밝히겠다. 둘째로, 우리 선조들이 이동한 아메리카 지역의 차이에 있다. 부여-고구려계 고리족은 북미를 거쳐 남미까지 이동했고, 고조선계 맥이족은 북미 멕시코까지만 이동

---

50. 독자들은 신라 왕조에서 금관을 갑자기 만들고 산처럼 큰 봉분의 왕릉을 만들기 시작한 시기가 4세기 중엽 내물왕 때부터였다는 사실을 기억하기 바란다. 이때부터 왕의 칭호도 '마립간'으로 바뀌었다. 사학계에서는 내물왕을 왕위에 앉힌 집단을 말을 타던 '기마민족'으로서 신라로 이주한 사람들이라고 보고 있다. 기마민족은 바로 북만주 일대에서 살던 사람들이다. 필자는 내물왕 집단도 민족 대이동 시기에 가야 집단과 마찬가지로 북만주 일대에서 남하한 고리족계 선조들이었다고 본다. 일부에서는 '흉노'로 보는 시각도 있다.

했다. 그런데 편두는 맥이족이 멕시코에 도착하기 이전의 문명이었던 태오티와간문명, 돌태가문명 그리고 촐룰라 지방의 무덤에서도 매우 많이 발굴되었고, 남미 잉카제국에서도 매우 많이 발굴되었다. 이것은 모두 고리족이 이룩한 문명들이고, 남미 잉카제국은 고리족들이 세운 고대 국가이다. 아래는 멕시코의 고대문명, 마야문명 그리고 페루 잉카 문명의 편두들이다. 특히 멕시코 올메카문명은 아메리카 대륙에서 가장 오래된 문명으로서 기원전 1천년까지 거슬러 올라가며, 흔히 마야문명의 모태문명이라고 일컬어진다. 아래 사진에서 보듯이 올메카문명의 석인상은 그들이 편두를 했던 모습을 잘 보여주고 있다.

멕시코 올메카문명의 석인상

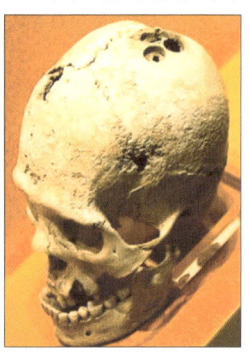
멕시코 몬테 알반 지역

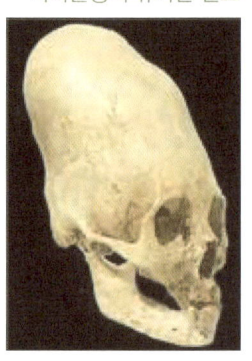
마야문명의 유카탄 반도

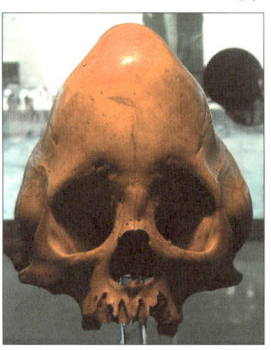
페루

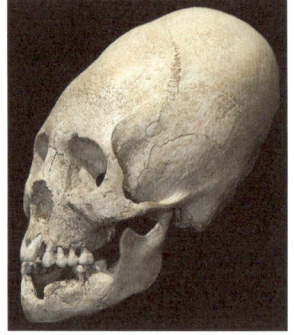
페루의 맞추픽추 지역

현대 인류학은 아메리카 인디언이 동북아시아에서 건너간 사람들로서, 그들의 이동 시기는 지금부터 1만 5천년 전의 빙하기 때라고 설명한다. 그때 베링해가 얼어서 아메리카 대륙과 아시아 대륙이 얼음다리로 연결되어 있었고, 사람들은 짐승을 사냥하기 위하여 뒤쫓다가 그 다리를 건너기 시작했다고 설명하고 있다.

만약 이 이야기가 맞다면, 우리는 1만 5천년 전 베링해를 건넜던 북방 고아시아인들이, 좀 더 구체적으로는, 그 당시의 우리 선조들이 이미 물레와 베틀을 저렇게 만들어 실을 자았고, 한복과 두루마기 같은 옷을 만들어 입었다고 해야 할 것이다. 그래야만 우리의 것과 그들의 것이 저렇게 똑같지 않겠는가! 물레와 베틀뿐 아니라, 앞에서 본 멕시코인들의 갓과 상투, 봉잠과 비녀도 모두 1만 5천년 전에 이미 만들어 사용하던 것이라고 인정해야 할 것이다. 멕시코 귀족 여인들의 색동저고리까지도! 그랬어야 오늘날 우리나라와 멕시코의 풍습이 같을 수 있지 않겠는가!

1만 5천년 전은 구석기시대이다. 인간이 아직 그릇조차 만들 줄 모르던, 도구라고는 돌을 깨어 타제석기밖에 만들 줄 모르던 시대였고, 생활은 거의 짐승과 비슷한 수준의 삶을 살던 단계라고 역사 · 고고학자들은 말하고 있다. 따라서 현대 인류학자들과 역사 · 고고학자들은 각자 다른 자리에서 너무나 서로 모순된 내용을 학문이라고 설파하고 있다. 이 모순이 오늘날의 학문이다. 어느 쪽이 잘못되었을까?

1만 5천년 전에 우리민족이 아메리카로 간 것은 분명히 아니다. 여인의 색동저고리 한복과 봉잠, 남자의 흰 두루마기에 검은 갓 모자는, 의복이 단순히 몸을 가리던 단계를 지나 멋을 내던 단계까지 발달했던 시대에 넘어갔음을 증명한다.

미국 일부 학자들도 인디언의 조상들은 세 번에 걸쳐 동북아시아에서 왔다고 했다. 최초의 이동은 1만 5천년 전에 있었고, 그 후에 두 번의 이동이 더 있었는데, 마지막 이동은 에스키모와 알류산열도 섬 원주민들의 조상들이었다고 설명했다[51]. 그러나 그들은 이 마지막 이동 시기가 언제였는지 구체적으로 설명하지 않았다.

필자는 마지막 이동이 바로 우리민족의 이동이었고, 그 시기는 기원 1천년 전부터 기원후 1천년까지였으며, 가장 큰 집단의 이동으로서 오늘날 아메리카 전 대륙 원주민들의 조상이 되었다고 본다.

---

51. Ian Varnes, 「The Historical Atlas of Native Americans」, Chartwell Books Inc, 2009, p.26.

04. 멕시코에 나타난 우리민족의 놀이 풍습

● 팽이치기

우리민족은 팽이치기를 했다. 팽이는 단단한 나무를 깎아서 만들었고, 팽이채는 막대기 끝에 질긴 닥나무 껍질을 매달아 만들었다. 팽이를 돌려놓고 쓰러지지 않도록 팽이채로 쳐서 계속 돌리는 놀이로서, 팽이를 서로 부딪치게 하여 상대편 팽이를 쓰러뜨리는 게임도 하는 우리의 전통 민속놀이이다. 필자도 어린 시절 팽이를 직접 깎아 만들어 쳤던 추억이 있다.

아메리카 인디언들도 팽이치기를 했다. 그림은 20세기 초, 그들의 팽이와 팽이채를 미국인 학자 쿨린(Culin)이 그림으로 그려서 보고한 것이다. 팽이 모

---
1. Stewart Culin, 「Games of North American Indians」, 1907, Dover Publications, p.745.

양과 막대기 끝에 끈을 단 팽이채의 모양도 필자가 어린 시절 만들어 놀던 것과 같다.

● 공기놀이

우리가 흔히 하던 민속놀이 중에 작은 조약돌을 가지고 노는 공기놀이가 있다. 공기놀이는 주로 여자아이들이 하던 것으로, 다섯 개의 둥근 조약돌을 정해진 규칙에 따라서 공중으로 던지고, 집고, 받는 놀이이다.

공기놀이의 첫 단계는 모든 돌을 바닥에 던져 흩어지게 해 놓고, 그 중에 하나를 '내 돌'로 정하여 집는다. 집은 돌을 공중으로 던진 후에, 눈으로 공중에서 떨어지는 돌을 보면서 바닥에 있는 돌을 집고, 공중의 돌이 바닥에 떨어지기 전에 받는 놀이이다. 이 놀이는 처음에는 바닥 돌을 하나씩만 집고, 그 다음에는 두 개씩 집고, 그 다음에는 세 개를 동시에 집고 나서 남은 하나를 집으며, 마지막 단계는 바닥 돌 네 개를 동시에 집는다. 두 번째 단계의 놀이는 왼손 손가락으로 둥근 모양의 집을 만들고, 첫 번째 단계처럼 돌 하나를 '내 돌'로 정하여 공중으로 던진 후에 바닥에 떨어지기 전에, 오른손으로 바닥의 돌을 하나씩 왼손으로 만든 집 안으로 밀어 넣는다. 바닥 돌을 다 밀어 넣은 후에는, 내 돌을 공중으로 던지고 집 안에 모은 돌 네 개를 동시에 집고 내 돌을 바닥에 떨어지기 전에 받는다. 여기까지 성공하면, 처음과 같이 다시 시작하되, 이번에는 두 개씩 집 안으로 밀어 넣고, 그 다음에는 세 개를 동시에 밀어 넣은 후 남은 하나를 밀어 넣으며, 마지막엔 네 개의 바닥 돌 전부를 동시에 집어넣는다. 그러고 나서 내 돌을 공중으로 던지고 집 안에 모은 네 개의 돌을 동시에 집은 후에, 공중에서 떨어지는 내 돌을 받는다. 여기까지 성공하면, 놀이는 첫 단계의 처음부터 다시 시작한다. 공기놀이의 규칙으로는 돌을 집거나 밀어 넣을 때 목표한 돌 외에 다른 돌을 건드리면 안 된다. 또 때로는 상대방이 '내 돌'을 정해주면, 그것을 집어 공중으로 던져야 한다. 어린 시절 필자도 누이와 자주했던 놀이이다.

아래는 멕시코 북부 지역과 미국 애리조나 지역에 살던 인디언들이 하던 공기놀이에 대한 보고서이다[2]. 그 원문과 번역은 다음과 같다. 아치형을 만드는 방법에 대한 설명이 아래 사진에서 보듯이 우리가 손가락으로 집을 만드는 방법과 정확하게 같다. 서두에 두 명의 여자아이가 하는 놀이라고 소개하고 있는데, 이 놀이는 필자가 어렸을 때도 주로 여자아이 두 명이 하던 놀이였다.

원문   아치형 손

2. Holmes, W. H., 「26th annual report of the Bureau of American Ethnology to the Secretary of the Smithsonian Institution 1904-1905」, Washington Government Printing Office, 1908, p.179.

여자 두 명이 하는 놀이이다. 5개의 둥근 조약돌을 먼저 준비한다. 먼저 하는 여자가 그 다섯 개 돌 가운데 하나를 '내 돌'로 골라서, 그것을 공중으로 던지고, 눈은 그 돌을 보면서, 그 돌이 (땅에) 떨어지기 전에 손으로 땅에 있는 네 개의 돌 가운데 하나를 집는다. 이렇게 땅에 있는 돌들을 차례로 하나씩 다 집은 후에, 그 여자는 다시 시작한다. 이번에는 한 번에 두 개씩 집는다. 그 다음에는 세 개를 집고 나머지 하나를 집는다. 그 다음에는 땅에 있는 돌 네 개를 동시에 집는다. 여기까지 성공하면, 이긴다. 그 다음 놀이는 더 어렵다. 돌 하나를 선정하여, 앞의 게임처럼 공중으로 던진다. 그리고는 엄지 손가락과 중지 손가락으로 만든 아치(원형 집)-검지는 중지 위에 겹쳐 놓는다- 속으로 땅에 놓인 돌을 밀어서 집어넣는다. 놀이 순서는 첫 번째 놀이와 같다 (즉 처음에는 하나씩 집어넣고, 그 다음엔 둘씩 집어넣고, 그 다음엔 세 개를 한꺼번에 집어넣은 후, 나머지 하나를 집어넣고, 마지막엔 네 개를 한꺼번에 집어넣는다). 세 개를 먼저 집어넣고 나머지 하나를 집어넣어야 할 때, 상대방이 돌 하나를 지정하면, 그 돌을 선택한다.

● 윷놀이

윷놀이는 남녀노소 누구나 함께 즐기던 대표적인 우리민족의 민속놀이다. 먼저 약 20~30cm 길이의 적당한 나무를 반으로 쪼개어 둥근 면과 평평한 면이 나오는 네 개의 윷가락을 만든 후에, 두 패로 나뉜 사람들이 그것을 공중에 던져서 떨어지게 한 뒤에, 뒤집어 지거나 바로 된 모양을 보고 점수를 계산하여, 윷판에서 말을 옮기는 놀이이다. 특이한 점은 윷판에서 사용하는 작은 돌멩이나 나무 조각을 '말'이라고 부르고, 윷판을 '말판'이라고 부르며, 처음 출발점을 '집'이라고 부른다는 점이다.

윷놀이는 옛날부터 우리민족이 즐기던 민족 고유의 놀이 중 하나이면서, 동시에 점을 치는 수단이기도 했다. 일설에 의하면 부여에서 시작하였고 말을 많이 탔던 부여계 선조들이 말 경주를 본떠서 만들었다고 한다. 윷놀이가 문헌적으로 확인되는 시기는 삼국시대이다[3].

미국과 멕시코의 원주민들뿐 아니라 남미 원주민들도 윷놀이를 했다. 미국 인디언의 놀이를 연구했던 스튜어트 컬린(Stewart Culin)에 따르면, 북미의 약 130개 부족들이 윷놀이를 했다고 한다. 남미 파라과이와 볼리비아에 퍼져 사는 차코(Chaco)족도 윷놀이를 즐겼는데, 그들도 우리처럼 '윷'이라고 불렀다[4]. 아메리카 인디언들의 윷놀이는 지역과 부족에 따라서 그 명칭이 달랐지만, 놀이의 규칙은 대체로 같았다.

그런데 윷놀이에는 우리가 주목해 보아야 할 특이한 점이 있다. 윷놀이는

---

3. 이양수님(1999)은 육당 최남선도 "윷은 조선 특유의 민속놀이다"라고 했다고 밝히고 있고, 성병희님(1990)은 785년에 기록된 일본의 「만엽집」 권10에 윷놀이가 기록되어 있는데, 이는 8세기에 우리나라에서 건너간 것이라고 설명했다.
4. 차고(chaco)는 안데스 산맥 동쪽의 광대한 영토와 그곳에 사는 원주민을 가리키는 명칭이다. 차고는 오늘날의 아르헨티나 북부지역, 볼리비아, 파라과이, 브라질 남부 지역을 포함하는 매우 넓은 지역이다. 차고(chaco)라는 명칭은 '사냥 터(lugar de caza)'라는 뜻인데, 우리말 '잡 곳'을 스페인어로 표기한 어휘이다. 우리말에서 사냥을 '짐승을 잡다'라고 말하고, 장소를 '곳'이라고 말한다. 즉, '잡다'의 '잡'에 '곳'을 붙인 말로서 '잡는 곳'을 뜻한다. 스페인어에서는 받침소리가 없으므로, 스페인어의 영향으로 '잡곳〉잡고〉 차고'가 되었다. 차고족의 언어에는 다양한 우리말이 나온다. 그들도 자기들 말과 우리말에 같은 어휘들이 있다는 것을 알고 있다.

점수에 따라서 '도-개-걸-윷-모'의 다섯 단계가 있다. 윷가락 하나가 젖혀져 있으면 '도'라고 하고 점수는 1점이며, 말판에서 말을 '집'에서부터 한 칸 움직인다. 두 개가 젖혀져 있으면 '개'라고 하고 점수는 2점이며 말을 두 칸 움직이고, 세 개가 젖혀져 있으면 '걸'이라고 하고 점수는 3점으로 세 칸 움직이고, 네 개가 모두 젖혀져 있으면 '윷'이라고 하고 점수는 4점으로 네 칸을 움직인다. 마지막으로 윷가락 네 개가 모두 엎어져 있으면 '모'라고 하여, 최고 점수인 5점을 얻어, 말을 다섯 칸 움직인다. 특히 윷이나 모의 경우에는 한 번 더 윷가락을 던질 기회를 준다. 따라서 윷놀이에서 가장 중요한 것은 점수가 가장 큰 '모'이다. 그런데 왜 '모놀이'라고 하지 않고, 하필 바로 앞 단계인 '윷놀이'라고 이름 지었을까?

우리나라 윷가락과 말판

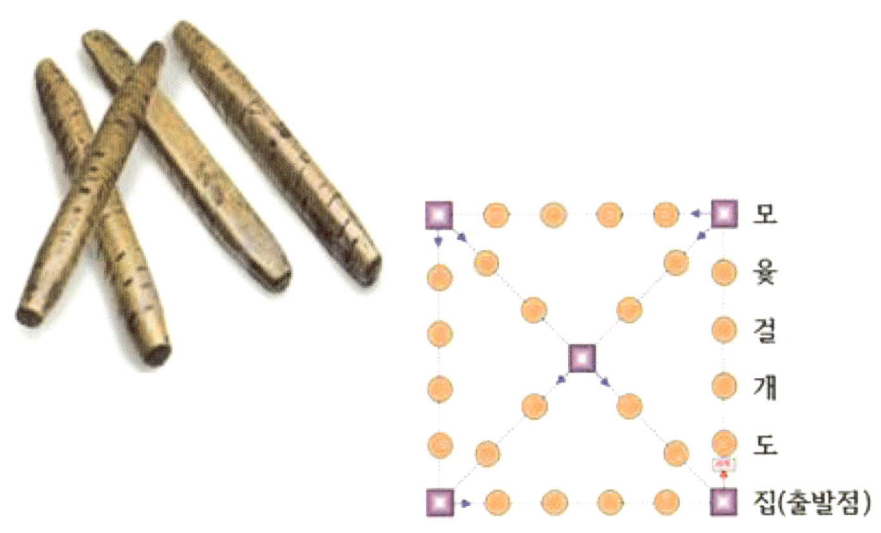

일찍이 윷놀이를 연구하셨던 양주동, 박은용, 성병희님과 오늘날 민속학의 대가이신 임재해님은 우리민족의 윷놀이가 원래는 '도, 개, 걸, 윷'까지의 네 단계 놀이였고, 다섯 단계의 '모'가 나중에 추가된 것이라고 주장했다. 특히 임재해님은 점치는 도구로서의 윷놀이는 네 단계여야 한다고 설명했다.

이 설명대로라면 윷놀이는 원래 네 단계의 놀이였고, 명칭을 '윷놀이'라고 한 이유도 이해된다. 그리고 윷가락도 네 개가 아니라 세 개여야 한다. 윷가락이 원래는 세 개였을 것이라는 주장은 그동안 일부 학자들의 견해로만 치부되었는데, 그 이유는 우리에게 이것을 증명해 줄 윷놀이와 관련된 고대 유물이나 문헌 기록이 없기 때문이었다.

그런데 아메리카 원주민들에게는 19세기 말까지 세 가락의 윷놀이가 남아 있었다. 그들에게는 세 가락의 윷놀이와 네 가락의 윷놀이가 모두 남아 있었다. 특히 세 가락으로 하는 윷놀이는 미국 애리조나주에 살고 있는 인디언들에게 남아 있었는데, 말판도 네 단계로 되어 있었다. 네 가락으로 하는 윷놀이는 애리조나를 포함하여 미국 전 지역과 멕시코의 인디언들에게 남아 있었는데, 말판은 일반적으로 10단계로 되어 있었다.

아래는 애리조나주의 수니(Zuni)족이 세 가락으로 하던 윷놀이의 윷가락과 말판이다. 수니족은 네 가락으로 하는 윷놀이도 했다. 애리조나주에 사는 인디언들에게는 윷놀이 외에도 공기놀이, 땅따먹기, 실뜨기와 같은 우리의 민속놀이가 20세기 초까지 남아 있었고, 그들의 말에는 다양한 우리말이 남아 있었으며, 풍습에도 우리민족 고유의 것들이 남아 있었다.

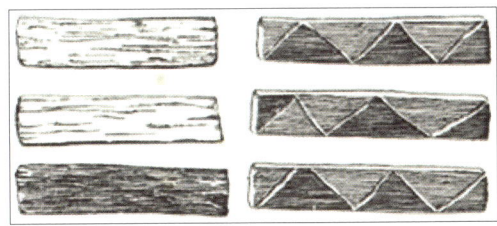
세 가락의 윷

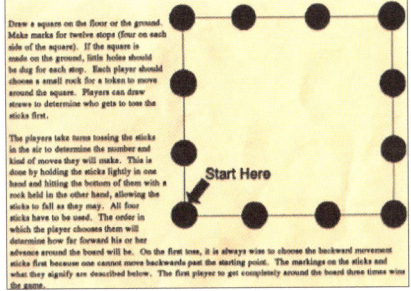
네 단계의 말판

애리조나주 투산의 사과로 국립공원 인디언
박물관에 전시된 세 가락 윷과 말판

아래는 미국 애리조나주 인디언들이 사용하던 네 가락으로 된 윷가락과 10 단계 말판이다.

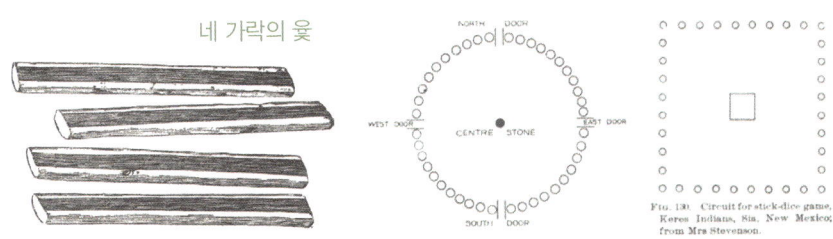

네 가락의 윷   10단계의 말판 (원형과 사각형)

04. 멕시코에 나타난 우리민족의 놀이 풍습   **155**

미국 애리조나에서 세 가락의 윷놀이와 네 가락의 윷놀이가 동시에 나타나는 이유는 우리민족이 아메리카로 건너간 기간이 기원 1천 년 전부터 기원후 1천 년까지 2000년이라는 매우 긴 세월에 걸쳐서 이동하였기 때문이다. 아메리카에서는 우리민족의 기원전의 풍습과 기원 이후의 풍습, 삼국시대의 풍습이 함께 발견된다. 그래서 윷놀이의 원래 형태인 세 가락 윷놀이도 남아 있었고, 긴 시간에 걸쳐 변형된 후기의 네 가락 윷놀이 모습도 함께 나타나는 것이다.

미국 인디언들의 말판을 보면 가운데 길이 없다. 이것은 윷놀이가 원래 말의 경주를 본떠서 만들었기 때문일 것이다. 말 경기의 경기장은 정해진 코스를 한 바퀴 먼저 도는 것으로, 가운데 가로 지르는 길은 없다. 또 두 패가 출발하는 지점도 다르다. 이것 역시 말 경주에서 공정성을 기하기 위하여 출발 지점을 다르게 한 것을 그대로 본 뜬 것이다. 그들이 10단계의 말판을 만든 것은 놀이의 규칙을 좀 더 복잡하고 다양하게 변화시켜 놀이를 보다 재미있게 즐기기 위해서였다. 이는 우리가 윷가락 하나에

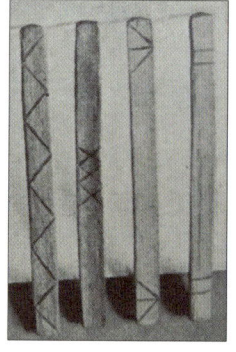
미국 동부 뉴욕 지역 인디언의 윷가락

검은 칠을 하여, 그것만 젖혀지면 '홋도'라고 하여 말을 한 칸 뒤로 후퇴시키는 규칙을 만들어 재미를 더하였던 것과 같다. 그들은 윷가락에 다양한 문양을 새겨서, 어떤 문양만 나오면 2점, 어떤 문양만 나오면 4점, 또 어떤 문양은 5점을 주는 등 점수 계산 방식을 다양화했다. 이렇게 재미를 더하기 위하여 게임 규칙을 다양하게 변화시킨 배경은 많은 인디언들이 윷놀이를 자주 즐겼기 때문일 것이다.

오른쪽은 멕시코 중부 지역의 윷놀이 유물로서, 네 개의 윷가락과 10단계의 말판이다. 말판에는 가운데에 복잡한 길이 만들어져 있다.

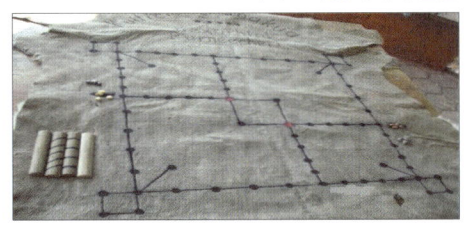
멕시코의 윷가락과 말판

아래는 미국 남부 애리조나주의 애리조나대학교 인디언 박물관에 보관된 토오노 오담족 인디언들의 윷놀이에 대한 설명과 규칙이다. (원본은 별도 페이지에)

1) 윷가락의 모양은 한 면은 평평하고 뒷부분은 둥글다.

2) 각 참가자는 자기 집에서 말을 출발 시킨다.

3) 움직이는 대상을 '말(horse)'이라고 한다. (작은 돌을 '말'로 사용하기도 했다)

4) 말이 출발하는 곳을 '집(house)'라고 한다.

5) 윷을 한 손에 수직으로 잡고서, 그 밑을 다른 손바닥이나 땅의 평평한 돌 위에 탁 친 후 공중으로 던져 떨어지게 한다.

5) 바닥에 떨어진 윷가락이 서로 닿는 경우가 있으면 다시 던진다.

6) 1점당 한 칸씩 움직인다.

7) 윷을 던져서 옮긴 말이 상대편의 말 위치에 오면, 상대편 말을 잡는다. 상대편의 말은 처음부터 다시 출발한다. (상대편 말을 패퇴시켜서 집으로 돌려보낸다.)

8) 자기의 모든 말이 윷판을 돌아서 먼저 집으로 오는 자가 이긴다.

9) 우리의 '모' 자리'에 해당하는 곳에 오면 '조오타(jouta)'라고 했다. (특히 윷

을 던져서 나온 숫자가 단번에 10이 나오면 이렇게 말했고, 한 번 더 던질 수 있었다고 한다/ 필자가 인디언에게 직접 조사함)

미국 애리조나 인디언들이 하던 윷놀이 규칙에 대한 이 설명에서 보듯이, 말판에 사용된 돌(stone)을 '말(horse)'이라고 불렀고, 우리 윷놀이의 '모'에 해당하는 점수가 나오면 '좋다(Jouta)'라고 외쳤으며, 말이 출발하고 되돌아오는 곳을 '집(house)'이라고 불렀다. 이것은 모두 우리가 윷놀이에서 사용하는 용어들이다.

이 세상에서 '돌'을 보고 '말'이라고 하는 민족이 우리민족 외에 또 있을까? 우리민족도 오직 윷놀이에서만 '돌'을 '말'이라고 하는데, 아메리카 인디언들도 정확하게 우리들처럼 그렇게 불렀다. 어떤 풍습이나 문화가 다른 지역으로 이동하면 거기에 사용되는 용어도 같이 이동하는데, 우리의 윷놀이도 아메리카로 이동하면서 그 용어들도 함께 이동했던 것이다.

토오노 오담족 인디언의 윷놀이 규칙 설명 원본

Game Pieces:
4 flat sticks **ginskud** (geents-koot) made of saguaro ribs. **One side of the stick is slightly rounded and the other side is flat** with a design on it. → 윷가락의 앞면은 둥글고 뒷면은 평평하다

    Two Sticks
    Mountains
    Braid
    Thorns

2 horses (stones) per player → 돌을 '말(horse)'이라고 했다.

1 rectangular playing space marked with ten stones on each side. 5 additional stones are connected to each corner **jouta (door)** that make up each players house.

⇐ jouta → 우리 윷판의 모자리에 나오면 '좋다(jouta)'라고 했다.
⇐ kee

→ 말이 출발하고 되돌아오는 곳을 '집'이라고 한다.

How To Play:
1. Each player places both horses in **the kee (house)**.
2. The four gins are held vertically in one hand and struck from underneath with a flat rock with the other hand. Let the sticks fly through the air and land on the ground.
3. If any of the sticks are touching another stick, the hit does not count and the turn must be taken over again.
4. A player must score at least five points to get out of his/her kee at the start of the game.
5. Once out of the kee the player can move one space for each point scored.
6. If one player lands on the same space as the other player s/he defeats the first player and sends his horse back home.
7. Winning the game requires getting all of your horses around the board and back home, entering your house with the exact number.

윷놀이하는 치와와 원주민들(1907년)

아래는 멕시코 북부 치와와(Chihuahua)주에 사는 타라우마라(Tarahumara)족 원주민들의 윷놀이 모습이다. 한 사람이 말판 가운데에 떨어진 네 개의 윷가락을 보면서 점수를 계산하고 있다. 말판은 10단계의 사각형으로 가운데 길이 없다. 그림 밑의 설명에 따르면 이런 모양의 말판이 더 오래된 것이라고 한다. 즉 가운데 길이 없는 말판이 원래 말판이었다. 타라우마라족은 비교적 최근까지 다양한 우리말 어휘를 사용했었다. 그들은 사람 집단을 '무리(muri)'라고 했다. 무리는 '집단'을 뜻하는 우리말이다.

치와와

Tarahumares Playing Quinze.

미국 애리조나 하바숲아이(Havasupai)족 아이들의 윷놀이 모습

● **발돌림**

아래 그림은 아스태카인들이 즐기던 소콰히-바돌린(Xocuah-patollin)이라는 놀이이다[5].

소콰히-바돌린 (속히 발돌림)

그림에서 보듯이, 바닥에 등을 대고 누워서 두 발을 들어 올리고, 그 발 위에 긴 나무 기둥을 올린 후, 두 발을 이용하여 빠르게 돌리는 놀이이다. 잘하는 사람의 경우에는 나무 기둥 양 끝에 아이들을 앉히고 돌렸다고도 한다. 이 놀이를 그들은 소콰히-바돌린(xocuah-patollin)이라고 불렀다. 이 놀이 명칭이 우리말이고, '속히 발 돌림'이란 뜻이다. 우리말에서 '속히'는 '빨리'를 뜻한다. '속히'

---

5. Ramon Mena L. & Juan Jenkins Arriaga, 「Educación intelectual y física entre los nahuas y mayas precolombinos」, 1930, p.41.

의 발음소리는 '소키' 보다는 '소키히'이다. 발음 끝에 'ㅎ'소리가 살짝 남는다[6]. '소키히'가 바로 '소콰히(xocuah)'가 되었다. 뒷부분의 바돌린(patollin)은 우리말 '발돌림'이다. 이것을 우리말과 형태소 대응으로 검토해 보면 다음과 같다.

바돌린 → 바(pa) + 돌(tol) + 리(li) + ㄴ(n)

발돌림 → 발 + 돌(다) + 리(사역보조어간) + ㅁ(명사화 접사)

이 대응에서 바(pa)는 우리말 '발'을 의미한다. 받침소리 'ㄹ'이 표기되지 않은 이유는, 스페인어가 받침소리가 없는 언어인데, 원주민의 말이 오랫동안 스페인어에 적응하다보니 'ㄹ'이 탈락하여 생긴 현상일 수도 있고, 우리말 음운현상 중에 'ㄹ' 받침소리가 연달아 나오면 앞의 것이 탈락하는 경우가 있는데, 이런 현상 때문일 수도 있다. 예를 들어, '달달이>다달이, 날날이>나날이'에서 앞의 'ㄹ'이 탈락했다. 따라서 '발돌>바돌'로 변했을 수 있다. 돌(tol)은 우리말 '돌다'의 어간과 정확하게 일치하고, 바로 뒤에 나오는 리(li)는 사역보조어간 '리'와 정확하게 일치한다. 마지막으로 우리말에서 동사를 명사로 만들 때 자주 사용되는 것이 명사화 접사 'ㅁ'이다. '빌리다→빌림, 돌보다→돌봄' 등이 그 예이다. 그런데 만주에 살던 우리 선조들은 'ㅁ'소리를 'ㄴ'처럼 발음했다. 그 예로 만주의 '길림(吉林)'을 만주 지역에서는 지금도 '지린[jilin]'으로 발음하고 있다. 길림은 부여의 중심지로서, 고대 우리민족의 중심 거주지 중의 한 곳이었다.

---

6. 이것을 국어학적으로 설명하자면, 앞 음절의 'ㄱ' 소리가 뒷 음절의 'ㅎ' 소리를 만나, 거센소리 'ㅋ' 소리가 되며, 모음을 만난 'ㅎ' 소리가 강해서 발음 끝에 'ㅎ' 소리가 살짝 남는다.

일반적으로 지명은 세월이 지나도 그 발음이 잘 변하지 않는다는 특징을 고려할 때, '림'을 '린'으로 발음하던 습관은 과거로부터 내려 온 것이고, 과거에 그렇게 발음했던 사람들은 우리 선조들이었을 것이다. 그들이 바로 아메리카로 건너간 사람들이다. 이 모든 것을 종합하면 'ㅁ'이 곧 'ㄴ(n)'이라는 것을 알 수 있다.

이 놀이에 대한 설명을 읽자마자 우리나라 사람들은 누구나 '소콰히−바돌린'이 '속히 발 돌림'을 의미 하겠구나 짐작할 수 있었을 것이다. 그런데 아스태가 문명과 언어 연구에 평생을 바쳐온 오늘날 멕시코 학자들조차도 이 명칭을 들으면서도 정작 그 의미를 아는 사람이 전혀 없다는 사실을 생각해 보라. 수백 년 동안 스페인어에 익숙해져 버린 멕시코 국민은 물론이고 멕시코 학자들조차도 모르는 그 뜻을, 이 책을 읽는 우리나라 독자들은 누구나 바로 짐작할 것이다. 이런 현상이 우연으로 일어날 수 있을까? 독자들 중에 전혀 배우지도 않은 어느 외국어로 된 명칭을 읽자마자 이와 같이 그 뜻이 바로 짐작되고, 그 명칭을 언어학적으로 분석하여 내놓은 설명도 쉽게 이해된 경우가 있었는가? 없었을 것이다. 그렇다면 독자들이 방금 경험한, 저절로 알게 되는 이 깨달음은 어디서 오는 것일까? 언어에는 우연의 일치란 없다. 그러므로 이 깨달음은 반드시 어떤 필연에서 오는 것이다. 그리고 그 필연은 독자들이 지금까지 읽어오며 느낀 것, 바로 그들이 우리민족이고 우리말을 사용했다는 진실일 것이다.

필자가 위에서 제시한 분석에서 학문적으로 중요한 점은 우리말의 사역보조어간 '리'와 명사화 접사 'ㅁ'을 멕시코 원주민들도 정확하게 사용했다는 것이다. 언어학에서 어떤 언어가 같은 민족의 언어인지 아닌지를 판단할 때, 뜻이 분명한 어휘들보다 훨씬 중요한 판단 기준이 되는 것이 바로 이와 같이 '뜻은 없으면서 기능만 있는' 요소이다. 뜻이 분명한 어휘들은 여러 민족들 간에 교류가 잦아지면 서로 배워 사용할 수 있다. 예를 들어, 미국으로부터 컴퓨터가 우리나라에 들어오면서, 그와 관련된 '마우스, 윈도우, 프로그램, 프린터' 등과 같은 영어 어휘들을 우리는 우리말 속에 친숙하게 사용하게 되었다. 우리는 일상 대화에서 '너 마우스 있니?/ 내 컴퓨터 고장 났어'와 같이 말하고 있다. 그러나 뜻이 없고 기능만 있는 요소들은 다른 민족이 배워서 일상 대화에서 사용할 수 없다. 예를 들어, 영어 전치사를 우리말 속에 넣어 함께 말하는 예는 전혀 없다. 그 이유는 전치사가 뜻이 분명하지 않고 기능만 있는 요소이기 때문에 다른 민족은 그것의 필요성을 느끼지 못할뿐더러, 기능적 요소들은 다른 언어 속에서 적용되어 사용되기가 거의 불가능하기 때문이다. 따라서 이러한 요소를 다른 민족이 배워 사용했다는 전례가 없고, 다른 민족 언어의 일부가 된 전례도 전혀 없다. 그런데 멕시코 원주민들은 뜻은 없고 기능만 있는 우리말의 '리'와 'ㅁ'을 정확하게 사용했다.

따라서 언어학자의 입장에서 보면, '소콰히-바돌린'의 어휘 형태 구조만으로도 멕시코 원주민들이 사용했던 말이 우리말이고, 그들이 우리민족이라고 단정할 수 있다. 이러한 어휘 형태의 구조적 일치는 우연히 일치할 수 있는 것이 아니다. 멕시코와 미국에는 평생을 바쳐서 원주민 언어를 연구해온 학자들이 많지만, 필자처럼 저렇게 '바돌린'을 형태소 분석으로 하나하나 정확하게 설명할 수 있는 학자가 아직 없었다. 필자와 그들의 이러한 차이는 이 명칭이 바로 우리말이기 때문에 생기는 것이다. 필자만이 아니라 우리나라 학자들이면 누구나 저 정도의 분석은 쉽게 할 것이다.

외국인과 우리나라 학자들 간의 이러한 차이는 멕시코 원주민 언어, 나아가 아메리카 대륙의 원주민 언어를 연구해야 할 당사자는 바로 '우리'라는 것과 아메리카 대륙으로 대이동한 우리 선조들의 뿌리를 찾아야 하는 것이 우리의 과제라는 것을 시사한다.

이 놀이 명칭과 관련하여, 또 한 가지 이야기해야 할 것이 있다. 오늘날 멕시코 학자들이 '바돌린'을 '놀이/오락'으로 해석하고, 원주민들의 모든 오락, 예를 들어, 윷놀이까지도 '바돌리(patolli)'라고 한다. 이런 오류가 생긴 원인은 다음과 같다. 멕시코를 정복한 지 300여 년이 지난 18세기 후반, 멕시코의 유명한 카톨릭 신부이자 학자였던 클라비헤로(Francisco Xavier Clavijero)가 이 명칭에서 'ㄴ(n)'소리를 탈락시킨 바돌리(patolli)를 '오락'이라고 잘못 해석한 데서 비롯되었다. 이 시기에는 이 명칭이 좀 더 스페인어식으로 변하여 마지막 받침소리마저 탈락되어 '바돌린〉바돌리'로 변하여 사용되었고, '바돌린'의 원래 의미도 거의 잊혀져 버렸기 때문이었다.

유럽 혈통의 학자들은 원주민의 언어를 정확히 이해하지 못하여, 수많은 원주민 말을 이렇게 자의적으로 유추하여 잘못 해석했다. 또한 그 해석이 제대로 된 것인지 아닌지 판단할 능력이 없던 후세 학자들은 선배 학자들의 잘못된 연구나 기록을 그대로 받아들여 오늘날까지 반복 사용하고 있다. 원주민들도 수백 년 동안 스페인어를 배우면서 점차 자신의 고유 언어를 잊어버리게 되어,

---

7. 19세기의 스페인 학자 몰리나(Molina)와 시메온(Simeón)은 바돌리를 '놀이를 위해서 주어진 것' 또는 '행운의 놀이'라고 번역했다. 역시 잘못된 번역이다.

오늘날에는 모든 멕시코인들이 바돌리를 '오락'을 뜻하는 말로 이해하고 있다. 오랜 시간에 걸쳐 도처에서 일어났던 이런 오류를 정확하게 판단하고, 원래의 뜻을 찾아낼 수 있는 사람들은 우리나라 사람들, 코리언들밖에 없다. 이것도 우리에게 주어진 숙명적 과제일 것이다.

투환놀이: 도돌로께(Totoloque)

우리민족은 투환(投環)놀이를 했다. 투환놀이는 명칭 그대로 환(環), 즉 둥근 고리를 던지는 놀이로서, 땅에 막대기를 세워두고 고리를 던져서 막대기에 걸리게 하는 놀이였다. 그런데 오른쪽 그림에서 보듯이, 아스태가제국에서도 투환놀이를 했다.

아스테가 제국의 투환놀이

그림 밑에 쓰인 설명에 따르면, 아스태가제국 제10대 황제 목테수마(Moctezuma) 2세는 스페인 정복자 코르테스와 함께 투환놀이를 하고 있다[8]. 목테수마황제는 오

---

8. Ramon Mena L. & Jenkins Arriaga, Juan, 「Eduacación intelectual y física entre los nahuas y mayas precolombinos」, Departamento de arqueología del Museo Nacional, 1930, P.47. 아스태가제국에는 두 명의 목테수마 황제가 있다. 그림 속의 인물은 목테수마 2세이다. 그가 통치하던 1519년 11월 8일

른 팔에 두 개의 환(環)을 걸어두고 있고, 코르테스는 왼손에 두 개를 들고, 오른손으로 하나를 던지는 모습이다.

　투환놀이를 아스태가인들은 도돌로께(Totoloque)라고 했다. 우리말에서 어떤 물건을 둥글게 말 때, '돌돌 말다'라고 말한다. 즉 '도돌로께'의 '도돌'과 우리말의 '돌돌말다'의 '돌돌'이 어원적으로 연관성이 있다. 우리말에서 받침소리 'ㄹ'이 연달아 두 번 나면, 앞의 소리가 생략되었다(예: 달달이 〉 다달이, 날날이 〉 나날이). 따라서 '도돌로께'도 원래는 '돌돌로께'였을 것이다. 그리고 '께'는 '것'과 같은 말이다. 경상도 사투리로 '내것'을 '내께'라고 한다. '로'는 원주민 말에서 명사와 명사를 연결하는 일종의 연결사로 가끔 사용되었다.

　　　도돌로께　＝　돌돌　＋　로　＋　께
　　　　　　　　　　둥근　　　　　　　것

　따라서 이 놀이의 명칭 '도돌로께'도 우리말이라는 것을 알 수 있다. 우리민족은 투환(投環)놀이를 했지만, 이 용어는 한자이다. 우리 선조들이 중국으로부터 한자를 받아들이기 시작한 시기는 기원후 4세기 말~5세기 초로 추정된다. 그 이전에 이 놀이를 무엇이라고 불렀는지는 알 수 없는데, 멕시코에 남은 명칭은 '도돌로께'이다. 이것이 투환놀이의 원래 명칭이었을 수도 있다.

　1492년 신대륙을 발견하자, 스페인은 곧 쿠바에 신대륙 탐험 기지를 설치하고 디에고 벨라스케스(Diego Velazquez)를 책임자로 파견했다. 스페인 사람들은

　　코르테스가 아스태가제국에 도착했다.
9.　우리 고어(古語)에 '둥글다. 둥글게 굴리다'의 의미로 '도돌'이라는 말을 사용한 흔적이 있다. 이희승님의 『국어대사전』(1981)의 '격구' 설명 편에 보면, '공을 굴리다'의 의미로 '도돌방울하여'라는 옛 표현을 사용하고 있다.

신대륙을 발견한 이후 처음 25년 동안은 주로 쿠바와 가까운 아이티, 자메이카, 도미니카 공화국, 푸에르토리코와 같은 주변의 섬들을 탐험했다. 1518년 어느 날 벨라스케스의 부하 그리할바(Grijalva)가 유카탄 반도 해안을 탐험하다가 우연히 거대한 탑들이 세워져 있는 것을 발견하고, 대륙에 매우 발달된 문명이 있다는 것을 알게 되었다. 그는 곧바로 쿠바로 되돌아가서 벨라스케스에게 보고하고, 본격적인 탐험준비를 시작했다. 그러나 쿠바 총독 벨라스케스는 자기 친구이자 부하인 코르테스(Cortes)를 대장으로 500명의 군인과 17필의 말로 구성된 탐험대를 파견했다. 멕시코 해안에 도착한 코르테스는 해안 지역 원주민들에게서 내륙에 거대한 아스태가제국이 있다는 사실을 전해 들었고, 그 해안가에 사는 부족국가는 아스태가제국을 매우 싫어한다는 사실도 알았다. 그 해안의 부족국가는 토토나가판(Totonacapan)으로, 그때부터 스페인이 아스태가제국을 정복할 때까지 군사적으로 지원했는데, 그들도 우리민족 고리족의 후예이다. 토토나가판은 '신성하고 신성한 나의 사람의 땅'이라는 뜻의 우리말이다. 필자는 그들의 언어와 풍습에서 분명한 우리민족의 흔적을 확인했다.

1519년 11월 8일 코르테스 탐험대는 아스태가제국을 정복할 의도를 숨긴 채 제국의 수도 태노치티땅으로 들어갔다. 태노치티땅은 큰 호수 가운데 있는 섬으로서, 약 30만 평의 넓이에 20만 명이 살고 있었다. 섬 중심부에는 거대한 신전이 있었으며, 아스태가제국의 황제와 귀족들은 그곳에 거주하고 있었다.

그 섬은 호수 바깥 육지와 세 개의 큰 다리로 연결되어 있었고, 섬 주변 호수에는 다른 부족국가에서 온 수많은 통나무배들이 떠다니며 많은 상품을 싣고 와서 물물교환식 무역 거래를 하고 있었다.

코르테스 일행이 찾아오자, 황제와 아스태가 사람들은 매우 융숭하게 대접했다. 코르테스 일행은 약 7개월 동안 귀빈 대접을 받으며 태노치티땅에서 아스태가인들과 함께 살았다. 이 시기에 황제와

태노치티땅

코르테스는 우리민족 고유의 투환놀이를 함께 했던 것으로 추정된다. 이 시기에 스페인인들은 그들에게서 받은 인상을 다음과 같이 기록해 남겼다[10] : '이 사람들은 어른을 공경하는 것이 타고난 듯하며, 매우 예절바르고 말투도 부드럽다.' 동방예의지국으로서 어른들을 공경하던 우리민족의 특성이 아스태가제국에서도 그대로 남아있었던 것이다.

이렇게 사이좋게 지내던 시간도 1520년 5월 21일 이른 아침, 갑자기 시작된 스페인인들의 무자비한 총격으로 끝이 났다. 그때는 마침 코르테스가 병사들의 지휘권을 부하인 알바라도(Pedro de Alvarado)에게 맡기고, 일부 군인들을 이끌고 쿠바에서 추가로 파견된 스페인 병사들을 맞이하러 동쪽 바닷가로 떠난 뒤였다. 원주민들이 중앙 신전 앞 대광장(Plaza Mayor)에서 밤새도록 태양신에게 제사를 올린 후에, 아침 태양을 맞이하여 수천 명이 춤추고 노래하며 흥

---

10. Luis Nava Rodríguez, 「Tlaxcala en la historia」, Apizaco, 1966, p.39.

겹게 놀고 있는데, 갑자기 알바라도가 병사들을 이끌고 난입하여, 총을 쏘며 마구잡이로 학살하기 시작했던 것이다. 이렇게 시작된 아스태가제국과 스페인 간의 전쟁은 곧 목테수마2세의 죽음, 그리고 뒤이어 제위에 오른 청년 황제 과우흐태목(Cuauhtemoc)이 1521년 8월 13일 체포됨으로써 끝이 났다[11]. 그는 오늘날의 소칼로(Zocalo) 광장 한쪽 가에서 체포되었다. 소칼로 광장은 원래 아스태가제국의 대신전이 있던 곳으로서, 스페인인들이 제국을 정복하자마자 신전을 허물고 조성한 광장으로, 1813년 멕시코가 스페인으로부터 독립하기 위하여 독립 헌법을 발표했던 유서 깊은 곳이기도 하다.

소칼로 광장

왼쪽에 아스태가제국 신전을 허물고 그 돌로 지어진 성당이 보인다.

---

11. 과우흐태목은 '독수리의 신성한 목'을 뜻하는 우리말이다. 과우(Cuau)는 독수리의 울음소리를 나타내는 의성어이고, 흐(h)는 '의'의 옛말이고, 태(te)는 '신성한'이며, 목(moc)은 '목'을 뜻한다.

공놀이

우리민족은 예로부터 축구와 격구를 잘했던 모양이다. 축구는 공을 발로 차는 놀이이고, 격구는 막대기로 쳐서 하는 놀이이다. 「구당서」 권199 고구려편에는 고구려의 풍습으로 '인능축국(人能蹴鞠)'이라는 말을 기록해 놓았는데, '사람들은 축구를 잘했다'라는 뜻이다.

격구(擊毬)는 기원전 5세기에 페르시아에서 시작되었고, 중국에 들어 온 것은 당나라 때인 기원후 603년으로 알려져 있다. 격구에는 말을 타고 막대기로 공을 치는 기마격구와 넓은 마당에서 뛰어다니며 공을 치는 보행격구가 있었다.

우리민족이 격구를 언제 시작했는지는 정확하게 알 수 없지만, 일본의 역사서 「만엽집」에는 822년 발해의 사신들이 일본 왕 앞에서 격구를 했다는 기록이 있다. 격구는 특히 고려시대에 크게 유행하여 곳곳에 격구 운동장을 건설하였다고 하며, 조선 초까지도 유행했고, 세종대왕도 격구를 매우 좋아했다고 한다. 그러나 16세기경부터 우리의 놀이 문화에서 격구가 사라지기 시작했는데, 안타깝게도 우리나라에는 격구 구장의 유적이나 공이 유물로 남아 있지 않다.

우리민족이 했던 공놀이에서 아주 특이한 점은 골문을 경기장의 양쪽 가장자리의 중간 지점에 기둥을 하나씩 세우고, 그 기둥에 구멍 뚫은 널빤지를 매달아서 골문으로 하기도 했다는 점이다[12]. 즉 골문을 경기장 양쪽 끝에 설치한 경우도 있었지만, 양쪽 옆면의 중간 지점에 설치한 경우도 있었다.

18세기에 쓰인 「만주원류고」에 따르면, 격구에 사용하던 막대기는 길고 끝

---

12. 김광언, 「민속놀이」, 대원사, p.73.

이 초승달 모양으로 구부러졌으며, 공은 보통 어른 주먹만 한데, 가볍고 질긴 나무를 둥글게 깎고 그 속을 파낸 후에, 겉을 붉은색으로 칠했다고 한다[13].

바로 이런 공놀이도 우리민족의 대이동과 함께 아메리카로 건너갔다. 아메리카 인디언들도 축구와 격구를 매우 좋아하여, 북미 대륙의 거의 전 지역에서 성행했다. 멕시코에서도 격구 경기가 매우 성행하여, 중부 지역 최초의 문명이었던 태오티와간문명(기원전 1세기~기원후 8세기)에서부터 마지막 아스태가문명(14세기~16세기초)까지 건설된 수많은 공놀이 경기장이 전국에 남아 있다. 아래는 멕시코 호치갈고(Xochcalco) 지역에 유적으로 남아있는 공놀이 경기장과 골문의 사진이다.

멕시코의 공놀이 경기장  골문(확대)

---

13. 남주성 역, 「흠정만주원류고」, 하권, 글모아, 2010, p.384. 만주원류고는 1778년에 완성된 중국 청나라 역사서이다. 청나라를 건국한 만주족의 조상은 숙신족이었다. 숙신은 우리민족이 만주를 버리고 북쪽으로 대거 이동하자, 그 빈 땅을 점점 차지하여 고구려 시대 후기에는 만주 전역에 퍼졌고, 고구려 말기에는 만주 대평원의 최남단 요동 지역까지 정착하여, 698년 대조영이 발해를 건국하자 발해의 백성이 되었다. 이 시기에 그들은 말갈족이라고 불렸다. 그들은 부여가 망했던 5세기 말부터 고구려가 망했던 7세기 중엽까지 만주에서 우리민족 고리족과 섞여 살았고, 926년까지 이어진 발해시대에도 역시 섞여 살았다. 이렇게 수백 년 동안 우리민족과 섞여 살면서, 점점 줄어드는 우리민족으로부터 영토를 물려받았고, 우리의 고유문화와 종교까지도 배워 후세에 전했다. 이로 인하여 오늘날 중국과 우리나라의 문화가 매우 유사하게 되었다. 일부 문화는 원래 우리 선조들 것인지 만주족의 것인지 구별도 어렵게 되었다.

이 사진에서 보듯이, 경기장의 골문이 양쪽 끝에 있는 것이 아니라, 경기장의 중간 양쪽 벽에 설치되어 있고, 그 모양은 둥근 돌에 구멍을 뚫었다는 점이 특이하다(오른쪽 확대 사진). 삼국시대 공놀이 경기장의 골문으로 경기장 중간 지점 양쪽 가에 구멍 뚫은 널빤지를 매달았다는 기록과 정확하게 일치한다. 이 경기장에서 막대기로 공을 치거나 발로 차서 골문의 구멍으로 공을 지나가게 하면 1점을 얻고, 경기 시간 안에 점수를 많이 얻는 자가 이기는 게임이었다.

아메리카 원주민들은 공놀이를 매우 좋아하여 많은 사람들이 오랫동안 즐겼다. 그들은 신대륙 발견으로 백인들이 온 이후에도 공놀이를 계속하여, 백인들은 그들이 공놀이 하는 모습을 그림으로 그려 남기기도 했다. 공을 만든 재료도 다양했는데, 가장 흔한 재료는 역시 나무였다. 그들도 나무를 둥글게 깎고, 속을 파서 만들었는데, 크기가 어른 주먹만 했다.

멕시코 원주민들은 이 공놀이를 '다치고(Tlachco)'라고 했고, 이 공놀이 선수들을 '다치들이(Tlachtli)'라고 불렀다. 이 말은 모두 우리말로서, '공을 막대기로 치다'라는 표현에서 사용된 '치다'라는 동사를 이용하여 만든 말이다. '다치고'는 '모든 것을 친다'는 뜻이고, '다치들이'는 '모든 것을 치는 사람'을 뜻한다. 언어학적으로 특이한 점은 '동사'를 명사처럼 사용했다는 점인데, 고대 우리말은 명사가 발달하지 못하여, 동사를 명사처럼 사용했던 경우가 많았다. '안다'라는 동사를 '아는 사람', 즉 '친구'를 뜻하는 명사로 사용한 것이 대표적인 예이다.

공놀이는 경기장의 크기에 따라서 두 사람이 일대일로 하기도 하고, 몇 사람이 편을 나눠 하기도 했으며, 경기장이 오늘날의 축구장처럼 큰 곳에서는 많은 사람들이 두 팀으로 나눠어 경기를 하곤 했다. 우리나라에서처럼 아스태가제국에서도 공놀이를 군사 훈련용으로 하기도 하고, 친선게임으로 하기도 했다. 그러나 아스태가제국에서는 어떤 경우에는 목숨을 걸고 하기도 했다. 아스태가 황제 아하야가친(Axayacatzin/1469~1481년 통치)은 아스태가 수도에서 열린, 신에 대한 큰 제사에 병을 핑계로 참석하지 않았던 호치밀곳(Xochimilco) 지역의 왕에게 징벌을 내릴 목적으로, 아스태가 전사와 공놀이를 하도록 하여, 그가 게임에서 지자 인신공양(人身供養)으로 죽여 신의 제물로 바쳤다. 아하야가친은 '우리 하얀 사람'이라는 뜻의 우리말이다[14]. 호치밀곳도 '꽃이 많은 곳'이라는 뜻의 우리말이다[15].

아래 왼쪽은 아스태가제국 마지막 황제 과우흐태목 고문헌(Códice de Gu-

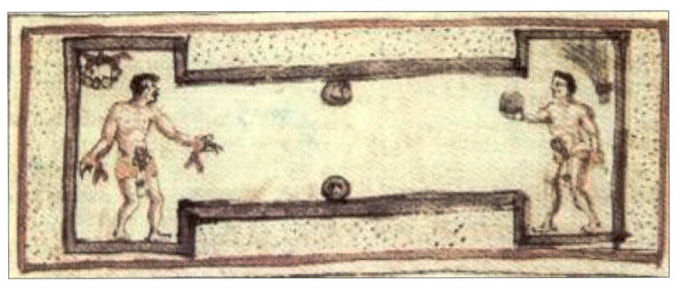

공놀이 경기를 하는 선수와 경기장

다치들이

---

14. 물론 이 이름의 뜻도 필자가 해석한 것이고, 멕시코 학자들은 아직까지도 사람의 이름이나 지명을 거의 해석하지 못하고 있다. 아하야가친은 구체적으로 '애우리' + 하야(하얀) + 가(사람) + 친(존칭어)'으로 구성된 이름이다. 멕시코에서 사람을 뜻하면서 동시에 높은 사람의 이름 뒤에 붙이던 존칭어로 '친(tzin)/치(chi)'가 있었다. 우리말의 '이치, 저치, 그치, 벼슬아치'의 '치'가 바로 이것이다. 우리말에서 '치'는 원래 존칭어였다.(참고: 방종현, '티'와 '치'에 대한 생각 일편」, 「조선어문학회보」, 제3호, 조선어문학회, 1932, pp. 12~15.)
15. 호치밀고(Xochimilco)를 16세기 가톨릭 신부 환 토바르(Juan de Tovar)는 원주민 노인에게 그 뜻을 물어서 '꽃밭'을 뜻한다고 전하고 있다. 호치밀고를 구조로 분석하면, '호치(꽃이) + 밀(많다) + 고(곳)'으로 구성된 말이다. 멕시코에서는 우리말 '꽃'과 주격조사 '이'를 합쳐서 '꼬치(cochi)'라고도 기록했고, '호치(xochi)'라고도 기록했다.

auhtemoc)에 실린 공놀이 장면이며, 오른쪽은 공놀이 선수 조각상이다. 손에는 공을 치는 도구를 들고 있고, 머리와 가슴 등 신체 중요 부위에는 보호대를 착용한 모습이다.

참고로, 아스태가의 아하야가친 황제가 호치밀고 왕을 제사에 참석하지 않았다고 죽였던, 그 제사의 명칭은 '다같이배왈리(Tlacaxipehualli)'였다. 이 제사는 아스태가제국에서 국가적으로 가장 큰 신에게 매년 한 번 올리는 성대한 제사로서, 태노치티땅에 살던 모든 신민(臣民)이 다 참석하고, 주변 속국의 왕들도 의무적으로 참석해야 하던 제사였다. '다같이배왈리'는 '다 같이 배우리'라는 뜻의 우리말이다. 이 제사의 목적은 '주변 속국과 적국의 왕들이 참석하여 아스태가제국의 풍습과 율법을 보고 배우도록' 하는 데 있었다. 많은 인신공양이 이때에 시행되었는데, 적국과 속국에 대하여 '전쟁이나 반란을 일으키지 말라'는 일종의 경고 의미도 있었다. 그야말로 다 같이 아스태가의 힘과 풍습을 보고 배우며, 아스태가제국이 내세운 질서에 따라 살라는 뜻이 있었다. 또 그들이 되돌아갈 때에는 많은 선물을 주는 화친정책도 함께 펼쳤다. 다같이배왈리 제사는 일종의 외교무대이기도 했던 것이다.

멕시코 중부 지역 최초의 문명이었던 태오티와간문명의 유적지에도 공놀이 구장이 남아있다. 그런데 그 입구에 우리민족이 주목해야 할 매우 중요한 유물이 있다. 공놀이 구장 입구에 2미터가 넘는 두 개의 돌기둥이 서 있는데, 그 기둥의 꼭대기에 조각된 문양이 바로 우리에게도 유물로 남아있기 때문이다.

아래는 태오티와간의 공놀이 구장 입구 기둥의 사진과 신라 감은사 절터의 돌 기단 사진, 그리고 전라도 나주 복암리의 백제고분에서 출토된 목판 그림이다. 두 개의 고리문양이 서로 연결되어 있는 모양으로서 우리의 태극문양을 닮았다. 이것은 우리민족에게 매우 중요한 의미가 있는 문양인데, 준비 중인 다른 책에서 자세히 다루겠다.

태오티와간 경기장 입구 기둥
(오른쪽은 버팀 부분 제외한 것)

신라 감은사 돌 기단

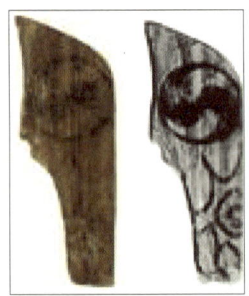

백제 고분에서 출토된 목판

아래는 아메리카 원주민들이 격구와 축구를 하는 모습이다. 아래 그림에서 공을 차는 인디언들은 멕시코 북부와 미국 남부 애리조나주에 살았던 파파고족 인디언들이다. 아래 큰 그림은 머리에 새 깃털을 꽂은 두 패의 인디언들이 막대기를 들고 공을 치는 격구놀이 장면으로, 이들은 미국 중북부의 사우스다코타주와 노스다코타주에 살고 있는 슈(Sioux)족 인디언들이다. 슈족의 원래 명칭은 '나도왔슈(Nadowesioux)'이다. 슈족이든 파파고족이든 모두 우리말을 사용했고, 우리민족의 후예라는 다른 많은 증거들이 있다. 그들의 부인들은 모두 볼에 붉은 볼연지를 찍는 풍습이 있었다.

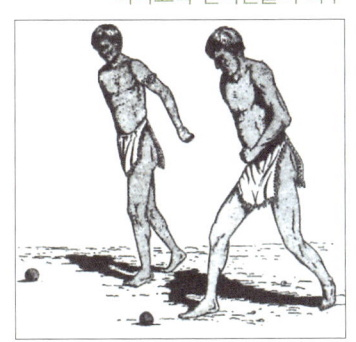

파파고족 인디언들의 축구

슈족 인디언의 격구

아래는 아메리카 인디언들이 사용하던 격구용 막대기와 여러 종류의 공들이다. 격구용 막대기는 보통 1미터 정도 길이로서, 끝부분이 둥근 모양인 것과 초승달처럼 구부러진 것이 있다. 공은 돌로 된 것, 나무로 된 것, 새끼줄을 칭칭 감아서 만든 것이 있는데, 작은 것은 직경 6센티로 어른 주먹보다 조금 작고, 보통은 8센티로 어른 주먹만 하고, 큰 것은 11센티 정도이다. 멕시코 중부와 남부 지역의 공은 겉에 고무를 바른 것도 있다. 멕시코 남부에는 고무나무가 자생하여, 그 진액을 뽑아 다양하게 사용했다.

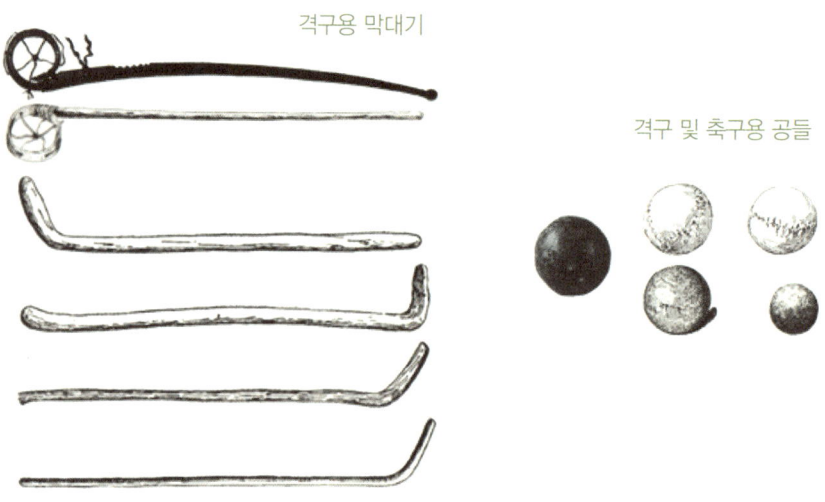

격구용 막대기

격구 및 축구용 공들

● **실뜨기놀이**

　실뜨기놀이 또한 우리민족의 이동루트를 따라서 알류산열도에서부터 캐나다 서해안, 미국 서부지역을 거쳐 멕시코까지 광범위한 지역으로 전해졌다. 일부 지역에서는 20세기 초까지도 남아 있었는데, 아래는 20세기 초 미국 남부 애리조나주의 호피(Hopi)족과 수니(Zuni)족 인디언들이 하던 실뜨기놀이이다[16].

　실뜨기는 끝을 이은 긴 실을 손가락에 얼기설기 걸쳐서 여러 형태를 만드는 놀이로서, 보통 두 사람이 협력하여 하는 게임이다. 상대방의 손가락에 걸려 있는 실의 형태에, 자신의 손가락을 실의 다른 위치에 집어넣어 새로운 형태를 만들고, 다시 상대방이 손가락을 다른 위치에 넣어, 새로운 형태를 만드는 놀이로서, 어느 한쪽이 만든 형태가 실이 꼬여서 더 이상 진행할 수 없게 되면 지는 게임이다.

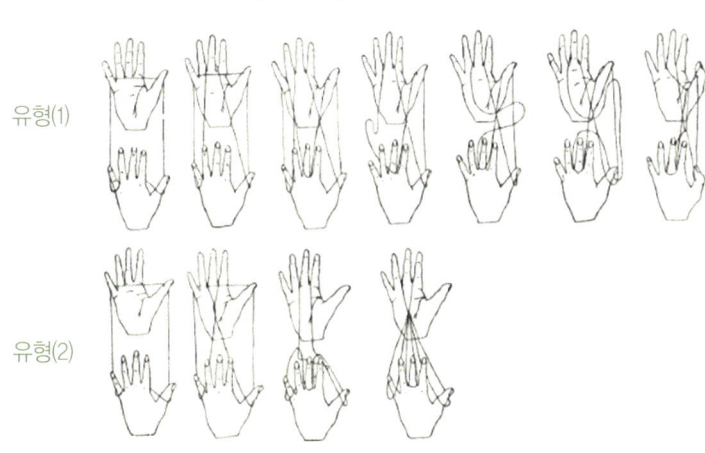

애리조나주 인디언의 실뜨기놀이

---

16. Stewart Culin, 「Games of North American Indians」, 1907, Dover Publications, p.774.

실뜨기 결과(가장 복잡한 형태 중 하나이다.)

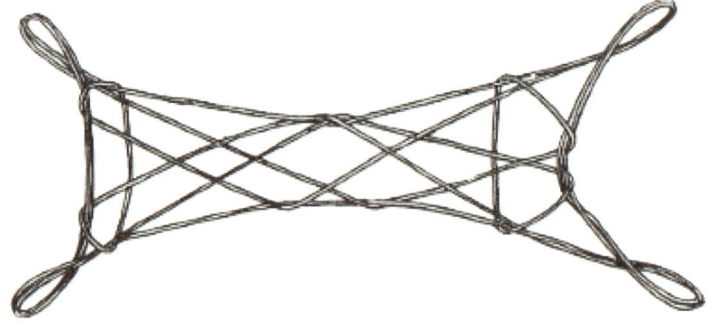

05. 멕시코에 남은 우리민족의 유물과 유적

● 곡옥

고대부터 내려오는 유물 중에는 특정 민족 고유의 것이 있고, 서로 가까이 살았던 여러 민족들이 모두 사용했던 공통 유물이 있다. 후자의 예로서 삼족기(三足器)를 들 수 있다. 삼족기는 다리가 세 개 달린 그릇

삼족기 (경주박물관)

으로, 중국, 일본, 우리나라에서 출토되는 고대 유물 중에 가장 흔한 유물이다. 옛날 불 위에 그릇을 직접 올려놓을 때, 다리가 세 개라야 그릇이 넘어지지 않고, 네 개일 경우에는 불을 계속 지피기 위해서 나무 조각을 넣을 때 불편해진다. 중국인들은 삼족기의 기원이 자기들 최고(最古)문명인 앙소문명에서 시작되었다고 주장하지만, 어불성설이다. 수레바퀴는 둥글어야만 잘 굴러가므로, 특정 지역에서 발명하여 다른 지역으로 전파된 것이 아니라 모든 민족이 각자의 필요성에 의해 구상한 발명품이듯이, 삼족기도 이 경우에 해당하는 기초 발

명품이었다.

그러나 특이하게 생겼고 특정 민족만이 사용하거나 특정 민족에게만 집중적으로 많이 나타나는 유물이 있다. 우리민족에게는 무덤으로서 고인돌과 위가 평평한 피라밋이 있고, 장식품으로서 곡옥(曲玉), 즉 휘어진 옥이 있다. 곡옥은 실생활에서는 특별한 용도가 없는 휘어진 옥으로서 주변 다른 민족에게서는 거의 나오지 않은 우리 고유 유물이다. 우리 선조들은 기원 훨씬 이전부터 만들어 사용하기 시작했고, 기원 이후에는 더욱 세련된 모양으로 만들어, 신라 왕관의 장식품으로, 백제의 귀고리나 목걸이 등으로 매우 많이 사용했다.

5~6세기 곡옥

기원전 곡옥

신라 금관의 곡옥(천마총)

멕시코로 이동한 우리 선조들의 유물에도 곡옥이 나온다. 매우 드물지만 오른쪽 유물은 멕시코 원주민들이 귀고리로 사용했던 곡옥이다[1]. 이것을 우리나라의 곡옥과 비교하면, 모양이 휘어지고, 머리 부분은 굵고 꼬리 부분이 가늘며, 머리 부분에 구멍이 뚫려있다는 점이 정확히 같다.

멕시코의 곡옥

그런데 우리 선조들은 왜 그렇게 곡옥을 좋아했을까? 곡옥이 주변의 중국이나 일본에는 거의 나오지 않거나 아예 없다는 사실을 감안하면, 유독 우리 선조들은 왜 그렇게 좋아했을까 하는 의문은 당연히 제기되었어야 할 것이다. 필자는 이것에 대해서도 준비 중인 '우리민족의 정체성'을 다루는 책에서 설명하겠다.

● 갈판

갈판은 콩과 같은 곡류를 갈기 위해서 우리 선조들이 사용하던 돌로 된 도구이다. 삼국시대 우리 선조들은 기원전부터 경작하던 조, 피, 수수에 더하여 콩과 벼를 재배하여 주식으로 삼았다. 특히 콩은 원산지가 만주대평원으로서 매우 많이 재배했던 것으로 추정된다. 콩은 말려서 저장하기가 편하지만, 마르

---

1. Serra Puche, M. C. & Solís Olguín, F., 「Cristales y Obsidiana Prehispánicos」, Siglo veintiuno Editores, 1994, p.229.

면 매우 딱딱하여 반드시 갈아야만 음식을 만들어 먹을 수 있다.

멕시코 원주민들의 유물로도 갈판이 매우 많이 남아있다. 멕시코에서는 콩도 재배했지만, 특히 옥수수를 많이 재배하여 주식으로 사용했다. 그들은 태흐고고(Texcoco)호수와 물흐름이 느린 강에 뗏목으로 채소밭을 만들어 띄우고 옥수수를 수경재배(水耕栽培)하여, 특별한 가뭄만 아니면 식량이 풍부했다. 멕시코에서는 갈판을 매타테(metate)라고 했는데, 우리말의 '맷돌'의 '맷'과 어근이 같다.

우리나라 국립중앙박물관의 갈판

멕시코 갈판

유카탄반도의 치첸이짜에서 발굴된 갈판들

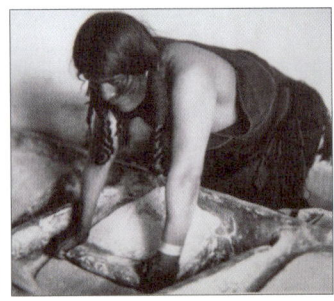
콩을 갈고 있는 미국 인디언 여인

칠지도

우리 선조들이 남긴 유물 가운데 매우 특이한 것이 칠지도(七支刀)일 것이다. 칠지도는 이름 그대로 일곱 개의 날을 가진 칼로서, 좌우에 각각 세 개, 그리고 칼 몸통이 하나의 날로 되어 있는데, 모든 날이 위를 향한다. 우리에게 남아있는 칠지도는 6세기 백제에서 제작된 쇠칼로서 현재 일본 이소노카미 신궁(石上神宮)에 보관 중이다.

이 칼은 한일 고대사에 중요한 의미를 지니고 있다. 일본은 이 칼이 백제왕이 일본왕에게 바친 칼이라고 하면서, 삼국시대 일본이 한반도 남부 지역을 점령하고 통치했다는 소위 임나일본부설의 증거라고 주장하고 있고, 우리나라 사학자들은 오히려 백제왕이 왜왕에게 하사한 칼이라고 주장하며, 임나일본부설을 부인하고 있다.

여기서 한 가지 분명한 사실은 칠지도를 만들던 풍습이 우리민족에게 있었고, 그것은 왕권(王權)과 관련된 권위를 상징하는 칼이라는 점이다.

멕시코 유카탄반도의 치첸이짜(ChitzenItza)에 후기 마야문명을 건설했던 우리민족의 후예들도 이것과 매우 비슷한 칠지도를 유물로 남겼다. 그 칼은 흑요석이라는 검은색 옥을 쪼개어 만든 칼로서, 백제의 칠지도와 마찬가지로 칼의 양쪽으로 각각 세 개의 날이 있고, 몸통도 날로 되어 있다. 마야문명에서 이런 종류의 칼은 여러 개 발견되었는데, 주로 일반인이 접근하지 못하는 은밀하고 신성한 장소에서 발견되었다[2]. 이 칼을 연구한 멕시코 학자들은 실용적인 용도

---

2. 마야의 제사 의식용 칼은 칠지도 외에, 모양이 변형되어 짐승 모양으로 된 것도 있다. 신(神)의 모습이 더

가 아니라 왕권의 상징 또는 신의 상징으로 사용된 것 같다고 설명하고 있다. 유카탄반도에서 발굴된 칼에는 칼의 몸통에 신의 얼굴 옆모습이 조각되어 있다.

　일곱 개의 날을 가진 칼이, 그것도 양쪽의 날이 각각 세 개이고, 날의 방향은 'ㄱ'자 형태로 꺾어져 위로 향해 있으며, 실용성은 없고, 높은 권력을 상징하는 칼을 우리선조들과 멕시코 유카탄반도의 마야인들이 만들었다. 같은 민족이 아니고서야 어떻게 이렇게 특이한 칼을 멕시코와 우리나라에서 똑같이 만들 수 있단 말인가! 독자들은 멕시코 유카탄반도의 칠지도는 백제의 칠지도보다는 조금 더 두껍고 모양도 고르지 못한 이유가 흑요석이라는 매우 단단한 옥을 깨어 만들었기 때문이라는 점을 이해하기 바란다. 백제가 만든 칠지도는 쇠를 녹여서 주물로 만든 것이다. 그리고 신라 금관도 정면 모양은 양쪽에 각각 세 개의 날이 'ㄱ'자 형태로 위로 향하고 있다. 신성한 왕권을 상징하는 백제 칠지도의 의미와 형상을 신라에서는 왕관에 이렇게 표현했던 것은 아닐까?

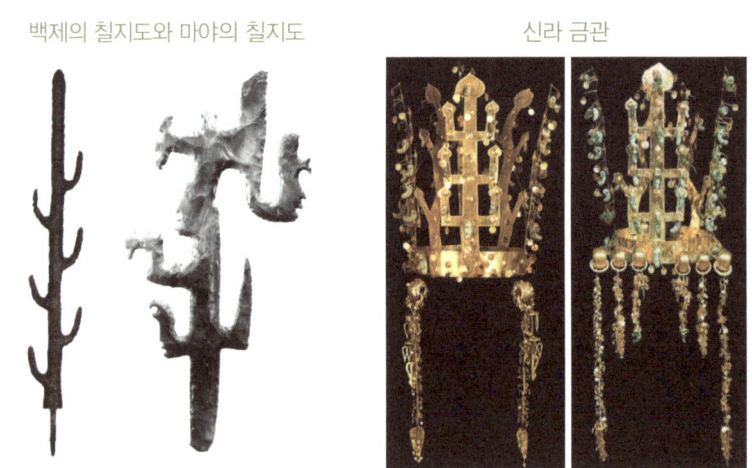

백제의 칠지도와 마야의 칠지도　　　　　신라 금관

욱 강하게 반영되다가, 칼 자체의 모양이 아예 신으로 믿던 짐승 모양으로 변형된 것으로 추정된다.

● 반달형 돌칼

동북아에서 우리 선조들이 살던 지역을 중심으로 청동기시대 유물로 자주 발굴되는 것이 반달형 돌칼이다. 생김새가 칼등은 일직선이고 날은 둥근 반달처럼 생겼으며, 칼등에는 일반적으로 한두 개의 구멍이 뚫려 있는 이 칼은 요동, 만주, 한반도를 중심으로 중국 북부와 일본에서까지 발굴되었다. 우리나라 고고학계는 이 칼이 원래 우리 선조들이 사용하던 것으로 주변 지역으로 퍼진 것이라는 의견이다.

우리나라의 반달형 돌칼

반달형 돌칼로 벼 이삭을 자르는 시범

위쪽 사진에서 일부 돌칼의 날이 둥글지 않고 일직선으로 된 이유는 오래 사용하여 날이 닳았거나 깨어져 떨어져 나가서 그렇게 된 것이다. 그런데 이 돌칼은 왜 날이 둥글고 칼등에는 무엇 때문에 구멍을 뚫었는가에 대한 논란이 오랫동안 벌어졌다. 이 논란에 종지부를 찍은 것은 일본의 저명한 농학자 이시케 나오미치(石毛直道)였다. 그는 반달형 돌칼은 곡식을 추수하는 도구였다고 설명하면서, 칼등에 난 구멍은 그곳에 끈을 넣어 고리를 만든 후에, 그 고리 속에 손을 넣어 단단히 잡고서, 오른쪽 사진에서처럼 곡식의 이삭을 잘랐다고 설명했다. 그는 이 칼이 한반도에서 청동기시대부터 농사가 널리 퍼졌다는 증거라고 주장했다.

이시케 나오미치의 이 설명은 곧 반달형 돌칼의 용도에 대한 정설이 되어, 우리나라 고고학계에서도 그대로 받아들여 설명했다. 우리나라 국립중앙박물관에서도 "곡식의 이삭을 따는 도구, 몸체에 구멍이 뚫려 있고, 이 구멍에 끈을 꿰어 손에 걸어서 사용했다"고 설명했고, 고등학교 교과서에서도 벼농사와 관련된 도구로 설명하고 있다.

국립중앙박물관의 반달형 돌칼

돌칼 용도에 관한 설명(확대)

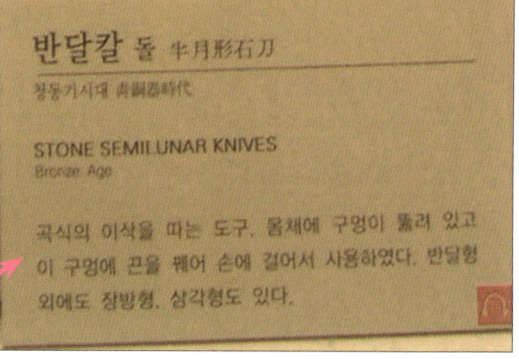

아래는 고등학교 한국사 현행 교과서에 실린 반달형 돌칼의 용도에 관한 설명이다.

1 청동기와 철기의 보급

기원전 2000년경에서 기원전 1500년경에 만주 지역과 한반도에 청동기가 보급되었다. 청동기 시대에는 일부 지역에서 **벼농사**가 시작되는 등 농업 기술이 발달하였고, 정복지의 주민들을 부리게 되면서 농업 생산력이 향상되었다. 이에 따라 반달 돌칼 등 간석기가 더욱 발전하였고, 민무늬 토기를 비롯한 토기의 종류도 다양해졌다. 청동기는 주로 의례용 거울이나 무기 등 지배층을 위한 도구로 이용되었다.

▲ 반달 돌칼

그런데 필자가 보기에는 이시케 나오미치의 설명은 문제가 너무 많다. 먼저 구멍이 하나인 경우에는 끈을 어떻게 해서 손에 고정시켰을까? 또 반달형 돌칼은 구멍이 세 개인 것도 있고, 네 개인 것도 있으며, 아예 구멍이 없는 것도 있다. 끈을 넣어 손에 고정시켰던 것이라면, 구멍을 두 개 뚫어야 좀 더 단단히 고정할 수 있었을텐데, 왜 한 개만 뚫거나 아예 뚫지 않기도 했을까? 특히 구멍이 아예 없는 것은 손에 어떻게 고정하여 벼 이삭을 잘랐을까? 또 벼 이삭을 자르는 데 왜 날을 반달 모양으로 만들어야 했을까? 날의 모양을 둥글게 하면, 여러 이삭들을 한꺼번에 자르고자 할 때 이삭들이 벌어지게 되어 오히려 자르기가 나쁘다. 낫처럼 오목하게 만들면 이삭들이 가운데로 몰려 자르기가 쉽다. 따라서 벼 이삭 자르기용이었다면 날을 오목하게 만들거나 적어도 직선으로 만들었어야 했는데, 오히려 반대로 둥글게 만들어 효율성을 떨어뜨렸다.

---

3. 도면회외 6명, 고등학교 「한국사」, 비상교육출판, 2011년, p.18.

우리 선조들의 지혜가 부족해서 그렇게 만들었을까? 아니면 이시케 나오미 치의 설명이 근본적으로 잘못된 것일까? 대답은 당연히 그의 설명이 잘못된 것이다. 그 증거는 차차 보기로 하고, 먼저 「조선유적유물도감」 제1권에 실린 우리나라 반달형 돌칼들을 좀 더 보기로 하자[1]. 아래 사진은 구멍이 없는 것부터 네 개나 있는 것까지 우리 선조들이 사용했던 반달형 돌칼이 다양했다는 것을 보여준다.

조선유적유물도감 제1권의 반달형 돌칼

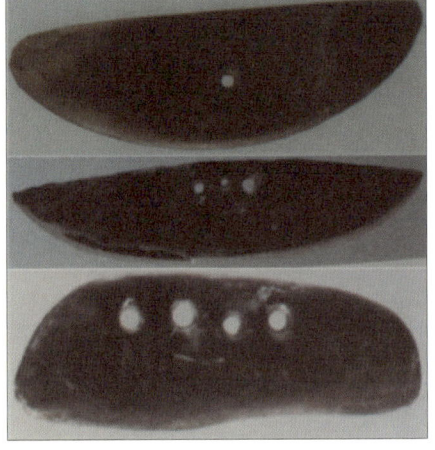

반달형 돌칼과 관련된 이렇게 이해되지 않는 미스터리도 아메리카로 이동한 우리민족의 흔적을 쫓아 가보면 저절로 풀린다. 반달형 돌칼은 벼 이삭을 자르던 도구가 아니었다. 그것은 한반도 벼농사의 증거도 아니었고, 구멍은 손에 고정하기 위해 끈을 넣었던 구멍도 아니었다. 이제부터 우리민족의 이동루

---

4. 조선유적유물도감 편찬위원회, 「조선유적유물도감」, 제1권 원시편, 동광출판사, 1990.

트를 따라서 춥지·캄차카반도, 알류산열도, 캐나다 서해안, 그리고 미국, 멕시코, 남미 페루에까지 남겨진 반달형 돌칼을 보면서 우리 선조들이 그것을 어떻게 사용했으며, 구멍은 왜 뚫기도 하고 안 뚫기도 했으며, 날은 왜 둥근 반달 모양인지 보기로 하자.

먼저 아래는 알류산열도의 원주민들이 사용하던 반달형 돌칼이다. 하나는 두 개의 구멍을 뚫어, 칼등에 나무로 된 손잡이를 끼운 후에, 그 구멍을 이용하여 끈으로 묶은 모양이고, 다른 하나는 구멍이 없다. 끈으로 묶은 이유는 당연히 칼날이 빠지지 않게 하기 위함이다.

알류산열도의 반달형 돌칼

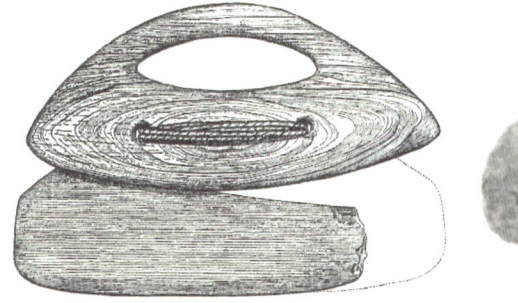

그렇다면 구멍이 없는 돌칼은 어떻게 사용했을까? 이 의문에 대한 대답은 아래 반달형 칼을 보면 알 수 있다. 나무 손잡이에 칼등을 끼우는 홈을 좁게 파서 칼날이 빠지지 않도록 했던 것이다. 아래는 미국 서부 퓨제사운드(Pujet Soound) 지역에서 발굴된 돌칼의 삽화도와 쇠로 만든 반달형 칼이다. 쇠로 된

---

5. Waldemar Jochelson, 「Archaeological Investigations in the Aleutian Islands」, The University of Utah Press, 2002, pp.63 & 65.

것은 19세기의 것으로서, 쇠가 보편화 되자 돌 대신 쇠를 반달 모양으로 만들어 사용했던 것이다. 그 다음 것은 미국 동부 코네티컷주에서 출토된 반달형 돌칼이다. 칼등에 빗살 문양으로 파놓았는데, 아마 손잡이에 꼭 끼어, 사용할 때 날이 움직이지 않도록 하기 위함인 듯 하다. 그리고 남미 페루 잉카제국에서도 반달형 돌칼을 사용했다. 그들은 칼등을 좁고 길게 만들어 나무 손잡이를 좀 더 작게 만들어 사용했다.

미국 서부 지역 반달형 돌칼(삽화도)와 반달형 쇠칼

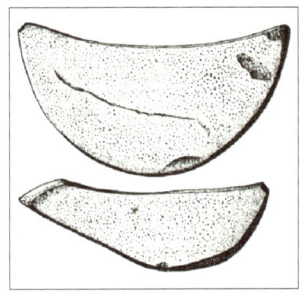
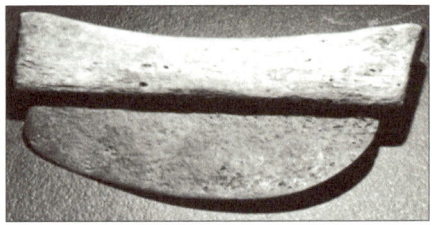

남미 페루의 반달형 돌칼

미국 동부 지역의 반달형 돌칼

---

6. Franz Boas(Ed.), The Jesup North Pacific Expedition-Gulf of Georgia and Puget Sound, AMS Press, 1975, p.346. /George Pierre Castle(Ed.), 「The Indians of Puget Sound, The Notebooks of Myron Eells」, University of Washington Press, 1985, p.137.
7. Hans Dietrich Disselhoff, 「Daily life in ancient Peru」, McGraw hill book company, 1967, p.59.

이상의 반달형 돌칼을 통하여, 우리는 다음과 같은 사실을 알 수 있다: 칼등의 구멍은 나무 손잡이에 고정시키기 위하여 끈을 넣어 묶기 위함이었고, 구멍이 없는 것은 날을 끼우는 홈을 좁게 파서 칼등이 손잡이에 꼭 끼게 만들었기 때문이었다.

이제 구멍의 미스터리는 설명되었다. 남은 문제는 반달형 돌칼의 용도는 무엇이었으며 왜 날을 둥근 반달 모양으로 만들었는가에 대한 의문이다. 이 의문은 다음 사진과 그림을 보면 저절로 설명된다. 아래는 캐나다 인디언이 반달형 칼로 생선을 저미는 모습의 사진과 멕시코 인디언이 반달형 돌칼로 무엇인가를 자르는 모습의 그림이다.

캐나다 인디언의 반달형 칼

8. June Helm(Ed.), 「Subarctic」, vol. 6, SmithSonian Institution, 1981, p.626.

멕시코 인디언의 반달형 돌칼[8]

    캐나다 인디언의 반달형 칼은 돌이 아니라 쇠이다. 그들은 19세기부터 백인들이 가져온 쇠를 사용하기 시작했는데, 칼은 여전히 조상들이 사용하던 반달형 모양으로 만들어 사용했다. 사진 속의 인디언은 그 칼로 생선을 얇게 저미는 모습이다. 이것은 반달형 돌칼을 부엌칼로 사용했다는 증거이다. 멕시코 인디언은 반달형 돌칼로 물건을 자르는 모습이다. 그는 칼을 자르려고 하는 물건 위에 수직으로 올려 놓고 위에서 팔과 어깨로 누르려는 자세를 하고 있다. 이것은 반달형 돌칼을 이용하여 물건을 어떻게 잘랐는지 잘 보여준다. 그들은 둥근 칼날로 물건을 위에서 수직으로 눌러 잘랐던 것이다. 그렇게 누르면 제일 먼저 칼날이 닿는 가운데 부분부터 조금씩 잘려지기 시작하여 점점 옆으로 잘려지게 된다. 칼날을 평평하게 만들면 칼날이 물건에 닿는 부분이 처음부터 너무 커서 매우 힘들고 잘 안 잘리지만, 칼날이 둥글므로 처음 잘리기 시작하는

---

9. Ian Barnes, 『The Historical Atlas of Native Americans』, Chartwell Books, 2009, p.112.

면은 가운데 적은 부분이고, 점차 양 옆으로 잘리는 면이 확대되어 힘을 덜 들이고도 매우 효율적으로 자를 수 있다. 또 칼날을 마치 공 굴리듯이 좌우로 움직이면 매우 쉽게 물건을 자를 수 있다. 시베리아의 츕치·캄차카반도의 원주민들과 캐나다 에스키모인들은 지금까지도 이런 모양의 칼을 부엌칼로 사용하고 있고, 식재료를 자를 때 둥근 날로 위에서 누르면서 공 굴리듯이 움직여 자른다.

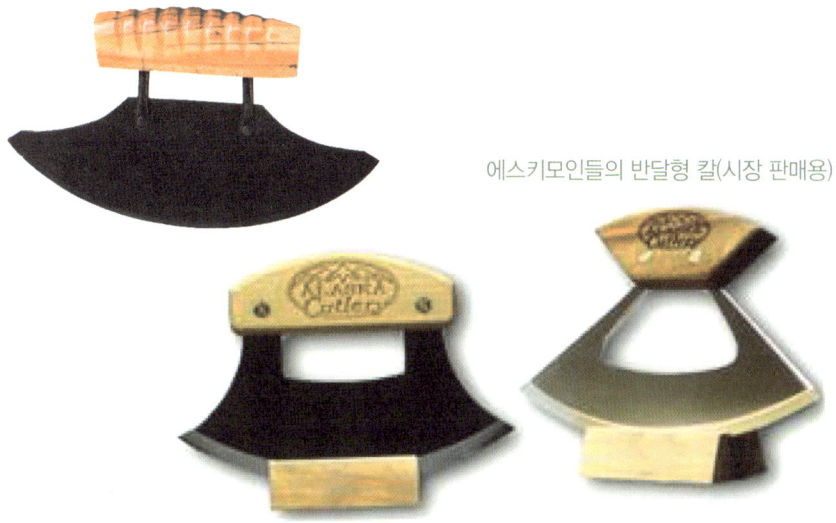

춥지족의 반달형 칼

에스키모인들의 반달형 칼(시장 판매용)

이것으로 필자는 우리 선조들의 반달형 돌칼의 모든 의문을 풀었다. 칼등에 난 구멍은 손에 고정시키기 위한 끈을 집어 넣던 것이 아니라 손잡이에서 칼날

---

10. Valentina Gorvatcheva & Marina Federova, 「The Peoples of the Great North Art and Civilization of Siberia」, Parkstone Press, 2000, p.77.

이 빠지지 않게 하기 위하여 끈으로 묶던 구멍이었다. 그래서 구멍이 한 개이 거나 여러 개였던 것이다. 구멍이 없는 것은 손잡이 나무의 홈을 좁게 파서 칼등이 꼭 끼도록 했던 것이다. 반달형 둥근 날은 힘을 덜 들이고도 물건을 효율적으로 잘랐던 우리 선조들의 지혜의 산물(産物)이었다. 금속이 없거나 귀해서 일반 백성들은 아직 돌로 부엌칼을 만들어 사용하던 시대에, 날카롭지 못하고 깨어지기 쉬운 돌의 특성을 감안하여 고안해 내었던, 그 시대의 창조적 발명품이었다. 오늘날 생선가게에서 주로 사용하는 큰 칼은 날이 둥근 모양인데, 바로 그 둥근 날을 우리 선조들은 이미 청동기시대에 고안해 내었던 것이다. 이처럼 우리 선조들은 오성(悟性)이 뛰어난 선민(選民)이었다.

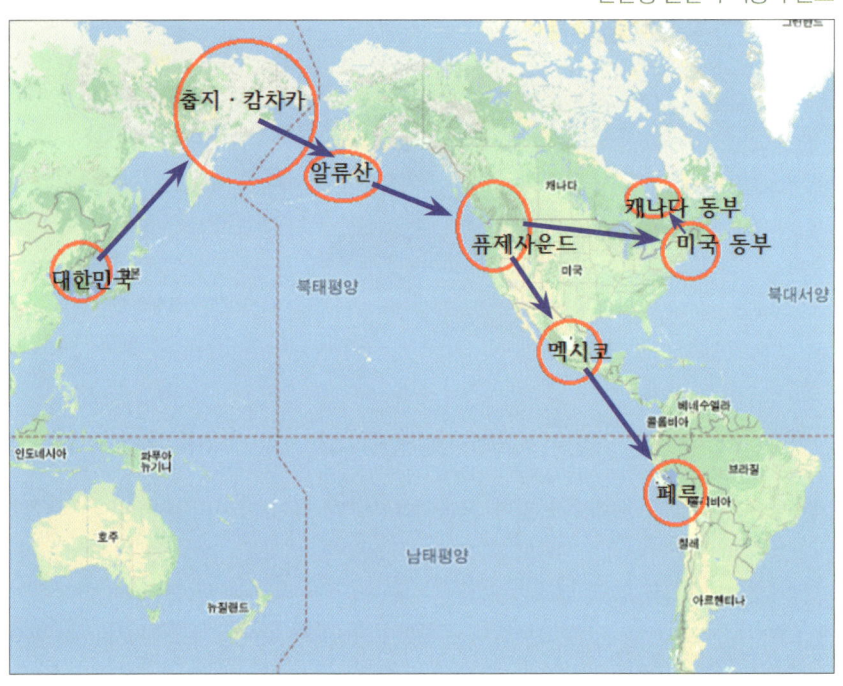

반달형 돌칼의 이동과 분포

● **서수형 토기**

우리나라 고대 유물 중에 용도를 알 수 없는 특이한 모양의 토기들이 있다. 그 중 하나가 학자들이 서수형(瑞獸形) 토기라고 이름 붙인 토기들이다. 서수는 '상서로운 동물'이라는 뜻으로서, 실제로는 존재하지 않는 상상의 동물이다. 서수형 토기가 최초로 출토된 곳은 경주 미추왕릉(3세기)이고, 전남 해남 만수총에서도 출토되었다. 그리고 가야에서 출토된 말 모양의 토기도 같은 유형이다.

미추 왕릉의 토기(3세기경)   해남 만수총 토기

가야 출토(삼국시대)

05. 멕시코에 남은 우리민족의 유물과 유적   197

이 토기들의 특징으로 몸통은 액체를 담는 통으로 만들어졌고, 입구는 등에 위를 향하여 만들어졌다는 점이다. 고려시대에 청자로 제작된 토기들 중에도 이런 유형의 토기들이 있다. 고려청자로 제작된 토기 중에 후기의 것은 뚜껑까지 만들어지기도 했다.

고려시대 청자

고려시대 청자(뚜껑)

이런 서수형 토기와 같은 특징을 가진 토기들이 우리민족이 이동한 루트를 따라서, 북으로는 알래스카에서부터 남으로는 남미 페루까지, 남북 아메리카 대륙 전 지역에서 나온다. 미국에서는 미시시피강 유역의 인디언 고분에서 많이 출토되었고, 멕시코에서도 출토되었으며, 북미와 남미의 중간 지역인 중미 지역에서도 출토되었으며, 남미의 여러 지역에서도 출토되었다. 기본 형상은 동물뿐 아니라 사람의 모습을 본 뜬 것도 있다. 다음은 멕시코, 중미 코스타리카, 그리고 남미 페루의 서수형 토기들이다.

멕시코

중미 코스타리카

남미 페루

05. 멕시코에 남은 우리민족의 유물과 유적

페루에서 출토된 서수형 토기들은 기원 수백 년 전부터 시작되었던 페루 고대 문명에서부터 신대륙 발견으로 스페인인들에게 멸망당한 잉카문명(13~15세기)까지 매우 긴 시대에 걸쳐 나온다.

우리나라의 삼국시대 토기 중에 서수형 토기처럼 입구가 위로 난 토기들로서, 오리모양 토기들도 있다. 이 토기들은 신라와 가야의 유물로 출토되었으며, 시기는 삼국시대 초기부터 말기까지이다. 같은 모양으로 만들어진 황금 유물이 남미 페루에서도 발굴되었다[11].

신라

가야

페루(10~14세기)

---

[11] 오리 모양의 이런 토기는 중국 청나라 유물에도 있다. 앞에서 설명했듯이, 청나라를 건국한 만주족은 삼국시대와 발해시대 '말갈'이라고 불리던 종족으로서, 숙신족의 후예이다. 말갈족은 오랫동안 고구려의 지배를 받았고, 발해시대에는 떠나버린 우리민족을 대신하여 만주를 차지하여 살면서, 많은 우리 선조들의 문화를 수용하였다.

● **개인 향로**

국립중앙박물관 발해 유물 전시실에는 서수형 토기와 마찬가지로 용도를 알 수 없는 토기 두 점이 있다. 하나는 사람 얼굴 모양이고, 다른 하나는 직육면체의 두부 모양인데, 공통점은 위로 두 개의 구멍이 뚫려 있고, 옆으로 한 개의 구멍이 뚫려 있다는 점이다.

발해 토기(용도 알 수 없음)

멕시코에서도 이런 모양의 토기가 매우 많이 출토되었다. 멕시코에서는 특히 중부 지역 최초의 문명인 태오티와간(Teotihuacan)문명 유적지에서 대거 출토되었는데, 다음은 그 일부의 실물 사진과 삽화도들이다. 발굴 과정에서 많이 훼손되거나 파괴되어 그 원래 형태가 삽화로 남은 것이 많다.

05. 멕시코에 남은 우리민족의 유물과 유적   201

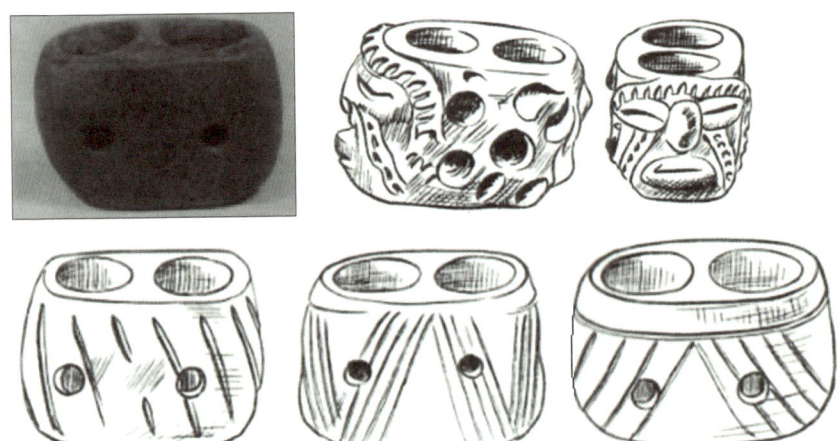

멕시코 태오티와칸문명에서 발굴된 향로들

　우리나라에서는 이런 형태의 발해 토기가 무슨 용도로 사용되었는지 설명 못하고 있지만, 멕시코에서는 이 유물들이 향로(香爐)라고 설명하고 있다[12]. 사람들이 신상 앞에 가서 절을 하고 소원을 빌 때, 흙으로 빚은 이 향로에 향을 넣고 불을 붙여서 신상 앞에 놓았던 것이다. 멕시코에서는 이런 향로가 매우 많이 발굴되었는데, 향으로는 향나무뿐 아니라 향기로운 풀도 사용되었다.

　이 설명을 바탕으로 발해의 유물을 면밀히 살펴보면, 구멍 언저리에 검게 그을린 흔적이 희미하게 남아 있는 것을 볼 수 있다. 발해 유물도 개별 향로였을 가능성이 있다. 위로 난 두 구멍에는 향을 피우고, 밑으로 난 구멍으로 향이 꺼지지 않도록 공기가 통했을 것이다. 이와 같이, 멕시코를 비롯한 아메리카에 남은 우리민족의 흔적을 들여다보면, 현재 우리가 설명 못하는 선조들의 과거 모습까지 이해되는 경우가 적지 않다.

---

12. Laurette Séjourné, 「Arqueología de Teotihuacan, La Cerámica」, Fondo de Cultura Económica, 1966, p.32.

● 양머리 뱀

만주 남쪽 발해만을 끼고 있는 요하강 유역에 홍산문화라는, 기원전 5천 년까지 거슬러 올라가는 고대 문명 유적지가 있다. 이 문명에 대하여, 중국과 우리나라는 서로 자기 선조들 문명이라고 주장하고 있다.

홍산문화 유적지

이 논쟁에 대한 필자의 의견을 결론부터 말하자면, 당연히 우리 선조들의 문명이다. 근거는 우리 선조들이 아메리카 대륙으로 건너가서 남겨놓은 수많은 흔적에는 홍산문화에서 발굴된 것과 흡사한 것들이 많다는 데 있다. 아메리카 원주민의 언어, 풍습, 유물에는 우리민족의 것만 나오고, 중국 것은 없다. 홍산문화의 유물과 아메리카에서 발굴되는 유물이 일치하거나 매우 흡사한 이유는 양쪽 문명의 주인공이 같은 민족이기 때문일 테고, 그들은 우리 선조들이었기 때문이다.

홍산문화 지역에는 하가점 유적지가 있다. 이 유적지 상층(기원전 1500~기원전 700년)에서 발굴된 매우 특이한 유물이 양머리 뱀이다. 꼬리에도 머리가 하나 더 있는 특이한 뱀이다. 그리고 이것과 매우 흡사한 유물이 멕시코 유물에도 있고, 페루 유물에도 있다.

양머리 뱀(홍산문화) 양머리 뱀(멕시코)

　양머리 뱀 유물은 멕시코보다 페루에서 더 많이 발굴되었는데, 분포 지역도 남쪽 티티카카(Titicaca) 호수에서부터 북쪽 람바예께(Lambayeque) 지역까지 페루 전 지역에 걸쳐 발굴되었다. 아래 왼쪽 그림은 티티카카 호수의 볼리비아 지역에 있는 돌기둥과 그 네 면에 새겨진 조각을 탁본한 것인데, 탁본에서 양머리 뱀 세 마리를 확인할 수 있다. 가운데 사진은 양머리 뱀이 그려진 항아리로서, 중부 지역에서 출토되었고, 그 다음 사진은 사람 모양의 토기로서 두 마리의 양머리 뱀이 양쪽 어깨에 걸려있다. 뱀의 머리 하나는 양쪽 가슴 앞에, 다른 하나는 양쪽 어깨 뒤에 보인다.

티티카카 호수의
기둥과 탁본(기원전) 　페루중부
(기원후 200년~600년) 　페루 유적지 위치

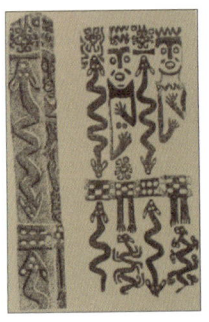  

13. 劉國祥, 「考古學研究」, 2004, p. 392.

페루 북부(기원후 900년~1400년)

● 고인돌

　우리민족의 청동기 시대는 고조선 시대였다. 고조선 시대 우리민족 고유의 대표적 유물로는 일반적으로 비파형 동검, 팽이형 토기, 그리고 무덤으로 고인돌을 손꼽는다. 극동아시아에서 우리민족은 매우 특징적인 문화를 가지고 있었는데, 그 특징 중의 하나가 고인돌식 매장법이었다. 전 세계 고인돌의 대부분이 만주와 한반도에 있고, 그 수도 수만 기에 달해, 역사학자들은 우리민족을 '고인돌의 민족'이라고 불러도 될 정도라고 한다.

　고인돌식 매장법도 우리민족의 이동으로 아메리카로 건너가, 그 흔적을 남겼다. 아래는 요동의 개주에 있는 고조선시대의 고인돌, 미국 일리노이(Illinois)주 록리버(Rock river)강가에서 발견된 고인돌, 그리고 멕시코 동쪽 바닷가에 인접한 올메카 문명 유적지에서 발견된 고인돌이다.

요동 개주 고인돌(기원전 1천년)

미국 일리노이주의 고인돌

멕시코 올메카 문명의 고인돌

　아메리카 대륙에서 가장 오래된 문명은 멕시코의 올메카(Olmeca)문명이다. 올메카문명은 마야문명의 모태(母胎)문명으로서, 기원전 1000년까지 거슬러 올라간다. 이 문명의 유적에도 우리민족의 흔적이 분명하게 나타난다. 그 흔적 중의 하나가 고인돌이다. 올메카의 고인돌은 사진에서 보듯이 돌기둥으로 되어 있는데, 그 이유는 이 고인돌이 있는 유적지는 호수 안의 섬이기 때문이다. 올메카인들은 호수 밖 4킬로나 떨어진 곳에서 이 돌을 잘라서 호수를 건너 운반해 와야 했기 때문에 이렇게 돌을 잘라야 했을 것이다. 처음 발견되었을 때, 그 안에는 두 명의 남자 유골이 남아 있었다고 한다. 입구에는 네 개의 돌기둥을 기대어 막아 놓은 모습이다.

미국 일리노이(Illinois)주에는 여러 기의 고인돌이 발견되었다. 그 중에 어떤 것들은 흙으로 덮여 있기도 했다. 흙으로 덮여 있던 고인돌을 발굴하니 그 안에는 여러 구의 인골이 발견되었다고 한다. 일리노이주의 고인돌을 만든 주인공도 우리민족일 것이다. 그렇게 판단하는 근거는 매우 다양하다. 그 중에 하나가 일리노이주의 명칭이다. '일리노이'라는 명칭은 우리말로 '이리 놔'이다[14]. 일리노이주는 신대륙 발견 이후 프랑스인들이 18세기 말까지 약 200여 년을 지배했던 곳으로서, 일리노이라는 명칭은 프랑스인들이 그곳 인디언들이 자주 하던 말을 프랑스어 발음 원칙으로 옮겨 적은 것을, 나중에 미국인들이 영어식으로 발음하여 생긴 것이다. 즉 일리노이라는 지명의 인디언 발음은 프랑스어 발음법으로 읽어야 나온다. 일리노이의 프랑스어식 발음은 '이리놔'이다. 그리고 '이리 놔'는 우리말이라고 필자는 판단한다. 근거는 주변 지역의 많은 지명들과 인디언 부족 명칭이 모두 우리말로 해석되기 때문이다. 예를 들어 '미시간(Michigan)', '미시시피(Mississippi)' 같은 명칭도 모두 우리말에서 유래했다. 또 일리노이주 바로 북쪽 지역에서부터 오대호를 건너 캐나다 남쪽 지역까지 퍼져 사는 인디언 부족의 명칭이 '집에와(chippewa)'족이다. 집에와족이 불렀던 노래에서 필자는 우리말 가사를 발견했다. 또 일리노이주의 동쪽에 코네티컷(Conneticut)주가 있고, 맨하탄(Manhatan)이 있는데, 모두 우리말에서 유래된 지명들이다. 그곳에 살던 인디언들은 '나'를 '나(na)' 또는 '내(ne)'라고 하는 등, 우리말을 사용했고, 볼연지와 같은 우리민족 고유 풍습도 가지고 있었다. 이에

---

14. 미국 학자들은 '일리노이'가 인디언 말로 무슨 뜻인지 모른다. 일부는 '사람'을 뜻한다고 주장하지만, 설득력을 얻지 못하고 있다.

대한 보다 구체적인 설명은 '우리민족의 흔적-미국편'에서 다루기로 한다. 참고로 일리노이주의 이 고인돌 주변에는 신라 경주의 왕릉처럼 큰 봉분의 인디언 무덤들이 매우 많이 남아 있다.

● 성벽의 쐐기돌

고구려의 성벽은 튼튼하기로 유명하다. 만주 일대에 흩어져 있는 고구려 성터를 연구하여 「고구려 축성술 연구」를 집필하신 서길수님이나, 역시 만주 집안 일대 고구려  성터를 오랫동안 답사하신 이형구님은 고구려 성곽(城郭)이 그렇게 견고한 이유 중 하나로 외벽에 쐐기돌을 사용했기 때문이라고 지적하였다. 쐐기돌은 성의 외벽에 사용된 끝이 뾰족한 삼각형 모양의 돌을 말하는데, 뾰족한 부분을 성벽 안쪽으로 향하도록 사용한 것으로, 중국인들의 성곽에서는 볼 수 없는, 고구려 축성술의 특징이라고 했다.

그런데 멕시코에서도 성벽을 쌓을 때 쐐기돌을 사용했다. 오른쪽 그림은 멕시코 서부 미초아간(Michoacan)주에 살던 원주민이 남긴 성벽에 대한 삽화도이다. 미초아간은 아스태가제국 말기에 아스태가제국이 정복하고자 치열하게 전쟁을 벌이던 지역이었다. 일진일퇴의 공방전을 벌이던 그때, 신대륙 발견으로 스페인인들이 멕시코 동부 해안 지역에 나타남으로써 이 전쟁은 저절로 중지되었다.

아래는 기원후 3년에 고구려 유리왕이 지었다는, 압록강 건너편 만주 집안에 남아있는 위나암성(尉那巖城)의 유적과 미초아간에 남아있는 성벽 삽화도이다[15]. 위나암성의 외벽에 사용된 삼각형의 쐐기돌과 미초아간 성벽의 겉돌 바로 안쪽에 사용된 쐐기돌이 선명하게 보인다. (오른쪽 사진은 왼쪽 사진의 원안 부분을 위에서 찍은 것이다.)

고구려 위나암성 유적과 성벽 쐐기돌

미초아간의 성벽과 쐐기돌
(확대 그림)

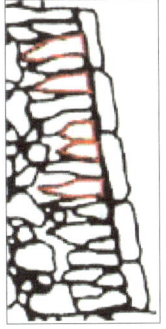

---

15. Salvador Pulido Méndez, 「Los Tarascos y los Tarascos-Uacúsecha」, Instituto Nacional de Antropología e Historia, 2006, p.105.

아스태가제국의 적국이었고, 멕시코 학자들이 아스태가인들과 다른 종족이라고 설명한 미초아간 원주민들도 우리민족의 일파였다는 증거들이 많다. 우선 미초아간이라는 지명은 원래 '미치와간(Michhuaacán)'으로, '물고기가 많은 곳'을 뜻한다고 전해 내려오고 있다. 미치와간은 아래와 같은 형태소로 구성된 우리말이며, 그 뜻은 '물고기와 장소' 또는 '물고기와 족장'을 의미한다.

미치와간(Michihuacán) → 미치(michi) + 와(hua) + 간(cán)
뜻   →   물고기   와   장소/족장

오늘날 우리말 '물'을 옛날에는 '믈'이라고도 했고, '무'라고도 했고, '미'라고도 했던 모양이다. 첫 번째의 예로는 용비어천가의 '새미 기픈 므른'이 있고, 두 번째 예로는 '무논'이라는 말이 있다. 무논은 '물이 가득한 논'을 뜻한다. 그리고 '미'의 예로는 물속에서 자라는 나리를 '미나리'라고 한다. 참고로, 아무르강 하류에 사는 사람들은 물을 '무(mu)'라고 하는 종족도 있고, 미(mi)라고 하는 종족도 있다[16]. 아무르강은 우리민족이 아메리카로 이동할 때 지나간 이동루트에 해당하는 곳으로, 이동하던 우리민족 가운데 일부가 남아 정착한 곳이다. 그런 사람들 가운데 하나가 길약족으로서, 이들이 '미'라고 했다.

우리에게 남아 있지는 않지만, 멕시코 원주민들이 '물고기'를 뜻하기 위해 사용했던 '미치(mich)'도 고대 우리말이었을 것이다. 방금 보았듯이, '미'는 물을 뜻하고, '치'도 '고기, 생선'을 뜻하던 우리말이기 때문이다. 우리 옛말에는 붕어

---
16. 서정범, 「우리말의 뿌리」, 고려원, 1980, p.30.

를 '붕치', 숭어를 '수치', 광어를 '넙치'라고 했다. 우리말은 '고기'를 원래 '치'라고 했는데, 중국 한자가 들어옴으로써 일부 물고기의 명칭이 '어(漁)'로 바뀌었던 것이다. 따라서 '미치'는 '물 + 고기'로 구성된 우리 옛말이라는 것을 알 수 있다. 독자들은 '미치'를 잘 기억해 두기 바란다. 고대 우리 선조들은 주로 강가나 물가에 거주했고, 강줄기를 따라서 이동했기 때문에, 물고기와 조개를 매우 많이 먹었다. 이런 생활 방식은 아메리카로 건너간 뒤에도 이어져, '물고기'를 뜻하는 '미치'라는 말은 아메리카대륙에 널리 사용되었다. 그런데 나중에 백인들이 와서 이 말을 듣고, 여러 곳의 지명으로 둔갑시켜버린 매우 중요한 우리말이기 때문이다.

'와(hua)'는 우리말 공동격 조사 '와'이다. 이 말은 때때로 '완(huan/uan)'이라고도 기록되어 있다. 고대 우리말에서 '간'은 '족장, 높은 사람'을 뜻하기도 했고, '장소'를 뜻하기도 했다. 전자의 예로는 신라의 관직명에 나타나는 '이벌간(伊罰干), 이척간(伊尺干), 영간(迎干)' 등이 있고, 후자의 예로는 '장독간, 대장간, 헛간' 등이 있다. 따라서 미치와간(Michhuaacán)은 '물고기와 장소' 혹은 '물고기와 족장'을 뜻하게 되는 것이다.

미초아간인들이 우리민족이라는 증거는 다양하다. 여기서는 언어적 증거 세 가지만 언급하기로 한다. 그들은 '내 집'을 '내지(nechii)'라고 말했던 사람들이다. 받침소리를 살리면 바로 우리말 '내 집'이 된다는 것을 쉽게 알 수 있다. 미초아간의 원주민 역사를 다룬 책이 있다. 「미초아간 이야기(Relaciones de Michoacan)」라는 책으로, 1541년에 쓰인 저자 미상의 문헌이다. 이 문헌에 따르면 미초아간에는 두 개의 큰 부족이 있었고, 두 부족의 족장은 각각 노인과 젊은이였다. 노인은 이웃 부족의 젊은 족장에게 자기 딸을 시집보내었는데, 젊은 족장은 바람둥이였다. 장인이 된 늙은 족장은 그런 사위에게 잔소리를 많이 하게 되었고, 그로 인하여 둘 사이가 점점 나빠져 마침내 두 부족 간에 큰 전쟁이 벌어져, 사위인 젊은 족장이 장인인 늙은 족장을 죽이는 사태까지 벌어졌다는 이야기기 담겨있다. 그런데 장인의 이름이 '잔소리(chansori)'라고 기록되어 있다. 알려지지 않은 저자가 원주민들의 이 말을, 뜻을 알고 적었는지 모르고 적었는지 필자는 판단할 길이 없지만, 오늘날 멕시코인들은 이 말의 뜻을 모른다. 그러나 우리들은 이 역사서가 전해주는 이야기를 바탕으로 장인의 이름 '잔소리(chansori)'가 우리말 '잔소리'라는 것을 바로 알아차릴 수 있다. 또 저자는 원주민들 말로 빵을 만들기 위해 불을 지피는 것을 '꾸린다(Curinda)'라고 하고, '꾸리(curi)'는 '불'을 뜻한다고 설명하고 있는데[17], 필자가 보기에 이 말은 우리말 '끓인다'일 것이다. 우리는 '죽을 끓인다'라고 말한다. 음식을 끓이기 위해 불이 필요하다. 저자는 원주민들이 불을 지피고 뭔가를 끓이면서 '끓인다'라고 하는 말을 듣고서 '꾸린다(curinda)'라고 받아 적고, '불을 지피는 것'을 의미하나 보다 하고 유추했던 모양이다.

악기

민족의 이동에는 의복, 장신구, 각종 풍습 및 놀이뿐 아니라 악기의 이동도

---

17. **저자 미상**, 「Relación de Michoacán」, Balsal, 1977, p.VIII.

수반된다. 아메리카 원주민들이 사용하던 다양한 악기도 우리 선조들이 사용하던 악기와 같은 것이 많고, 심지어 어떤 경우에는 그 악기와 관련된 용어마저 우리말인 경우도 있다. 아래는 멕시코 원주민들이 사용하던 다양한 악기들 가운데, 우리민족 악기와 같은 몇 가지를 예로 소개한 것이다.

우리의 징

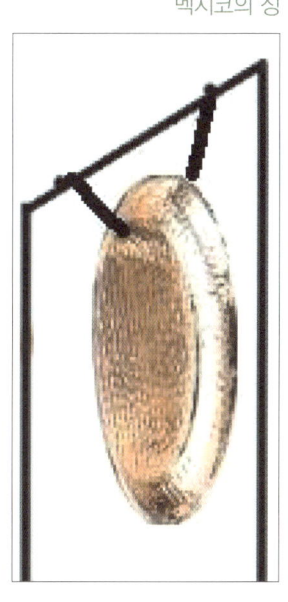

멕시코의 징

멕시코 원주민들에게도 우리의 '징'과 같은 악기가 있었다. 사진에서 보듯이, 우리의 '징'처럼 동(銅)으로 만든 그 악기도 무거워서 매달아 두고 쳤다. 그들의 악기 밑에 '태질라가들(tetzilacatl)'이라는 명칭이 쓰여 있는데, 어두음 '태

(te)'는 '신성한'이라는 뜻이고, 어미 '들(tl)'은 뜻 없이 사용된 경우가 대부분이므로, 그들은 '징'을 '질라가(tzilaca)'라고 불렀다는 것을 알 수 있다.

아래는 조개로 만든 '나각'이라는 우리민족 고유 악기 중 하나이다. 오늘날 이런 조개를 '소라'라고 하지만, 예전에는 '고동'이라고도 불렀다. 나각은 고동 가운데서도 큰 것으로 만들었다. 명칭은 알 수 없지만 멕시코 원주민들도 이것과 같은 악기가 있었다.

나각

소라(고동)

멕시코의 나각

나각을 부는 멕시코 원주민

우리민족 토속악기를 연구한 김영운님에 따르면, 나각은 '고동'이라고도 불렀는데, 주로 시간을 알리는 데 사용했다고 한다. 그의 설명에 따르면, 아직 시계가 많이 보급되지 않았던 1960년대까지, 농촌에서는 사람들에게 정오를 알려주기 위해 읍내 면사무소에서 싸이렌이나 나발소리를 울려주곤 했는데, 그 소리를 '고동 분다'라고 말하곤 했다고 한다[18]. 필자도 어릴 적에 정오를 알리는 '부~웅'하는 소리가 나면, 들에서 일하던 어른들이 '고동 분다'라고 말하던 것을 들은 적이 있다.

그런데, 멕시코에서도 이 악기는 시간을 알려주는데 사용했다. 이 악기를 불어 시간을 알려주던 곳은 무당이 살던 사원이었다. 아스태가제국이 멸망한지 20여 년이 지난 후에, 부모를 따라서 스페인에서 멕시코로 건너가, 그곳에서 자랐던 디에고 두란(Diego Durán) 신부는 원주민들이 하루에 네 번 그들의 신상(神像) 앞에서 향을 피우고 절을 했는데, 해가 떠오를 때, 정오, 저녁 기도시간, 그리고 자정에 했으며, 그 시각을 알려주는 것은 사원에서 울리는 '고동을 부는 소리'였다고 기록했다[19].

우리나라와 마찬가지로 멕시코에서도 다양한 종류의 피리가 있었다. 피리 중에도 나팔꽃처럼 끝 부분이 넓게 퍼진 것을 '나발'이라고 했는데, 다음은 우리의 나발과 멕시코 원주민의 나발이다. 이 악기를 조선시대에는 '태평소'라고 했다.

---

18. 김영운, '한국 토속악기의 악기론적 연구', 「한국음악연구」, 한국국악학회, 1989, p.43.
19. Fray Diego Durán, 「Ritos y fiestas de los antiguos mexicanos」, Editorial Innovación S.A., 1980, p.112.

우리의 나발	멕시코 나발
	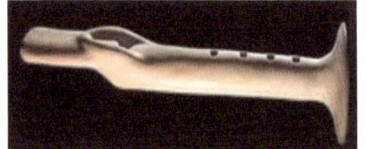

우리 선조들이 가장 흔하게 사용했던 악기 가운데 하나가 피리이다. 우리 선조들은 피리 두 개를 옆으로 묶어서 함께 사용하기도 했는데, '쌍피리'라고 불렀다. 또 고구려계 선조들은 길이가 다른 여러 개의 피리들을 옆으로 묶어 불기도 했다. 아메리카 원주민들에게도 피리가 있었다. 그들에게도 두 개를 묶은 쌍피리도 있었으며, 길이가 다른 여러 개를 묶은 피리도 있었다. 이렇게 여러 개를 묶은 피리를 우리는 무엇이라고 불렀는지 모르겠지만, 남미에서는 '팬플룻'이라고 부른다.

고구려의 팬플룻[20]	멕시코의 팬플룻

[20] 조선유적유물도감 편찬위원회, 「조선유적유물도감 4권, 고구려편2」, 도서출판 민족문화, 1993, p.232.

잉카제국의 팬플롯

오늘날 아마존 원주민의 팬플롯

아메리카 원주민들의 북도 우리의 북과 그 모양이 같았다. 아래는 미국 남부 애리조나주와 뉴멕시코주에 살고 있는 인디언들이 북을 치는 모습이다. 북의 모양도 우리의 전통 북과 같고, 북치는 도구도 같다.

미국 뉴멕시코주 푸에블로 인디언의 북치는 모습[21]

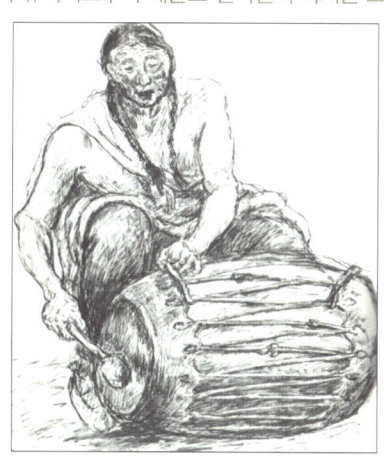

21. John Collier, 「American Indian Ceremonial Dances」, Bounty Books, 1973, p.126.

태오티와간(Teotihuacan)

◆ 유적지 배치 구조

멕시코에서 가장 오래된 문명은 멕시코와 유카탄반도가 이어지는 중간 지점에서 일어난 올메카문명이다. 올메카문명에 이어 발생한 문명이 마야문명과 태오티와간문명이다.

태오티와간문명은 멕시코 고대 문명의 중심지인 태흐고고(Texcoco)호수 주변 지역에서 일어난 최초의 문명으로서, 기원전 1세기에 시작하여 기원후 8세기경 사라졌다. 이 문명이 사라진 후 일어난 문명이 돌태가문명이고, 돌태가문명이 사라진 후에 일어난 문명이 아스태가문명이다.

태오티와간문명의 유적에는 멕시코에서 가장 유명한 태양의 피라밋과 달의 피라밋, 꽤잘꼬아들(Quetzalcóatl)신전이 있다. 아래 왼쪽 사진은 태오티와간 유적지의 전경이다.

태오티와간   북경 천단

사진 정면 가운데에 큰 광장이 있고, 그 광장 안에 제단이 있으며, 위쪽으로 뻗은 넓은 길 왼쪽에 태양의 피라밋이 보인다. 태양의 피라밋은 100년 이상 걸려 건축된 피라밋으로서 기원후 150년경에 완성되었다. 이 피라밋 위에 신전이 있었고 금으로 장식된 신상이 놓여 있었는데, 아스태가제국을 정복한 스페인인들이 금을 탈취해가고 신전을 파괴해버렸다고 한다.

그런데 태오티와간의 도로와 건축물 배치 구조와 똑같은 배치구조를 가진 건축물이 중국 북경에 있다. 오른쪽은 북경 천단의 옛날 사진이다.

이 두 사진을 비교해 보면 다음과 같은 다섯 가지 공통점이 나타난다.

1) 정면 중앙에 원형 광장이 있다.
2) 원형 광장 중앙에 제사를 올리는 제단이 있다.
3) 원형 광장 아래쪽과 위쪽으로 큰 길이 직선으로 나 있다.
4) 원형 광장 아래쪽 길은 짧고, 위쪽 길은 길다.
5) 위쪽 길 왼쪽에 피라밋이 건설되어 있다.

이 두 유적지의 차이점은 태오티와간의 태양의 피라밋은 매우 크고 웅장하지만 북경 천단 사진 속의 피라밋은 작고 흙으로 된 언덕이란 점이다. 태양의 피라밋에 해당하는 흙 언덕이 작다는 것은 그것을 만든 사람들에게는 태양신 신앙이 없었다는 것으로 해석될 수 있다. 북경 천단은 15세기 초에 하늘에 제사를 지내기 위해서 건축되었고, 청나라 때 위의 사진과 같은 구조로 개축 되었다고 한다.

여기서 독자들은 다음과 같은 의문을 가질 것이다: 태오티와간 유적지의 구조가 북경 천단 구조와 같다는 것은 혹시 태오티와간을 건설한 사람들이 중국 청나라 사람들의 선조인 숙신족과 관련 있다는 것을 의미하는 것은 아닐까?

그런데 청나라가 북경천단을 개축할 때 홍산문화의 중심지였던 우하량 유적지에 있던 천단 구조를 모방했다고 한다[22]. 따라서 멕시코 태오티와간을 건설한 사람들과 연관성이 있는 사람들은 북경천단의 건설자가 아니라 홍산문화의 주인공들이다.

우하량의 천단 유적지

여기서 우리는 홍산문화가 어떤 문명이며, 어느 민족의 선조가 그 주인공이었는지 궁금해진다. 홍산문화는 수천 년 동안 고조선이 존재했던 요하강 유역에서 일어났던 고대 문명으로서, 기원전 5천 년까지 거슬러 올라간다. 이 문명을 두고서 오늘날 중국과 우리나라는 서로 자기 조상의 유적이라고 주장하고 있다. 오늘날 중국 사학자들이 주장하고 있는 '동북공정'의 핵심 내용 중 하나가 바로 홍산문화가 그들의 것이라는 내용이다.

어느 쪽의 말이 맞을까? 당연히 우리의 말이 맞다. 홍산문화의 절정기에 해당하는 기원전 2~3천 년경, 중국인의 조상들은 아직 황하강 중상류 지역에 살면서 앙소문명을 발달시키고 있었다. 그들은 요하강 유역은 물론이고, 발해만

---

22. 우실하, 「동북공정 너머 요하문명론」, 176쪽: "중국학자들은 우하량 제2지점에서 발견된 원형과 방형의 제단 유적을 천원지방(天圓地方) 사상의 원형이자, 북경천단 구조의 원형으로 보고 있다."

유역이나 산동반도에도 아직 진출하지 못하던 시대였다. 발해만과 산동반도에는 우리 선조들과 같은 동이(東夷)족이 살고 있었고, 이들이 기원전 1600년경 은나라를 건국했었다. 중국인들이 산동반도 지역으로 진출한 것은 은나라를 멸망시킨 기원전 1100년경부터였다.

홍산문화의 우하량 유적지에 천단을 건축했던 사람들이 우리 선조들이었다고 주장하면서 우리나라 사학자들이 드는 증거 중의 하나는 바로 여신상이다. 눈동자를 옥으로 만든 이 여신상은 반가부좌 자세로 앉아있는 모습이다. 이런 자세로 앉는 것은 우리민족의 풍습이다.

홍산문화의 여신상   홍산문화 유적지

우하량 유적지의 천단이 우리 선조들의 것이었다는 보다 명백한 증거는 바로 같은 구조의 태오티와간을 건설한 주인공이 우리 선조들이었다는 증거일 것이다. 즉 홍산문화의 우하량 유적지에 천단을 건축했던 사람들과 같은 신앙 풍습을 가졌던 사람들이 멕시코로 와서 같은 구조의 태오티와간을 건축했다고 보아야 하는데, 필자가 확인한 바, 태오티와간에는 다양한 우리민족의 풍습과 유물이 쏟아져 나왔기 때문이다. 여러 중국 역사서에 기록되어 있듯이 태양신 신앙은 우리 선조들의 신앙이었고, 태오티와간의 볼연지를 찍은 여인 벽화와 상투한 남자의 조각상, 그곳의 공놀이 경기장 입구 기둥에 새겨진 문양, 주변 무덤에서 발굴된 사체가 입에 옥구슬을 물고 있는 것 그리고 '태오티와간'이라는 명칭 자체가 우리말이라는 것 등은 태오티와간을 건설했던 사람들이 우리민족이었음을 증명하는 것이다.

태오티와간의 볼연지의 여인과 상투 조각상

◆ **태오티와간의 뜻**

태오티와간(Teotihuacan)에는 이와 같이 우리민족 고유의 문화 흔적이 다양하게 나타날 뿐만 아니라, 그 지명 자체도 '(태양)신의 터와 족장'을 뜻하는 순 우리말이다. 이를 좀 더 구체적으로 확인하기 위하여 '태오티와간'을 다음과 같은 형태소로 나누어 우리말과 비교해 보기로 한다.

태오티와간 → 태오(teo) + 티(ti) + 와(hua) + 간(can)

우리말   태워/태우(태양신)   티(터)   와   간

    어떤 어휘가 우리말인가 아닌가를 판단하려면 이렇게 형태소로 분석하여 각 형태소의 발음과 뜻이 우리말과 일치하는가 아닌가로 판단하면 된다. 우리말이려면 각 형태소의 뜻과 발음이 우리말과 일치해야 하고, 그 결합 순서도 일치해야 하며, 결합된 전체 의미도 우리말의 뜻과 일치해야 한다.

    태오(teo)은 '태워/태우(다)'를 표기한 말이다. 우리 선조들은 태양을 '태워/태우'라고 부르기도 했다. 독자들은 우리 선조들의 말은 명사가 아직 발달하지 못하여 사물을 지칭할 때 동사를 많이 사용했다는 것을 기억하기 바란다. 우리 민족에게 '태양'은 곧 '태양신'이었다. 멕시코에서도 이 말은 '태양/태양신'을 의미했고, 나중에는 일반 보통명사처럼 되어 그냥 '신'을 뜻하는 말로도 사용되었다. 티(ti)는 장소를 뜻하는 '터'의 고어이다. '한티고개, 닷티고개, 밤티고개' 등에서 사용된 '티'가 바로 이 말이다. '와(hua)'는 우리말 공동격 조사 '와'이다. 마지막으로 간(can)은 멕시코에서 '족장, 높은 사람'을 뜻하는 말로도 사용되었고, '장소'를 뜻하는 말로도 사용되었다. 삼국시대 우리 선조들도 이 두 가지 뜻으로 사용했다. 신라 시대 관직명에는 '마립간(麻立干), 이벌간(伊罰干), 이척간(伊尺干), 영간(迎干)'과 같은 명칭이 나오는데, 바로 '간'이 '족장, 높은 사람'을 뜻한다. 몽골의 영웅 징기스칸의 '칸'도 바로 이 말이다[23]. '장소'를 뜻하는 예로는

---

23. 몽골인들의 말에는 우리말과 유사한 어휘들이 좀 있는데, 그 이유는 기원전 어느 시대에 우리 선조들과 몽골인들이 매우 가깝게 지냈기 때문이었다. 흥미로운 점은 몽골인들은 'ㄱ/ㅋ/ㄲ' 발음을 못하여 'ㅎ'으로 발음했다는 사실이다. 즉 몽골인들은 '징기스한'이라고 발음했고, 우리 선조들은 '징기스칸'이라고 발음했

'헛간, 곳간, 정지간, 장독간' 등이 있다.

태오티와간을 이렇게 형태소로 분석해보니, 각 형태소의 발음과 뜻이 정확하게 우리말과 일치한다는 것이 확인되고, 그 결합 순서도 우리말 결합 순서와 일치하고, 결합된 전체 어휘도 우리말로 '(태양)신의 터와 족장'으로 해석된다. 따라서 태오티와간(Teotihuacan)이 우리말로 된 명칭이라는 것은 의심의 여지가 없다.

멕시코를 비롯한 전 세계의 학자들은 지금까지 이 지명을 '인간이 신이 되는 곳'이라고 해석하고 있다. 이 또한 원주민 말을 정확하게 알아듣지 못했던 초기 스페인 신부들의 자의적인 유추 해석에서 비롯된 것이다. 필자는 앞에서 '바돌린(Patollin)'을 설명할 때도, 이 말은 우리말 '발 돌림'인데 멕시코에서는 '놀이'라고 잘못 해석했다고 지적한 적이 있다. 이와 같이 멕시코 원주민의 말을 오늘날까지도 잘못 해석한 경우가 매우 많다[24].

'(태양)신의 터와 족장'이라는 필자의 해석을 뒷받침해 주는 증거가 있다. 첫째, 태오티와간의 큰 도로 주변에서 실제로 수많은 족장들의 무덤이 발굴되었고, 둘째, 아래 원주민이 남긴 시가(詩歌)에도 그렇게 묘사되어 있다.

스페인 가톨릭 신부로서 베르나르디노 데 사하군(Bernardino de Sahagún)이라는 사람이 있었다. 그는 보통 '사하군'이라고 불리는데, 아스태가제국 정복

다. 그럼에도 불구하고 우리말 고어나 우리 선조들에 대한 고대 역사서에 'ㅎ'을 사용한 흔적이 나오는데, 아마도 몽골인과 가까운 지역에 거주했던 우리 선조들이 그들의 말의 영향을 받아서 생긴 방언 탓일 것이다.

24. 필자가 연구하면서 살펴본 바에 의하면, 멕시코 원주민 말은 아직까지도 해석되지 못한 경우가 매우 많고, 해석된 경우에도 유추에 의하여 잘못 해석된 경우가 매우 많다. 이에 대한 올바른 해석 작업도 결국 우리가 해야 할 과제일 것이다.

직후인 1528년에 멕시코로 건너가서 원주민 문화와 언어에 대하여 많은 기록을 남겼다. 아래의 원주민 시가도 그가 원주민에게서 듣고 기록해 놓은 것이다. 그 내용에는 '그곳에 족장들을 묻었기 때문에 태오티와간이라고 부른다'는 가사가 나오고, 죽은 후에도 계속 산다는 사후세계(死後世界)에 대한 원주민들의 신앙이 표현되어 있다[25].

원주민 시가

And this they call Teotihuacán,
because it is where they bury the lords.
And it is said; "Even if we shall die,
we shall not die
because we shall continue to live
until our rebirth."

그리고 이곳을 태오티와간이라고 부른다.

이곳은 족장들을 묻은 곳이기 때문이다.

그리고 이야기 한다: "우리는 죽을지라도

죽지 않을 것이다. 우리는 계속 살아서 다시 태어날 것이다."

태오티와간은 태양의 피라밋이 말해주듯이 태양신을 믿던 사람들의 유적이다. 태양신 신앙은 우리 선조들의 신앙이었다. 부여와 고구려는 태양신을 믿었고, 부여의 왕들은 동명성왕(東明聖王)이라고 불리었으며, 고구려 건국자 주

---
25. Juan Schobinger, 「The first Americans」, William B. Eerdmans Publishing Company, 1994, p.97.

몽도 역시 동명성왕이었다. 동명(東明)은 '동쪽에서 떠오르는 광명', 즉 '태양'을 뜻한다. 주몽은 그 자신이 '태양의 아들'이라고 외쳤다고 중국 고대 문헌 여러 곳에 나온다. 10세기에 기록된 중국 역사서 구당서(舊唐書) 199편에도 '고구려인들이 태양신을 믿었다'고 기록되어 있다. 백제와 신라의 유물과 유적을 보아도 우리 선조들이 불교가 들어오기 이전에는 광범위하게 태양신을 믿었다는 증거가 매우 많다. 그 중의 하나가 신라의 경주 석굴암의 불상이 하지(夏至)에 태양이 떠오르는 방향을 정확하게 바라보고 있는 것이다. 우리 선조들은 하지에 태양을 맞이하는 제사를 올리던 풍습이 있었다.

중국인들은 태양신을 믿지 않았다. 중국 마지막 왕조 청(淸)나라를 건국한 만주족은 원래 연해주 연안에 살았던 숙신(肅愼)족의 후예인데, 숙신족들은 원래 사후세계를 믿지 않았다. 그들은 부모가 여름에 죽으면 그날 바로 들에 가져가 묻었고, 겨울에 죽으면 '담비'를 잡는 먹잇감으로 사용했다. 그들의 이러한 풍속은 사후세계를 믿지 않았기 때문에 비롯된 것이다. 사후세계를 믿었던 우리 선조들은 다섯 달 동안이나 장례식을 성대하게 치렀고, 부모가 사용하던 물건을 사후세계에서도 사용할 것이라고 믿어 같이 묻어주거나 불태워 주었으며, 사후세계로 가는 노잣돈으로 사용하라고 입에 옥구슬을 물려서 묻어 주기도 했다.

북경천단을 청나라 만주족이 건축했지만, 그 원형은 요하강 유역의 홍산문명의 우하량 유적지에 있었다. 천단의 도로와 피라밋 배치 구조가 멕시코의 태오티와간의 배치구조와 같다는 것, 태오티와간을 건설한 주인공들이 우리민족이었다는 것, 그리고 동양의 역사에서 기원전 3000년경에는 중국인들이 아직 발해만 유역 근처로 진출하지 못했다는 역사적 사실까지, 모든 것이 홍산문명은 중국 것이 아닌 우리 선조들의 것이라는 것을 증명하고 있다[26]. 또 홍산문명의 많은 옥기에는 우리민족을 상징하는 문양이 새겨져 있다(이 점에 대해서는 우리민족의 정체성을 다루는 다른 책에서 밝히기로 한다).

---

26. 오늘날 중국인들은 동북공정(東北工程)으로 홍산문명뿐 아니라 고구려의 역사까지 중국인의 역사라고 주장한다. 그들은 '오늘날 중국 영토 안에 있었던 모든 역사와 인간은 중국 것이다'라고 주장한다. 그들의 동북공정은 현대적 국적(國籍)을 바탕으로 과거 역사와 민족(民族) 개념을 바꾸려는 시도이다. 그런데 중국 연변에 사는 우리민족을 그들도 조선족(朝鮮族)이라고 하지 않는가. 조선족은 국적은 비록 중국일지라도 민족은 조선족, 즉 우리민족이라는 것을 의미한다. 따라서 동북공정은 그 자체가 모순이다.

06. 멕시코에 나타난 우리민족의 천문 지식: 달력

● **천문학과 첨성대**

멕시코의 아스태가문명, 유카탄반도의 마야문명, 페루의 잉카문명에 대하여, 오늘날까지도 전 세계 학자들은 그 양면성(兩面性)에 당황하며 제대로 설명 못하고 있다. 산 사람을 신에게 제물로 바치는 인신공양과 같은 매우 미개한 종교제사를 올리면서, 동시에 그 당시의 서구 문명조차 상상하지 못했던, 고도로 발달된 달력과 의술이 있었기 때문이다.

달력은 천문학을 바탕으로 만들어진다. 하늘의 해와 달을 관측하여, 그것의 위치에 따라 자연 환경이 어떻게 변하는지의 연관성을 깨닫고, 그것이 얼마만큼의 시간이 지난 뒤에 다시 같은 위치에 온다는 사실을 깨달아, 그 움직임에서 규칙성을 찾아내어야 비로소 달력을 만들 수 있다.

따라서 달력을 만든다는 것은 하루아침에 쌓을 수 없는 고도의 지식 활동이다. 이것은 깊은 천문학적 지식과 수학적 지식을 바탕으로 한다.

20세기 초 미국을 비롯한 전 세계 학자들은 멕시코의 문명, 유카탄의 마야문명, 페루의 잉카문명에서 천문학적 지식이 매우 발달하여 해와 달의 일식(日蝕)과 월식(月蝕)을 미리 예측할 정도였다는 것을 발견하고 놀랐다. 또 이 세 지역의 천문학 지식이 그 복잡한 개념까지 너무 똑같아서, 그 세 문명들 사이에 많은 문화교류가 있었을 것이고, 그래서 세 곳 중에 어느 한 곳에서 생긴 천문학이 다른 두 지역으로 전해졌을 것이라고 추측했다[1].

그러나 신대륙 발견 이전에 남미 페루와 멕시코 사이에 문화교류가 있었다는 증거는 어디에도 없었다. 천문학적 지식뿐만 아니라 여러 가지 풍습이나 유물에서도 매우 비슷하지만, 두 지역의 원주민들이 서로 왕래하며 문화교류를 한 흔적이 전혀 없었다. 심지어 신대륙을 발견했을 당시에 아스태가나 마야문명의 원주민은 남미라는 큰 땅덩어리가 남쪽에 있다는 사실조차 모르고 있었고, 페루 잉카인들도 역시 북쪽에 그런 땅이 있고 높은 문화를 이루고 사는 아스태가제국이 있다는 것을 전혀 모르고 있었다.

그래서 아메리카 학자들은 그들이 동북아에서 아메리카로 건너올 때 이미 그런 천문학적 지식을 가지고 있었고, 아메리카대륙으로 건너온 후에 멕시코, 유카탄반도, 페루로 각자 흩어져 정착했으므로 천문학 내용이 같다고 가정해야 한다는 것을 깨달았지만, 그렇게 가정하면 이미 1만 5천 년 전의 구석기인

---

1. Stansbury Hagar, <The bearing of Astronomy on the subject>, 'The problems of the unity or plurality and the probable place of origin of the American aborigines', 「American Anthropologist」, Vol. 14, January-March 1912, Nº 1, p.44.

들이 그런 고도의 지식을 가지고 왔다고 가정해야 하는, 있을 수 없는 오류에 빠지게 된다는 것도 알았다. 그들은 아메리카 원주민들의 조상은 1만 5천 년 전에 동북아시아에서 건너온 고아시아인들이라고 주장해 왔기 때문이다. 그래서 이 세 문명의 천문학이 왜 그렇게 같은지는 풀 수 없는 미스터리로 남아버렸다.

이 미스터리의 열쇠는 동북아시아에 살던 민족들 중에서 천문학을 일찍 깨우친 어떤 민족이, 천문학이 매우 발달할 정도로 인간 문화가 발달된 시대에, 대거 아메리카로 이동하여 남북 아메리카에 두루 퍼졌다는 것을 깨닫는 데 있다.

우리의 부여-고구려계 선조들은 삼국시대에 대규모로 어디론가 이동하여 사라져버렸다. 동북아에서 우리 선조들만큼 천문학에 관심 많았던 민족이 없었다. 압록강 건너 고구려 국내성이 있던 지역과 북한의 대동강 주변 지역에, 해와 달과 별자리의 천문도(天文圖)가 그려진 고구려 고분은 무려 25기나 된다. 고구려가 멸망하고 고구려 백성들이 대거 사라진 7세기 중엽까지, 동북아에서 천문도를 남긴 민족으로 우리 선조들 외에 누가 있었던가! 일본 최초의 천문도가 그려진 기토라 고분은 8세기 초에 축조된 것인데, 그 천문도마저도 고구려 시대에 평양 근처에서 그려졌던 것이라고 일본 학자들도 인정하고 있지 않은가! 중국 최초의 제대로 된 천문도는 당나라 후기에 그려진 것으로서, 중국 서쪽 돈황 지역에서 발견

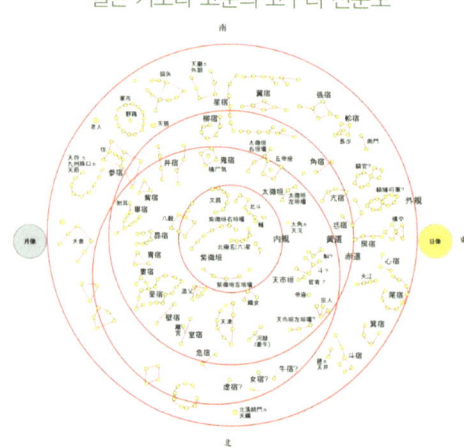

일본 기토라 고분의 고구려 천문도

되었다. 그런데 그 천문도를 중국인들이 그린 것일까? 필자는 '아닐 것이다'라고 판단한다. 그것도 우리 선조들이 남겼을 것이다. 근거는 고구려가 멸망하고 당나라는 고구려인 20여만 명을 포로로 잡아가서, 당나라 여러 곳에 분산시켰는데, 그 중의 한 곳이 바로 돈황 근처였다. 최근의 조사에서 돈황석굴 속 벽화에 우리 선조들의 모습이 대거 발견되었다는 중국의 보고도 이러한 역사적 사실과 관련 있을 것이다.

북한 평양 근처의 항목리 고인돌에 새겨진 별자리

우리 선조들이 천문도를 남기기 시작한 것은 기원 수천 년 이전부터였다. 평안남도 용덕리의 고인돌에 새겨진 별자리는 기원전 3000년의 것으로 확인되었고, 별자리가 새겨진 수많은 고인돌이 기원전 2000년 이전의 것이라고 확인 되었다. 이렇게 우리민족은 주변 민족들이 상상도 못하던 시대에 이미 별자리를 관측하기 시작했던 것이다. 동북아에서 다른 어떤 민족도 관심을 두지 않았을 때, 우리 선조들은 하늘의 별자리를 관찰하고, 해와 달의 움직임의 원리를 깨달았던 것이다. 이러한 천문 지식은 노인에게서 젊은이에게로, 입에서 입으로 전해져, 고구려에서는 무덤 벽화에 천문도를 남겼고, 신라에서는 일관(日官)이 첨성대에서 태양과 별의 움직임을 관찰했고, 백제에서는 별자리를 전문적으로 관측하는 관리인 일자(日者)가 있었고, 그들이 일하는 일관부(日官府)라는 부서까지 존재했었다(『삼국사기』의 백제 온조왕 25년(기원후 7년)의 기록 참조).

우리 선조들은 고대 동북아의 여러 민족들 가운데 하늘의 움직임을 가장 먼저 깨달았던 선민(選民)이며 선민(先民)이었다. 기원전 아득한 시대부터 하늘의 별과 달과 해의 움직임을 관측하며 천문학에 눈을 뜬 현자(賢者)들이었다.

우리민족의 천문학이 아메리카로 건너갔다는 좀 더 직접적인 증거는 없을까? 이것은 우리의 고분과 고인돌에 남겨진 별자리에 대한 연구와 아메리카 대륙의 수많은 바위에 새겨진 별자리에 대한 연구가 앞으로 진행되면 많은 사실이 밝혀질 것이다. 지금 필자가 제시할 증거는 첨성대이다. 삼국시대에는 백제와 신라에 첨성대가 있었고, 오늘날까지 남아있는 것은 신라 경주의 첨성대이다.

경주 첨성대와 내적 구조가 거의 같은 첨성대가 멕시코에 세 개가 있다. 멕시코 중부 지역 최초의 문명으로 알려진 태오티와간, 그리고 호치갈곳(Xochicalco)과 오아하카(Oaxaca)주의 몬테 알반(Monte Alban)에 있는데, 모두 내부 구조가 병 모양으로 우리의 첨성대와 같고, 입구는 동굴 형태로 되어 있다. 설명에 따르면 이 첨성대들은 주로 태양의 움직임을 관측하기 위한 것이었다고 한다. 현재 두 곳은 천장이 무너질 위험으로 폐쇄된 상태이고, 호치갈곳(Xochicalco)의 첨성대만 일반인에게 공개되고 있다. 호치갈곳 첨성대는 기원후 650년~900년 사이에 건축된 것으로, 주변에 신전과 공놀이 경기장도 있다. 아래는 호치갈곳 첨성대와 경주의 첨성대를 비교한 것이다.

멕시코의 천문대 (밑에서 위로 쳐다 본 구조와 입구에서 안을 본 구조)

멕시코 천문대 구조도

우리나라 첨성대

이 두 곳의 공통점은 돌을 쌓아서 원통 구조를 수직으로 만들어, 옆에서 들어오는 빛을 차단하고, 오직 원통의 천장 구멍을 통하여 들어오는 빛을 관찰하여 하늘의 태양을 비롯하여 별의 움직임을 파악했다는 점과 내부 구조가 병 모양이라는 점이다 멕시코 천문대의 입구는 동굴로 들어가는 구조이고, 우리 첨성대 입구는 창문으로 들어가는 구조로써, 옆으로 들어가는 구조라는 점도 같다. 참고로 첨성대 안에는 창문 바로 아래까지 흙으로 채워져 있다.

● **달력**

달력은 천문학을 바탕으로 만들어지고, 아메리카 천문학은 우리 선조들이 민족 대이동 때 함께 가져간 것이라고 필자는 설명했다. 그렇다면, 독자들은 멕시코 달력에도 우리민족과 관련된 어떤 흔적이 나타나야 하지 않을까 하는 의문이 떠오를 것이다. 그 의문에 대한 답을 하기 위하여 멕시코의 토날보활리 달력과 우리가 사용하는 음력 달력을 비교해 보기로 하자.

아메리카 원주민의 달력으로는 남미 잉카제국의 것보다는 북미 아스태가문명과 마야문명의 달력이 더 잘 알려져 있다. 아스태가 문명에는 1년을 260일로 하는 달력과 365일로 하는 달력이 있었는데, 전자는 토날보활리(Tonalpohualli)이고, 후자는 히으보활리(Xiuhpohualli)로서, 각각 '신성한 날을 보리니'와 '해를 보리니'를 뜻하는 우리말이다[2]. 마야문명에는 거의 20종류의 달력이 있었으나 그 중에 잘 알려진 달력은 1년을 260일로 하는 졸킨(tzolkin)달력, 365일로 하는 하아브(haab)달력, 한 주기를 5128년으로 하는 13박툰(baktun)달력이 유명하다[3].

아스태가와 마야문명에서 중요하게 생각했던 달력은 260일 달력이었다. 이

---

2. 토(to)는 우리말 고어 태(太)의 변이어로 보인다. '태'는 '신성한'을 뜻하며, 우리 선조들이 사용하던 말이다. 멕시코에서는 '토(to)/태(te)'가 다 사용되었다. 여기서도 '화(hua)'는 '리'로 읽을 수 있다. 근거는 용비어천가의 '불휘=뿌리'이다.
3. 마야의 13박툰 달력을 롱 카운트(Long Count/긴 세월)라고 학자들이 흔히 부른다. 이 달력은 5128년을 한 주기로 보는 달력이다. 이 주기를 마야어로는 13박툰(baktun)이라고 한다. 영국의 천문학자 톰슨(Thompson)이 계산한 바에 따르면, 바로 앞의 13박툰은 기원전 3114년 8월 13일에 시작되어 2012년 12월 23일 끝났다. 바로 얼마 전 세상의 종말론이 전 세계적으로 퍼진 이유가 이것 때문이었다. 그러나 13박툰도 다른 달력과 마찬가지로 순환적 개념이다. 즉, 우리는 현재 새로운 13박툰을 막 시작한 시대에 살고 있는 셈이다.

달력을 아스태가인들은 토날보활리라고 불렀지만, 마야인들은 무엇이라고 불렀는지 알 수 없다. '졸킨'이라는 명칭은 20세기에 윌리엄 가테스(William E. Gates)라는 마야문명 학자가 만들어 붙인 명칭이다. 토날보활리와 졸킨은 사실상 같은 달력이라고 할 수 있다. 이 두 달력은 날짜를 확인하기 위한 달력이 아니라 점을 치는데 사용하던 달력으로, 한 달을 20일로, 1년은 13개월로 되어 있고, 날짜를 표시하는 방법으로 '숫자+기호'를 사용하는 점에서 같다. 토날보활리와 졸킨의 차이점은 사용된 기호의 명칭만 다를 뿐이다.

◆ 우리민족의 숫자

달력은 천문학과 수학의 결합이다. 따라서 달력에 대하여 이야기하려면 수학의 숫자 이야기부터 해야 한다. 오늘날 우리가 사용하는 달력에서 각 날의 명칭은 아라비아 숫자를 사용하여 '1일, 2일, 3일…'이라고 한다. 아라비아 숫자는 원래 인도에서 기원 이후에 만들어져, 7세기경에 아라비아로 전해졌고, 그 후에 유럽을 거쳐서 전 세계로 퍼져 사용되기 시작했다. 즉 삼국시대의 우리민족은 아라비아 숫자를 몰랐다. 우리 선조들이 사용했던 숫자 체계가 어떤 것이었는가는 우리민족 언어에서 가장 큰 미스터리 중 하나이다. 숫자를 나타내던 고구려의 말 중에 알려진 것이 네 개가 남아 있는데, 3을 '미르', 5를 '우차', 7을 '난은', 10을 '덕'이라고 했다. 이것은 그 시대의 우리 선조들이 아라비아 숫자를 사용하지 않았고, 중국 한자어로 된 숫자도 사용하지 않았다는 증거이다.

고대 중국에서 사용된 숫자는 10간이었다. 즉 갑(甲), 을(乙), 병(丙), 정(丁), 무(戊), 기(己), 경(庚), 신(辛), 임(壬), 계(癸)가 1부터 10까지 표시하는 숫자였다.

◆ **토날보활리의 날짜 표시법**

멕시코와 마야에서는 숫자 0을 조개모양의 그림으로, 다른 숫자는 점과 막대기로 아래와 같이 표시했다.

토날보활리는 한 달이 20일이고, 1년은 13개월, 즉 1년이 260일로 된 달력이다. 토날보활리 달력에서 260일의 모든 날들은 명칭이 있는데, 방금 본 1부터 13까지의 숫자와 20개의 기호를 결합시켜 표시했다. 20개의 기호들은 사물이나 동물 혹은 신의 이름을 나타내는 것으로, 아스태가인들은 아래와 같은 그림(기호)로 나타냈었다.

토날보활리에서 각 날의 명칭은, 방금 보았던, 점과 막대기로 된 숫자와 20개의 기호가 아래와 같이 한 번씩 순서대로 결합하여 만들어졌다.

```
1 - 2 - 3 - 4 - 5 - 6 - 7 - 8 - 9 - 10 - 11 - 12 - 13
악   바   집   도   뱀   해   사   토   물   개   원   풀   갈 …
어   람       마       골   슴   끼           숭       대
                뱀                                 이
```

예를 들어서, 어느 달의 첫날의 명칭이 '1-악어'라면 점 한 개와 악어를 상징하는 기호를 함께 그려서 나타내었고, 제2일은 '2-바람'으로서, 점 두 개와 바람을 상징하는 기호를 함께 그려서 나타내었고, 제3일은 '3-집'으로서 점 세 개와 집을 상징하는 기호를 함께 그려서 나타내었다. 이렇게 숫자 하나와 기호 하나가 순서대로 결합하고, 숫자 13 다음에는 다시 1로 돌아와 시작하며, 기호도 마지막 기호 '꽃' 다음에는 '악어'로 돌아와 시작된다. 이렇게 숫자와 기호를 하나씩 결합하면, 아래 도표와 같은 토날보활리 달력이 나타난다.

'1악어' 달

날짜	명칭	날짜	명칭	날짜	명칭	날짜	명칭
1일	1 악어	6일	6 해골	11일	11 원숭이	16일	3 콘도르
2일	2 바람	7일	7 사슴	12일	12 풀	17일	4 움직임
3일	3 집	8일	8 토끼	13일	13 갈대	18일	5 돌칼
4일	4 도마뱀	9일	9 물	14일	1 호랑이	19일	6 비
5일	5 뱀	10일	10 개	15일	2 독수리	20일	7 꽃

이 달력에서, 제1일은 '1-악어'이고, 제2일은 '2-바람'이고, 제3일은 '3-집'이며, 첫 달의 마지막 날, 즉 제20일은 '7-꽃'이 된다. 다음 달 첫날은 '8-악어'가 되고, 제2일은 '9-바람'이 되며, 마지막 날 명칭은 '1-꽃'이 된다. 그리고 그 다음 달 첫날은 '2-악어'가 된다. 이와 같이 아스태가 달력의 모든 날들의 명칭은 1부터 13까지의 숫자와 20개의 기호가 차례대로 한 번씩 결합하여 만들어졌다. 그리고 각 달의 명칭은 그 달의 첫날의 명칭을 그대로 사용했다. 예를 들어, 도표에 제시된 달의 명칭은 첫날이 '1-악어'이므로 '1-악어 달'이고, 그 다음 달 명칭은 첫 날이 '8-악어'이므로 '8-악어 달'이 된다.

◆ **음력 달력의 날짜 표시법**

우리가 오늘날 사용하고 있는 음력 달력은 아라비아 숫자로 되어 있지만, 앞에서 이미 언급했듯이, 아라비아 숫자는 7세기 이전에는 사용하지 않았다. 음력 달력에는 소위 일진이라고 하여 '갑자(甲子), 을축(乙丑), 병인(丙寅)…'등과 같은 말이 숫자 밑에 쓰여 있다. 아래 달력에서 양력 날짜 10 밑에 '6.3 丁丑(정축)'이라고 적혀있는데, 이는 양력으로 10일은 음력으로는 6월 3일이며, 그날의 일진은 '정축'이라는 뜻이다.

계사(癸巳/2013)년 음력 6월 달력

| 7 소서 | 8 6.1 乙亥 | 9 6.2 丙子 | ⑩ 6.3 丁丑 | 11 6.4 戊寅 | 12 6.5 己卯 | 13 6.6 庚辰 |

그리고 이것을 아라비아 숫자를 사용하기 이전 시대의 달력으로 가정하면 '정축'만 남게 될 것이다. 즉 아라비아 숫자를 사용하기 이전에는 10일을 '정축(丁丑)날'이라고 했고, 11일을 '무인(戊寅)날'이라고 했으며, 12일을 '을묘(乙卯)날'이라고 했다고 보아야 할 것이다. 이러한 일진은 다음과 같은 10간과 12지가 순차적으로 한 번씩 결합하여 만들어 진 것이다.

10간: 갑(甲) 을(乙) 병(丙) 정(丁) 무(戊) 기(己) 경(庚) 신(辛) 임(壬) 계(癸)
12지: 자(子) 축(丑) 인(寅) 묘(卯) 진(辰) 사(巳) 오(午) 미(未) 신(申) 유(酉) 술(戌) 해(亥)

이제 독자들은 이러한 결합 방식이 위에서 본 멕시코의 토날보활리의 결합 방식과 정확하게 같다는 것을 이해할 수 있을 것이다.

◆ 토날보활리와 음력의 공통점

앞에서 관찰한 멕시코의 토날보활리와 우리의 음력 사이에 어떤 공통점이 있는지 구체적으로 살펴보도록 하자. 먼저 양쪽 모두 날짜 명칭을 '숫자' 하나와 '기호' 하나를 결합하여 만들었다. 토날보활리의 날짜 명칭은 숫자 하나와 기호 하나로 구성되었고, 아라비아 숫자를 사용하기 이전의 음력의 날짜 명칭도 숫자 하나와 기호 하나로 구성되었다. 10간은 숫자이고, 12지는 동물을 상징하기 때문이다[4]. 이를 쉽게 비교하면 아래 표와 같다.

---

4. 12지는 불교에서 신성하게 여기는 12가지 동물을 상징한다: 자(子/쥐), 축(丑/소), 인(寅/호랑이), 묘(卯/토

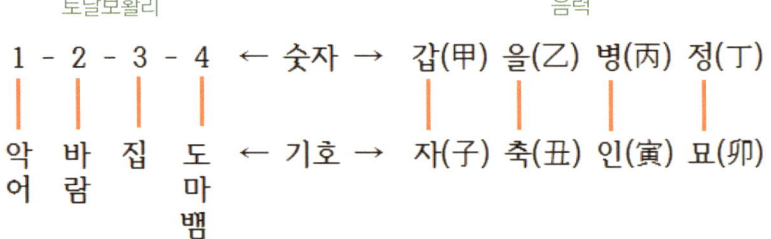

둘째, 숫자와 기호의 결합 순서도 양쪽이 동일하다. 기호가 앞에 나오고 숫자가 뒤에 오는 식으로 결합할 수도 있는데, 양쪽 모두 숫자가 먼저 나온다.

셋째, 숫자와 기호의 결합 방식도 양쪽이 동일하다. 앞날의 명칭을 만들기 위해서 숫자와 기호가 한 번 결합하고 나서, 다음날 명칭은 바로 다음 숫자와 바로 다음 기호가 결합하는 방식이다. 토날보활리에서 13개의 숫자와 20개의 기호가 결합할 수 있는 방식은 무한대로 많지만 항상 순차적으로 한 번씩만 결합하고, 음력에서도 10간과 12지가 결합할 수 있는 방식은 무한대로 많지만, 역시 순차적으로 한 번씩만 결합한다.

마지막으로 각 달의 명칭을 정하는 방식이 같다. 토날보활리는 각 달의 첫날의 명칭을 그 달의 명칭으로 사용한다. 앞에서 본 도표에서 첫날의 명칭이 '1-악어'였기 때문에 그 달의 명칭도 '1악어 달'이 되었다. 아라비아 숫자를 사용하기 이전의 음력의 각 달의 명칭도 그 달의 첫날의 명칭을 그대로 사용했다. 그 증거는 우리에게 대대로 전해 내려오는 제문(祭文)의 첫 구절에 나타난

끼), 진(辰/용), 사(巳/뱀), 오(午/말), 미(未/양), 신(申/원숭이), 유(酉/닭), 술(戌/개), 해(亥/돼지). 그런데 불교가 도입되기 훨씬 이전부터 중국과 우리민족은 달력을 사용했다. 따라서 불교가 도입되기 이전에는 12지에 해당하는 것이 불교의 신성한 동물들이 아니라, 다른 어떤 것들을 상징하던 기호였을 것이다.

다. 만약 제삿날이 앞에서 본 달력에서 음력 6월 3일이라면, 제문은 다음과 같이 시작된다.

維歲次 癸巳年 6月 乙亥朔 三日 丁丑 孝子 아무개 敢昭告于…
유세차 계사년 6월 을해삭 3일 정축 효자 아무개 감소고우…

여기서 '6월 을해삭'은 아라비아 숫자를 사용하기 이전의 음력 6월 달의 명칭이 '을해'라는 것을 의미하고, 그렇게 부른 이유는 6월의 첫날의 일진, 즉 명칭이 '을해'이기 때문이다. (독자들은 앞의 달력에서 '8' 밑에 '6.1 乙亥(을해)'라고 적힌 것을 확인하기 바란다.)

이와 같이 멕시코의 토날보활리 달력과 음력 달력은 각 날짜의 명칭을 정하는 방법이나 각 달의 명칭을 정하는 방법이 같다. 숫자와 기호를 한 번씩 결합하여 명칭을 정하는 이 방법은 매우 특이하다는 점을 감안할 때, 민족이 직접 이동하지 않고서 우연으로 일치하기란 도저히 불가능하다.

◆ **멕시코 달력의 주인공은 우리민족**

독자들은 토날보활리 달력이 음력과 근본 체제가 같다는 것을 알았을 것이다. 그런데 혹시 독자들 가운데 '음력을 만든 것은 중국이었으니, 혹시 중국인이 아메리카로 건너가면서 가져간 것은 아닐까 혹은 우리 선조들이 중국 달력을 가져간 것이 아닐까?' 하고 의문을 품을 분들이 있을지 모르겠다.

이런 의문에 대한 필자의 대답은 '아니다'이다. 문화 전파에는 변하지 않는 한 가지 진리가 있다. 어떤 민족의 문화가 다른 민족에게 전파되면 그 문화의 본질과 관련된 '말', 즉 '용어'도 반드시 함께 전해지는 법이다. 예를 들어, 자동차가 미국으로부터 우리나라에 들어오면서 '트럭, 엔진, 핸들, 빵구' 등과 같은 영어 용어도 함께 들어왔다. 이와 마찬가지로 아메리카의 달력이 원래 중국인들이 만들었던 것을 우리 선조들이 가져 간 것이라면, 그 달력의 용어에는 반드시 중국 한자어가 나와야 한다. 만약 중국인이 직접 가져갔다면 한자 용어가 더 많이 나와야 할 것이다.

그러나 멕시코나 마야의 달력에는 중국 한자어가 전혀 없다. 멕시코나 마야의 달력에는 현재의 우리가 들어도 금방 이해할 수 있는 매우 많은 우리말이 나온다. 먼저 달력의 명칭인 토날보활리(Tonalpohualli)는 '신성한 날을 보리니'라는 뜻의 우리말이고, 희으보활리(Xiupohualli)는 '해를 보리니'라는 뜻의 우리말이다. 이 두 명칭에 사용된 '날, 희'라는 용어는 오늘날의 우리말 '날, 해'라는 것을 쉽게 이해할 것이다. 또 20일의 각 날의 명칭에 사용된 기호의 이름 가운데는 '꼬아(coa), 과우(guau), 토치(toch), 태팍틀(tepactl)' 등이 있는데, 모두 우리말이다. 꼬아는 '뱀'을 뜻하는데, '뱀이 몸을 꼬는 특징'을 나타내는 우리말 의태어 '꼬아'이고, 과우는 '독수리'를 뜻하는데, '독수리 울음소리'를 나타내는 우리말 의성어이고, 토치는 '토끼'를 뜻하는 우리말 방언이었다. 태팍틀은 '돌칼'을 뜻하는데, 원래 뜻은 '신성한 팍 찍는 틀(도구)'이라는 뜻의 우리말이다.

이렇게 멕시코의 토날보활리 달력은 그 명칭부터 세부적인 각 날의 명칭에 사용된 기호의 명칭까지 한자어가 아니라 우리말을 고스란히 포함하고 있다.

위에서 간단히 예를 든 것 외에도, 날의 기호 명칭 중에는 언어학적 설명을 조금만 더 들으면 그것이 우리말이라는 것을 이해할 수 있는 다른 명칭들이 더 있다.

인류 역사가 시작된 이래, 문화 전파는 항상 언어 전파와 함께 이루어졌다. 멕시코 달력에 포함된 우리말 용어들은 바로 그 달력을 만든 사람들이 우리민족이라는 것을 보여주는 분명한 증거 가운데 하나이다. 더구나 중국의 음력은 달의 공전 주기를 바탕으로 만들어져, 한 달의 길이가 29일~30일이지만, 멕시코의 토날보왈리는 한 달이 20일로 되어 있고, 태양과 연관되어 만들어 진 것이다. 그리고 우리 선조들은 태양신을 믿던 사람들이었다. 우리에게는 선조들이 태양신을 믿었다는 수많은 증거들이 남아있다. 그 가운데 하나가 백제금동대향로이다. (이에 대해서는 다른 책에서 다루도록 하겠다.)

3세기 후반에 집필된 「삼국지」위지동이전에는 부여가 은정월 달에 국가 전체가 하늘에 큰 제사를 지냈는데, 그 제사를 '영고'라고 불렀고, 고구려에는 10월에 그런 제사를 지냈는데, '동맹'이라고 불렀다고 기록되어 있다. 우리민족이 중국으로부터 한자어를 도입하여 사용하기 시작한 시기는 4세기 말이나 5세기 초이므로, 이 기록은 부여-고구려에는 한자 도입 훨씬 이전부터 어떤 달력이 이미 사용되고 있었음을 시사한다. 즉 우리 선조들은 한자를 도입하기 훨씬 이전부터 스스로 창안한 달력을 이미 사용하고 있었고, 그 달력은 음력과는 비슷하면서도 좀 다른 달력이었고, 날짜의 명칭은 한자로 된 것이 아니라 고대 우리말로 된 것이었으며, 이 달력이 민족 대이동으로 아메리카로 전해졌을 것으로 추정해볼 수 있다. 그리고 흥미롭게도 필자의 이러한 주장을 받쳐주는 견해를 밝힌 중국학자가 있다. 중국학자 서량지(徐湸之)는 그의 저서 「중국사전사화(中國史前史話)」에서 중국의 달력은 동이족에서 온 것이라고 밝혔다. 즉 오늘날 우리가 사용하고 있는 음력 달력은 중국인들이 고대 우리 선조들이 만들었던 달력을 모방하여 만들었을 가능성이 많다. 그리고 멕시코-마야 달력으로 보건대, 우리 선조들이 만든 달력은 태양을 기준으로 만든 것일 것이다.

● 천문학과 인디언의 근원

1912년 미국의 인류학계는 당시의 인류학회장 월터 퓨케(Walter Fewkes)를 중심으로 13명의 학자들이 '아메리카 인디언의 기원'에 관한 중요한 저서를 공동 출판했다. 그 책에서 아메리카 원주민들의 천문 지식을 연구했던 스탠스베리 하가(Stansbury Hagar)는 다음과 같은 말을 했다.

> 인디언들이 원시시대에 다른 대륙으로부터 이주해 왔지만, 천문학으로 그들의 이주 시기와 장소를 알아낼 수는 없다. 왜냐하면 천문학은 그렇게 이른 시기까지 거슬러 올라갈 수 있는 지식이 아니기 때문이다. 그러나 이동이 늦은 시기에 있었거나 천문학적 전통이 발달한 후에 있었다면 우리는 그 개념

---

5. 안경전역, 「환단고기(보급판)」, 상생출판, 2012, p.345.
6. Fewkes, Walter(1912), 'The problems of the unity or plurality and the probalbe place of origin of the American aborigines', 「American Anthropologist」 Vol. 14, January-March 1912, N° 1, p.44.

을 가지고 그들의 근원지를 추적할 수 있을 것이다.

달력은 천문학과 수학을 바탕으로 만들어졌다. 천문학의 개념이란 곧 달력에 사용된 용어라고 할 수 있다. 천문 지식으로 아메리카 인디언들의 근원지(根源地)를 알 수 있을 것이라는 그의 주장대로, 멕시코의 토날보활리에 사용된 우리말 용어는 그들이 우리민족이라는 것을 분명하게 증명하고 있다. 월터 퓨케를 비롯한 미국 학자들의 주장대로라면 이제 이것만으로도 아메리카 인디언들이 우리민족이라는 것을 전 세계가 받아들여야 할 것이다. 또 우리민족의 이동 시기도, 그들이 지금까지 주장해 온 1만 5천 년 전이 아니라, 천문학이 충분히 발달했던 매우 가까운 시대였다는 필자의 주장도 받아들여야 할 것이다.

1920년대 퓨케나 하가 같은 미국 인류학자들이 중심이 되어, 아메리카 인디언들의 문화는 아메리카에서 독자적으로 발달한 것이지, 동북아에서 건너온 문화가 아니라고 주장하며, 동북아 어떤 민족도 같은 말이나 풍습을 가진 민족이 없는 것이 그 근거라고 했다. 그들의 주장이 오늘까지 이어져, '인디언 문화 독자 발달론'의 뿌리가 되었다.

만약 그들이 필자가 이 책에서 밝힌 내용을 보게 된다면, 멕시코 달력에 사용된 우리말에 대하여, 날짜 명칭을 짓는 방법에서도 음력의 일진과 정확하게 같다는 사실을 알게 된다면, 그들의 이 주장을 되풀이 할 수 있을까?

07.
멕시코에 나타난 우리민족의 의학지식: 침술

● **침술**

◆ **톡과 훕**

오늘날 전 세계 학자들은 멕시코-마야문명의 특징으로 달력, 의술, 0을 포함한 숫자 그리고 그림문자를 꼽는다. 필자는 앞에서 점을 치는데 사용했던 멕시코의 토날보왈리(Tonalpohualli) 달력이 우리가 사용하는 음력 달력 체계와 같다는 것을 설명했다.

달력뿐 아니라 멕시코-마야문명에서 널리 사용되었던, 그리고 지금도 일부 원주민들이 사용하고 있는 전통 의술에도 우리민족의 흔적이 나타난다. 그들의 의술에는 약초를 사용한 것과 침(針)을 사용한 것이 있다. 그들이 약초를 사용한 치료의 기본 원리는 우리가 한약을 다루는 기본 원리와 같고, 침을 이용한 치료 원리도 피를 내고 기(氣)의 흐름을 원활하게 해준다는 우리 침술의 기본 원리와 같다.

아래 사진은 멕시코-마야인들이 과거에 사용하던 침이다. 동물의 가는 뼈나 식물 또는 생선 가시를 침으로 사용했다. 오른쪽 그림은 마야인들이 침을 놓는 모습이다.

멕시코-마야인들이 침으로 사용하던 도구들

침을 놓는 고대 마야인의 모습

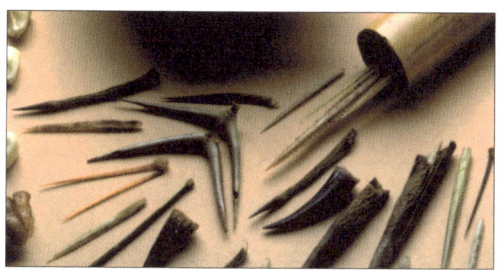

멕시코-마야인들의 침술에는 우리와 마찬가지로 두 가지 치료법이 있었다. 경혈(經穴)을 따라서 침을 놓는 치료법과 통증이 있는 부분의 주위를 얕게 여러 번 찔러서 피를 내는 치료법이 그것이다. 그들은 앞의 경우를 톡(tok)이라고 불렀고, 나중의 경우를 흡(jup)이라고 불렀다.

---

1. 필자는 한국한의학연구원의 안상영박사(선임연구원)를 비롯한 여러 명의 연구원들과 멕시코 원주민이 남긴 한의학적 지식에 대하여 의견을 교환한 적이 있다. 그들의 설명에 따르면, 멕시코 원주민들의 한의학적 치료 지식은 우리의 것과 일치한다. 안상영박사는 '우리 한의학에서 눈병은 열 때문에 비롯되고, 치료는 열을 내려주는 것을 기본으로 한다. 멕시코 원주민들이 눈병에 인간의 똥을 말려 가루를 눈에 뿌려주는 치료법은, 한의학에서 인간 배설물을 가장 찬 물질로 보므로, 기본 치료 개념이 같다'고 예를 들어 설명했다. 그는 또 멕시코 의술에서 '배가 아프면 따뜻하게 해주어야 한다'는 것도 우리 한의학의 기본 치료 개념과 같고, 서양 의학에는 없는 내용이라고 지적했다. 이런 의학 지식의 일치는 민족 일치의 한 증거가 될 수 있다고 했다. (참고: 「Aztec 인디언 약용본초서」, 한국한의학연구원 편저, 2010년)
2. Hernán García, Antonio Sierra & Gilberto Balám(1999), 「Wind in the blood, Mayan healing and Chinese Medicine」, p. 110.

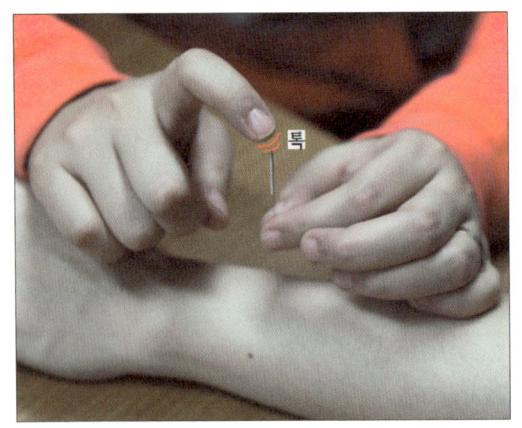

침을 '톡' 치는 모습

침을 놓는 우리의 전통적 방법은 놓을 자리에 침을 살짝 갖다 대고 침의 뒤를 손가락으로 '톡' 치는 것인데, 그러면 적당한 깊이로 침이 꽂혔다. '톡'은 우리말의 의태어(擬態語)로서, 손가락으로 뭔가를 빠르게 살짝 치는 행위를 나타내는 말이다.

언어의 일치는 발음과 뜻의 일치를 의미한다. 멕시코-마야 의술에서 침을 놓을 때 사용하던 톡(tok)이라는 명칭은 우리말의 '톡'과 발음과 뜻에서 정확히 일치한다. '톡'은 우리 선조들이 아메리카로 건너갈 때, 침술과 함께 가져간 우리말이 분명하다.

우리말의 중요한 특징 중 하나는 동물이나 사물의 소리를 흉내 내는 의성어(擬聲語)와 그 움직이는 모습을 나타내는 의태어(擬態語)가 매우 발달했다는 점이다. 예를 들어, '꼬꼬'는 닭이고, '멍멍'은 개이며, '엄매' 하면 송아지를 연상한다. '졸졸' 하면 개울물이 졸졸 흐르는 것을 연상하고, '폭폭' 하면 '연기가 폭폭 솟는다'를 연상한다.

신대륙이 발견되어 스페인인들이 닭을 가져오기 전에는 멕시코에는 닭이 없었지만, 멕시코 고대 문헌에 꼬꼬(coco)라는 새는 '해가 뜨는 것을 알려주는 새'라고 기록되어 있다[3]. '꼬꼬'는 닭을 뜻하는 우리말 의성어이고, 닭은 해가 뜨는 새벽에 반드시 '꼬끼오' 하고 우는 습성이 있는 새이다. 멕시코 원주민들

---

[3] Javier Romero Quiroz, 「El Huehuetl de Malinalco」, UNAM, 1958, p. 37.

은 닭을 본 적도 없으면서 닭의 습성을 정확하게 기록해 놓았는데, 이것도 그들의 조상들로부터 전해 내려오던 지식의 일부일 것이다.

외국어에는 사물의 모양이나 움직임을 흉내 내는 의태어나 소리를 흉내 내는 의성어가 거의 없으며, 드물게 있을 경우에도 우리말과 매우 다르다. 예를 들어, 닭이 우는 소리를 우리는 '꼬꼬/꼬끼오'라고 하지만, 스페인어권 사람들은 '끼끼리끼(quiquiriquí)'라고 하고, 영어권 사람들은 '커커들두(cock-a-doole-doo)'라고 한다. 우리는 '꼬꼬'라는 의성어를 자주 사용하지만, 그들은 '끼끼리끼'나 '커커들두'를 거의 사용하지 않는다. 우리는 개 짖는 소리를 '멍멍'이라고 하지만, 영어권은 '워프(woof)'라고 하고, 스페인어권은 '과우(guau)'라고 하나, 실생활에서는 역시 거의 사용하지 않는다.

전 세계에서 사용되는 언어가 3천 개 이상 되지만, 우리말처럼 의성어와 의태어가 발달한 언어는 없다. 유독 우리말에 의성어나 의태어가 많은 것은 고대 우리 선조들의 말이 아직 제대로 발달하지 못하여 주변의 사물을 지칭하는 명사가 부족하여, 동물의 울음소리를 흉내 내어 표현하거나 사물의 움직이는 모습을 묘사하여 그것을 가리키는 명사 대신에 사용했기 때문이다. 이는 우리민족의 중요한 언어 습관이자 특성이기도 하다[4].

멕시코-마야 침술에서 훕(jup)은 아픈 곳을 중심으로 약간 넓은 부위에 여러 번 침을 놓되, 덜 깊게 놓아서 해로운 피를 빼주는 침술이다. 우리도 아직까지 소위 '죽은 피'가 있는 곳에는 '피를 빼주기' 위해서 이런 식으로 침을 놓는

---

4. 우리 국어는 다른 외국어에 비하여 모음이 유달리 발달하여 종류가 많다. 모음 발달의 동기가 동물의 소리를 흉내 내던 습관에서 비롯되었을 수 있다.

다. 우리말에서 '훕'은 의성어(擬聲語)이고, 아픈 부위에서 피를 뽑아내 주기 위하여 입으로 빨 때 나는 소리이다. 비교적 최근까지도 아픈 부위의 피를 뽑아낼 때, 우리 선조들은 입으로 빨아내었다. 마야 침술의 훕(jup)이 바로 우리말 의성어 '훕'과 발음과 뜻에서 일치한다.

멕시코-마야인의 침술이 우리 선조들의 것이고, 우리 선조들이 아메리카로 이동하면서 가져간 의학지식이라는 것을 증명하는 증거로서, 톡(tok)과 훕(jup)이라는 의태어와 의성어가 우리말이라는 사실뿐 아니라, 침을 놓는 자리, 즉 경혈(經穴)이 우리 한의학의 경혈과 정확하게 일치한다는 점도 있다.

◆ 경혈(經穴)의 일치

침술에서 침은 신체의 아무 곳에나 놓는 것이 아니라 침을 놓는 자리가 정해져 있다. 그 자리를 '(경)혈'이라고 부른다. 멕시코-마야 침술에도 경혈자리가 있었다. 현대 동양의 침술에 따르면 우리 몸에는 약 2천 개의 경혈 자리가 있지만, 멕시코-마야 침술에는 약 50여 개가 있다.

경혈은 눈에 보이지 않는다. 서양 의학은 경혈을 아예 모르고 그에 대한 개념조차도 없다. 경혈은 혈관과 다르다. 침술은 인간 몸에는 피가 아닌, 눈에 보이지 않는 기(氣)라는 생명의 기운이 흐르고 있으며, 이것이 원활하게 흘러야 건강하다는 정신적 의술을 바탕으로 한다. 기(氣)가 원활하게 흐르지 못하고 막히면 병이 생기고, 그 병을 고치기 위해서는 기(氣)가 모이는 자리에 침을 놓아 자극해 줌으로써, 막힌 기(氣)의 흐름을 뚫어주어야 한다는 의술이다.

동양의 침술은 이렇게 눈에 보이지 않는 기(氣)가 우리 몸속에 흐르고 있고, 경혈(經穴)이라는 신체의 중요 부위에 모이기도 한다는 고도의 정신적 깨달음을 바탕으로 한다. 침술의 핵심은 눈에 보이지 않는 경혈 자리를 정확하게 찾는데 있다. 그런데, 현대 서양의학에서조차 모르는 경혈 자리와 그것을 이용한 치료 원리를 고대 멕시코-마야 침술에서 정확히 알고 있었고, 그들의 경혈 자리가 중국과 우리나라가 오늘날 사용하고 있는 침술의 경혈 자리와 정확하게 일치하고 있다면, 우리는 이러한 불가사의(不可思議)한 일치를, '우리민족이 이동했다'라는 설명 외에, 어떤 방법으로 설명할 수 있을까?

아래는 팔과 다리에 표시된 멕시코-마야 침술의 경혈 자리와 우리나라 침술의 경혈 자리를 비교한 것이다[5]. 팔과 다리의 중요한 경혈 자리(굵은 점)가 정확하게 일치한다는 것을 한눈에 확인할 수 있다.

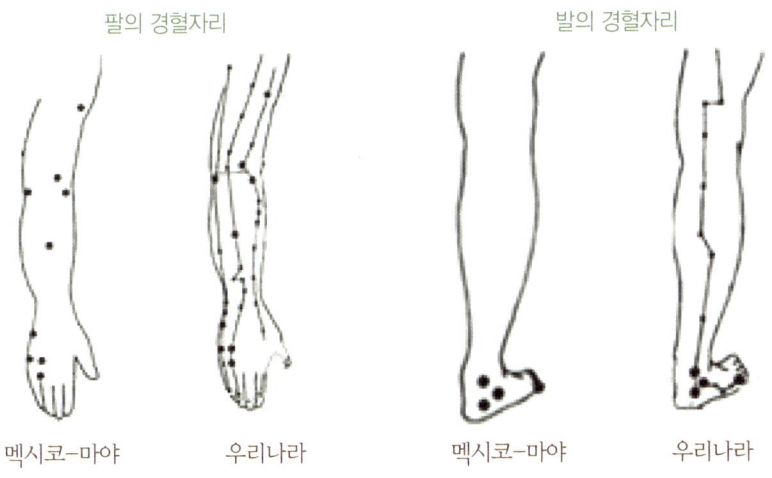

팔의 경혈자리   발의 경혈자리

멕시코-마야   우리나라   멕시코-마야   우리나라

5. Hernán García, Antonio Sierra & Gilberto Balám(1999), 같은 책, p. 124~125.

팔과 다리의 혈 자리 비교에서, 우리의 혈 자리가 더 많은데(작은 점까지 포함), 그 이유는 우리의 침술이 시간이 지나면서 더욱 발전하여 더 많은 경혈을 찾아내었기 때문이다. 이것은 침술이 발전하여 작은 점으로 표시된 혈 자리까지 알기 전에 우리 선조들이 아메리카로 건너갔음을 뜻한다.

먼저 팔의 경혈 비교에서, 손등의 네 개의 혈, 손목에서 위로 올라간 곳의 한 개의 혈, 팔꿈치의 한 개 혈과 팔이 접히는 부분의 두 개의 혈, 그리고 어깨 바로 아래의 한 개의 혈 자리가 정확하게 일치한다. 발의 경우에도 발뒤꿈치의 세 개의 혈 자리가 정확하게 일치한다. 양쪽 모두 새끼발가락에도 경혈 자리가 있다고 표시되어 있는데, 이 혈 자리는 지음혈(至陰穴)이라고 하며, 산모(産母)에게 매우 중요한 곳이다. 지음혈은 산모가 아기를 낳을 때, 태아가 거꾸로 있거나 난산(難産)을 겪으면 이 자리에 침을 놓거나 뜸을 떠 자극을 주면 태아가 바로 서게 되고 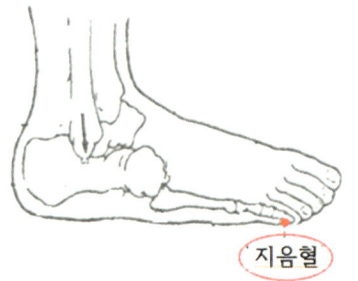 순산(順産)하게 되는 혈 자리로서, 임신초기에 침을 놓으면 유산(流産)의 위험이 있는 곳이다.

멕시코-마야 침술에서도 정확하게 지음혈을 표시하고, 그 효능이 우리의 지음혈과 같다는 것을 아래와 같이 설명하고 있다[6].

---

6. Hernán García, Antonio Sierra & Gilberto Balám(1999), 같은 책, p. XXIX.

A Mayan midwife might use a hot plaster placed on the little toe to stimulate uterine contractions and facilitate birth."
마야의 산파들은 회반죽을 뜨겁게 하여 (산모의) 새끼발가락에 발랐는데, 자궁의 수축운동을 자극하여 출산을 순조롭게 해주기 위함이었다.

산모가 애기를 출산할 때, 순산하도록 하기 위해서 새끼발가락에 뜨거운 회반죽을 발랐다는 것은 바로 그곳에 뜸을 떴다는 것을 의미한다. 아이가 태어날 때, 산모는 배에 통증을 느낀다. 따라서 배를 어루만져 준다든가, 배에 뜸을 뜬다든가 하는 생각은 할 수 있지만, 배에서 멀리 떨어져 있어 배의 통증과는 전혀 상관이 없는 새끼발가락에 자극을 주어야 한다는 지식은 매우 특별한 것이라고 보아야 한다. 이러한 지식은 우연히 얻을 수 있는 것이 아니라, 침술이 고도로 발달하여, 눈에 보이지 않는 경혈 자리를 깨닫고 그 효능을 알아야만 도달할 수 있는 지식이다.

멕시코-마야 침술과 우리 침술은 아기를 순산(順産)하기 위해 새끼발가락을 뜨겁게 자극해주어야 한다고 똑같이 말하고 있다. 이것이 우연일까? 서양 의학에서도 생각하지 못한, 신기(神技)에 가까운 이 지식이, 태평양을 사이에 두고 1950년대까지도 교류가 전혀 없던 두 지역 사람들이 공유하고 있었다. 의복과 상투가 같고, 온갖 풍습과 그 풍습에 사용되는 용어도 같고, 달력의 기본 원리도 같고, 전통 신앙도 같고, 윷과 공기놀이를 비롯한 놀이도 같고, 사용하다 남겨놓은 유물도 거의 같고, 천문학을 바탕으로 만든 달력에 사용한 용어도 같고, 이제 침술도 같다. 이것을 우연으로 치부하고 연구를 외면할 수 있는 학자가 과연 있겠는가?

● 침술은 우리 선조들이 창안했다.

여기서 필자는 한 가지 중요한 사실을 말하지 않을 수 없다. 침술을 최초로 창안한 민족이 누구인가 하는 문제이다. 문화는 주변 민족과 교류하면서 퍼지기 마련이다. 좋고 유익한 문화는 빠르게 주변 민족에게 퍼진다. 문화 전파에는 한 가지 불변의 진리가 있다. 문화가 퍼질 때에는 항상 그 '명칭'이 함께 퍼진다는 사실이다. 예를 들어, '태권도'가 세계로 퍼져나가면서 '태권도'라는 명칭도 함께 퍼졌다. 스페인에서도 '태권도'라고 하고, 미국에서도 '태권도'라고 한다. 컴퓨터는 미국에서 발명되어 전 세계에 퍼졌기에, 그 명칭인 '컴퓨터'가 전 세계 모든 나라의 공용어가 되었다.

이 진리를 고대의 침술에 적용해 보자. 만약 침술이 중국에서 시작되었고, 우리 선조들이 그것을 배운 것이었다면, 아메리카로 건너간 우리 선조들은 '톡'이라고 하지 않고, 중국어 명칭을 그대로 받아 들여서 '침(針)'이라고 했을 것이다. 생활이 단순했고 지식도 부족했으며, 그에 따라서 사용하던 어휘(語彙)도 부족했던 그 시대에 '침'이라는 명칭을 받아들이지 않고, 우리만의 '톡'이라는 용어를 새롭게 만들어 사용했을 리 없다. 더구나 혈 자리에 놓는 침과 아픈 부위의 피를 빼기 위한 침을, 중국 한자어로는 모두 침(針)이라고 하지만, 멕시코-마야 원주민들은 '톡'과 '흡'으로 구별하여 우리말로 불렀다는 사실은 침술 자체가 우리 선조들에 의하여 처음 창안된 의술이라는 것을 뜻한다. 중국은 우리 선조들로부터 침술을 전해 받았고, 마침 그들은 '바늘 침(針)'이라는 글자가 있었으므로, 기록하기에 편리한 이 글자를 사용했을 것이다. 그리고 중국의 한자가 우리민족에게 대거 유입되어 널리 사용되면서 '침'이라는 한자도 우리 선조들이 널리 사용하게 되었고, 그에 따라서 민족 고유의 명칭인 '톡'과 '흡'이라는 말이 사라졌을 것이다. 이것은 순우리말 '가람'과 '뫼/태백'이 한자 '강(江)'과 '산(山)'이 널리 사용되면서 점점 덜 사용되다가 마침내 사어(死語)가 되어 사라져 버린 것과 같다.

문화 전파는 그 내용과 명칭이 함께 전파된다는 진리에서 보면, 멕시코-마야 원주민들이 순우리말 용어를 사용한다는 사실로 볼 때, 침술은 분명히 우리 선조들이 처음 창안한 의술이다. 중국인이 배워 간 것이다. 필자의 이 생각을 받쳐주는 문헌적 증거가 있다. 바로 기원전에 편찬된 중국의 고대문헌「황제내경(黃帝內經)」이다. 이 책에는 침술에 관한 최초의 기록이 나오는데, 그 내용에는 "침은 동쪽에서 왔다. 동쪽 바닷가 사람들이 몸에서 피를 내기 위해서 돌로 만든 침을 사용했다"는 기록이 있다. 고대 중국인들은 황하(黃河)강 중상류에

---

7. 침술이 원래 우리 선조들이 처음 시작했다는「황제내경」의 기록은 다음과 같다. 《황제내경 소문/제12편 이법방의론》: 故東方之域, 天地之所始生也, 魚鹽之地, 海濱傍水, 其民食魚而嗜鹹, 皆安其處, 美其食. 魚者使人熱中, 鹽者勝血, 故其民皆黑色疎理, 其病皆爲癰瘍, 其治宜砭石 故砭石者, 亦從東方來.
"옛날 동쪽 지역, 천지가 시작되는 곳에, 물고기와 소금이 생산되는 땅이 있었다. 바닷가라서 물이 주변에 있고 거기 사는 사람들은 물고기와 짠 음식을 많이 먹었다. 모든 것이 평안하던 그곳에서는 음식을 맛있게 만들어 먹었다. (그런데) 물고기는 몸속에서 열을 나게 하고, 소금은 피를 들끓게 하였으므로, 그곳 사람들은 전부 피부색이 검고 땀구멍이 성글었으며, 그 병으로 (몸에는) 손에 잡히는 종기가 생겼는데, 그 치료를 폄석이라는 침을 사용했다. 그러므로 침은 역시 동쪽에서 전해온 것이다." 폄석(砭石)은 돌로 만든 침을 뜻한다. 멕시코-마야에서는 흑요석이라는 돌을 깨어 날카로운 칼과 침을 만들어 사용했다. 흑요석은

살았고, 하류인 동쪽 지역, 즉 발해만과 산동반도에는 동이(東夷)족이 살고 있었다. '동이'라는 명칭은 '동쪽에 사는 오랑캐'라는 뜻으로서, 기원전 중국인들이 우리 선조들을 부르던 호칭이었다. 그 당시에 우리 선조들은 요동과 요서뿐 아니라 발해만 유역과 산동반도까지 퍼져 살았다.

여기서 독자들이 반드시 알아야 할 사항이 있다. 오늘날의 전 세계 대부분의 사람들, 심지어는 우리나라 사람들마저도 침술을 중국의 것으로 잘못 알고 있다는 것이다. 미국이나 멕시코 학자들도 멕시코-마야 침술이 중국의 침술과 비슷하다고 잘못 알고 있고, 그에 따라서 마야문명이 중국 고대 문명과 연관된 것이 아닐까 추정하기도 한다. 일부 중국학자들은, 침술뿐 아니라, 발이 세 개 달린 삼족기도 중국에서 유래한 것이라고 하면서 멕시코-마야 문명이 남긴 삼족기를 근거로, 자기들 선조가 넘어가 건설한 문명이라고 주장하고 있다.

우리 선조들이 만주대평원을 숙신족의 후예들에게 넘겨주고 떠남으로써, 그 땅에 남겨진 우리민족 고유의 전통과 지식과 역사마저도 그들은 자기들 것이라고 오늘날 주장하고 있다. 문자가 없던 우리 선조들이 민족 고유의 문화와 지식을 글자로 전하지 못한 아픔이 오늘날 중국 동북공정의 빌미가 되어 버렸다. 기원전 아득한 시대부터 기원후 10세기까지 우리민족의 근거지였던 만주대평원을 잃어버린 상처가, 오늘날의 우리들에게는 '기억상실증'이라는 병이

화산지대에서만 나는 옥으로서 매우 단단하고, 깨면 매우 날카로운 날이 생긴다. 동북아에서 흑요석이 생산된 지역은 백두산이었다. 백두산은 고대부터 우리민족의 영토였다.

8. 예를 들어, 1993년 중국 북경의 사회과학출판사에서 발간된, 장저체(蔣祖棣)의 박사학위 논문 「瑪雅与古代中國(마야여고대중국),에서 마야의 토기 일부가 중국의 것과 비슷하다는 이유로 '마야는 고대 중국의 문명'이라고 주장하고 있다.

되어, 우리민족 고유의 문화와 지식과 신앙마저 중국 것으로 잘못 알게 했다. 이런 식으로 잃어버리고 빼앗긴 우리의 역사, 문화, 전통이 비단 침술뿐이겠는가!

하늘의 안배일까? 유달리 현기(賢氣) 넘치던 위대했던 우리 선조들이 남긴 후세를 위한 긴 안목 덕일까? 이제 아메리카로 건너간 우리민족의 자취를 발견하게 되었고, 선조들이 남긴 숭고한 문화유산 속에서 민족의 기억상실증을 치료할 명약(名藥)을 발견하게 되었다. 이것으로 우리는 아메리카로 건너가 수많은 나라의 주인공이 되어 살고 있는 형제들을 되찾아, 다시 하나로 회복하고 잃어버린 선조들의 위대한 문명을 '고리/코리'라는 이름으로 되찾아 세계만방에 새롭게 알려야 때가 왔다.

08.
멕시코 국명과 우리민족의 고대 신앙 풍습

● **멕시코 국명의 역사적 유래**

　신대륙의 발견으로 오늘날의 멕시코에 도착한 스페인 사람들은 스스로를 아스태가(Azteca) 또는 맥이(Méxi)라고 부르는 원주민들이 매우 높은 문명을 이루며 살고 있는 모습을 발견하고서 충격을 받았다. 그들은 무당이면서 동시에 왕인 최고 지배자를 정점으로, 매우 체계적인 신분조직과 행정조직을 갖추고 있었고, 아이들을 교육하기 위한 교육기관까지 갖추고 있었을 뿐만 아니라, 그 교육기관도 귀족 자식을 위한 것과 평민을 위한 것으로 구별까지 하고 있었음을 알고 또 한 번 놀랐다. 그 당시의 아스태가제국은 많은 주변 지역을 점령하여 속국으로 삼고, 일부 속국에는 왕족을 통치자로 파견했으며, 매년 두 차례씩 공물을 받고 있는 대제국으로서의 지배 체제를 갖추고 있었던 것이다.

　오늘날 멕시코(México)의 국명은 '맥이곳'이라는 원주민 말에서 유래했다. 이 말은 '맥이가 사는 곳'이라는 뜻이라고, 아스태가제국의 역사를 기록했던 16

세기 신부 환 토바르(Juan de Tovar)가 그의 책에 기록하고 있다[1]. 맥이족의 이야기에 따르면 그들 스스로를 '아스태가(azteca)'라고도 하는 이유는 그들의 조상들이 원래 아스땅(aztlán)에 살던 사람들이었기 때문이라고 했다. 또 아스(az)는 '하얀, 흰'을 뜻하고 태가(teca)는 '사람'을 뜻하여, 아스태가는 '백의민족'을 뜻한다고 했다. 독자들은 우리 선조들이 원래 흰색을 숭상하여, '백의민족'이라고 불렸다는 것을 기억하기 바란다.

오늘날 우리가 말하는 '멕시코'라는 국명은 영어식 발음이다. 멕시코인들은 아무도 '멕시코'라고 하지 않는다. 그들은 '매히고'라고 한다. (이 발음을 받침소리가 있는 원주민의 원래 말로 복원하면 '맥이고' 혹은 '맿이고'가 된다.) 이 명칭이 오늘날 멕시코의 국명이 된 유래는 다음과 같다. 1492년 신대륙이 발견되고, 1521년 아스태가제국이 정복당한 이후 300여 년 동안 그 땅은 '뉴 스페인'으로 불리면서, 스페인의 식민지로 살았다. 그런데, 1803년부터 유럽 정복 전쟁을 시작한 나폴레옹은 스페인도 점령하였고, 그 결과 스페인 왕실의 권위는 땅에 떨어져 아메리카 식민지에 대한 지배력이 매우 약화되었다. 이 시기를 틈타, 멕시코로 건너와 뿌리를 내린 지 이미 200~300여 년이 된 스페인의 후예들은 원주민들과의 사이에서 태어난 혼혈들과 힘을 합쳐서 스페인 왕실에 반기를 들기 시작했다. 1810년 미겔 이달고(Miguel Hidalgo) 신부의 주도하에 시작된 독립운동은 1821년 마침내 멕시코 독립을 쟁취하는데 성공했다.

건국 과정에서 독립된 나라의 명칭을 정할 때, 스페인 왕실의 지배로부터

---

1. Tovar, Juan de(2001), 「Historia y creencia de los indios de México」, 16세기 말 문헌, Edición de José J. Fuente del Pilar, Miraguano Ediciones, p. 84: 환 토바르는 스페인 정복자인 아버지와 원주민 여인 사이에 1543년에 태어났으며, 16세기 멕시코의 '키케로'라고 불릴 정도로 학식이 높았다.

완전히 벗어난 독립국가로서의 위상을 높이고, 300여 년이라는 긴 시간이 흐르는 동안 이미 인구의 대다수를 차지하게 된 혼혈인들의 지지를 얻기 위하여, 신대륙 발견 이전에 독립국가로 존재했던 원주민 왕국의 명칭인 '맥이곳'을 국명(國名)으로 하자는 의견이 대두되었다. 이 명칭은 스페인으로부터의 '독립' 이미지를 알리기에 알맞고, 멕시코에 원래 살던 원주민들의 '유구한 역사와 문화'를 계승한다는 의미도 있어, 국가명칭으로 채택되었고, 그렇게 해서 오늘날 멕시코가 탄생되었다.

신대륙 발견 당시에, 오늘날의 멕시코 중심부를 지배하던 종족은 아스태카(Azteca)였고, 그들 중에 핵심 귀족들이 살던 곳을 그들은 태노치티땅(Tenochtitlán)이라고도 하고, 맥이고(México)라고도 불렀다. 태노치티땅은 '신성한 나의 사람의 땅'을 뜻하고, 맥이고는 '맥이가 사는 곳'이라는 뜻의 우리말이었다.

◆ '맥이(Mexi)'의 역사적 유래

아스태가의 역사에 따르면, 그들이 처음에는 스스로를 아스태가라고 부르다가 나중에 맥이(Méxi)라고 하기 시작한 유래는 다음과 같다. 문자가 없던 아스태가인들은 그들의 역사를 그림책으로 남겼는데, 그 책들에 남겨진 그림과

---

2. 「아스카티땅 고문헌(Códice de Azcatitlán)」, 「오빈 고문헌(Códice de Aubin)」이나 「보투리니 고문헌(Códice de Boturini)」 등을 말한다. 멕시코 역사에 관한 원래 문헌들은 그림책으로서, 대부분이 제목이 없었다. 책 제목은 16세기 이후에 그 문헌들을 수집한 사람들의 이름을 따서 지었다. 오빈 고문헌은 그 문헌을 수집했던 '오빈'이라는 사람의 이름이고, 보투리니 고문헌도 역시 '보투리니'라는 사람의 이름을 따서 지은 제목이다.

원주민 노인들의 설명에 따르면 아스태가인들은 원래 아스땅(Aztlan/아스뜰란)에 살았고, 무당 기질(Huitzil)의 선동으로 기원후 820년경 새로운 땅을 찾아서 그곳을 떠났다고 한다. 기질은 태자귀-들(Tetzahui-tl)이라는 새(鳥)를 신(神)으로 모시던 무당이었다 . 그는 어느 날부터 "신이 우리들에게 살기 좋은 새로운 땅을 주겠다고 약속했다. 모두 떠나자"고 외치며 선동했고, 아스땅에 살던 여러 씨족 마을 사람들이 집단적으로 그를 따라나섰다. 아스땅을 떠난 그들이 제일 먼저 도착한 곳은 고리(coli/colli)족이 사는 땅이었다 . 고리족은 태양신을 믿던 사람들이었다. 아스태가인들이 고리족이 살던 땅에서 잠시 머물다가 다시 떠날 때, 그 주변에 살던 8개 고리족 집단들이 함께 떠나겠다고 따라 나섰다. 그래서 고리족들과 어느 지역까지는 함께 이동했지만, 그곳에서 그들과 헤어진 후에 아스태가인들은 어느 곳으로 가서 처음으로 사람을 신(神)에게 바치는 인신공양으로 제사를 올렸고, '아스태가'라는 명칭보다는 '맥이(Mexi)'라는

---

3. 아스땅(Aztlan)을 오늘날 멕시코 사람들은 '아스뜰란'이라고 발음한다. 그러나 이 지명은 원래 T 다음에 L 소리가 없었다. 그래서 원래는 Aztán이었고, 발음도 '아스땅'이었다. 아스뜰란으로 변한 시기는 스페인인들이 정복전쟁을 벌이면서 여러 종족들이 이리저리 집단적으로 피해 다니는 와중에 생긴 '언어혼란' 때문이었다.

4. 스페인어 발음에서 'hui'는 원래 '휘/위'로 발음한다. 그러나 필자는 여기서 '귀/기'로 발음했다. 즉 Tetza-huitl을 '태자위들'이라고 하지 않고 '태자귀들'이라고 읽고, Huitzil을 '위질/휘질'이라고 읽지 않고 '기질'이라고 읽었다. 이유는 아메리카 인디언어 대가였던 스와데쉬(Mauricio Swadesh)에 따르면 '-hui-'는 '귀, 기'로 발음해야 한다고 했기 때문이다. (참고: Mauricio Swadesh(1960), 「Estudios sobre Lengua y Cultura」, 『Acta anthropologica 2a, Epoca II2』, Instituto Nacional de Antropología e Historia, Comite editorialAura Marina Arriola외 6명, 1960, p.52./ 손성태, '멕시코에 나타난 우리민족의 언어', 「언어학」 제19호, 2011년 가을, p.202.)

5. 멕시코 고대 문헌에서는 골화(Colhua)족이라고 나온다. 그런데 '고리(coli)족'이라고 한 이유는 멕시코에서 이미 '골화=고리'라고 해석하고 있고, 우리 역사에서는 '고리'라는 명칭을 사용하기 때문이다. 우리말 고어에서도 '화=리'였다. 보다 자세한 것은 '언어편'에서 설명하기로 한다. (참고: 손성태, '아스텍의 역사 제도 풍습 및 지명에 나타나는 우리말 연구', 「스페인·라틴아메리카 연구」 제2권, 고대 스페인·라틴아메리카 연구소, 2009.)

명칭을 주로 사용하기 시작했다고 한다[6].

이와 같은 역사를 그들은 그림으로 남겼다. 정복되기 이전에 그린 원본은 매우 정교하고 다양한 물감으로 색칠까지 한 그림이지만, 정복당한 이후에 그려진 것은 색칠도 하지 않고 연필로 스케치하듯이 그린 것들이다. 아래 두 그림으로 정복 이전에 그린 것과 이후에 그린 것을 대조해 볼 수 있다. 대부분의 원본은 정복 전쟁 와중에 불태워지거나 파괴되어 없어져버렸다.

정복 이전에 그려진 그림   정복 이후에 그려진 그림

아스태가제국이 정복당한 지 20여 년도 지나지 않은 1530년대에 그려진 「보투리니 고문헌(Códice de Boturini)」은 아스태가인들이 820년경 처음 아스땅을 떠날 때부터 거의 500여 년을 유랑생활하며 아메리카 땅 여러 곳을 떠돌다 마침내 고리족(골화족)을 만나서 함께 살게 되는 13세기 말까지의 역사를 22장의 그림으로 간략하게 그려둔 역사서이다. 그리고 정복당한 지 100여 년이 지난 후에 그려진 「아스가티땅 고문헌(Códice de Azcatitlán)」은 아스땅을 떠날 때부터

---

6. Eduard Seler, 「Collected works in Mesoamerican Linguistics and Archaeology」, vol. 2, 1990, p.21.

아스태가제국을 건설하여 살다가 스페인에게 멸망당하던 1521년경까지의 역사를 그려둔 문헌이다. 아래는 이 두 문헌의 첫 장에 그려진 것으로, 맥이족의 조상들이 살던 아스땅(Aztlán)을 떠날 때의 모습이다.

(1) 아스땅에 살다가 고리족 땅으로 떠남

「보투리니 고문헌」의 아스땅 출발

「아스가티땅 고문헌」의 아스땅 출발

08. 멕시코 국명과 우리민족의 고대 신앙 풍습　263

이 두 그림에는 아스태가인들의 역사에 대한 여러 가지 중요한 정보가 실려 있다. 각 그림 왼쪽에 아스태가인들이 원래 살던 아스땅의 모습이 나오는데, 위가 평평한 피라밋이 있고, 그 피라밋 위에는 신(神)과 관계된 어떤 시설이 그려져 있다. 아스땅을 떠날 때 배를 타고 떠나고 있으며, 「보투리니 고문헌」에는 발자국이 그려져 있는데, 이것은 '걸어서 이동했음'을 나타낸다. 처음으로 도착한 곳이 고리족 땅이라는 것을 그림 오른쪽 윗부분에 위가 휘어진 '고리 문양'의 그림으로 표현했다(붉은 원안). 저렇게 휘어진 물건을 우리말로 '고리'라고 하는데, 그들도 '고리'라고 했음을 저렇게 그림으로 표현했다.

여기서 배를 타고 떠나는 장면이 문제가 되는데, 이것은 이야기의 순서가 뒤바뀌어 생긴 오류이다. 아스태가인들은 820년경 아스땅을 떠난 뒤, 1325년 나라를 건국할 때까지 약 500여 년 동안 방랑생활을 하면서 북미 대륙을 떠돌아 다녔고, 그동안 그들의 역사는 입에서 입으로 전해졌는데, 그 과정에서 많은 이야기가 잊혀지기도 했고, 일부 이야기는 순서가 뒤바뀐 경우도 생겼다. 그런 경우의 대표적인 예로, 그들이 걸어서 고리족 땅에 도착했던 이야기와 캄차카반도에서 배를 타고 알류산열도를 통해 바다를 건넜던 이야기의 순서가 바뀌어 버렸다. 그들이 마침내 나라를 건국하고 그들의 역사를 그림책으로 정리하여 기록할 때는, 아스땅이 어딘지 어디서 선조들이 바다를 건넜는지도 다 잊어버린 채, 위와 같이 뒤섞인 이야기를 기억하여 그림으로 그려 남겼던 것이다. 그리고 그 그림문헌의 원본마저도 전쟁 중에 불태워지거나 파괴되어 버렸고, 나중에 누군가에 의하여 이 두 문헌과 같은 필사본이 다시 그려졌던 것이다. 아스태가제국을 정복했던 스페인 사람들은 그들이 바다를 건너왔다는 전설을 '지어낸 이야기'로 치부하고 아예 믿지 않았다.

독자들은 3세기 후반에 쓰인 「삼국지」위지동이전 부여편에 북부여를 '고리(高離)'라고 기록하고 있고, 북부여에서 동부여가 나오고, 동부여에서 주몽의 고구려가 시작되었다는 것을 기억하기 바란다. 이 기록에 따르면 만주에 살았던 부여-고구려계 우리 선조들은 '고리족'이었다.

그리고 지정학적으로 볼 때, 요동·요서에 살던 고조선의 후예 맥이족이 고리족이 살던 만주로 이동할 때, 배를 타고 갈 곳은 없다. 그들은 걸어서 북쪽으로 이동하면 바로 만주에 도착할 수 있었다. 그들이 배를 타야 했던 곳은 바다를 건너 아메리카대륙으로 이동할 때였고, 그들의 역사서에 배를 탔던 곳은 '섬들이 징검다

리처럼 놓여 있는 곳으로, 그 섬들로 인하여 바다가 둘로 갈라져 있는 곳'이라고 했다. 따라서 그들이 배를 탔던 곳은 오늘날 러시아 캄차카반도였고, 섬이 징검다리처럼 놓인 곳은 알류산열도이다. 여기까지의 이야기를 종합하면, 맥이족은 걸어서 만주에 도착했고, 그 후에 더욱 북쪽으로 이동하여 캄차카반도에 도착하여, 배를 타고 바다를 건너 비로소 아메리카대륙에 도착했던 것이다.

우리민족은 기원 오래전부터 기원후 3세기까지 위가 평평한 피라밋 수만 기를 만주대평원에 건축했다. 고구려의 중심지 중의 한 곳이었던, 압록강 건너편 길림성 집안(集安) 주변 지역만 해도 무려 1만 기 이상의 피라밋이 있다고 알려

져 있다. 가장 늦게 건축된 피라밋이 집안에 있는 장군총이다. 장군총도 위가 평평하고, 평평한 위에는 옛날에 어떤 구조물이 설치되어 있었던 흔적이 남아 있다. 고고학계에서도 어떤 신전 같은 것이 설치되어 있었던 흔적으로 추정하고 있다. 아래는 장군총과 그것을 위에서 내려다 본 조감도이다. 조감도의 가운데 부분에 어떤 시설이 그곳에 설치되어 있었던 흔적이 사각형으로 남아 있다 (붉은 원안)

장군총

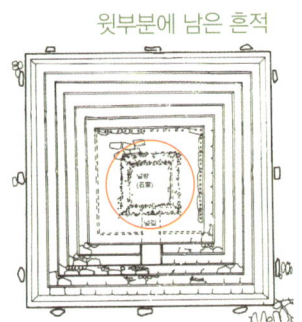
윗부분에 남은 흔적

그런데 위에서 본 「보투리니 고문헌」과 「아스가티땅 고문헌」에 그려진 아스땅에 있다는 피라밋에는, 그 위에 아래와 같은 신전의 모습이 분명하게 그려져 있다.

보투리니 고문헌의 피라밋

아스가티땅 고문헌의 피라밋

우리 선조들은 만주대평원 곳곳에 수만 기의 피라밋을 건축하고서, 그것을 무엇이라고 불렀을까? 무엇이라고 불렀는지 알 길이 없어서, 오늘날 고고학자들은 '돌을 쌓아 놓은 이름 모를 무덤'이라는 뜻으로 적석총(積石冢)이라고 부르기도 하고, 순우리말로 '돌무지무덤'이라고 부르기도 한다. 그런데 멕시코의 아스태가인들은 피라밋을 태백(tepec)이라고 불렀고. 산도 태백이라고 불렀다.

「보투리니 고문헌」의 두 번째 그림에는 맥이족이 고리족 땅에 도착하여 잠시 머문 후에 다시 떠날 때, 그곳에 살던 8개 고리족 씨족 집단이 함께 가겠다고 따라나섰던 역사를 전하고 있다.

(2) 따라나선 8개 고리족 집단

이 그림에서 왼쪽에 모양이 같은 8개 그림이 있고, 이 그림과 사람 사이에

모양이 서로 다른 8개의 그림이 그려져 있다. 모양이 같은 8개 그림은 '집'을 상징하는 기호이고(첫 번째 붉은 원안), 그 앞에 그려진 모양이 다른 8개 그림은 8개 씨족을 구별하는 기호이다(두 번째 붉은 원안). 그 기호들 중에는 그물망, 활과 화살, 물 등을 나타내는 그림들이 있는데, 각각 물고기를 잡아먹고 살던 씨족, 사냥으로 먹고 살던 씨족, 그리고 강가나 호숫가에 살던 씨족 등을 나타내는 것으로 보인다. 이 기호들 앞에 그려진 사람들은 8개 씨족을 대표하는 자들로서, 앞서 가는 네 사람을 따라가는 모습이다. 맨 앞에 걸어가는 네 명은 이 집단을 이끌고 가는 아스태가 지도자들, 즉 맥이족 무당들로서, 그림 전체가 뜻하는 바는 8개 씨족들이 그들을 따라 나섰다는 것을 의미한다. 그리고 (1)번 그림과 연결시키면, 8개 씨족들은 고리족 땅에서 만난 사람들이라는 것을 의미한다. 맨 앞에 가는 네 사람들 중 두 사람의 머리 위에는 '뱀'과 '새머리'가 각각 그려져 있고, 나머지 두 사람의 머리에 그려진 기호는 무엇을 의미하는지 알 수 없다. 여기서의 뱀은 '뱀용'인데, 그 사람은 뱀용을 신으로 모시는 무당이라는 것을 뜻하며, 그 다음 사람은 어떤 새를 신으로 모시는 무당이라

두 사람의 머리 위에 그려진 새와 뱀(확대)

는 것을 뜻한다. 나머지 두 사람도 머리 위의 상징이 뜻하는 대상을 신으로 모시던 무당들이다.

뱀용은 멕시코와 마야문명에서 매우 광범위하게 나오는 신(神)으로서, 꽤잘꼬아들(Quetzalcoatl)이라고 한다. 꽤잘꼬아들은 '꽤(매우) + 잘(잘) + 꼬아(뱀) +

들(들)'로 된 명칭으로서 '매우 잘 꼬는 것들'이라는 뜻의 우리말이다. 특히 '꼬아(coa)'는 멕시코에서 '뱀'이라고 해석하고 있는데, 뱀이 움직이지 않을 때는 몸을 '꼬고 있는' 특징을 나타내는 우리말이다.

여기서 독자들은 한 가지 의문을 가지게 될 것이다. 뱀용은 오늘날 우리나라에 있는 용과 비슷한데, 그렇다면 우리의 용은 중국에서 온 것이 아니란 말인가 하는 의문이다. 결론부터 말하면, 오늘날 우리나라와 중국에 퍼져있는 용은 중국 용과 우리 선조들의 뱀용이 결합된 형태이다. 멕시코로 간 용은 우리 선조들의 순수한 고유 신앙이었던 뱀용이다. 중국 용과 우리 선조들의 뱀용은 매우 중요한 차이점이 있는데, 구체적인 설명은 준비 중인 다른 책에서 다루기로 한다.

멕시코 원주민들은 씨족 집안을 '갈래(calle)' 또는 '갈뿔리(calpulli)'라고 했다. 씨족 집안을 가리키는 순우리말이 '갈래'이다. 우리 선조들은 예전에 '김씨네 갈래, 박씨네 갈래'라는 식으로 말했다. 갈뿔리는 '갈래'와 '뿌리'라는 말이 합성된 말로 보인다.

맥이족과 8개 고리족 씨족 집단은 그 후 함께 이동하여 어느 곳에 도착하였고, 거기서 배를 타고 바다를 건넜다. 17세기 초 원주민 출신 역사가 치말파인(Chimalpain)에 따르면 맥이족의 숫자가 거의 1만 명에 달했다고 한다[7]. 바다를 건너간 후에 그들은 살기 좋은 어느 곳에 도착했고, 거기서 매우 평화롭게 상

---

[7] Chimalpain Cuauhtlehuanitzin, Domingo Francisco de San Anton Muñon, 「Memorial Breve acerca de la Fundación de la ciudad de Culhuacan」, Universidad Nacional Autónoma de México, 1991, p.27. 필자는 '1만 명'이라는 숫자가 맥이족만의 숫자인지 8개 고리족 씨족 집단까지 합친 숫자인지 정확히 판단할 수 없다. 이유는 저자가 '아스땅을 떠날 때'의 숫자라고 했는데, 그들에게 아스땅은 어느 곳에 있는지 이미 잊혀진 지 오래되어, 배를 타고 바다를 건너기 전의 모든 땅을 가리키는 의미로 자주 사용되었기 때문이다.

당한 기간 동안 살았다. 그런데 어느 날 밤 갑자기 맥이족의 지도자 무당이 8개 고리족 씨족 집단에게 "더 이상 따라오지 말라"는 이별을 통보하는 사건이 발생했다. 그 사건을 기록한 것이 보투리니 고문헌의 세 번째 그림이다.

그런데 이 부분은 '맥이'라는 명칭의 역사적 유래와 직접적인 관련이 없다. 그래서 별도 페이지에서 설명하기로 한다.

아스가티땅 고문헌에 그려진 8개 고리족 집단

(3) 맥이족과 고리족의 이별: 보투리니 고문헌의 세 번째 그림[8]

설명의 편이를 위하여 필자가 이 그림을 네 부분으로 나누어 각각 번호를 붙였다.

맥이족과 고리족은 만주대평원에서 만난 후 상당히 긴 기간 동안 함께 생활하며 이동했다. 그들은 북쪽으로 이동하여 캄차카반도에서 배를 타고 알류산열도를 통하여 바다를 건널 때까지도 함께 움직였다. 바다를 건넌 곳이 알류산열도이므로, 이 그림의 사건이 일어난 곳은 그들이 캐나다 서해안을 따라 남쪽으로 이동하다가 멈춘 어느 곳이었을 것이다.

이 그림으로 우리는 맥이족과 고리족이 왜, 그리고 어떻게 이별하게 되었는지 해석해 낼 수 있다. 먼저, 그곳은 먹을 양식이 풍부했던 곳이다. ①번 그림의 다섯 사람 가운데에 음식이 넘칠 정도로 가득 담긴 바구니로 알 수 있다. 그리고 그 옆에 음식을 먹기 위한 상이 보이는데, 이것은 조두(俎豆)일 것이다[9]. ②번에는

조두

---

8. 17세기 초 원주민 출신 역사가인 치말파인(Chimalpain)은 이 사건이 일어난 해를 1008년이라고 했다. Chimalpain Cuauhtlehuanitzin, 「Relaciones Originales de Chalco Amaquemecan」, 1965, p.68.
9. 우리민족은 다른 북방민족과 달리, 음식을 먹을 때 상을 사용했다. 「삼국지」위지동이전에 따르면 부여인들은 '조두(俎豆)'라는 상을 사용했다. 숙신족은 상을 사용하지 않고, 고기를 먹을 때, 그 고기를 발가락 사

매우 큰 나무가 부러져 있고, 그 아래 부리를 벌린 새의 입에 사람 얼굴이 그려져 있고, 그 아래 사각형의 받침돌 같은 것이 그려져 있다. 사람 얼굴은 신(神)을 상징하는 것이고, 굵고 큰 나무는 신목(神木)을 뜻한다. 신목 아래 신의 형상이 평평한 받침돌 위에 있다는 것은 그곳이 신전(神殿)이라는 것을 의미한다. 독자들은 우리나라 시골 마을의 성황당에도 반드시 신목(神木)이 있었고, 신목은 대체로 오래 묵은 큰 나무였다는 것을 기억하기 바란다. 나중에 좀 더 자세히 설명하겠지만, 사람 얼굴은 맥이족의 최고 지도자인 무당 기질로포치들이(Huitzilopochtli)의 얼굴이다. 그는 고리족 땅에 도착했을 때부터 모든 사람들에 의해 신처럼 믿고 받들어졌다. 이곳에 신전까지 세워두고 머물렀다는 것은 일시적으로 머문 것이 아니라 상당히 오랫동안 그곳에서 살았다는 것을 의미한다. 아스태가인들이 남긴 이야기에 따르면, 그들은 아스땅을 떠나 오늘날의 멕시코씨티 지역에 나라를 세우기 전까지 500여 년 동안 곳곳을 떠돌아다니며 수많은 곳에 머묾과 떠남을 반복했는데, 곳에 따라 머무는 기간이 짧게는 몇 달에서 길게는 수십 년으로 달랐다. 이곳에서는 상당히 오랫동안 머물렀던 모양이다.

 그런데 굵고 큰 신목의 중간이 부러져 있다. 갑작스런 변고(變故)가 발생했던 것이다. ①번과 ②번 그림이 전하고자 하는 변고는 다음과 같다: 어느 날 모든 사람들이 풍부한 음식으로 즐겁게 식사를 하고 있는 동안, 신목이 갑자기 부러졌다. 부러진 원인은 알 수 없으나, 멕시코 학자들은 아마도 벼락과 광풍을 동반한 소나기가 갑자기 쏟아졌을 것이고, 광풍이나 벼락에 맞아 신목이 부러졌을 것이라고 설명한다. 신목이 부러졌다는 것은 그들에게 매우 불길한 징조였고, 그것은 곧 '신의 노여움'을 샀다는 것을 의미했다. 신이 무엇에 대해 노했을까? 그 답은 그림 ③에 나타난다.

 ③번 그림 맨 위에는 둥근 반원 안에 작은 동그라미들이 그려져 있는데, 이것은 별이 가득한 밤하늘을 뜻한다. 그 아래 8개 고리족 씨족 집단을 뜻하는 기호들이 수평으로 그려져 있고, 점선으로 한 남자에게 연결되어 있다. 그리고 그 남자의 눈이 밑으로 길게 그려져 있는데, 그가 울고 있음을 나타낸다. 그 앞에 울지 않는 남자가 마주보며 담담히 앉아 있는데, 그에게는 앞에서 본 '신전'을 뜻하는 그림이 연결되어 있다. 그것은 그가 무당이라는 것을 의미한다. 그는 최고 지도자 무당이자

 이에 끼워놓고 뜯어 먹었다.

신격화된 기질로포치들이의 명령을 수행하는 수하 무당이다. 그 두 사람은 서로 마주 보며 앉아 있고, 각자 입 앞에 밑으로 휘어진 혀 모양의 기호가 그려져 있다. 이것은 '말한다'를 나타낸다. 맥이족의 대표와 고리족의 대표가 별이 총총 빛나는 밤하늘 아래 서로 마주 앉아 무슨 말을 주고받았기에 한 사람은 고개를 반듯이 들고 담담히, 다른 사람은 고개를 앞으로 숙이고 울고 있을까?

멕시코 학자들은 맥이족이 고리족에게 '이별'을 갑자기 통보했기 때문이었다고 설명한다. 고리족 대표가 고개를 약간 숙이고 있는 모습은 그가 부탁하고 애원하고 있음을 나타낸다. 그는 울면서 '떼어놓고 가지 말라'고 부탁하고 있지만, 맥이족 무당은 담담하게 거절했던 모양이다. 갑작스런 이별 통보는 바로 신목이 부러진 사건과 관련 있을 것이라고 한다. 즉 어느 날 식사하던 중에, 갑자기 내리친 벼락과 광풍으로 신목이 부러지자, 맥이족은 그것이 신의 노여움 때문이라고 생각했다. 그 노여움은 신이 약속한 땅에 도착하지 못한 채, 그곳에서 고리족과 너무 오랫동안 함께 살았기 때문이라고 생각했던 모양이다. 밤이 되자 소나기가 지나가고 천둥 벼락이 멈추고 다시 날이 개어 밤하늘에 별이 가득할 때, 맥이족의 최고 지도자 기질로포치들이는 수하 무당을 시켜 고리족 대표에게 '이별'을 통보했던 것이다.

④번 그림은 기질로포치들이가 고개를 숙이며 울고 있는 많은 사람들 가운데 있고, 모든 사람들 입 앞에 역시 휘어진 혀가 그려져 있다. 고리족 사람들이 맥이족의 최고 지도자인 기질로포치들이에게 찾아가 울면서 '떼어놓고 가지 말라'고 애원하는 모습을 나타낸다. 기질로포치들이의 입 앞에도 휘어진 혀 모양의 기호가 그려져 있다. 아마도 그는 찾아온 고리족 사람들의 애원을 거절하면서, '이별'은 번복할 수 없는 결정이고, 더 이상 함께 갈 수 없는 이유로 '신의 노여움'을 설명했을 것이다. 이 그림 다음에 나오는 그림부터는 맥이족의 모습만 나오는 것으로 보건대, 맥이족과 고리족은 이곳에서 이별했음이 분명하다.

아스태가제국 역사의 대가 중 한 사람으로 프랑스 학자 크리스티앙 뒤베르제(Christian Duverger)가 있다. 그는 16세기 문헌 「라미레스 고문헌(Códice Ramírez)」에 의거해서, 아스태가인들이 핑계를 대어 많은 사람들과 헤어진 곳은 물고기가 많이 잡히던 곳이었다고 했다[10].

「보투리니 고문헌」의 기록과 그의 설명을 바탕으로, 필자는 맥이족과 고리족이

---

10. Christian Duverger, 「El Origen de los Aztecas」, Grijalbo, 1987, p.91.

이렇게 헤어진 곳이 맥이족의 이동루트에서 과연 어느 곳이었을까 추정해 보았다. 유일한 단서는 맥이족과 고리족이 함께 이동하여 도착한 곳으로서 살기에 좋고 물고기가 풍부한 곳이어야 한다는 것이다.

퓨제 사우드의 위치

맥이족이 고리족을 만난 곳은 만주대평원의 어느 곳이었고, 그 후 바다를 건너 캐나다 서해안에 도착할 때까지 그들은 함께 이동했다. 따라서 헤어진 곳은 캐나다 서해안에 도착한 이후의 어느 곳이었음이 분명하다. 그리고 캐나다 서해안의 알래스카에서 오늘날의 밴쿠버 북쪽까지 이르는 지역은 매우 추워서, 지나가던 우리민족이 오래 머물 곳이 되지 못한다. 그러나 밴쿠버에서 미국 시애틀까지의 지역은 기후가 온화하고 바닷물과 강물이 만나는 곳으로, 작은 섬들과 복잡한 해안선으로 인하여, 예나 지금이나 많은 물고기가 서식하기에 매우 좋은 자연 환경을 갖추고 있고, 지금도 많은 인디언 부족들이 살고 있는 곳이다. 이곳은 고대 인디언들의 유물이 매우 많이 출토되어, 미국 고고학계가 '퓨제 사운드(Puget Sound)'라고 부르면서 매우 중요시하는 곳이다. 우리민족이 지나갔을 이동루트를 따라 캐나다 서해안의 기후나 해안선의 구조 등 모든 자연 환경을 고려할 때, 필자는 이 지역이야말로 배를 타고 아메리카대륙에 도착했던 우리민족이 처음으로 발견하게 되는 살기 좋은 곳이라고 본다. 즉 맥이족과 고리족은 만주대평원과 아무르강 유역에서부터 시작된 긴 여정에서, 오랫동안 추위와 배고픔 등 온갖 고난을 견디며 이동했을 것이고, 마침내 퓨제 사운드에 도착했을 것이다. 그곳은 날씨도 온화하고 물고기도 풍부하여 춥고 배고픈 긴 여정에서 벗어나 처음으로 안락한 휴식을 맛보며 정착했을 것이다. 온화한 기후와 풍부한 식량으로 그들은 그곳에 상당히 오랫동안 머물러 살게 되었을 것이고, 따라서 신전까지 세우게 되었을 것이다.

맥이족과 고리족이 그렇게 행복하게 어울려 살던 중, 어느 날 신목이 광풍과 벼락으로 부러지는 사건이 발생했고, 그 불길한 징조는 '신의 노여움'으로 해석되어, 그것이 맥이족과 고리족의 이별의 동기가 되었던 것이다.

그 후 맥이족은 홀로 멕시코로 남하했고, 뒤에 남은 고리족들의 대부분은 오늘날의 미국 땅으로 흘러들어 미국 인디언이 되었을 것이다. 그런데 8개 고리족들 가운데 일부가 맥이족을 뒤쫓아 멕시코까지 가서 지금의 멕시코 서부 미초아간(Michoacan)주에 정착했을 것으로 추정할 만한 흥미로운 이야기가 있다.

환 토바르(Juan de Tovar)가 쓴 맥이족에 대한 역사서에는 맥이족이 자신의 종족이 아닌 많은 사람들과 헤어질 때의 이야기가 간단히 기록되어 있다 . 그 이야기에 의하면 맥이족은 그들에게 물속에서 함께 놀자고 유인하여 물놀이를 시작했고, 그들이 물놀이에 빠져 정신없이 놀고 있을 때,

최고 지도자 기질로포치들이 미리 명령한 대로 자기들만 슬그머니 뒤로 빠져 나와서, 그들의 옷을 훔쳐 다른 곳으로 급히 떠나 버렸고, 맥이족이 자기들 옷까지 가지고 감쪽같이 떠나버린 사실을 알게 된 남은 사람들은 그때부터 맥이족에 대하여 매우 큰 원한을 갖게 되었다고 한다.

그런데 미초아간 원주민들 사이에도 이와 비슷한 내용의 이야기가 전해 내려오고 있다 . 맥이족이 많은 사람들과 헤어진 사건은 바로 8개 고리족 씨족들과 헤어진 일이었다는 점을 감안할 때, 오늘날 멕시코 서부 미초아간주에 사는 원주민들 사이에 비슷한 내용의 이야기가 전해지고 있다는 것은, 그들이 맥이족과 동행하다가 헤어진 8개 고리족 씨족의 일부가 아닐까 추정해 볼 만한 동기가 된다. 이런 역사적 사건 때문이었는지는 모르겠지만, 아스태가제국 말기에 미초아간인들과 아스태가인들 사이에는 매우 격렬한 전쟁이 벌어졌었다. 독자들은 필자가 '유물과 유적' 편에서 미초아간인들이 우리민족의 후예였음을 보여주는 증거를 간략하게 언급했던 것을 기억하기 바란다.

---

11. Juan de Tovar, 「Historia y Creencias de los Indios de México」, 2001, Miraguano Ediciones, p.71.
12. Christian Duverger, 같은 책, p.91.

그렇게 헤어진 후에, 네 번째 그림에서 '아스태가'라는 명칭 대신에 '맥이(Mexi)'라는 명칭을 사용하기 시작했던 시기에 대한 이야기가 나온다. 아래는 「보투리니 고문헌」의 네 번째 그림이다.

(4) 인신공양 (붉은 원안)

(4)번 그림은 맥이족이 고리족과 헤어진 후에 어느 곳에 도착하여 신(神)에게 인신공양으로 세 사람을 제물로 바치면서 제사를 올리는 장면이다(붉은 원안). 사람을 제물로 바치는 인신공양 제사는 먼저 사람을 반듯이 눕혀놓고 칼로 가슴을 찍어 구멍을 낸 다음, 심장을 꺼내어 태양을 향해 높이 쳐들었다가 내려서, 그 피를 주변에 뿌리는 순서로 진행된다. 태양을 향해 쳐드는 행위는 태양신에게 바친다는 의미이다. 그림에서는 희생물인 세 사람이 어떤 나무 위에 눕혀져 있고, 그 나무는 키가 작고 가지와 잎이 많다. 일부 학자들은 그것이 선인장의 일종일 것이라고 설명한다. 아메리카대륙에서 선인장이 나타나는 지역은 미국 남부의 애리조나주부터 남쪽 지역이다. 애리조나주에는 맥이족이 도착하기 훨씬 전부터 사람들이 이미 정착해 살았는데, 그들은 만주대평원을

먼저 떠났던 고리족의 일파였을 것이다. 오늘날도 애리주나주에는 호피(Hopi)족과 나바호(Navajo)족이 살고 있다. 호피족의 언어와 풍습에는 다양한 우리말과 우리민족 고유의 풍습이 나온다.

이 그림에서 인신공양의 제물 옆에 한 사람이 허리를 구부린 자세로 서 있는데, 그가 인신공양을 시행중이라는 것을 표현한 것이다. 그가 무당이라는 것은 그의 머리에 연결된 기호로 알 수 있다. 그 기호는 (1)번 그림에서는 피라밋 위에 있던 신전의 상징과 같고, (3)번의 이별 장면〈별도 페이지〉에서는 고리족 대표에게 '이별'을 전하던 사람 옆에도 그려져 있다. 아스태가 역사의 대가로 유명한 에두어드 젤러(Eduard Seler)에 따르면, 바로 이렇게 인신공양을 드린 후부터 아스태가인들은 자신들을 '맥이(Mexi)'라고도 부르기 시작했다고 한다[3].

우리민족을 칭하는 명칭은 기원전에는 '동이족'이었고 기원 이후에는 '예맥족'이었다. 예족은 만주대평원과 아무르강 일대에 살던 '고리족'을 가리키던 명칭이었고, 맥족은 요동·요서 중심으로 살면서 고조선을 건국했던 사람들을 가리키던 명칭이었다. 맥(貊,貉)이라는 호칭은 5세기 이후에는 '맥이(貊耳)'라고 바뀌었다(후한서/後漢書,85). '아스태가'는 맥이족 가운데 '아스땅'이라는 곳에 살다가 멕시코로 이동했던 사람들이 스스로를 가리켜 불렀던 호칭이다. 따라서 '아스태가'는 '아스땅'이라는 작은 지역을 가리키는 지명에서 유래된 호칭이고, '맥이'는 요서·요동 지역에 살던 모든 사람들을 가리키던 명칭이었다. '고

---

13. Eduard Seler, 「Collected Works in Mesoamerican Linguistics and Archaeology」, Vol.2, Labyrinthos, 1991, p.21.

리'라는 명칭도 만주대평원과 아무르강 유역에 퍼져 살던 사람들 전체를 가리키던 종족 명칭이었으므로, 맥이족이 만주대평원에서 고리족을 만나 함께 이동하면서부터 '아스땅'이라는 작은 지역의 지명에서 유래한 '아스태가'라는 명칭보다는 종족 전체를 가리키는 '맥이'라는 명칭을 더 많이 사용하게 된 것으로 보인다.

필자의 판단으로는 아스태가인들이 스스로 맥이라고 부르기 시작한 계기는 고리족 8개 씨족과 오랫동안 동행하면서 그들과 자신들을 구별하기 위하여 사용하기 시작했을 것으로 본다. '고리'라는 종족 명칭에 대응하는 호칭이 '맥이'이고, 고리족들은 만주 남쪽의 한 지역에 불과한 아스땅에서 비롯된 '아스태가'라는 명칭보다는 그 지역 전체를 아우르는 '맥이'라는 명칭을 더 잘 알고 있었을 것이기 때문이다. 그리고 맥이족은 동행했던 고리족과 헤어진 이후에도 이미 익숙해진 '맥이'라는 명칭을 많이 사용하게 되었을 것이다. 더구나 8개 고리족 씨족 집단과 헤어진 후에 계속 이동하면서 만나게 되었던 사람들도 먼저 와서 미국과 멕시코 땅에 정착해 살던 고리족들이었기 때문에, 자신들을 '맥이'라고 소개하는 것이 그들에게 더 빨리 자신들이 어디에서 온 사람들인지 이해시킬 수 있다는 것을 체험했을 것이다.

◆ 맥시코 명칭의 언어학적 분석

필자는 지금까지 맥시코의 원래 국명은 '맥이고(México)'이고, 그 뜻은 우리 민족 '맥이족이 사는 곳'을 뜻한다는 사실을 역사적·문헌적 자료를 바탕으로 설명했다. 지금부터는 맥이고(México)에 대한 언어학적 분석을 잠시 해 보기로 한다.

　멕이고(México)는 '맥이(Méxi) + 고(co)'로 구성된 말이다. 맥이(貊耳)를 발음해 보면, '맥'을 강하게 발음하게 된다. 이유는 받침소리 'ㄱ' 때문이다. 우리말에서 받침소리는 그 말의 발음을 '닫아 주는' 역할을 함으로써, 발음을 강하게 하는 특성이 있다. 이것을 스페인어 알파벳으로 옮기면, '맥'에 악센트가 들어가게 되어 'Méxi'처럼 악센트를 찍어서 기록하게 되고, 발음은 '맥이/멕이'가 된다.

　그런데 오늘날 멕시코 사람들의 발음을 들어보면 주로 '매히고'라고 들린다. 그 이유는 '맥이고'에서 받침소리 'ㄱ'의 입 안의 발음 위치가 'ㅎ'의 발음 위치와 너무나 가까워서, 우리 선조들은 많은 경우에 이 두 소리를 분명하게 구별하지 못했기 때문이다. 때로는 'ㄱ'과 'ㅎ'을 섞어서 발음하기도 했다. 그래서 우리 선조들은 '불켜다'를 '불혀다'라고도 했고(석보상절), '불켠듯이'가 '불현듯이'로 되었으며, 경상도에서는 '너희들'을 '너거들', '내께'를 '내해'라고 했던 것이다. 따라서 '맥이'의 발음 '매기'는 곧 '매히'가 되기도 했던 것이다.

　마지막 어휘 '고(co)'는 장소를 뜻하는 어휘로서, 우리말 '곳'이다[14]. 스페인인들은 멕시코 원주민들의 말을 받아 적을 때, 대부분의 받침소리는 표시하지 않았다. 우리말은 받침소리가 많다는 것이 특징이다. 즉, '초성+중성+종성'으

---

14. 멕시코 원주민들이 사용한 '장소'를 뜻하는 우리말은 '곳(co)' 외에도 여러 가지가 있다. 그 중에 '무슨 땅'이라는 식으로 표현된 장소 명칭이 많이 나오는데, '땅'을 '땅(tlan), 따(tla), 달(tlal)'과 같은 세 가지 형태로 말했다. 이 세 가지는 모두 우리말에도 있는데, '따'와 '달'은 땅의 고어라고 설명되고 있다. '땅'의 세 가지 형태는 미국 인디언들도 사용했고, 멕시코 남쪽 과테말라 인디언들도 사용했는데, 이 지역에서는 T 다음에 L이 없는 '땅(tan), 따(ta), 달(tal)'로 나온다. 오늘날 멕시코인들은 원래 없던 L 소리를 넣어서 '뜰란(tlán)/뜰라(tla)/뜰랄(tlal)'로 발음한다.

로 구성된 언어이다. 그러나 스페인어와 같은 유럽어들은 받침소리에 해당하는 종성이 없다. 따라서 '곳'을 스페인어로 표기할 때, 받침소리 'ㅅ'을 표기할 수 없다. 만약 받침소리를 나타내려고 'cod'와 같이 표기하면, 스페인어 특성에 따라서 '고드'라고 발음하게 된다. 결국 원주민들의 '곳'이라는 말을 스페인어로 가장 잘 표기할 수 있는 방법은 받침소리를 무시하고 '고(co)'로만 표기하고, 발음을 갑자기 멈추는 것이다. 발음을 갑자기 멈추면 받침소리가 있는 것처럼 그 어휘를 약간 강하게 발음하게 된다. 그래서 16세기 스페인 가톨릭 신부들은 멕시코의 원주민 말을 기록할 때, 받침소리가 있는 경우에는 '?'나 '✢'를 옆에 표기하여 '갑자기 발음을 멈추라'는 표시로 사용했다. 그리고 스페인어는 우리말에 있는 평음(ㄱ), 경음(ㄲ), 격음(ㅋ)의 구별이 없고, 오직 경음으로만 발음한다. 따라서 '고(co)'는 스페인어에서 '꼬'로 발음된다.

원주민들은 우리말 그대로 '맥이곳'이라고 말했고, 스페인인들은 스페인어식 발음체계에 따라서 받침소리를 탈락시키고 'México'라고 기록하고, 스페인식 발음과 원주민의 발음이 섞인 형태인 '메히꼬'로 발음하기 시작하여 오늘날까지 사용하고 있다.

● 보투리니 고문헌에 나타난 우리 선조들의 신앙적 풍습

앞에서 보았던 「보투리니 고문헌」에 나타난 맥이족의 신앙 풍습을 통하여,

아직까지 우리가 알지 못했던 우리민족 고대 신앙 풍속 한 가지를 알아보기로 하자. 앞에서 본 그림에서 한 사람의 얼굴이 특이하게 새(鳥)의 벌어진 부리 사이에 그려져 있다. 그는 (1)의 그림에서는 'ㄷ'자 모양의 제단 가운데에 있고, 이동하는 모습을 그린 (2)와 (4)의 그림에서는 뱀용 무당에게 업혀 있으며, 고리족과 헤어졌던 곳을 나타낸 (3)번 그림에서는 큰 신목(神木) 아래에 제단 위에 그려져 있다. 이것은 무엇을 뜻하는 것일까?

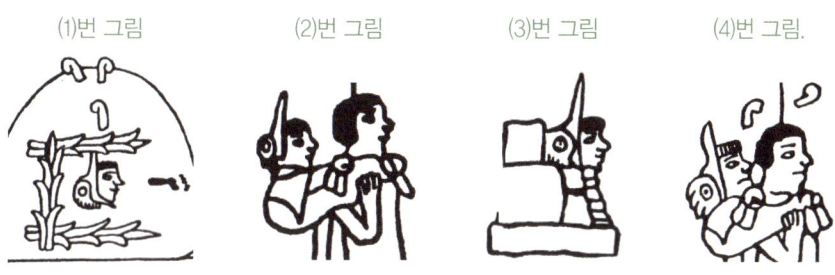

(1)번 그림   (2)번 그림   (3)번 그림   (4)번 그림.

새부리 사이에 얼굴이 그려진 인물은 이동할 때 업혀서 이동했다. 이것은 그가 매우 높은 신분이라는 것을 나타낸다. 또 (1)번과 (4)번 그림에서 보듯이 그의 머리 위로 끝이 꼬부라진 혀 같은 기호가 그려져 있는데, 아스태가인들이 남긴 모든 그림에서 이 기호는 '말한다'를 의미한다. 820년 아스땅을 떠난 맥이족 집단에게 '말한다'는 것은 곧 '명령하고 지시한다'를 의미했다. 그 이동 집단에게 명령하고 지시하던 자는 바로 무당 기질(Huitzil)이며, 아스땅에 살던 맥이족을 처음부터 새로운 땅으로 인도하던 자였다. (1)번 그림에서 보듯이 그의 모습이 고리족 땅에 도착했을 때, 'ㄷ'자 모양의 제단 한가운데에 그려져 있다. 제단은 신을 모시는 곳이므로, 그가 그때부터 신격화(神格化)되어 신(神)으로 추앙받기 시작했음을 뜻한다. 역사서에 따르면 사람들이 이때부터 그를 기질로포치틀이(Huitzilopochtli)라고 부르기 시작했다고 한다.

독자들은 우리나라 마을 입구에 있던 옛날 성황당이 원래 'ㄷ'자 모양이었다는 것을 기억하기 바란다. 신을 모시던 성황당과 같은 모양의 제단 한가운데에 그의 얼굴이 그려져 있다는 것은 그가 이 시기부터 인신(人神), 즉 사람이면서 동시에 신으로 추앙받기 시작했음을 나타낸다. 아스태가 역사에 따르면 그는 이때부터 이동하던 모든 사람들을 실질적으로 지배한 절대적인 신으로 군림하기 시작했다고 한다.

새머리를 모자로 쓰고 있는 모습, 즉 새가 부리를 벌리고 그 사이에 얼굴이 그려져 있다는 것은 그가 그 새를 신으로 모시는 무당이고, 인신합일(人神合一), 즉 그가 새신(鳥神/조신)과 일심동체가 되어 신으로 추앙받기 시작했다는 것을 뜻한다.

무당과 신(神)의 관계를 이런 식으로 나타내는 표현법은 아메리카 원주민의 최초의 문명으로서 기원전 1000년까지 거슬러 올라가는 멕시코의 올메카 문명에서부터 나타나고, 그 이후의 멕시코와 마야의 많은 유물에서 발견된다. 다음 조각들은 각각 올메카문명(기원전 10세기~기원후 4세기), 돌태가문명(9~11세기), 후기 마야문명(10세기 이후), 아스태가문명(14세기~16세기)의 인신합일을 나타내는 유물들이다.

| 올메카문명 | 돌태가문명 | 마야문명 | 아스태가문명 |

　올메카문명과 마야문명의 유물에는 뱀용의 입 안에 사람이 조각되어 있고, 돌태가문명의 유물에는 어떤 짐승의 입에 조각되어 있으며, 아스태가문명의 유물에는 독수리 부리 사이에 조각되어 있다.

　이 유물들을 보면, 아스태가인들이 멕시코에 도착하기 훨씬 이전부터, 즉 멕시코 최초의 문명인 올메카문명에서부터 무당과 신을 일심동체로 보는 신앙관이 있었고, 그것을 나타내는 방법으로 신으로 모시던 짐승의 입 안에 무당 얼굴을 조각하던 풍습이 있었다는 것을 알 수 있다. 올메카문명부터 아스태가문명까지 멕시코의 모든 문명에는, 그 문명을 건설했던 주인공들이 우리민족이었다는 증거가 분명하게 나온다. 특히 돌태가문명과 마야문명에는 그 주인공들이 부여-고구려계 선조인 고리족이었다는 증거들이 뚜렷이 나온다. 그리고「보투리니 고문헌」과 맨 오른쪽의 독수리 무당의 조각에서 볼 수 있듯이, 이 풍습은 아스태가인들, 즉 맥이족에게도 있었는데, 맥이족은 요동·요서에 살던 고조선계 우리 선조들이었다. 따라서 짐승의 입 안에 무당의 얼굴을 나타내는 이러한 표현법은 부여-고구려의 고리족과 고조선의 맥이족으로 구성된 모든 우리 선조들이 신앙을 표현하던 한 방법이었다고 보아야 할 것이다.

필자의 생각이 옳다면 우리에게도 저것과 같은 인신합일을 나타내는 어떤 유물이 있어야하지 않을까? 아래는 집안(集安)에 있는 무용총, 평남 대동군에 있는 덕흥리 고분, 백제금동대향로에 새겨진 조각, 그리고 신라 헌덕왕 1년 (809년)에 지어지고 조선시대에 중건된 경북 영천의 은해사 극락전 수미단에 있는 조각들이다. 모두 새의 몸에 사람 얼굴을 그리거나 조각해 놓았다. 이것은 기원전부터 우리 선조들에게 널리 퍼져 있던 조숭배(鳥崇拜/새를 신으로 숭배하던 신앙)의 잔재들로서, 모두 무당을 새신(鳥神/조신)과 일심동체로 보는, 우리 선조들의 신앙관을 나타내고 있다.

무용총　　　덕흥리 고분　　　백제 금동대향로　　　영천 은해사

이 그림이나 조각들은 우리 선조들도 인신합일의 신앙관을 가지고 있었다는 분명한 증거들이다. 그러나 멕시코의 인신합일을 나타내는 표현법과 이것은 약간 차이가 있다. 이것들은 짐승의 입 안이 아니라 아예 머리 전체가 사람의 얼굴로 되어 있다. 그러나 또 다른 증거가 있다. 다음은 김재원님의 「단군신화의 신연구」라는 책에 실려 있는 호랑이와 곰 조각상이다[15].

---
15. 김재원, 「단군신화의 신연구」, 탐구당, 1992, 그림판 10과 20(설명은 97~99쪽).

| 호랑이 청동기(정면과 옆면) | 곰 신상 | 머리 부분(확대) |

저자는 이 유물의 시대는 청동기 시대로, 발굴 장소에 대해서는 구체적으로 언급하지 않았으나, 옛 고조선의 영토에서 산동반도까지 이어지는 발해만 주변 지역으로 암시하고 있다. 청동기시대 이 지역은 우리민족의 영토였다. 이 조각에서 보듯이, 호랑이와 곰의 입 안에 사람 얼굴이 조각되어 있다. 그런데 저자는 이런 조각의 의미가 무엇인지 설명하지 않았다. 필자는 우리민족이 멕시코에 남겨 놓은 자료를 바탕으로, 이것은 신과 무당의 인신합일을 나타내는 고대 우리민족 무속신앙의 표현방식이라는 것을 알게 되었다. 특히 단군신화에는 우리민족이 호랑이와 곰을 신으로 믿었다는 것을 상징적으로 나타내는 내용이 있다.

「보투리니 고문헌」의 그림은 820년경에 아스땅을 떠났던 아스태가인들이 우리민족의 인신합일의 신앙관을 가지고 아메리카로 이동했다는 것을 보여준다. 아스태가인들은 맥이(貊耳)족이라는 종족 명칭에서뿐 아니라, 인신합일의 신앙관과 그 표현법에서도 우리민족이었다는 것을 알 수 있다.

이로써 우리는 인신합일(人神合一)의 신앙관을 나타내는 방식에서도 고대 우리 선조들과 멕시코 원주민들이 같았다는 것을 확인했다. 올메카문명, 돌태가문명, 마야문명 그리고 아스태가문명 등, 신대륙 발견 이전의 모든 문명에서 이런 조각들이 대거 발견되었다는 것은 신앙·조각의 관점에서 그들이 우리민족이라는 사실을 증명해주는 것이다.

지금까지 필자는 우리민족이 대거 아메리카로 이동했다는 사실을 보여주기 위하여, 멕시코 원주민의 의복과 장식, 풍습과 놀이, 유물, 천문학과 달력, 침술, 그리고 신앙관으로서 인신합일을 나타내는 표현 방식에 이르기까지 거의 모든 면에서 증거를 제시했다. 그리고 더욱 중요한 것은 가끔씩 드러나는, 이 모든 증거에 사용된 멕시코 원주민들의 용어들까지도 모두 우리말이었다는 것도 확인하였다.

필자는 여기서 인신합일의 표현 방식에서 멕시코의 여러 문명뿐 아니라 마야문명도 우리 선조들의 그것과 같았다고 하였다. 그렇다면 멕시코뿐 아니라 마야문명의 주인공들도 우리민족이었다는 말일까? 왜 아니겠는가! 마야문명이 남긴 달력, 신화, 신앙, 유물에서도 그들이 우리민족의 일부였다는 것을 보여주는 다양한 증거들이 매우 많다.

필자는 여러 연구를 통하여 부여-고구려계 고리족 선조들은 기원 1000년 전부터 아메리카로 이동하기 시작했고, 본격적인 이동은 기원후 3세기부터였다고 주장해 왔다. 필자의 이러한 주장은 알류산열도에서 발굴된 온돌이 기원전 1000년까지 거슬러 올라가고, 멕시코의 올메카문명도 역시 기원전 1000년까지 거슬러 올라가며, 남미 페루의 가장 오래된 문명인 차빈(Chavin)문명 역시 기원전 1000년까지 거슬러 올라가는데, 이 모든 문명에서 우리민족의 흔적이 나타난다는 사실을 바탕으로 한다.

● 태자귀-들(Tetzahui-tl) '소쩍새'

　멕시코 원주민들이 남긴 고대 그림문헌에는 그들의 조상들은 원래 위가 평평한 피라밋이 있는 아스땅(Aztlán)에 살았지만, 무당 기질(Huitzil)이 '떠나자, 우리의 신이 새로운 땅을 주겠다고 약속했다'라고 선동하여, 아스땅을 떠나 멕시코로 오게 되었다고 기록해 놓았다. 이런 그림문헌들은 아스땅에서 출발했던 조상들이 처음부터 그려서 남겨 놓은 것이 아니었다. 그들의 조상들은 820년경 아스땅을 떠나, 대략 200여 년이 지난 10세기 말경이나 11세기 초에 오늘날의 멕시코 땅에 도착했고, 그 후에는 멕시코 서해안을 따라서 과테말라까지 남하했다가 다시 오던 방향으로 북상하여, 오늘날의 멕시코 수도인 멕시코시티가 있는 곳으로 이동한 것으로 추정된다. 그 후에도 그들은 수많은 우여곡절 끝에 마침내 1325년 오늘날 멕시코시티가 있는 곳, 호수 안의 섬에 정착하여 작은 나라를 세웠다. 그때부터 그들은 조상들로부터 수백 년 동안 입에서 입으로 전해 내려오던 이야기를 그림으로 그려 책으로 정리하기 시작했다. 처음 아스땅을 떠나게 된 동기와 고리족 땅에 도착했던 이야기, 어느 곳에서 배를 타고 바다를 건넜고, 어디서 어떻게 전쟁을 했다는 이야기 외에, 종교 행사와 달력 등 생활에 필요한 모든 지식을 그림으로 그려 책으로 만들었고, 학교에서 그 그림책을 아이들에게 보여주면서 교육하기 시작했다.

그들도 종이를 만들었는데, 나무껍질을 얇게 빻아 펴고 말려서 만들었다는 점에서 우리가 한지(韓紙)를 만드는 방법과 같았다. 그들은 그 위에 하얀 흙을 살짝 발라서 말린 후에 식물의 가시나 동물의 가는 뼈로 긁어내어 그림을 그리고, 광물과 식물에서 뽑아낸 물감을 새의 깃털로 찍어 색깔을 입혔다. 그렇게 그림을 그릴 때 먼저 가늘게 살짝 파내었는데, 이 방식은 우리의 전통 공예 조각 방식인 상감(象嵌) 공예 방식과 같은 것이다. 또 긴 종이를 책으로 만들기 위해 접었는데, 그 접는 방식도 우리의 전통 방식과 같이, 병풍처럼 접었다.

병풍처럼 접은 아스태가의 책들

조상들의 역사를 잊지 않기 위한 이러한 노력에도 불구하고, 맥이족이 남긴 그림 역사책은 조상들이 어느 곳을 지나서 어떤 과정으로 멕시코까지 오게 되었는지에 대해 정확하게 전하지는 못했다. 왜냐하면 820년경 아스땅을 떠날 때부터 1325년 나라를 건국할 때까지 무려 500여 년 동안 그들은 유목생활로 떠돌아 다녔고, 이 기간 동안 조상들의 역사는 입에서 입으로 전해졌는데, 그 전해지는 과정에서 많은 부분은 잊혀져버렸고, 어떤 이야기는 순서가 뒤섞여버렸으며, 여러 이야기가 하나로 짧게 뭉쳐지기도 했기 때문이다. 예를 들면, 아스땅에서 고리족 땅으로 이동했던 이야기와 바다를 건넌 이야기가 뒤섞여서, 아스땅에서 배를 타고 고리족 땅으로 이동했다는 이야기로 변했고, 그에 따라 아스땅은 섬이었다고 추정하여 그림을 그리기도 했다. 그래서 1576년에 쓰여진「오빈 고문헌(Códice de Aubin)」에는 아스땅을 섬으로 그려 놓기도 했다. 또 이로 인하여 오늘날 일부 학자는 아스땅이 멕시코 서부의 나야릿(Nayarit)주에 있는 호수 안의 작은 섬 멕흐갈티땅(Mexcaltitán)이 아닐까 추정하기도 한다.

오빈 고문헌의 아스땅

멕흐갈티땅

08. 멕시코 국명과 우리민족의 고대 신앙 풍습

이와 같이, 맥이곳이 건국되었을 때까지 전해진 조상들에 대한 이야기는 매우 혼란스럽게 전해졌다. 그러나 그 이야기의 핵심 내용은 다음과 같이 요약된다: 그들의 조상들은 원래 아스땅에 살았는데, 태자귀들(Tetzahuitl)을 신으로 모시는 무당 기질(Huitzil)이 선동하여 아스땅을 떠나게 되었고, 처음 도착한 곳은 태양신을 믿는 고리족들이 사는 땅이었으며, 다시 그곳을 떠날 때 8개 고리족 씨족 집단이 같이 가겠다고 따라 나섰다. 그때부터 사람들은 무당 기질을 기질로포치들이(Huitzilopochtli)라고 부르기 시작했고, 그를 신처럼 받들기 시작했다. 어느 곳에 이르러 바다를 건너게 되었는데, 사람들이 떠나는 것을 주저하자, 새(鳥)가 3일 밤낮을 "자, 출발하자. 이제 날씨가 좋다. 때가 되었고 날도 따뜻해질 것이다"라고 선동했고, 마침내 배를 타고 바다를 건넜는데, 그곳은 섬들이 일렬로 늘어선 곳이었고, 그 섬들로 인하여 바다가 양쪽으로 갈라진 곳이었다. 바다를 건넌 후에 어느 곳에 도착하여 한동안 살다가, 그동안 함께 이동해왔던 고리족 집단과 헤어져, 맥이족만 멕시코로 이동했다.

그런데 무당 기질이 신으로 모셨다는 태자귀들(Tetzahuitl)은 무엇이었을까? 멕시코를 비롯한 전 세계 어떤 학자도 이것이 무엇인지 설명한 사람은 아직 없다. 저명한 멕시코 고대문명 학자인 프랑스의 크리스티앙 뒤베르제(Christian Duverger)는 기질로포치들이는 태자귀들(Tetzahuitl)을 신으로 모시는 무당이라고만 언급했다[16]. 아스태가 제국이 사라진 지 수십 년 후에, 많은 옛 문헌을 모으고 원주민 노인들에게 직접 들은 이야기를 참고하여 책을 쓴 환 토바르(Juan de Tovar) 신부는 맥이족을 인도해 온 신(神)은 기질로포치들이(Huitzilopochtli)

---

16. Duverger, Christian, 「El origen de los aztecas」, Editorial Grijalbo S.A., 1987, p.112.

이며, '불길한 새'라는 뜻이라고 기록했다[17]. 하지만 그것이 구체적으로 무슨 새였는지는 설명하지 않았다.

「보투리니 고문헌」에서 보았듯이, 무당 기질은 새신(鳥神/조신)을 모시던 무당이었다. 그래서, 첫 번째 그림에서 보았듯이, 고리족 땅에 도착했을 때부터 인신합일로 그의 얼굴이 새(鳥)의 부리 사이에 그려져 표현되기 시작했다. 그가 그곳에서부터 새신과 하나가 되어 신처럼 받들어지기 시작했음을 뜻한다. 그런데 그가 모신 신의 이름은 태자귀들(Tetzahuitl)이었다. 이 모든 것으로부터 우리가 알 수 있는 것은 태자귀들은 새(鳥)라는 사실이다.

◆ 우리 고대사의 태(太)/대(大)의 의미

'태자귀들'은 무슨 새였을까? 언어적으로 태(te)는 멕시코뿐 아니라 우리민족 고대사에서 매우 많이 사용된 어휘이지만, 이 어휘의 뜻을 정확히 해석한 연구는 아직 없다. 이 어휘는 멕시코 고대사와 우리 고대사를 동시에 비교 연구하고, 이에 더하여 언어학적 지식을 바탕으로 해야 그 의미를 해석할 수 있는데, 필자 이전에 그 누구도 멕시코와 우리의 고대사를 비교 연구할 생각을 한 사람이 없었다. 우리민족이 아메리카로 이동했을 것이라고, 멕시코에, 아메리카에 우리민족의 거대한 흔적이 남아 있으리라고 어느 누구도 상상조차 못 했기 때문이다.

태-자귀-들(Te-tzahui-tl)의 태(te)는 우리 고대사에 자주 등장하는 태(太)/

---

17. Juan de Tovar, 「Historia y Creencias de los Indios de México」, Miraguano Ediciones, 2001, p.69.

대(大)라는 글자로서, 뜻은 '신성한'이다. 고구려 광개토왕은 광개토태왕(太王)이라고도 하고 광개토대왕(大王)이라고도 기록되어 있는데, 왜 이렇게 '태왕'과 '대왕'을 구별하지 않고 혼용하여 썼을까? 그 이유는 우리말 '태'를 중국 한자로 표기할 때 차음표기(借音表記/뜻을 무시하고 발음만 같은 한자로 적는 것)했기 때문이다. 뜻과는 상관없이 발음이 유사한 한자를 택하여 우리말을 적다보니 소릿값이 유사한 '太(태)/大(대)'를 구별하지 않고 사용했던 것이다. 이 두 글자의 고대 중국 발음은 '태와 타의 중간 소리'로 거의 같았다.

광개토대왕의 또 다른 호칭으로 '태성왕(太聖王)'이 있다. 이 호칭에서 우리말 '태'를 '太(태)'로 표기하고, 한자 '성(聖/신성한)'을 그 옆에 쓴 이유는 '태'가 '신성한(聖)'을 뜻한다는 것을 밝히기 위함이었다. 우리민족에게는 잊혀져 가거나 새로 생겨서 아직 익숙하지 않은 말을 사용할 때 '뜻이 같은 말'을 중복하여 사용했던 언어습관이 있었다. 예를 들어, 일제시대에 생겨난 말로 '모찌떡'이 있다. 모찌(もち)는 일본말로 '떡'이지만, 익숙하지 않은 말이라서 같은 뜻의 우리말 '떡'을 바로 뒤에 붙여서 '모찌떡'이라고 했다. 태백산(太白山)도 마찬가지 경우이다. 멕시코 문헌 자료를 보면 우리 선조들은 산(山)을 '태백'이라고 불렀고, 중국 한자가 보급되어 한자 '산(山)'이 널리 쓰이면서 '태백'이라는 우리말이 점점 잊혀져 가자, '태백' 옆에 '산'을 붙여서 '태백산'이라는 말이 생겨났다[18]. '태백'이라는 순우리말이 잊혀져가자 중국 한자어 '산(山)'을 붙여 사용하기 시작한 것이다[19]. 태성왕(太聖王)은 바로 이와 같은 표현법으로 기록된 말이다.

---

18. 보다 자세한 설명은 다음을 참고 하세요: 손성태, '멕시코의 국명 및 지명 연구', 「언어학」, 21-3호, 대한언어학회, 2013. pp.385~406.
19. '태백(太白)'이라는 말이 우리나라 역사서에 처음 기록된 것은 1281년 집필된 「삼국유사(三國遺事)」의 '단

'신성한'을 뜻하는 우리말 '태'를 사용한 지명들이 만주에 많았다. 우리민족 고대사에 나오는 만주의 어느 호수의 명칭은 태노수(太魯水)라고 기록되어 있는데, '신성한 나의 물'이라는 뜻이다[20]. 노(魯)는 우리말 '나'의 고어이다. '노'에 대한 좀 더 깊은 설명은 9장으로 미룬다. 우리민족이 만주에서 북쪽으로 이동하면서 남겨놓은 흔적에도 '신성한'을 뜻하는 '태'가 남아있다. 아무르강 유역에 살고있는 나나이(Nanai)족은 '물의 신'을 태무(Temu)라고 했다[21]. '태무'는 '신성한 물'을 뜻하는 우리말이다.

고대 역사서에 보이는 '태(太)/대(大)'는 같은 말이고, 우리말 '태'를 차음 표기한 글자라는 필자의 주장을 증명해 주는 또 다른 증거로, 「삼국사기(三國史記)」에 이 두 글자를 같은 말로 혼용하여 기록한 부분이 있다. 예를 들어, 고구려 편에서 태자(太子)를 대자(大子)라고도 기록하고, 태후(太后)를 대후(大后)라고도 기록하고 있다.

'태'자와 관련하여, 우리민족 고대사에서 아직 설명 못한 '왕들의 호칭'에 대해 한 가지 더 설명하고자 한다. 우리민족 고대사의 미스터리 중 하나가 고구

군신화'에 대한 이야기에서이다.
20. 태(太)가 '신성한'을 뜻하는 우리말이라는 또 다른 증거로는 중국의 여러 사서(史書)에서 만주에 있는 산들의 명칭에 '태(太)'자를 가진 산들은 모두 '신성한 산'으로 숭배되었다고 기록한 부분이다. 예를 들어, 「수서」에는 말갈은 도태산(徒太山)을 매우 숭상하고 두려워했고, 「북사」에서는 물길족들이 종태산(從太山)을 매우 공경하고 무서워하여 사람들이 산 위에서 대소변을 보지 못하고, 그 산을 지나는 사람은 각종 오물들을 물건에다 담아 가지고 내려갔다고 기록하고 있다.
21. M.G. Levin & L.P. Potapov Ed., 「The peoples of Siberia」, Univ. of Chicago Press, 1964, p.696./ 나나이(nanai)족은 나니(nani)족이라고도 불리는 사람들로서 만주와 백두산 근처에 살다가 북상한 사람들이라고 러시아학계는 밝히고 있다. '나나이'나 '나니'는 모두 우리말로서 '난 아이(nan-ai)'와 '난 이(nan-i)'라는 우리말을 러시아어식으로 읽은 명칭이다. 필자는 이들은 혼합종족으로서, 북상하다가 아무르강 유역에 남은 우리민족의 후예들과 만주에 살다가 18세기 이전에 아무르강 유역으로 거주 영역을 확대한 숙신의 후예 만주족, 그리고 일부 몽골족이 섞여서 형성된 집단이라고 본다.

려 초기 왕들의 호칭 문제이다. 기원후 2세기까지 왕들의 호칭 '대무신왕, 태대왕, 차대왕, 신대왕' 등에서 볼 수 있듯이, '대왕(大王)'이라는 호칭이 매우 자주 등장한다. 이 호칭은 그 시대 중국에서 모방해 온 것이 아니다. 중국은 '황제'라는 호칭을 사용했고 '대왕(大王)'이라는 호칭은 사용한 적이 없다. '대왕'이라고 하면, 매우 훌륭하고 강력한 왕권을 휘둘렀던 왕으로 생각하는 것이 일반적이다. 그런데 '태대왕, 차대왕. 신대왕' 등과 같은 고구려 초기 왕들은 강력한 왕권이 없었고 특별한 업적도 없었다. '순노부, 소노부, 관노부, 절노부, 계루부'라는 다섯 부족 연합체로 건국된 고구려의 초기 왕들은, 비록 신하이지만 각자 자기 부족 군사를 거느린 족장들에게 휘둘리고 때로는 오히려 그들의 기세에 눌려 눈치까지 봐야 했다. 예를 들어, 차대왕(146~165년 재위)이 어떻게 죽었는가? 연나부의 족장 명림답부가 자기 부족을 이끌고 와서 그를 죽였다. 차대왕에 이어 왕위에 오른 신대왕은 차대왕의 이복동생으로서, 신하인 명림답부가 옹립하여 왕위에 올랐지만, 사실상 허수아비에 불과했고, 행정 및 군통수권은 명림답부가 좌지우지했다. 그럼에도 왜 '대왕'이라는 거창한 호칭으로 불리었을까? 고대 우리말에서 대왕(大王)은 '위대한 왕'이 아니라 '신성한 왕'이라는 뜻이었기 때문이었다. '대(大)'는 '신성한'을 뜻하는 우리말 '태'를 차음표기한 말이지, '위대한'을 뜻하는 중국 한자 '大(대/큰, 위대한)'가 아니었다. 삼국시대 초기는 제정일치(祭政一致) 시대로서, 왕은 가장 높고 신성한 무당이기도 했다는 사실을 감안할 때, 신대왕은 태양신을 비롯한 각종 국가적 신들에게 올리던 제사를 주관하는, 그야말로 '신성한 왕', 즉 '태왕/대왕' 역할만 했던 것이다.

부여-고구려는 태양신을 믿던 선조들의 나라였다. 그래서 왕이나 귀족 이름이 해모수, 해부루, 해색주 등처럼 '해'자를 많이 사용했다. 주몽은 자기가 '태양신의 아들(日之子/일지자)'이라고 외쳤다. 그래서 동명성왕(東明聖王)이라고 불리었다. 동명은 '태양'을 뜻하고, 성왕(聖王)은 '신성한 왕'을 뜻하는 바, 바로 '태왕/대왕'과 같은 말이었다.

그러면 우리말 '태'가 어떻게 '신성한'이라는 뜻으로 사용되기 시작했을까? 이것은 우리민족 고리족의 태양신 신앙과 관련 있다. 멕시코에 남은 우리민족의 언어 자료를 보면, 태양을 '해/희/날'이라고 했고, '태/태워/타'라고도 했다. 전자는 특히 달력에 사용되었고, 후자는 '태양신'으로서 태양을 가리킬 때 사용되었다. 특히 후자는 태양신을 뜻하는 말로 사용되었을 뿐 아니라, 그냥 '신'을 뜻하는 보통명사로도 사용되었고, '신성한'을 뜻하는 형용사로 사용되기도 했다. 그리고 광개토대왕의 호칭으로 사용된 '태성왕'의 설명에서 보았듯이, 고구려 시대에 우리 선조들도 '태'를 '신성한'의 뜻으로 이미 사용했던 것이다.

우리말 '태'에 관하여 한 가지만 더 언급하도록 하자. 「한권으로 읽는 고구려왕조실록」의 저자 박영규님은 왕조의 창건자에게 '조(祖)'자를 사용한 것은 중국 한나라 시대의 고조(高祖)유방부터였지만, '조'자 앞에 '태'를 붙여서 '태조(太祖)'라고 쓰기 시작한 민족은 우리 선조이며, 중국이 이 호칭을 사용하기 시작한 것은 우리 선조들보다 무려 700여 년이나 늦은 시기였다고 지적했다. 저자는 '태조'라는 칭호는 원래 국가를 창건한 왕들에게 붙이는 호칭이지만, 고구려 6대 왕위에 오른 왕에게 '태조대왕'이라는 호칭을 사용한 것은 그가 '나라를 새로 건국하듯이 일했기 때문'이라고 자의적으로 설명했다. 우리 선조들이

22. 박영규, 「한권으로 읽는 고구려왕조실록」, 웅진, 2009, pp.112~115.

'태조'라는 말을 중국보다 수백 년 먼저 사용했다는 그의 지적은 옳지만, 나라를 새로 건국하듯이 일했기 때문에 왕의 호칭에 '태'를 사용했다는 것은 우리말 '태'가 '신성한'을 뜻하는 말이었다는 사실을 알지 못한 데서 비롯된 잘못된 설명이다. 필자가 그동안 연구해 본 결과, 우리 선조들이 '태'를 그렇게 일찍부터 '신성한'이라는 뜻으로 사용하게 된 동기는 태양신 신앙에서 비롯되었다. 우리 선조들은 기원전 아득한 시대부터 태양신을 믿었고, 태양을 '타(다)/태우(다)'와 같은 동사로도 불렀다. '타/태'가 '태양신'을 뜻하는 말로 사용되었고, 태양신은 우리민족에게 최초의 신(神), 곧 최초의 '신성한 존재'였으므로, 어휘가 부족했던 그 시대에 이 말은 '신성한'을 의미하는 말로도 사용되었던 것이다.

멕시코 고대사에서도 '타(ta)/태우(teu)/태워(teo)'는 '태양신'을 뜻하기도 했고, '불'을 뜻하기도 했다. 특히 '태우/태오(태워)'는 원래 우리말 동사였지만 보통명사처럼 사용되어 '신'을 뜻하는 말로도 사용되었다. 어두음 태(te)도 '신'을 뜻하는 말로도 사용되었지만, '신성한'을 뜻하는 말로 매우 많이 사용되었다. 이것을 좀 더 구체적으로 확인하기 위하여 이 말을 사용한 몇 개의 어휘를 형태소 분석으로 보기로 하자.

태노치티땅(Tenochititlán): 신성한 나의 사람의 터 땅.

   형태소 분석: 태(신성한)+노(나의)+치(사람)+티(터의 옛말)+땅(땅)

태태백(Tetepec): 신성한 산

   형태소 분석: 태(신성한)+태백(산)

태구흐들이(Tecuhtli): 신성한 굿의 사람들이/무당들이

형태소 분석: 태(신성한)+구(굿)+흐(의) +들(들/사람들)+이(이)[23]

　태가(teca): 신성한 사람

　　　형태소 분석: 태(신성한)+가(사람)

　태팍틀(Tepactl): 신성한 팍 찍는 도구

　　　형태소 분석: 태(신성한)+팍(팍 찍는 행동을 나타내는 의태어)+틀(도구)

　위에 소개한 멕시코 원주민들의 어휘에 사용된 '태(te)'는 모두 '신성한'을 뜻하는 말로, 우리 역사 기록에 사용된 '태(太)/대(大)'와 같은 말이다. 각 어휘의 형태소 분석을 보면, 모든 형태소들이 뜻과 발음에서 우리말과 일치한다는 것을 쉽게 확인할 수 있다. 또 각 형태소가 어휘를 형성하기 위해서 결합하는 순서도 우리말의 형태소 결합 순서와 일치한다. 이렇게 어휘가 전체적인 뜻도 우리말로 이해되고, 그 어휘를 구성한 형태소 하나하나의 뜻과 발음도 우리말로 이해된다는 것은 그 말이 우리말이 분명하고, 그 말을 사용했던 사람들은 우리 민족이라는 것을 분명하게 보여주는 증거이다. 언어는 우연히 일치하지 않는다. 정말 드물게 비슷한 경우가 있더라도 그 구성요소인 형태소까지 일치하는 경우는 없다.

　태팍틀(Tepectl)은 멕시코나 미국 학자들이 '돌칼'로 해석하는 어휘이다. 원

---

23. '흐들'은 '것들'이다. 우리민족은 'ㅎ'소리와 'ㄱ'소리를 혼용한 경우가 많았다. 석보상절에는 '불켜다'를 '불혀다'로 기록하고 있다. 경상도에서는 '내것'을 '내해', '너희들'을 '너거들'이라고 한다. 우리 선조들이 'ㅎ/ㄱ'을 혼용한 이유는 이 두 소리가 발음되는 입안 위치가 매우 가깝기 때문이다. 또 기원 오래전부터 가까이 살았던 몽골인들의 발음 영향도 있었을 것이다. 그들은 지금도 'ㄱ' 발음을 못하여, 항상 'ㅎ'으로 발음한다. '징기스칸'을 '징기스한'이라고 말한다. 우리 선조들은 'ㅎ/ㄱ'을 혼동하기도 했고, 때로는 이 두 소리를 합쳐서 발음하기도 했다.

주민들은 돌칼을 보통 흑요석이라는 검은 옥돌로 만들었다. '돌칼'이라는 해석은 칼의 재료가 '돌'이라는 것에 착안하여 유추한 부정확한 해석이다. 정확한 뜻은 위에서 필자가 형태소 분석으로 제시한 대로 '신성한 팍 찍는 도구'이다. 아래 그림을 보면 형태소 분석으로 한 필자의 해석이 옳다는 것을 쉽게 이해할 수 있을 것이다.

태팍틀 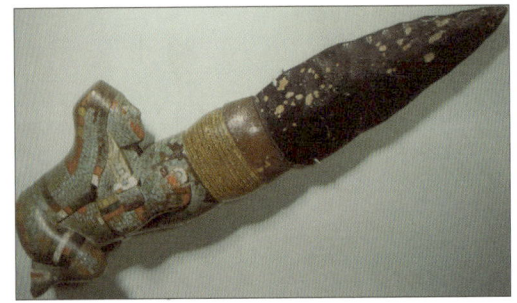 태팍틀로 팍 찍는 모습

이 그림에서 볼 수 있듯이, 태팍틀은 인신공양할 때 사용하던 칼이다. 희생자를 둥근 바위 위에 반듯이 눕혀 가슴이 펴지게 한 후에, 무당이 칼을 위로 높이 쳐들었다가 아래로(붉은 원안), 희생자의 가슴을 '팍' 찍어 구멍을 낸 후에 옆으로 갈라서 심장을 꺼내었다. 이때 희생자가 움직이지 못하도록 네 명의 보조 무당들이 희생자의 팔과 다리에 착 달라붙어 꽉 붙잡았는데, 그들을 '착(chac)'이라고 불렀다. 우리말에 '착 달라붙다'라는 말이 있다. 그 '착'이다. 태팍틀에서 '틀'도 '도구'를 뜻하는 우리말이다.

이제 우리는 다시 '태-자귀-들(tetzahuitl)'로 되돌아가자. 지금까지 필자가 설명했듯이, 태(te)는 우리 고대사에 많이 사용된 '태(太)/대(大)'를 스페인어로 표기한 글자이다. 마지막 글자 '들(tl)'은 우리말 복수형 접사 '들'이다. 많은 경우에 '들이(tli)'로도 표기되는데, '들'에 붙는 '이'는 우리말에서 '칠복〉칠복이, 갑돌〉갑돌이, 갑순〉갑순이'에서 보이는 '이'이다. 멕시코에서 '들/들이'는 나중에 복수형 접사의 역할도 사라지고 뜻 없는 허사(虛辭/쓸데없는 말)로 변했다.

여기서 잠시 멕시코 원주민들이 쓰던 우리말을 스페인어로 표기했을 때 발생하는 문제 한 가지를 간단히 보기로 하자. 태팍틀의 '틀'과 태자귀들의 '들'은 스페인어로 표기하면 모두 '-TL'로 같아진다. 또 옥수수 알갱이를 그들은 마이스(Maíz)라고 하고 수염이 있는 옥수수자루는 센털이(centli)라고 했는데, '마이스'는 우리말 '맛있어'이고, '센털이'는 옥수수수염을 나타낸 말이다[24]. 여기서 '털'도 역시 '-TL'로 표기되었다. 종합하면, 우리말 '들, 틀, 털'이 멕시코 고대 문헌에서는 모두 '-TL'로 표기되었다. 이유는 스페인어에서는 이 소리들을 구별할 수 없기 때문이다. 그래서 멕시코 학자들은 '-TL'을 정말 어려운 어휘라고 고백하기도 했다[25].

이제 태자귀들(Tetzahuitl)의 형태소 구성을 보기로 하자. 다음과 같이 분석된다.

태자귀들 → 태(te) + 자귀(tzahui) + 들(tl)

뜻 → 신성한   자귀   들(복수형 접사/뜻 없음)

---

24. 센털이(centli)가 나중에 '이 모음 역행동화'를 일으켜 '신털이(cintli)'가 되어, 오늘날 옥수수 한 품종의 학명(學名)이 되었다.
25. Rosa Aminta Campos de Barrea & Juana Minero Ayala, 「Las Culturas de Maíz」, 1995, p.17.

'자귀'는 우리말에서 새 이름이다. 자귀는 바로 소쩍새, 접동새, 올빼미의 다른 이름이다. 멕시코 고대 기록에 보면 무당 기질로포치들이(Huitzilopochitli)는 '불길한 새'였고, 태자귀들은 무엇인지는 정확히 모르겠지만, 그가 모시던 신(神)이라고 했다. 「보투리니 고문헌」에서는 그의 얼굴이 새부리 사이에 인신합일로 그려져 있다. 멕시코를 비롯한 전 세계 학자들은 태자귀는 '신'이고, 기질로포치들이는 인신합일로 된 '새와 관련된 무당'이라는 것까지는 알았지만, 정작 '자귀'가 그림에 그려진 새의 이름이라는 것도, 구체적으로 어떤 새인지도 몰랐다.

'자귀'는 올빼미를 뜻하는 우리 옛말이다. 이 새는 기원 오래전부터 산동반도에서부터 발해만 유역, 그리고 요서·요동 지역까지 터전을 잡고 살던 우리민족에게 특별한 의미가 있었다는 것을 알려주는 것이 다음 청동기 유물이다. 이 유물은 현재 미국 예일대 박물관에 소장되어 있는데, 중국 상(商)나라 유물이라고 소개되어 있다. 상나라는 '은나라'라고도 불리던 동이족이 세운 나라로서, 기원전 11세기에 사라졌다. '동이족'이라는 말은 중국인들이 우리민족을 기원전에 부르던 호칭이다. 산동반도를 중심으로 살던 동이족은 은나라를 건국했고, 요동·요서를 중심으로 살던 동이족은 고조선을 건국했었다. 그리고 은나라가 중국인의 주나라에 의해 패망당했을 때, 지배 집단과 백성들 가운데 상당수가 고조선으로 옮겨와 고조선의 백성이 되었다.

자귀	청동기(상나라/예일대 소장)	멕시코 태오티와간의 자귀

    멕시코 고대 문명에도 자귀새의 조각이 있다. 지금부터 2100년 전에 시작되었던 멕시코 고대 문명 태오티와간 유적지에는 꽤잘파팔로들(Quetzalpapálotl) 궁전이 있다[26]. 그곳 기둥 여러 곳에 이름 모를 새가 조각되어 있는데, 이 새가 무슨 새인지 멕시코인들은 아직도 설명하지 못하고 있다. 김재원님은 「단군신화의 신연구」에서 자귀의 특징으로 눈 주변의 털이 둥근 고리모양이라고 했다. 위 사진의 자귀새와 상나라 청동기를 비교해 보면, 눈 주변의 털이 고리 형태로 둥글게 펴져 있는 것을 알 수 있다. 그리고 태오티와간 기둥에 새겨진 새의 눈동자 주변에도 고리모양의 털이 선명하게 조각되어 있다. 태오티와간은 우리말로 '(태양)신의 터와 족장'을 뜻하고, 그 문명은 바로 우리 선조들이 건설한

---

26. '꽤잘파팔로들'도 우리말이다. 이 말은 형태소 '꽤(꽤)+ 잘(잘)+파팔(펄펄)+로(일종의 접속사)+ 들(들)'로 구성된 말이다. '꽤 잘 펄펄 나는 것들'이라는 뜻이다. '파팔'은 새가 나는 모습을 묘사할 때 사용되는 '펄펄'이라는 의태어이다. '펄펄〉파팔'로 변한 이유는 먼저 두 개의 'ㄹ' 받침소리가 연달아 나오면 앞의 것이 탈락하고, 우리말 모음 '어'는 스페인어 알파벳으로 표기될 수 없으므로 모음 '아(a)'로 대체되어 표기되었기 때문이다. 바로 고구려 유리왕이 지은 시가 '황조가'의 '편편(翩翩)'이라는 말과 같다고 판단된다.

문명이라는 것을 앞에서 밝힌 바 있다.

독수리와 자귀

여기서 잠시, 자귀의 눈의 특징을 다시 확인하기 위하여 독수리의 눈과 자귀의 눈을 사진으로 대조해 보자. 멕시코 역사에서 독수리는 매우 중요하다. 그럼에도 불구하고 독수리와 자귀의 모습을 대조해 보면 태오티와간의 기둥에 조각된 새는 독수리가 아니라 자귀라는 것을 쉽게 알 수 있다.

이로써 필자는 멕시코의 오랜 미스터리를 해결했다. 그들의 선조 맥이족을 신비의 땅 아스땅(Aztlán)에서 인도해 온 무당 기질로포치들이와 불가분의 관계가 있다는 '태자귀들'은 바로 '신성한 자귀'라는 뜻의 우리말이었고, 올빼미를 뜻하는 우리의 옛말이었다.

자귀는 우리 선조들에게 매우 특별한 새였다. 우리 선조들은 이 새를 통하여 민족의 '한'과 '애환'을 나타내곤 했다. 모함을 받아 귀양살이를 갔던 고려시대 정서가 남긴 시, 삼촌 세조에게 왕위를 빼앗기고 강원도 영월로 쫓겨 간 단종의 시, 그리고 김소월의 시에서 보듯이, 우리 선조들이 가슴 속 가장 깊은 곳에 새기던 새가 바로 자귀였다.

고려시대 정서의 「정과정」 (일부)

내 님이 그리워서 울며 지내니

산에 우는 저 접동새 나와 같구나

조선시대 단종의 시가

달 밝은 밤 자귀새 울어 (月白夜蜀魄啾)

시름 못 잊고 난간에 기대어 (含愁情倚樓頭)

네 슬피 우는 소리 내 듣기 괴로워 (爾啼悲我聞苦)

그 소리 없으면 내 시름 없을 것을 (無爾聲無我愁)

이 세상 괴로운 이에게 내 말 전하니 (寄語世上苦勞人)

춘 삼월 자귀새 우는 명월루에는 오르지 마소서 (慎莫登春三月子規啼明月樓)

한 맺힌 새 한 마리 궁중에서 쫓겨나와 (一自寃禽出帝宮)

짝 잃은 외그림자 푸른 산속에 갇혀 (孤臣隻影碧山中)

밤이 가고 밤이 와도 잠 못 이루고 (假眠夜夜眠無假)

끝없는 한은 해마다 더 쌓여 끝이 없으니 (窮恨年年恨不窮)궁

자규의 울음 끊긴 새벽 멧부리 달빛만 희고 (聲斷曉岑殘月白)

피 뿌리듯 봄 골짝엔 지는 꽃만 붉구나. (血流春谷落花紅)

귀 먼 하늘은 슬픈 하소연 듣지 못하니 (天聾尙未聞哀訴)

어쩌다 시름 많은 이내 귀만 홀로 밝은가 (何奈愁人耳獨聰)

근대의 김소월의 「접동새」 (일부)

옛날, 우리나라

먼 뒤쪽의

진두강 가람가에 살던 누나는

의붓어미 시샘에 죽었습니다.

누나라고 불러보랴

오오 불설어워

시샘에 몸이 죽은 우리 누나는

죽어서 접동새가 되었습니다.

아홉이나 남아 되는 오랍동생을

죽어서도 못 잊어 차마 못 잊어

야삼경(夜三更) 남 다 자는 밤 깊으면

이 산 저 산 옮아가며 슬피 웁니다.

특이하게도 자귀는 다른 새에 비하여 이름이 매우 많다. 이 새는 접동새, 소쩍새, 두견새, 불여귀(不如歸), 귀촉도(歸蜀道), 촉혼조(蜀魂鳥), 촉백(蜀魄)이라고도 불리었다[27]. 이렇게 별칭(別稱)이 많았다는 것은 그만큼 우리 선조들의 삶 속에 친숙했고, 우리의 정신세계에 깊이 새겨지고 널리 알려져 있었음을 뜻한다.

민족의 '한'을 노래한 시가(詩歌)에 이 새가 늘 등장하고, 별칭도 저렇게 많다는 것은 그만큼 오랜 세월 동안 우리민족과 그 역사를 함께한 새였다는 것을 뜻한다. 그런데 여기에는 이해할 수 없는 한 가지가 있다. 독자들 중에 저 새를 직접 본 사람이 있는가? 아마 거의 없을 것이다. 자귀는 야행성 새로서 눈에 잘 띄지도 않는 새이다. 우리가 흔히 볼 수 있는 새는 참새, 까치, 까마귀, 비둘기 같은 새들이다. 그러나 이런 새들은 별칭이 없다. 우리 주변에서 자주 보이는 새들보다 눈에 거의 보이지도 않거나 아예 본 적도 없는 새가 어떻게 우리 선조들에게 더 친숙한 새가 되어 저렇게 많은 별칭을 얻을 수 있었을까?

이 미스터리는 멕시코로 떠난 우리민족의 기록에서 그 해답을 찾을 수밖에 없다. 그 기록에 따르면 우리 선조들은 자귀를 '신성한 신'으로 추앙했고, 그 신앙은 우리민족에게 매우 널리 퍼져 있었던 모양이다. 그래서 우리 선조들의 삶 속에 그렇게 깊게 오래도록 남아 있었던 것이다. 흐르는 세월 속에서 중국으로부터 유입된 불교가 점차 대중화되자, 자귀새 신앙의 종교적 색깔은 희미해져

---

27. 접동새와 소쩍새를 구별하여, 접동새는 뻐꾸기과이고 소쩍새는 올빼미과이며 자귀는 접동새라고 하는 사람들이 있다. 그러나 우리 선조들은 이 새를 같은 새로 보았다. 촉혼조(蜀魂鳥)나 촉백(蜀魄)이라는 명칭은 10세기 중국 북송때 집필된 「태평환우기(太平寰宇记)」에서 촉나라의 죽은 황제의 넋과 연관시켜 부른 것에서 시작되었다. 이 명칭이 우리에게 전해진 것은 아마도 조선시대 사대주의 문물 교류로 인한 것일 것이다.

갔지만, 그 대신 민족의 '한'의 아이콘으로 변했던 것은 아닐까?

자귀새 신앙은 동이족의 신앙으로서, 북으로는 만주대평원에서부터 남으로는 산둥반도까지 퍼져 있었던 것 같다. 또 매우 오랫동안 지속되었던 신앙이었다. 그래서 820년에 요동의 아사달(아스땅)에서 출발한 맥이족의 지도자–무당의 상징이 되기도 했고, 그들보다 적어도 수백 년 먼저 아메리카로 이동하여 멕시코에 도착한 고리족들은 태오티와간의 기둥에 자귀새 조각을 남겼고, 남아메리카 페루까지 간 고리족들은 지도자의 지팡이에 자귀새 조각을 남겼던 것이다. 오른쪽 사진은 페루의 고대 모체문명(기원후 100~700년)의 유물인데, 지팡이의 손잡이에 자귀새가 조각되어 있다.

모체 지팡이와 자귀새

멕시코 국민들은 태자귀들(Tetzahuitl)이 무엇을 뜻하는지도 모르지만, 그들의 위대한 조상과 관련된 이 명칭을 매우 소중하게 생각하고 있다. 오늘날 그들은 어떤 단체나 동호회의 이름으로, 축제의 이름으로, 혹은 지명으로 이 명칭을 많이 사용하고 있다. 아래는 멕시코 야후에서 검색해본 '태자귀들'을 명칭으로 사용한 예의 일부이다.

멕시코 야후(YAHOO!)에 등록된 '태자귀들(Tetzahuitl)

Calpulli Tetzahuitl Huitzilopochtli Acapulco | Facebook
www.facebook.com/pages/Calpulli-Tetzahuitl... En caché
Calpulli **Tetzahuitl** Huitzilopochtli Acapulco, Acapulco, Mexico. 545 likes · 85 talking about this. Participamos con otros hermanos de tradición, desde el año del ...

Calpulli: Tetzahuitl Huitzilopochtli Acapulco.
www.azcatl-tezozomoc.com/foros1/showthread.php?mode=... En caché
invitacion de aniversario los esperamos, me gustaria que confirmaran para hacer lista de necesidades saludos akopatzin ***** ...

hi5 - Tetzahuitl T's Profile
www.hi5.com/tetzahuitl-tezcatlipoca
Join hi5 and be friends with **Tetzahuitl** T - it's free! hi5 is a great place to socialize with friends and meet new people. Make your own ...

Danzas Mexicanas | Kalpulli TETZAHUITL TEZCATLIPOCA
www.danzasmexicanas.com/kalpulli-tetzahuitl-tezcatlipoca En caché
Nos complacemos en invitarles a que nos brinden su apoyo y fuerza en la Ceremonia del levantamiento de Pantli y la siembra de nombre de nuestro Kalpulli Tonameztli ...

Invitación a danzantes – Tetzahuitl | Solo Opiniones
www.solo-opiniones.com/.../invitacion-a-danzantes-tetzahuitl En caché
El Día de Muertos es una celebración mexicana de origen prehispánico que honra a los

태오티와간의 조각: 둥근 눈과 눈가의 둥근 고리 모양의 깃털을 볼 때 자귀새로 추정된다.

08. 멕시코 국명과 우리민족의 고대 신앙 풍습

● 인신공양과 우리민족

맥이족이 세 사람을 인신공양으로 신에게 바쳤다는 기록을 보고서, 독자들이 '우리민족에게 인신공양의 풍습이 있었다는 말인가' 하는 의문을 가질지도 모르겠다. 결론부터 말하면 우리 선조들은 인신공양의 풍습이 있었고, 그 흔적들이 우리에게 남아있다. 먼저 심청전의 이야기나 에밀레종의 전설을 들 수 있다. 심청전은 봉사인 아버지의 눈을 뜨게 해주기 위해서 공양미 삼백 석에 팔린 심청이가 임당수의 수신(水神)에게 산 채로 바쳐졌다는 내용이다. 이것은 마야문명에서 큰 연못에 어린 여자 아이를 산 채로 던져 넣어 제사를 지내던 풍습과 같다. 에밀레종(성덕대왕신종)은 종을 만들었지만 쳐도 소리가 나지 않자, 종을 다시 녹인 후에 어린 아기를 펄펄 끓는 쇳물에 던져 넣어 만들었더니 종소리가 '엄마를 부르는 소리' 같다고 하여 에밀레종이라고 부르기 시작했다는 전설이 있다. '에미'는 엄마의 방언이다.

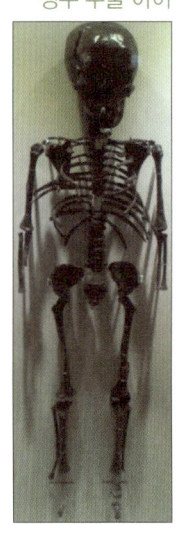
경주 우물 아이

심청전과 에밀레종의 전설은 인신공양에 대한 간접적 증거에 불과하지만, 보다 직접적인 증거도 있다. 먼저 「삼국지」위지동이전의 기록에 따르면, 함경도 동해안 지역에 있던 옥저는 해마다 7월에 어린 여자 아이를 산 채로 바다 수신에게 바치던 풍습이 있었다고 한다. 그리고 2000년 경주 우물 유적에서 발굴된 8~9세 된 아이의 유골은 인신공양의 가장 확실한 증거이다. 이 유골은 신라시대 많은 토기와 다양한 동물이나 새의 뼈와 함께 발굴되어, 그곳에서 대규모 제사를 지냈다는 것을 보여주었다.

　멕시코나 페루 원주민의 제사 유적지의 특징도 사람의 유골과 함께 많은 토기들이 함께 발굴된다는 점이다. 멕시코 원주민들은 많은 인신공양 제사를 올렸는데, 그 중에 특히 비의 신에게 기우제(祈雨祭)를 지낼 때는 7~10세 사이의 어린아이를 사와서 제물로 삼았다. 어린아이가 눈물을 잘 흘리므로, 그렇게 비가 오도록 기원하기 위함이었다고 한다. 경주 우물 아이도 이와 같이 인신공양 제사의 제물이었을 것이다.

　아래는 아스태가제국에서 행하던 인신공양의 한 장면이다. 네 명의 착(chac)들이 희생자의 양손과 양발을 '착 달라붙어' 잡고 있고, 한 명의 무당이 그의 가슴에서 심장을 꺼내어 태양신을 향해 높이 쳐들고 있다.

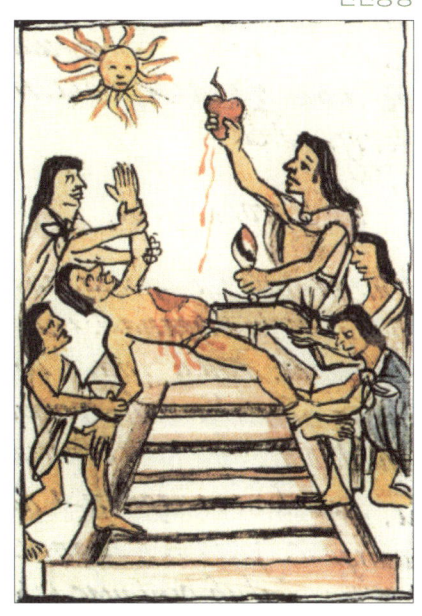

인신공양

09.
멕시코 자료를 바탕으로 한 우리민족 고대사 해석

● **단군왕검과 동명성왕의 호칭 문제**

◆ **멕시코 역사 속의 무당–왕의 호칭**

820년경 아스태가인들을 이끌고 아스땅(Aztlán)을 떠났던 무당 기질(Huitzil)은 고리족 땅에 도착했을 때부터, 그는 더 이상 인간으로서의 무당이 아니라 인신합일로 신격화되어, 맥이족들 사이에서 신으로 추앙받기 시작했다. 그는 신격화된 왕으로서 모든 사람들을 지휘하고 모든 일을 결정했다. 고리족 사람들은 그를 기질로포치들이(Huitzilopochtli)라고 부르기 시작했다. 신격화된 기질로포치들이는 그때부터 아스태가제국이 건국되던 1325년까지 약 500여 년 동안 맥이족이 유랑생활로 떠돌 때, 그들의 절대적인 신이자 왕으로서 지속적으로 등장한다. 그는 맥이족이 어느 방향으로 이동할 것인지, 어느 곳에 정착할 것인지, 또 언제 다시 떠날 것인지 등과 같은 모든 중대사를 결정했다.

최초의 기질로포치들이가 언제 어디서 죽었는지는 알 수 없다. 그러나 그는 죽은 후에도 절대적인 신(神)으로 추앙되어, 맥이족이 유랑생활을 하면서 떠돌던 수백 년 동안 가장 중요한 신으로 숭배되었고, 그를 모시는 무당들이 대를 이어 정해졌다. 기질로포치들이 신을 모시던 역대 무당들은, 최초의 기질로포치들이 태자귀들(tetzahuitl)이라는 새신(鳥神/조신)과 인신합일로 신격화되었던 것처럼, 신이 된 기질로포치들이와 인신합일되어 맥이족 사람들에게 신이자 최고 지도자로 군림했다. 그를 모시던 역대 모든 무당들은 이름까지도 '기질로포치들이'라는 같은 이름을 사용했다. 맥이족에게 인신합일은 인간인 무당이 신처럼 떠받들어질 뿐만 아니라 호칭까지도 그가 모시는 신의 이름으로 불리어지는 것을 의미했다. 심지어 신상을 만들어 온갖 치장으로 모셔두고, 제사를 올릴 때는 무당 자신도 그 신상과 똑같은 모습으로 치장하곤 했다. 이러한 신앙적 풍습은 아스태가제국이 스페인인들에게 멸망당할 때까지 이어졌다.

이것은 맥이족만의 독특한 신앙적 풍습이 아니었다. 그들보다 멕시코에 거의 1천 년 먼저 도착하여 태오티와간문명을 건설했던 사람들도 같은 신앙적 풍습을 가지고 있었다. 태오티와간에는 기원후 150년에서 250년 사이에 건축된 꽤잘꼬아들(Quetzalcoatl) 신전이 있다. 이 신전은 케잘꼬아들이라고 불리던 뱀용을 신으로 모시던 신전인데, 이 신앙은 아스태가제국이 멸망할 때까지 지속되어, 멕시코 고대 역사에서 태양신 신앙과 함께 가장 오랫동안 숭배되었던 신앙이었다. 멕시코 모든 지역에서 이 뱀용 신을 모시던 역대 모든 무당들도 '꽤잘꼬아들'이라고 불리었다.

태오티와간 문명이 멸망한 후, 그곳에 살던 사람들 중의 일부가 툴라(Tula) 지역으로 이동하여 살기 시작하면서 돌태가(Tolteca)문명이 시작되었다. 이 문명의 지배자 이름이 토필친 꽤잘꼬아들(Topiltzin Quetzalcoatl)이었다. 토필친은 인간으로서의 그의 원래 이름이고, 꽤잘꼬아들은 뱀용 신을 모시는 무당으로서, 그 신과의 인신합일을 바탕으로 신격화된 그의 이름이었다.

필자는 앞에서 태오티와간은 '(태양)신의 터와 족장'이라는 뜻의 우리말이라는 것과 태오티와간의 유물로 붉은 볼연지를 찍은 여인 벽화, 상투한 남자 조각상, 피라밋과 도로의 배치 구조가 고조선이 있던 요하강 유역의 홍산문명의 유적지와 같다는 사실 등을 밝혔다. 태오티와간을 건설한 사람은 바로 부여-고구려계 우리 선조였던 고리족으로, 비교적 일찍 멕시코에 도착했던 사람들이었다. 돌태가문명은 태오티와간 문명을 이룩했던 사람들 가운데 일부가 툴라(Tula) 지역으로 옮겨가 살기 시작하면서 시작된 문명이었다. 따라서 돌태가문명에도 그 주인공들이 우리민족이었다는 것을 보여주는 증거들은 많다. 돌태가(Tolteca)라는 명칭 자체도 '돌(돌)+태(신성한)+가(사람)'라는 형태소로 구성된 말로, '돌의 신성한 사람'을 뜻하는 우리말이다. 돌태가는 9세기부터 200년 이상 지속되었던 문명인데, 이 문명의 특징은 돌기둥과 돌조각을 많이 남겼다는 점이다. 돌태가문명이 지속되었던 200여 년 동안 툴라의 지배자는 역대 꽤잘꼬아들이었다.

멕시코 원주민 언어에서 꼬아(coa)는 '뱀'을 뜻한다. 우리말에서 '뱀이 꼬고 있다'라고 말한다. '꼬아'는 뱀이 움직이지 않을 때에는 항상 몸을 꼬고 있는 특징을 타나내는 우리말 의태어이다. 꽤잘꼬아는 '꽤(que) + 잘(tzal) + 꼬아(coa)'로 구성된 말로서, '매우 잘 꼬는 것'을 뜻하는 우리말이다. 이 신앙은 멕시코가 멸망당했던 16세기 초까지 지속되었는데, 꽤잘꼬아들 신을 모셨던 마지막 무당까지 역대 모든 무당들은 전부 '꽤잘꼬아들'이라고 불리었다.

돌태가문명이 12세기에 내부 분란으로 무너지자, 거기에 살던 사람들은 여러 집단으로 나뉘어 일부는 촐룰라(Cholula)로 이동하여 살기 시작했고, 일부는 유카탄 반도로 이동하여 후기 마야문명을 일으켰다. 또 일부는 촐룰라를 거쳐서 오늘날 과테말라가 있는 중미 지역으로 내려가 사라졌다. 이 집단이 중미 여러 나라 원주민이 되기도 했고, 남미로 내려가 페루 잉카문명의 주인공이 되었을 것이다. 필자가 2장에서 검은 갓과 흰 두루마기를 입은, 멕시코에 살았던 우리민족의 모습을 보여 준 적이 있는데, 바로 촐룰라 원주민들의 모습이었다. 그들이 우리민족의 후예였다는 증거는 매우 많다.

우리민족의 이동

◆ 단군왕검과 동명성왕

우리 선조들이 요동과 만주에 건국했던 고조선과 부여-고구려의 왕들의 호칭과 관련하여 아직도 논란이 되고 있는 의문이 있다. 고조선은 기원전 2333년에 건국되어 기원전 1세기까지 존속하여, 무려 2332년 동안 지속되었던 나라였다. 고조선의 역대 왕들은 무엇이라고 불리었을까? 최초의 왕이 단군왕검(檀君王儉)이었다는 것은 이미 잘 알려져 있지만, 그 외의 왕들의 호칭은 알려진 바가 없다. 그런데 환단고기(桓檀古記)에서는 고조선의 역대 왕들이 모두 '단군'이라 불리었다고 밝히고 있다.

단군신화에 따르면 단군왕검은 1500년간 고조선을 다스렸다고 한다. 그런데 단군신화를 고려시대에 날조된 허구(虛構)라고 주장하는 학자들이 있다. 그들이 자주 거론하는 내용이 바로 단군왕검의 1500년 생존설이다. "어떻게 인간이 그렇게 오래 살 수 있단 말인가?"라며 날조설의 한 근거로 삼는다. 그러나 이러한 주장은 고대 우리 선조들의 신앙관과 호칭 풍습을 전혀 모르는 데서 비롯된 잘못된 견해이다. 필자는 위에서 멕시코 역사 속에 나타난 '기질로포치들이'나 '꽤잘꼬아들' 같은 무당-왕의 호칭을 살펴보면서, 인신합일로 신격화된 역대 최고 통치자들의 이름이 모두 동일했다는 사실을 밝혔다. 멕시코로 이동한 우리민족의 이러한 호칭 풍습을 볼 때, 최초의 단군왕검이 1500여년을 살았던 것이 아니라, 고조선을 다스리던 역대 최고 통치자들도 이와 같이 신격화된 왕으로서 대(代)를 이어 같은 호칭을 사용했을 것이라고 보아야 한다. 이어지는 '단군왕검'의 의미에서 자세히 설명하겠지만, 단군왕검은 신격화된 왕을 뜻하는 호칭으로, 멕시코의 '기질로포치들이'나 '꽤잘꼬아들'과 다를 바 없기 때문이다.

　부여를 건국한 최초의 왕 해모수는 '동명성왕(東明聖王)'이라고 불리었다. 그런데 1145년 김부식이 쓴 「삼국사기」에는 고구려를 건국한 주몽도 동명성왕이라고 기록되어 있다. 그렇다면 우리 역사에서 동명성왕이 둘일까? 아니면 둘 중 누가 가짜 동명성왕일까? 이 미스터리를 「KBS역사스페셜」 프로그램에서도 다룬 적이 있다. 또한 「환단고기」에는 또 다른 한 명의 동명성왕이 기록되어 있다. 최초의 동명성왕인 해모수의 5세손 '고두막'도 동명성왕이라고 기록하고 있다. 그렇다면 셋 모두 동명성왕일까 아니면 두 명의 호칭은 잘못된 기록일까?

　동명성왕의 동명(東明)은 '태양'을 뜻하므로, 동명성왕은 '태양신을 믿는 신성한 왕'을 뜻한다. 부여는 '마가, 우가, 구가, 저가'라는 네 개의 큰 씨족 집단이 연합하여 세운 나라였고, 중앙에 왕이 있어 나라를 통치했다. 옛날에는 왕이 정치적으로 가장 높은 통치자이면서 동시에 신들에게 제사를 올리는 제사장, 즉 가장 높은 무당이었다. 이를 흔히 제정일치(祭政一致) 시대라고 한다. 동명성왕은 중앙에서 나라를 다스리던 왕이면서 동시에 태양신을 모시던 가장 신성한 무당이었다. 이 사실을 멕시코로 건너간 우리민족의 신앙적 호칭 풍습과 연관시켜 보면, 동명성왕의 호칭 미스터리도 쉽게 풀린다. 즉 부여의 역대 왕들은 모두 태양신을 모시던 동명성왕이었다. 초대 해모수만이 동명성왕이 아니라 역대 모든 왕들은 태양신을 모시던 신성한 왕이었고, 고구려의 주몽도 '태양신을 모시던 왕'이었으므로 동명성왕이 맞다. 고구려의 주몽은 스스로 '태양신의 아들(日之子)'이라고 외쳤다.

◆ **단군왕검(檀君王儉)의 의미**

동북아의 역사가 시작된 이래 요동과 요서, 그리고 발해만 유역과 산둥반도를 지배하고 살던 사람들은 우리민족이었다. 산둥반도와 그 주변 지역에 살던 사람들은 기원전 1600년경 은나라(상나라)를 건국했고, 요동·요서에 거주했던 사람들은 기원전 2333년 고조선(古朝鮮)을 건국했다. 고조선의 건국 내력을 알려주는 신화가 단군신화이다. 단군신화에 따르면, 고조선 사람들은 곰을 신으로 모셨던 사람들이다. 고조선 최초의 왕은 단군왕검(檀君王儉)이다. 이 명칭은 중국 한자어와 우리말이 혼합된 칭호이다. 상당수의 우리나라 학자들도 마지막 글자 '검(儉)'은 우리말 '곰'을 한자로 차음표기한 글자이고, 그 당시에 '곰'은 곧 '신'을 뜻하는 말로 사용되었다고 설명하고 있다[1]. 이는 타당한 설명으로,

---

1. 우리 선조들에겐 신(神)이라는 어휘가 없었던 것 같다. 그 대신에 '곰'을 믿는 사람들에게는 '곰'이 곧 '신'을 뜻하는 말로도 사용되었고, '새'를 신으로 믿는 사람들에게는 '새'라는 말이 '신'을 뜻하는 말로도 사용되었으며, '태양신'을 믿던 사람들에게는 '태워/태우다'에서 비롯된 '태오(teo)'라는 말이 '신'을 뜻하던 말이었던 것 같다. 필자가 초등학교 다닐 때, 조부(祖父)께서 돌아가셔서 어느 날 무당들을 불러 굿을 한 적이 있었다. 그 때 북을 치는 무당, 대나무를 들고 흔드는 무당, 그 외에 몇 명의 무당들이 함께 와서 굿을 했는데, 어느 순간 한 무당이 술 취한 듯한 표정이 되어 이상한 목소리로 말을 하기 시작하자, 여러 사람들이 '새가 말하기 시작한다'라고 말했다. 어렸음에도 불구하고 필자는 그 말이 너무 이상했다. '새가 말하다니?, 새가 어디 있는데?'하는 의문이 떠올랐다. 나중에 필자는 어머님께 여쭤 보았고, '굿하던 무당을 그렇게 부른다'는 대답을 들었지만, 도무지 이해되지 않았다. 그리고 세월이 흘러, 필자가 이 연구를 하면서, 1600년대에 쓰인 멕시코 고대 문헌을 읽었는데, 치말파인(Chimalpain)이 쓴 역사서의 '맥이족의 이동'에 관한 기록에서 "어느 날 아침부터 새가 이제 떠나자고 외치기 시작했다"는 기록을 읽었다. 거기서 '새'는 맥이족 집단을 이끌던 무당 중의 한 명이었다. 그리고 멕시코 원주민들은 뱀용을 '꽤잘꼬아틀'이라고 불렀는데, 그 뱀용을 모시는 무당도 같은 이름으로 불렀다. 이 모든 사실로부터, 필자가 알게 된 것은 '신으로 믿었던 사물이나 짐승의 명칭'은 '그 신을 모시는 무당의 명칭'으로 사용되었고, 또 그냥 '신'을 뜻하는 보통명사처럼 사용되기도 했다는 사실이다. 그래서 태양신을 믿던 사람들에게는 '태워/태'가 '태양'을 뜻하면서 '신'을 뜻하는 어휘이기도 했던 것이다. 곰은 '곰'이라는 짐승이면서 동시에 '곰을 신으로 모시던 무당의 호칭'이었고, 동시에 '신'을 뜻하는 말로 사용되었다. 이런 표현법이 고대 우리 선조들의 신앙과 관련된 언어 습관이었다. 터어키어에서 캄(kam)은 '신'이면서 동시에 '무당'을 뜻한다. 터어키인들은 서쪽으로 이동한 돌궐족의 후예로서, 돌궐족은 고구려 시대에 만주대평원 서쪽 지역에 살던 종족이었다. 그들과 고구려 사이에는 약간의 언어 교류가 있었을 것이다. 일본어에서 '신'을 뜻하는 가미(カミ)라는 말도 우리 선조들이 '신'을 뜻하는 말로 사용하던 '곰'과 관련 있다는 것이 학계의 통설이다.

왕검(王儉)은 '큰 곰'이면서 동시에 '높은 신'을 뜻한다. 414년에 건립된 광개토대왕 비문에 나오는 대금(大金)이란 말도 왕검(王儉)과 비슷한 말로서, '신성한 곰', 즉 '신성한 신'을 뜻한다. 오늘날 무속인들이 굿을 할 때 '성주대감, 조왕대감' 등과 같은 호칭으로 신(神)을 부른다. 여기서 사용되는 '대감'도 바로 이와 같은 경우로 '신성한 신'을 뜻한다. 독자들은 한자 '태(太)/대(大)'로 표기된 고대 우리말 '태'가 '신성한'을 뜻한다는 필자의 설명을 기억하기 바란다.

단군(檀君)은 무슨 뜻일까? 역시 앞 글자 단(檀)은 우리말 '땅'을 차음표기한 글자이고, 군(君)은 '임금'을 뜻하는 중국 한자어이다. 단군(檀君)은 '땅의 임금'을 뜻한다. 결국 단군왕검(檀君王儉)은 '땅의 임금, 큰 신'을 뜻하는 말이고, 고조선을 건국한 왕이 '세상을 다스리는 땅의 임금이면서 동시에 가장 높은 신'으로 추앙되었다는 것을 뜻하는 명칭이었다.

고조선의 마지막 왕의 이름은 우거(右渠)였다. 이 이름도 우리말을 발음과 같은 한자로 차음 표기한 것으로 한자의 뜻과는 상관없고, 우리말 그대로 '높은 굿'을 뜻한다. 우(右)는 '우에, 위에'를 뜻하고, 거(渠)는 '굿'을 뜻하는 우리말이다. 결국 '우거'는 '높은 굿', 즉 '높은 굿하는 사람'을 의미한다. 실제로 멕시코로 이동한 우리민족의 말에서도 '우에(Hue)'는 '높다'는 뜻으로 사용되었고, '굿들(cutl)'은 '굿하는 사람들'이라는 뜻으로 사용되었다. 그들은 무당들을 태구들이(Tecutli)라고도 불렀는데, '신성한 굿을 하는 사람'을 뜻 한다[2]. 그들은 왕을 '다도안이(Tlatoani)'라고도 불렀고, '다가태굿들이(Tlacatecutli)'라고도 불렀다.

---

2. 태구들이(Tecutli)의 형태소 구성은 '태(신성한) +구(굿) +들(사람) +이(뜻 없음)'이다. 우리말에서 때때로 '들'만으로도 '사람'을 뜻했다. 예를 들어, '김씨 안들'은 '김씨 안사람'을 뜻한다. 마지막 '이'는 '갑돌이, 갑순이'의 '이'처럼 뜻이 없다.

전자는 '다 도와주는 사람'이라는 뜻이고, 후자는 '전부가 신성한 굿의 사람'이라는 뜻이다.

고조선의 후대 왕들은 '단군왕검'이라는 호칭 대신에 '단군'으로만 불렸다는 것을 볼 때, 세월이 흐르면서 '신격화된 왕'의 역할에서 '인간으로서의 왕'의 역할로 옮겨갔던 것으로 보인다. 그렇지만 마지막 왕 '우거'의 이름으로 볼 때 '신을 모시던 무당'의 역할도 지속되었음이 분명하다.

위서(僞書)인가 아닌가의 논란이 벌어지고 있는 환단고기(桓檀古記)의 '환단'은 '태양의 땅'을 의미한다.[3] '단'은 이미 설명한 대로 '땅'을 뜻하고, '환'은 '환하다, 날이 밝다'의 의미로서 태양을 비유적으로 표현한 말이다. 환단은 '환한 땅', 즉 '태양신의 땅'을 의미하고, 이것은 태양신을 믿는 사람들의 땅을 의미한다. 태양신은 부여-고구려를 건국했던 고리족의 신앙이었다. 그런데 필자가 멕시코에서 드러나는 우리민족의 흔적을 연구해 본 결과, 고조선도 고리족의 일파로 보아야 할 상당히 중요한 유물들이 있었다. 그 유물들은 고리족의 유물이지만, 고조선의 영토였던 요동·요서 지역에 나타나고, 고조선이 건국되기 훨씬 전에 존재했던 홍산문화의 유물에도 나타난다. 이것으로 미루어 볼 때, 고조선을 건국했던 맥족(맥이족)도 원래는 고리족의 일파였고, 태양신을 믿었던 사람들이었을 것으로 추정된다. 이 부분에 대한 보다 자세한 것은 '우리민족의 정체성'을 다룰 다른 책에서 소개하기로 한다.

---

3. 환단고기에 대하여 오늘날 사학자들의 대체적인 시각은 20세기 초에 조작된 위서라고 판단한다. 그러나 필자는 그러한 의견은 성급한 판단이라고 본다. 왜냐하면 환단고기의 기록 속에는 우리말을 한자로 표기할 때 사용된 전형적인 고대 표현법이 나타나기 때문이다. 고대 우리말을 한자로 차음표기할 때 드러나는 특징은 매우 독특하여, 20세기 사람들이 조작할 수 있는 것이 아니라는 것이 필자의 의견이다.

이사금과 임금의 뜻

내친 김에 필자는 독자들에게 우리 고대 왕의 칭호에 대한 미스터리 한 가지를 더 설명하고자 한다. 우리는 '왕'을 '임금'이라고 한다. '임금'은 신라 제3대 유리왕이 왕의 칭호로 사용했던 니사금(泥師今, 尼師今, 尼斯今, 泥斯今)에서 유래했다고 한다. 독자들은 같은 말을 왜 이렇게 여러 가지 한자로 기록했을까 하는 의문을 가지기 바란다. 이유는 한자의 음을 빌려 우리말을 표기할 때 우리말과 비슷한 발음의 한자로 표기하다 보니, 기록자에 따라서 서로 다른 한자로 기록하게 된 것이다. 이것을 차음(借音) 표기라고 한다.

이렇게 여러 한자로 차음 표기된 '니사금'은 어떤 말이었을까? '니'는 바로 '나'의 방언이었다. '금'은 '곰'이고, '곰'은 요동 지역에 살던 고조선계 선조들이 '신'을 뜻하는 말로 사용하던 어휘였다. 「삼국지」위지동이전에 따르면, 고조선계 선조들이 기원전 2세기경 중국 진시황제가 일으킨 전쟁을 피하여 요동·요서 지역에서 도망쳐 평양에 도착했고, 여기서 다시 한강 유역을 지나서 오늘날 경주 땅에 정착했다고 기록하고 있다. 그래서 신라 초기 사람들은 우리 선조들 중에서 가장 먼저 한자를 사용했고, 중국식 성씨(姓氏)도 가장 먼저 사용했던 것이다. 특히 '니사금'을 왕의 칭호로 처음 사용했던 유리왕은 신라 6촌에게 중국식 성씨를 하사한 왕이다. 그는 '경주 정씨, 경주 최씨, 경주 손씨, 경주 이씨, 경주 설씨, 경주 배씨' 등과 같은 성씨를 하사했다. 즉 그는 '금'이 '곰'에서 유래된 '신'을 뜻하는 말이라는 것을 알고 있었고, 또 중국식 한자로 된 성씨도 알고 있었던 왕이었다. 아마도 그는 한자를 잘 알던 고조선계 선조들의 후예였을 것이다. 따라서 '니사금'은 '나의 새 곰'이라는 말이고, '나의 새로운 신'이라는 뜻이었다. '니사금'에서 유래된 말이 '닌금'이고, 이것이 '임금'으로 변했다. '닌금'은 '나의 신'이라는 뜻이므로, 임금도 같은 뜻이었다는 것을 알 수 있다.

독자들은 고조선계 사람들이 기원전 2세기경에 경주로 이주했다는 「삼국지」 위지동이전 기록과, 신라 초기 왕의 호칭에 사용된 용어가 고조선 시대 왕의 칭호에 사용하던 '검/금'이라는 사실이 역사적으로 정확하게 일치한다는 것을 기억하기 바란다. 우리 선조들 가운데 중국에 한자로 국서(國書)를 가장 먼저 보내기 시작한 지역도 바로 경주였다.

우리 선조들이 세웠던 부족국가의 초기 형태는 제정일치(祭政一致)였다. 제정일치는 왕이 신앙적으로는 가장 높은 무당이면서 동시에 정치적으로는 가장 높은 통치자라는 뜻이다. 신라의 초기 왕들도 고조선의 단군왕검이나 부여-고구려의 동명성왕처럼 신격화된 통치자였던 것이다. 그래서 고대 우리 선조들은 왕을 '나의 새로운 신'이라는 뜻으로 '니사금'이라고 불렀던 것이다.

오늘날 '니'는 '너'에 해당하는 말이지만, 고대 우리 선조들은 '나'와 같은 말로 사용했다는 증거를 간단히 살펴보기로 하자. 아메리카로 건너간 우리민족은 '나'를 뜻하는 말로 '나/내/니/노'를 사용했다. 특히 멕시코에서는 '나(na)'보다 '니(ni)'를 더 많이 사용했다. 강길운 교수가 우리말과 '쌍둥이 언어'라고 불렀던, 아무르강 하류에 살고 있는 길약족의 말에서도 '니'는 '나'와 같은 말이었다. 길약족은 자기 친척이나 자기 씨족을 니부히(Nivkh)라고도 하고 나부히(Navkh)라고도 했다[4]. 이 말에서 사용된 '부히'는 러시아식 발음 표기이고, 영

---

4. Lev Sheternberg(1999), 「The social organization of the Gilyak」, Bruce Grant Swarthmore College,

어식 발음 표기는 '분(bun)'으로서, '사람'을 뜻한다고 한다. 그렇다! '사람'을 뜻하는 '분'은 우리말이다. 우리는 '이 분, 저 분, 그 분'이라고 말한다.

따라서 '니부히/나부히'는 모두 '나의 사람'을 뜻하는 우리말이다. 길약족은 친척이나 동족을 '나의 사람'이라는 식으로 표현했던 것이다. 필자는 여러 연구에서 길약족은 우리민족의 후예이고, 우리민족이 아메리카로 대이동할 때, 중간 지점인 아무르강 하류에 남아버린 사람들이라는 것을 밝혀왔다. 오늘날 길약족은 '니부히족'이라고도 불리는데, 20세기 초 러시아인들이 길약족이 자주 '니부히'라고 하는 말을 듣고서, 그것을 그들의 종족 명칭으로 사용하기 시작하면서 그렇게 명명되었다. '길약'이라는 명칭도 '길에게(Kileke)'라는 우리말에서 유래했고, 그 뜻은 '길에 남은 것들'이라는 뜻이다. 보다 자세한 것은 '우리민족의 이동루트'를 다룰 다른 책에서 설명하겠다.

이렇게 하여, '니'는 '나'와 같은 말로서, 고대 우리 선조들이 사용하던 일종의 방언이었다는 것과 그 흔적이 '니사금'과 '닌금'이라는 말에 남았다는 것을 알 수 있다.

1999, p.21.
5. Berthold Laufer(1900), 'Preliminary Notes on Exploration among the Amoor tribes', 「American Anthropologist」 1900, 2권 2호, p.315.

● 우리 선조들의 지명 및 종족 명칭의 표현 방식

앞에서 신라 사람들은 왕을 '나의 신'이라는 식으로 표현했고, 우리민족의 후예인 길약족은 친척이나 동족을 '나의 사람'이라는 식으로 말했다는 것을 확인했다. 그런데 우리 선조들은 이런 식의 표현을 사람에게만 사용한 것이 아니라 지명(地名)에도 사용했다.

고구려 유리왕이 기원후 3년에 쌓은 성이 위나암성(尉那巖城) 또는 위나야성(尉那也城)이라고 불리는 성이다. '위나암성/위나야성'이 무슨 뜻인지 아직 제대로 설명되지 못하고 있는데, '위 나의 성', 즉 '높은 나의 성'이라는 뜻이다. 554년에 쓰인 중국의 「위서(魏書)」 물길전에 보면, 만주의 어느 호수를 태노수(太魯水)라고 기록하고 있다. 이 어휘에서 '태'와 '노'는 우리말로서, 각각 '신성한'과 '나'를 뜻한다. '노'는 '나'의 또 다른 방언이다. 태노수(太魯水)는 '신성한 나의 물'이라는 뜻이다. 우리민족은 광대한 만주대평원과 아무르 유역을 차지하고 살면서, 서로 간의 교류가 많지 않아 방언 차이가 심했다. 3세기에 기록된 「삼국지」위지동이전 고구려조에도 언어제사(言語諸事)라고 기록하여, 방언이 많았다는 것을 전해주고 있다. 초기 고구려를 구성했던 다섯 부족의 명칭은 순노부(順奴部), 소노부(消奴部), 관노부(灌奴部), 절노부(絶奴部), 계루부(桂婁部)이다. 이 명칭에 사용된 '노(奴)'가 12세기 중엽에 쓰인 「삼국사기」에는 '나(那)'로 바뀌었다. 이것은 '노=나'라는 것을 다시 한 번 확인시켜주는 문헌 증거이다. 따라

---

6. 김부식(1145), 「삼국사기」 고구려 본기3, 태조대왕 80년의 기록에 灌奴部(관노부)는 貫那部(관나부)로 기록되어 있고, 桓那部(환나부)라는 명칭도 등장한다.

서 순노부는 '동쪽 나의 땅'을 뜻하고, 소노부는 '서쪽 나의 땅'을 뜻하며, 관노부는 '남쪽 나의 땅'을, 그리고 절노부는 '북쪽 나의 땅'을 의미한다[7,8].

여기서 독자들은 아스태가인들이 처음 나라를 세웠던 섬을 '태노치티땅(Tenochtitlán)'이라고 불렀는데, 이 지명을 필자가 '신성한 나의 사람의 땅'을 뜻한다고 해석했다는 것을 기억하기 바란다. 이 지명을 형태소 구조로 분석하면 다음과 같다[9].

태노치티땅(Tenochtitlán) → 태 + 노 + 치 + 티 + 땅
뜻 → 신성한 나(의) 사람 터 땅

언어의 일치는 그 구성요소인 형태소가 일치해야 한다. 형태소 일치는 각 형태소의 뜻과 발음이 같아야 한다. '태'는 앞에서 설명한 대로 고대 우리말로서 '신성한'을 뜻하고, '노'는 '나'의 방언이며, '치'는 우리말의 '이치, 저치, 그치,

---

7. 「후한서(後漢書)」에는 고구려 초기 부족 명칭에 관하여 다음과 같은 기록이 있다: 二曰北部 一名後部 卽絕奴部也, 三曰東部 一名左部 卽順奴部也, 四日南部 一名前部 卽灌奴部也, 五日西部 一名右部 卽消奴部也. (이왈북부 일명후부 즉절노부야, 삼왈동부 일명좌부 즉 순노부야, 사왈남부 일명전부 즉관노부야, 오왈서부 일명우부 즉소노부야.) 이 내용은 절노부는 북쪽, 순노부는 동쪽, 관노부는 남쪽, 소노부는 서쪽에 위치해 있다는 뜻인다. 따라서 계루부는 중앙을 점하고 있었을 것이다.
8. 부(部)는 땅을 기반으로 대대로 정착해 오던 씨족 집단의 영토를 지칭하기 위하여 중국인들이 붙인 한자어이다.
9. 오늘날의 멕시코인들은 태노치티땅(Tenochtitlán)을 '태노치티뜰란'이라고 말한다. 또 아스땅(Aztlán)을 '아스뜰란'이라고 말한다. 멕시코 원주민들의 원래의 말은 '태노치티땅/아스땅'이었지만, 16세기 초에 벌어진 아스태가제국 정복 전쟁 과정에서 스페인인들의 공격을 피하느라 많은 지역의 원주민들이 도망치는 과정에서 서로 뒤섞이면서 언어 혼란이 일어났고, 그 결과로 T 다음에 없던 L 소리가 첨가되는 현상이 일어나 확산되었다. 그래서 오늘날 모든 멕시코인들은 '태노치티땅'이 아니라 '태노치티뜰란'으로, '아스땅'이 아니라 '아스뜰란'으로 발음한다. 그러나 이 책에서는 원주민의 원래 발음에 따라서 '태노치티땅/아스땅'을 사용한다. 그래야만 그들의 원래 말, 즉 우리말을 찾을 수 있기 때문이다.

벼슬아치'에서 보듯이 '사람'을 뜻한다. '티'는 '한티고개, 느티고개, 밤티고개'에서 보듯이 '터'의 고어이고, 또 장소를 뜻하는 다른 어휘가 바로 뒤에 나와서 함께 쓰이는 경우가 많다. '땅'은 글자 그대로 우리말 '땅'이다. 스페인어 표기에서 악센트를 찍었는데, 이는 우리말에서 받침소리가 있으면 강하게 들리기 때문에 찍은 것이다. 여기서 우리가 확인할 수 있는 것은 아스태가인들이 멕시코에 가서 최초로 정착했던 곳의 지명을 정할 때에도 우리민족 고유의 표현 방식을 사용하여 '나의~'라고 지었다는 것과, 태노치티땅이 우리말로 된 지명이라는 것이다.

이로써 우리 선조들의 또 다른 고대 언어 습관을 확인했다. 왕을 '나의 신'이라는 뜻으로 말했고, 친척이나 동족을 '나의 사람'이라고 했으며, 지명으로는 '신성한 나의 물/ 높은 나의 성/ 동쪽 나의 땅, 서쪽 나의 땅, 남쪽 나의 땅, 북쪽 나의 땅' 등으로 표현했다는 것을 알았다. 이러한 언어 습관까지도 민족의 이동과 함께 멕시코로 건너가서 '신성한 나의 사람의 땅'이라는 뜻의 숭고한 지명 '태노치티땅'을 남긴 것이다.

흥미로운 이야기를 하나 더 하자면, 우리나라 무당들도 굿을 할 때 이와 같은 표현을 사용했다는 점이다. 무당들이 굿을 할 때 노래하듯이 하는 말을 무가(巫歌)라고 하는데, 무가는 옛날부터 구전(口傳)으로 내려오는 무속인들의 노래이다. 개성에서 신당 굿을 할 때 부르던 무가에는 '거므 나의 땅에 희나 백성'이라는 표현이 있다. 여기서 '거므'는 '단군'을 뜻한다고 한다[10]. '거므'는 '금으

---

10. 양종승, '개성 신당 굿 구조, 형태, 의미 그리고 전승자 조사연구', 「2013년 비교민속학회 춘계학술대회 발표문」, p.177.

이고 '곰의'이다. '곰'은 '신'이었으므로 '곰의'는 '신성한'을 뜻한다. 단군은 '곰 신앙'의 무당-왕이었다. 따라서 '거므 나의 땅'은 바로 '곰의 나의 땅'이고, 결국 그 뜻은 '신성한 나의 땅'이 된다. 바로 멕시코의 '태노치티땅'의 의미와 거의 같다. '거므 나의 땅에 희나 백성'은 '신성한 나의 땅에 백의민족'을 뜻하는 말이다. 멕시코 원주민들도 스스로 백의민족이라고 자각하여, 오늘날까지도 흰옷을 즐겨 입는다.

다물(多勿)

요즘 우리나라 식자(識者)들, 특히 역사에 관심이 많은 분들 사이에서 자주 입에 오르는 우리말 고어 중의 하나가 '다물(多勿)'이다. 이 말은 '옛 땅을 다시 회복하다'라는 뜻이라고 알려져, 통일을 염원하는 많은 분들이 즐겨 사용하고 있다. 이 말은 「삼국사기」 권13, 고구려본기 제1권의 다음과 같은 기록에서 비롯되었다.

松讓以國來降 以其地爲多勿都 封松讓爲主 麗語謂復舊土爲多勿 故以名焉
(송양이국래강 이기지위다물도 봉송양위주 려어위복구토위다물 고이명언)
송양이 나라를 들어 항복해오니 그 땅을 다물도로 삼고 송양을 봉하여 주인(왕)으로 삼았다. 고구려 말에 '옛 땅을 회복하다'를 '다물'이라 한 까닭에 그렇게 지칭한 것이다.

'다물'이라는 지명의 유래는 다음과 같다. 주몽은 동부여 왕자 대소의 위협을 피해 남쪽으로 도망쳐 송양이 다스리던 땅에 도착하였는데, 송양이 주몽에게 항복하고 그 땅을 바치자, 주몽은 그곳을 '다물'이라고 명명하고 나서, 송양이 계속 다스리도록 한 곳이다. 고구려가 건국되던 그 당시의 우리 선조들은 아직 큰 나라를 건국하지 못하고 씨족 집단 중심으로 곳곳에 크고 작은 마을을 이루어 자유롭게 살았는데, 각 씨족 마을은 그 씨족의 가장 큰 어른이 다스렸다. 따라서 송양도 어느 씨족 집단이 몰려 살던 지역의 큰 어른으로서 그 지역의 대표자였을 것이다.

위에 인용한 기록에서 보듯이, '다물'이 '옛 땅을 회복하다'를 뜻하는 고구려 말이라고 한 것은 1145년 「삼국사기」를 쓴 김부식이다. 그런데 필자가 보기에는 김부식의 해석은 잘못된 것 같다. 다물은 '옛 땅을 회복하다'라는 뜻이 아니라 '신성한 뭍', 즉 '신성한 물가의 땅'을 뜻하는 것 같다. '다(多)'는 옛 발음이 '타'로서, 앞에서 필자가 설명한, '신성한'을 뜻하던 고대 우리말 '태/타'에 해당하는 말이고, '물(勿)'은 물이 가까이 있는 땅을 뜻하는 우리말 '뭍'일 것이다.

필자가 이렇게 보는 이유는 세 가지이다. 먼저 역사적으로 볼 때, 주몽이 동부여에서 도망쳐 도착한 송양의 땅은 동부여의 옛 땅이 아니다. 송양이 지배하던 땅은 아직 씨족 집단 형태로 사람들이 모여 살던 곳으로, 이전에 동부여의 일부가 된 적이 없는 땅이고, 주몽도 그곳은 처음 간 곳이므로, '옛 땅의 회복'이라고 말할 수 없다. 둘째, 「삼국사기」 지리지편의 고구려 지명을 조사해 보면, '물(勿)'이라는 어휘를 사용한 고구려 지명으로 금물내군(今勿內郡), 비물(非勿), 덕물현(德勿縣), 소물달(所勿達) 등의 네 곳이 나오는데, 모두 '물'이 가까이 있는 땅, 즉 강 주변 지역에 붙여진 지명들이다. 따라서 '물(勿)'은 물가의 땅을 뜻하는 순우리말 '뭍'을 차음표기로 기록한 글자로 볼 수 있다. 마지막으로, 12세기~13세기경에는 이미 중국 한자어가 우리민족 사이에 상당히 보편화되어, 많은 순우리말이 잊혀져 버리고 대신에 한자어가 보편적으로 사용되고 있던 시기였으므로, 「삼국사기」의 저자도 고구려의 옛말 '다물'의 뜻을 정확하게 알지 못했을 가능성이 많기 때문이다.

이 시대에 이미 우리 옛말을 상당히 잊어버렸음을 보여주는 예가 또 있다. 1281년 쓰인 「삼국유사」를 보면, 단군신화를 전하면서 '태백산정 즉 태백금묘향산(太白山頂 卽太白今妙香山)'이라고 기록된 부분이 있다. 이 기록은 중 일연이 '태백산'을 지금의 '묘향산'을 뜻한다고 해석한 내용이다[11].

그런데 멕시코에 남은 우리말을 보면 '태백(tepec)'은 그냥 보통명사로서 '산'을 뜻하는 말이다. 태백산(太白山)은 우리말 '태백'에 같은 뜻의 중국 한자어 '산(山)'을 덧붙인 어휘인 것이다. 이렇게 같은 뜻의 어휘를 덧붙이는 이유는 둘 중의 하나가 거의 사용되지 않아서 '잘 모르는 어휘'인 경우가 많다. 따라서 '태백산'이라는 어휘를 통해서 짐작할 수 있는 것은 그 당시에 이미 우리말 '태백'이 거의 잊혀진 상태였다는 사실이다. 그런데 '산'을 뜻하는 '태백'이라는 어휘는 우리 일상생활에서 매우 자주 사용되는 '기초 어휘'에 해당한다. 그런 기초 어휘조차 잊혀질 정도로 13세기에는 중국 한자어가 이미 우리 선조들의 기본 언

---

11. 그의 이 해석으로 말미암아 우리나라 사학계는 매우 오랫동안 고조선이 북한 평양에 있었다고 믿었고, 북한 사학자들은 아직까지도 그렇게 주장하고 있다. 그러나 윤내현님을 비롯한 국내 몇몇 사학자들의 오랜 연구 결과, 고조선은 원래 요동·요서 지역에 있었음이 밝혀져, 1980년대 이후부터는 국내 사학계도 고조선 요동설을 받아들이고 있다.

어가 되어버린 상태였던 것이다. '태백'이라는 순우리말도 거의 사용되지 않아, 그 본래의 뜻이 잊혀짐으로써, 중 일연도 '태백'을 일종의 고유명사로 착각하여 그 당시의 '묘향산'을 태백산이라고 부른다고 주석까지 달았던 것이다. 이러한 정황으로부터 짐작할 수 있는 것은 12세기~13세기경에 우리말은 '태백'과 같은 기초 어휘조차 이미 한자어로 대체되었을 정도로 심각하게 잊혀져 가고 있었던 것이다. 따라서 '신성한'의 뜻으로 사용되었던 고대 우리말 '태/타'도 잊혀져 더 이상 사용하지 않게 됨으로써, 「삼국사기」의 저자 김부식도 '다물'의 정확한 뜻을 몰랐을 것으로 판단된다.

따라서 다물(多勿)은 김부식이 기록한 '옛 땅을 회복하다'라는 뜻이 아니라, '신성한 물', 즉 '신성한 물가의 땅'이 아니었을까? 특히 송양의 땅은 동부여에 속했던 적이 없던 만주 남쪽의 어느 곳이었고, 주몽도 그곳에는 처음 갔다는 역사적 사실을 감안할 때, 필자의 해석이 더 타당하다고 본다. 「삼국지」위지동이전에도 고구려가 처음 시작된 곳이 큰 물가였다고 기록되어 있다(句麗作國 依大水而居/구려작국 의대수이거).

● 청산별곡의 미스터리

여기서 잠시 우리 국문학의 미스터리 하나도 설명해 보기로 한다. 고려시대 가요로 유명한 청산별곡에는 다음과 같은 구절이 있다.

가다가 가다가 듣노라

외딴 부엌 옆을 지나다가 듣노라

사슴이 장대에 올라가서

해금 타는 것을 듣노라

여기서 '사슴이 장대에 올라가서 해금을 탄다'는 무슨 뜻일까? 먼저 '사슴'은 바로 사슴을 신으로 모시는 무당을 뜻한다. '곰'을 신으로 모시던 무당-왕을 '왕검', 즉 '왕곰'이라고 불렀고, '새'를 신으로 모시는 무당을 '새'라고 불렀으며, 신이 된 기질로포치들이를 모시는 무당을 기질로포치들이로, 뱀용 꽤잘꼬아들을 신으로 모시는 무당을 꽤잘꼬아들이라고 불렀던 것과 같은 표현 방식이다.

에벤키족 사슴 무당 야키족 사슴 무당 장대에 오른 멕시코 새 무당

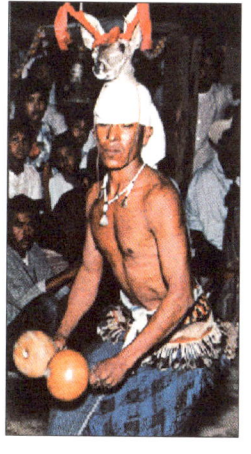

12. 왕평 외 4인, 「호륜패이문물」, 호륜패이맹문물관리점주반 1993, p. 47.
13. 저자 미상, 「Códice de Fernandez Real」, p. 6.

09. 멕시코 자료를 바탕으로 한 우리민족 고대사 해석

아무르강 유역과 그 북쪽 지역에서는 20세기 초까지 사슴을 신으로 모시던 사람들이 많았다. 그들은 사슴의 머리를 잘라서 모자로 만들어 쓰고, 굿을 했다. 굿을 할 때 각종 악기도 연주했다.

위는 아무르강 상류에 사는 어윈커족(에벤키족)의 사슴탈 무당과 멕시코 서북부 지역에 사는 야키(Yaki)족 무당이 굿하는 모습이다. 어윈커족은 삼국시대에 동해안에 살던 부여의 일파였던 옥저(沃沮)의 후예이다. 멕시코 야키족의 말에는 오늘날까지도 상당수의 우리말이 나온다. 마지막 사진은 우리민족 맥이족이 남긴 그림역사서에 나오는 장면이다. 새머리 모자를 쓴 무당이 장대에 올라 앉아 있다.

멕시코의 이러한 풍습을 볼 때, 무당들이 장대에 올라가는 경우는 축제(잔치)나 제사, 그리고 중요한 재판을 할 경우였다. 따라서 청산별곡에서 '사슴이 장대에 올라 해금을 연주한다'는 것은 옛날 우리민족에게 있었던 풍속으로, 사슴을 신으로 모시는 무당이 축제(잔치)나 제사를 주관하던 장면을 묘사한 것으로 보인다. 어윈커족은 동해안에 살던 옥저의 후예이므로, 청산별곡에 묘사된 이 부분은 고려시대까지 남아있던 옥저의 한 풍속인 듯싶다.

● 주격조사 '가'와 '이'

우리 국어학의 또 하나의 미스터리가 주격조사 '가'의 등장이다. 신라시대

향가를 비롯하여 조선 초기에 기록된 문헌에 사용된 주격조사는 '이'뿐이었다. 그런데 임진왜란(1592년) 이후부터 우리 선조들은 새로운 주격조사 '가'를 갑자기 사용하기 시작했다. 문장에서 주격조사는 '뜻'은 없고, '기능'만 있는 어휘이다. 즉 어떤 단어 뒤에 이것을 붙이면 그 단어는 '주어 역할'을 하게 된다.

언어발달이라는 관점에서 보면, '뜻'이 없는 어휘는 언어가 상당히 발달된 단계에서는 새로 생기기 어렵다. 새로 생기는 어휘는 새로운 뜻을 가진 어휘여야 한다. 예로부터 내려오던 뜻 없는 어휘도 점차 사라지는 것이 언어발달의 일반 현상이다. 그런데 우리민족의 언어가 상당히 발달되고 안정되어진 17세기에 뜻 없는 새로운 주격조사 '가'의 느닷없는 등장은 "어떻게 이 시대에 갑자기?"라는 의문을 제기할 수밖에 없는 수수께끼였다. 언어발달이라는 원칙을 역행한 현상이기 때문이다.

그 수수께끼의 열쇠도 아메리카로 이동한 우리민족의 언어에서 찾을 수 있다. 아메리카로 이동한 부여-고구려계 선조들과 고조선계 선조들의 분포 지역과 두 주격조사가 쓰였던 지역에는 상관관계가 있다. 결론부터 말하면, 부여-고구려계 선조들인 고리족이 정착한 지역에는 주격조사 '가'가 사용되었고, 고조선계 맥이족이 정착한 지역에는 주격조사 '이'가 사용되었으며, 고리족과 맥이족이 함께 산 지역에서는 '가'와 '이'가 모두 사용되었다. 이것은 맥이족이 주격조사로 '이'를 썼고, 고리족은 주격조사로 '가'를 썼다는 단적인 증거이다.

우리 선조들이 17세기까지 주격조사 '이'만을 사용해 온 배경은 다음과 같다. 맥(이)족이 기원전 2세기에 중국 진시황제의 천하통일 전쟁을 피하여 고조선의 요동에서 경상도 동해안 경주로 이주했다는 이야기는 「삼국지」위지동이

전에 나온다. 그리고 경주 지역의 신라가 삼국통일하면서, 신라의 언어가 한반도의 기본 언어가 되었다. 언어발달은 항상 지배 집단의 말이 널리 퍼지는 과정 속에서 이루어지기 때문이다. 그래서 '이'가 한반도의 주격조사로 자리 잡게 되었다.

임진왜란은 1592년 4월 왜적이 부산을 침략하면서 시작되었고, 불과 20일 만에 수도 한양(서울)까지 쳐들어 왔다. 선조 임금과 조선의 사대부들은 허겁지겁 압록강 근처의 의주까지 피신했고, 거기서 이듬해 2월까지 약 8개월 동안 피난살이를 했다. 이때 그곳에 남아 살던 고리족 후예들과 접촉하면서 고리족의 말과 언어습관을 배우면서, 주격조사 '가'도 함께 배웠다. 이 시기에 우리말은 급변했는데, 그 원인을 국어학계에서는 전쟁 때문이라고 설명해오고 있다. 그러나 단순히 전쟁 때문이 아니라 전쟁으로 인하여 북쪽으로 많은 백성들이 피난을 갔고, 피난 생활을 하는 가운데 북쪽에 살던 고리족과 접촉하면서 그들의 말과 언어습관을 배워 사용하기 시작했기 때문이다. 이때 고리족의 주격조사 '가'도 배우게 되었고, 전쟁이 끝나 다시 한양으로 돌아온 사람들이 이것을 사용함으로써, 널리 퍼지기 시작했을 것이다. 그래서 임진왜란 이후의 문헌에 갑자기 주격 조사 '가'가 많이 나타나게 되었던 것이다.

부여-고구려계 선조인 고리족은 고조선계 맥이족보다 훨씬 먼저, 훨씬 많이 아메리카로 건너가, 북미 멕시코는 물론이고 남미까지 퍼졌다. 그리고 나서 맥이족이 아메리카로 건너가 멕시코에 정착했다. 그들은 주변에 이미 정착해 살던 고리족과 함께 어울려 살았고, 아스태가제국도 함께 건설했다. 그래서 멕시코 지역에는 주격조사 '가'와 '이'가 함께 나타나고, 남미 잉카제국에는 주격조사 '가'만 나타나게 된 것이다. 이것은 곧 고리족의 주격조사가 '가'였다는 것을 의미한다. 잉카제국의 언어를 케추아(Quechua)어라고 한다. 케추아는 우리말 '꽤 추워'이다. 이것을 스페인 정복자들이 그 뜻을 제대로 이해하지 못하면서, 원주민들이 자주 쓴다는 데 착안하여 언어 명칭으로 둔갑시켰던 것이다.

이러한 역사적 배경으로 인하여 멕시코 원주민 말인 나와들(Nahuatl)어에서는 주격조사로 '가'와 '이'가 다 사용되었다. 나와들어의 원래 명칭은 나와다들이(Nahuatlatoli)이고, '나와 다들이/나와 모든 이들이'라는 뜻의 우리말이다.

어떤 민족의 언어가 어떻게 다른 지역으로 전파되었는가를 연구하는 데 중요한 기준은 '뜻'이 있는 어휘와 '뜻'이 없는 어휘를 구분하여, 그 전파 여부를 조사하는 것이다. 뜻이 있는 어휘만 전파된 경우는 단순한 차용(借用)에 불과할 수 있다. 즉 문화 교류를 통하여 다른 민족에게서 그 어휘를 배워서 사용할 수도 있다. 예를 들어 우리가 미국으로부터 버스와 컴퓨터를 들여오면서 관련 어휘인 '버스, 스톱, 컴퓨터, 마우스' 등을 함께 배워 사용하는 것과 같다. 그러나 뜻이 없는 어휘는 차용되지 않는다. 이런 어휘는 뜻이 없기 때문에 다른 민족은 그 어휘의 필요성을 느끼지 못하고, 필요성을 느끼지 못하므로 배우지도 않지만, 일시적으로 배우더라도 사용하지 않게 된다. 사용되지 않는 어휘는 곧 잊어버리게 되어 후대에 전해지지 않으므로, 곧 사라져 버리는 것이 일반적이다.

아메리카 원주민들은 우리말의 뜻 없는 요소를 매우 많이, 그리고 체계적으로 사용했다. 그 대표적인 예가 주격조사 '가'와 '이', 그리고 관형격 접사 'ㄴ'이다. 이것은 그들이 고대에 우리민족과 접촉하여 우리말을 배워 간 것이 아니라, 그들 자신이 우리민족이었다는 것을 의미한다. 더구나 그들과 우리는 1950

년 이전까지만 해도 상호 교류는커녕 접촉도 한 적이 전혀 없었다는 사실은, 그들이 우리말을 차용한 것이 아니라는 것을 분명하게 증명한다.

따라서 아메리카에서의 주격조사 '가'와 '이'의 사용 지역이, 한반도와 만주에서 고리족과 맥(이)족의 분포 지역과 정확하게 일치하고, 우리 역사에서 고조선 맥족의 후예가 경주로 이주함으로써 그들의 주격조사 '이'가 한반도의 주된 주격조사로 자리매김한 뒤에, 임진왜란 동안 북쪽 고리족 사람들을 만나서 새로운 주격조사 '가'를 배우게 되었다는 이야기가 정확하게 맞아 떨어진다. 이것이 우연일까? 언어학자라면 누구나 '주격조사 일치'만으로도 아메리카 인디언들은 우리민족이라고 단언할 수 있을 것이다. 그런데 이 두 주격조사와 관련된 한반도와 아메리카의 역사적 배경마저도 한 치의 빈틈도 없이 일치하고 있다.

주격조사의 원래 사용 지역과 이동

10. 아사달(阿斯達)은 어디인가

● 멕시코 역사 속의 아스땅

우리민족은 예로부터 흰색을 숭상하여 흰옷을 즐겨 입었고, 주변 민족들은 이런 우리민족을 백의민족이라고 불렀다. 멕시코 아스태가제국을 일으킨 사람들은 스스로를 아스태가(azteca)라고 했다. 아스땅(Aztlán)에서 살다가 온 사람들의 후예였으므로 그렇게 불렀다고 한다[1]. 그들의 해석에 의하면 아스(az)는 '하얀, 흰'을 뜻하고, 태가(teca)는 '사람'을 뜻한다.

따라서 아스땅은 '흰 땅'을 뜻하고 아스태가는 '흰 사람', 즉 백의민족을 뜻한다. 앞에서 필자는 멕시코의 태가(teca)라는 말은 우리민족 고대사를 기록한 「삼국지」위지동이전에 기록된 '대가(大加)'와 같은 말이라는 것을 설명했다. 멕시코의 '태(te)'와 우리 고대사의 '태(太)/대(大)'는 같은 말로서, 고대 우리 선조

---

1. 땅(tlán)을 오늘날 그들은 '뜰란'이라고 발음한다. 오늘날 멕시코 학자들 중에 이 어휘를 '땅'이라고 제대로 해석한 학자도 있고, '가까이'라고 잘못 해석하는 학자도 있다.

들이 '신성한'이라는 뜻으로 사용하던 우리말이라는 것도 밝혔다. 따라서 아스태가의 정확한 의미는 '하얀 신성한 사람'이다.

스페인인들의 기록에 의하면, 1519년 그들이 처음으로 아스태가제국의 수도 태노치티땅(Tenochtitlán)을 방문해 보니, 모든 건물들이 흰색으로 칠해져 있고, 모든 사람들이 흰옷을 입고 다녔다고 한다. 그들은 실생활에서 흰색을 매우 좋아하고 있었던 것이다.

그렇다면 그들이 왜 흰색을 그렇게 좋아하고 숭상했을까? 다음 기록을 보면 아스태가인들이 왜 흰색을 좋아했는지 알 수 있다. 내용의 중요성을 감안하여 원문을 함께 보기로 하자[2].

Lo primero que hallaron en aquel manantial fue una sabina blanca muy hermosa, al pie de la cual manaba aquella fuente, luego vieron que todos los sauces que alrededor de sí tenía, todos eran blancos sin tener ni una sola hoja verde, y todas las cañas y espadañas de aquel lugar eran blancas, y estando mirando esto con gran atención comenzaron a salir del agua ranas todas blancas y pescados blancos, y entre ellos algunas culebras blancas y muy veloces...

그 샘에서 그들이 제일 처음 발견한 것은 하얗고 아름다운 두송나무 한 그루

---

2. Juan de Tovar, Juan de(2001), 「Historia y creencia de los indios de México」, 16세기 말 문헌, Edición de José J. Fuente del Pilar, Miraguano Ediciones, p.36.

였다. 그 나무 밑에서 샘이 솟아나고 있었고, 그리고 그 주변에 있던 버드나무들을 보았는데, 모든 나무들이 흰색이었고, 녹색은 단 한 잎도 없었다. 또 그곳의 모든 갈대와 풀도 흰색이었고, 이것들을 바라보는 동안 그 샘물에서 개구리들과 물고기들이 나오기 시작했는데 모두가 흰색이었고, 그것들 사이로 빠르게 지나가는 몇 마리의 뱀도 있었는데 흰색이었다…

아스태가인들, 즉 맥이족은 820년경 아스땅(Aztlán)을 떠나서 오늘날의 멕시코에 도착한 뒤에도 수백 년 동안 유랑생활을 하며 멕시코 지역 곳곳을 떠돌아 다녔고, 수많은 우여곡절과 고난을 겪었다. 그리고 마침내 1325년 태흐고고(Texcoco)호수 안에 있는 나지막한 섬이 그들이 그토록 오랫동안 찾던, 신이 그들에게 주겠다던 약속의 땅이라는 것을 확신하고, 그곳에 정착했다. 그들은 그곳을 맥이곳(México)이라고 부르기도 하고, 태노치티땅(Tenochtitlán)이라고 부르기도 했다. 맥이곳은 '맥이족이 사는 곳'을 뜻하고, 태노치티땅은 '신성한 나의 사람들의 (터)땅'이라는 뜻이다.

신이 자기 조상들에게 약속한 땅이 바로 그 섬이라는 것을 그들은 어떻게 알았을까? 맥이족의 지도자 기질로포치들이 무당은 꿈에 '독수리 한 마리가 선인장 위에 앉아 아침 태양을 향해 날개를 펴고 있는 모습'을 보고서, 그런 곳이 바로 조상들이 수백 년 동안 떠돌이 생활을 하며 찾아다니던, 신이 약속한 땅이라는 것을 깨달았다고 한다. 날이 밝자 그는 젊은이들에게 사방으

티노치티땅의 독수리

10. 아사달(阿斯達)은 어디인가   337

로 돌아다니며 그런 독수리가 있는 곳을 찾으라고 명령했고, 젊은이들은 마침내 태흐고고 호수 안에 있는 나지막하고 사람이 살지 않는 섬에서, 뱀(새)을 물고 선인장 위에 앉아 아침 태양을 향해 날개를 펴고 있는 독수리를 발견했다. 젊은이들의 보고에 기질로포치들이는 여러 씨족의 족장들과 함께 그 섬으로 가서, 그 독수리가 있는 것을 확인했다. 그리고 바로 그곳에 샘이 있어, 그 주변을 살펴보니, 위에 인용한 기록처럼, '모든 것이 흰색'이라는 것을 발견했다. 풀과 갈대도 흰색이었고 모든 나무도 흰색이었고, 개구리와 물고기도 흰색이었으며, 뱀까지도 흰색인 것을 보고, 그곳이야말로 신이 조상들에게 주겠다고 약속했던 땅이라는 것을 확신하여, 마침내 그곳에 정착해 살기로 결정했던 것이다. 그곳이 나중에 아스태가제국의 수도가 된 '맥이곳'이다.

맥이족이 그 땅을 찾기까지 겪어야 했던 수많은 고난을 조금이라도 알아야만, '그곳이 약속의 땅'이라는 확신을 준 징표로서 '흰색'이 그들에게 얼마나 큰 의미가 있었는지 이해할 수 있을 것이다.

그들은 무당 기질로포치들이가 신으로부터 받은 계시, 즉 '새로운 땅을 주겠다'는 약속을 믿고서, 아스땅을 떠나 아메리카에 도착한 후에 수백 년 동안 방황하며 돌아다녔다. 때로는 물고기가 많이 잡히는 매우 살기 좋은 곳이나 농사가 잘되는 기름진 땅을 발견하여 많은 사람들이 그곳에 그냥 머물러 살자고 주장하기도 했다. 하지만 지도자 기질로포치들이는 그곳은 신이 약속한 땅이 아니라며 단호하게 거부하고 새로운 땅을 찾아 떠날 것을 명령했다. 약속의 땅을 찾아 끝없이 유랑생활을 하며 돌아다닐 때, 그들보다 훨씬 먼저 도착해서 이미 마을이나 도시국가를 이루어 살고 있는 집단의 영토를 통과하기 위하여 때로는 공물을 바치기도 했고, 때로는 전쟁을 치르기도 했다. 이 과정에서 일부 집단이 기질로포치들이의 결정에 반발하여 반란을 일으켜, 그들 모두를 죽여야 했던 아픔도 겪어야 했다. 이렇게 하면서 무려 500여 년 동안 떠돌아다닌 끝에 드디어 독수리가 아침 태양을 향해 날개를 펴고 있는 땅을 발견했고, 그곳이 그들이 그토록 오랫동안 찾아다니던 약속의 땅이 틀림없다고 확신시켜 준 징표가 바로 '흰색'이었던 것이다.

그들에게 흰색은 단순한 색깔이 아니라 그들의 운명이었다. 그들의 조상들이 살았던 곳이 '아스땅' 즉 '흰 땅'이었으므로, 수백 년 동안 그들이 찾아다니던 땅도 '흰 땅'이었던 것이다. 흰색은 그들에게 '운명' 그 자체였던 것이다.

맥이곳을 발견하게 된 동기는 무당 기질로포치들이의 꿈에 나타난 신의 계시였다. 그는 꿈속에서 '떠오르는 아침 태양을 향해 날개를 펴고 앉아 있는 독수리'를 보았다. 그는 그 꿈을 신이 약속의 땅을 찾게 해주기 위한 계시라고 믿었고, 마침내 그런 곳을 발견하자 흰색으로 확인한 후에 '태노치티땅(신성한 나의 사람의 땅)'이라고 부르며 정착하기로 결정했다. 이렇게 하여 시작된 것이 아스태가제국이었으며, 오늘날의 멕시코였다. 그래서 오늘날 멕시코의 국기에는 다음과 같이 그 독수리가 그려져 있다.

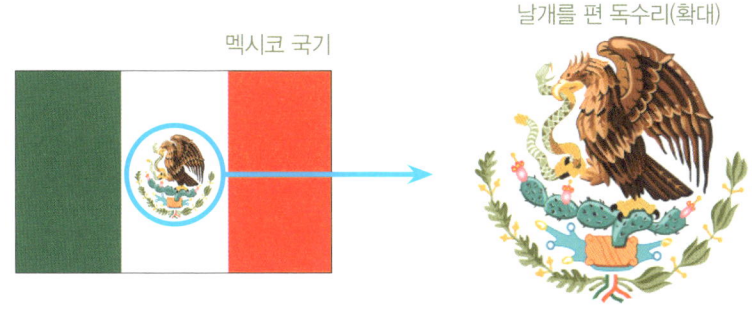

멕시코 국기 · 날개를 편 독수리(확대)

독자들은 여기서 다음과 같은 의문을 가질 수 있을 것이다. 맥이족이 태노치티땅을 찾게 된 징표는 '아침 태양을 바라보며 날개를 편 독수리'인데, 그들이 우리민족이라면, 이것도 우리민족과 필연적 관계가 있어야 할 텐데, 무슨 관계가 있다는 것인가?

백제금동향로

그렇다. 아침 태양을 향해 날개를 펴고 있는 새는 우리민족과 관계가 있다. 엄청나게 중요한 관계가 있다. 필자는 우리민족의 이 비밀을 발견하고서 전율로 온 몸을 떨며 그 날 밤잠을 이루지 못했었다. 이 놀라운 비밀은 준비 중인 다음 책에서 '우리민족의 태양신 신앙'을 다룰 때 설명하기로 하고, 지금은 우선 백제 부여 능산리에서 1993년 발굴된 금동대향로의 새와 직접적인 관련이 있다고만 언급하기로 한다. 이 금동대향로 꼭대기에는 날개를 편 새가 있다.

● 단군신화 속의 아사달(阿斯達)

기원전 아득한 시대부터 우리민족은 북으로는 아무르 유역에서부터 만주대평원과 요동·요서 지역을 지나 서로는 발해만 유역과 산둥반도까지 남으로는 한반도를 포함한 광대한 영토를 차지하며 두루 퍼져 살았다. 요동·요서 지역에 살던 우리 선조들이 기원전 2333년에 고조선을 건국했다는 사실은, 1281년 중 일연이 쓴 「삼국유사」에 실린 단군신화 속에 기록되어 있다. 단군신화에는 다음과 같은 내용이 기록되어 있다.

> 단군왕검이 왕위에 오른 뒤에, 당고(唐高) 요(堯)가 즉위한 지 50년 되던 경인년에 평양성을 도읍으로 정하고, 비로소 나라를 조선(朝鮮)이라 정하였으며, 다시 도읍을 백악산 아사달(白岳山阿斯達)로 옮긴 후에 1500년을 다스렸다.

지금까지 우리나라와 중국의 사학계·국어학계에서 가장 문제가 되었고, 아직도 설명하지 못한 것 중의 하나가 고조선의 중심지였던 아사달(阿斯達)이 무슨 뜻이며, 그곳이 어디인가 하는 의문이다. 가장 널리 알려진 해석은 '아사'는 '밝음, 아침'을 뜻하고, '달'은 땅을 뜻한다는 해석이다. 이 해석에 따르면 아사달은 '아침의 땅'이 된다. 이 해석은 이병도님의 '조선은 아사달을 뜻한다'라는 견해에서 비롯되었다. 그러나 그는 자신의 해석 근거를 제시하지 않았다.

단군신화는 중 일연이 고대 문헌에 있는 기록을 보고서 「삼국유사」에 기록한 것이라고 고백하고 있다. 주지하는 바와 같이 우리민족은 15세기 이전에는 고유 문자가 없어, 모든 기록을 중국 한자를 빌려다 썼다. 중국 한자를 빌려 우리말을 기록할 때에는 한자의 음을 빌리는 차음(借音)표기와 뜻을 빌리는 차훈(借訓)표기 방식이 있다. 차음이란 표기하고자 하는 우리말과 비슷한 발음을 가진 한자로 기록하는 것인데, 이때 그 한자가 가진 뜻은 고려하지 않는다. 차훈은 우리말과 뜻이 같은 한자로 기록하는 것을 말한다. 차음표기는 표기하고자 하는 우리말과 발음만 같으면 되기에 문헌에 따라 뜻이 다른 여러 개의 한자로 기록된 경우가 많다는 특징이 있다. 예를 들어 중국 한나라 시대에 우리민족을 '예맥'족이라고 불렀는데, 이 말은 중국어가 아니라 우리말이었다. 그래서 '예'를 차음표기한 한자어로 濊(예), 穢(예), 獩(예), 薉(예)가 있고, '맥'을 차음표기한 한자로 貊(맥), 貉(맥)이 있다.

이와 같이 아사달(阿斯達)도 우리말을 한자로 차음표기한 지명이다. 그리고 중국어 발음은 예나 지금이나 '阿斯'는 '아사'가 아니라 '아스'이고, '達'은 '달'이 아니라 '다/따'이다.[3] 이 사실은 곧 우리가 현재 '아사달'이라고 말하는 지명을 고대 우리 선조들은 '아스따'라고 했다는 것을 의미한다. 따라서 멕시코로 건너간 아스태가인들의 역사가 전해주는 아스땅(Aztlán)과 아사달의 실제 발음 '아스따'가 거의 같다는 것을 알 수 있다.

아스땅(Aztlán) = 아스(Az) + 땅(tlán)
아사달(阿斯達) = 아스(阿斯) + 따(達)

우리말에서 '땅'의 고어로 '달'과 '따'가 있다. 따라서 '아스땅'과 '아스따'는 같은 말이라는 것을 알 수 있다. 멕시코의 해석에 의하면 아스태가의 아스땅은 '하얀 땅'을 의미한다. 그렇다면 아사달도 '하얀 땅'을 의미할까?

이 질문은 오랫동안 우리민족의 근원지로서 아사달이 가지고 있던 의문 가운데 하나였다. 그렇다. 아스땅과 마찬가지로 아사달도 '하얀 땅'을 뜻한다. 단군신화의 기록을 보면 '백악산아사달(白岳山阿斯達)'이라 하여, 아사달 앞에 백

---

3. 李珍華, 周長楫(1993), 「漢字古今音表」, 中華書局.

악산이라고 적혀있다. 필자가 우리민족에 대한 고대 기록을 연구해 본 결과, 한자의 발음을 빌려 우리말을 기록할 때, 바로 옆에 뜻이 같은 한자를 이중으로 표기하는 언어습관이 있었다는 것을 발견했다. 예를 들어, 광개토대왕의 기록에서 태왕(太王)을 '태성왕(太聖王)'이라고도 기록해 놓았는데, 이것은 우리말 '태'의 뜻이 '성(聖)'이라는 것을 옆에 적어 놓은 것이다. 이러한 이중적 표기 습관은 오늘날까지 이어져 '역전(驛前)앞, 상가(喪家)집, 동해(東海)바다' 등의 예에서도 볼 수 있다. 이와 같이 백악산아사달(白岳山阿斯達)에서 백악산(白岳山)은 아사달(阿斯達)의 뜻을 표기한 것이다. 아사달은 멕시코의 '아스땅'과 같은 말이므로 '하얀 땅'을 뜻할 것이라고 짐작할 수 있는데, 바로 앞에 쓰인 백악산이 '하얀 땅, 하얀 산'을 뜻한다. 우리말 고어 '달'은 '땅'도 뜻하고 '산'도 뜻했다[4].

이렇게 하여 아스태가의 아스땅(Aztlán)은 고조선의 도읍지 아사달(阿斯達)과 발음과 뜻에서 정확하게 일치하는 같은 말이라는 것을 확인했다. 아사달(阿斯達)의 뜻을 나타내는 백악산(白岳山)을 옆에 중복 표기했다는 것은, 중 일연이 보았다는 옛 기록이 쓰일 당시에 이미 순우리말 '아사달'이 잊혀져가고 있었음을 뜻한다. 독자들은 고조선이 있던 요서·요동 지역은 기원전 1세기 고조선이 망한 이후부터 기원후 4세기 광개토대왕이 고구려 영토로 완전히 회복할 때까지 사실상 중국 왕조의 지배하에 놓여 있었고, 중국 한자 문화의 영향을 일찍부터 깊게 받았던 지역이었다는 것을 기억하기 바란다. 그 지역의 지명들도 4세기 이전에 이미 중국 한자 지명으로 바뀌었을 것이다. 그렇지만 820년경 아스땅을 떠나 멕시코로 왔다는 맥이족이 남긴 기록을 볼 때, 비록 지명이 한자

---

4. 김방한(1980), '원시한반도어', 「한국문화」, 서울대학교 한국문화연구소, p. 18.

어로 바뀌었을지라도 그곳에 대대로 살던 우리민족 맥(이)족은 우리말을 그대로 사용하며 살았고, 그들끼리는 지명도 옛 지명 그대로 불렀던 것 같다.

● 아사달(阿斯達)은 어디인가?

우리민족 최초의 국가인 고조선(古朝鮮)의 영토 범위가 어느 지역까지인가 하는 문제는 참으로 어려운 문제이다. 고조선은 시대에 따라 그 영토 범위가 변하였고, 중심지도 변하였기 때문이다. 그러나 초기 고조선 영토의 중심지가 요하강 유역의 요동·요서였다는 사실에는 대체로 우리나라 역사학자들이 동의하고 있다. 초기 고조선의 수도에 관하여 단군신화에서 전하는 내용은 다음과 같다.

> 하늘의 아버지 환인(桓因)의 아들 환웅(桓雄)이 삼위태백(三危太伯)에 내려와서 신단수 아래에서 신시를 베풀고, 처음 평양(平壤)에 도읍을 정하고 비로소 조선(朝鮮)이라 칭하였다. 나중에 도읍을 백악산아사달(白岳山阿斯達)로 옮겼다. 그곳은 궁홀산(弓忽山) 또는 금며달(今旀達)이라고도 했다

필자는 멕시코 원주민들이 '산'을 '태백(tepec)'이라고 불렀다는 멕시코 고대 문헌 기록을 근거로 여러 연구에서 태백(太白)은 '산'을 뜻하는 고대 우리말이라

고 밝혔다. 지금도 멕시코의 모든 산들은 태백(tepec)이라고 한다. 따라서 '삼위태백'은 '삼위산'이다. 박은용님(대구 가톨릭대)은 중국 청(淸)나라 건륭 28년(1763년)에 편찬된 지리서 「흠정서역동문지(欽定西域同文志)」에서 삼위산의 위치에 관한 기록을 발견하여, 삼위산은 바로 요동반도에 있는 천산산맥에 있다고 밝힌 바 있다(대구매일신문, 2002년3월21일).

단군신화에 나오는 평양(平壤)은 북한의 평양이 아니라 요동에 있던 평양이다. 조선 후기의 실학자인 박지원(1737~1805)은 「열하일기(熱河日記)」라는 여행기록을 남겼는데, 그 책에 요동지역에 '평양'이라는 곳이 있다는 근거를 남겼다.

아래 왼쪽 지도는 고조선의 광역(큰 원) 및 초기 중심지(작은 원)이고, 오른쪽 지도는 국립중앙박물관에서 제시한 요동의 천산산맥의 위치도이다.

고조선의 광역과 초기 중심지 　　　　　 천산산맥

---

5. '태백산'에 대하여 우리나라 사학계도 여러 가지 주장이 있다. 태백산을 백두산이라고 하는 주장, 태산이라고 하는 주장, 북한 사학자들처럼 묘향산이라고 하는 주장, 그리고 특정 산이 아니라 보통명사라는 주장 등이 있다. 한국고대사학회장이었던 조인성님은 보통명사라는 견해를 가지고 있다. 멕시코에 남겨진 우리말 자료를 보면, 태백산은 보통명사가 분명하다.

초기 고조선의 중심지도 알고, 삼위산이었다는 천산산맥의 위치도 알게 되었음에도 불구하고 여전히 근본적인 의문은 그대로이다. 고조선의 중심지였던 아사달은 어디이고 궁홀산이나 금며달은 무슨 뜻일까? 오늘날 우리에게는 아사달을 찾을 수 있는 어떤 정보도 남아있지 않다. 고조선의 중심지였던 요동·요서의 지명들은 원래 우리말이었을 테지만 한나라 이후에 중국식 지명으로 바뀌었다. 고조선은 기원전 3세기 연나라와 겨루다가 진개(秦開)의 공격으로 요서를 잃었고, 기원전 1세기경 중국 한나라에게 멸망당했다. 그때부터 요동은 기원후 4세기말 광개토대왕이 다시 점령할 때까지 사실상 중국의 지배하에 있었다. 따라서 이 시기에 고조선이 남겼던 우리말 지명들이 중국 한자로 바뀌었을 것이다.

필자는 멕시코 아스태가의 역사를 연구하면서, 뜻밖에도 아사달이 어느 곳인지에 대한 단초(端初)를 발견했다. 바로 아사달에서 맥이족을 이끌고 아메리카로 갔던 지도자의 이름에 그 실마리가 남아 있었다. 그는 아사달에서는 기질(Huitzil)이라고 불리었지만, 고리족 땅에 도착했을 때부터 사람들은 그를 기질로포치들이(Huitzilopochtli) 또는 기질로푸치들이(Huitzilopuchtli)라고 부르기 시작했다. 왜 그를 기질로포치들이라고 부르기 시작했을까? 멕시코 원주민 언어에서 '로(lo)'나 '오(o)'는 어휘와 어휘를 연결해주는 연결사 역할을 자주 했다. 따라서 마지막 남은 '포치들이(pochtli)/푸치들이(puchtli)'는 무슨 뜻이었을까?

16세기 환 토바르(Juan de Tovar) 신부가 쓴 아스태가 역사서에 실린 기질로포치들이의 초상화. 이 그림에 그의 이름을 '기질로푸치들이(Uiçilopuchtli)'라고 기록되어 있다.

멕시코에서는 포치들이를 '떠돌이, 장사꾼'으로 해석하고 있다. 기질로포치들이가 맥이족을 이끌고 이곳저곳을 헤매며 유랑생활을 했으므로 '떠돌이'라고 유추하여 해석했고, 아스태가제국 시대에는 장사꾼들이 먼 곳을 떠돌며 다녔기 때문에 '장사꾼'으로 해석했다. 물론 잘못된 해석들이다.

사람 이름 옆에 붙을 수 있는 말은 그 종류가 제한되어 있다. 그 사람의 인격, 지위, 출신, 신분 등과 관련된 말로서 그 말을 들으면 그 사람을 연상할 수 있어야 한다. 그런데 포치들이(pochtli)는 형태소로 분석하면 다음과 같이 구성된 말로서, 그 뜻은 '포치 사람'이 된다. 멕시코 원주민 말에서 명사 뒤에 붙는 '이'는 뜻이 없다. 이것은 우리말의 '갑돌>갑돌이, 갑순>갑순이'에서도 볼 수 있다.

포치들(pochtl) → 포치(poch) + 들(tl)
뜻   포치   사람

　우리말에서 '들'은 때때로 '사람'을 뜻했다. '김씨 안들'은 '김씨 안사람'을 뜻한다. 필자는 어렸을 때, 옆 마을 빈네에 살던 사람들을 '빈네들'이라고 하고, 삼달에 살던 사람들을 '삼달들'이라고 말하는 것을 들었다[6]. 무당 기질에게 붙여진 '포치들(pochtl)'은 '포치 사람'을 뜻한다는 것을 알 수 있다. 따라서 기질로포치들이(Huitzilopochtli)는 '기질, 포치 사람'이라는 뜻이 되고, '포치'는 그의 출신을 나타내는 지명일 것이라는 것을 짐작할 수 있다. 아스태가인들을 이끌고 고리족 땅에 도착했던 기질을 사람들은 '기질, 포치 사람'이라고 불렀던 것이다. 이 호칭의 어투로 보아, 그를 이렇게 부르기 시작했던 사람들은 아마도 그곳에서 만난 고리족 사람들이었을 것이다.

　아스태가인들은 고조선을 건국했던 맥(이)족의 일파로서 고조선의 중심지였던 아사달에서 출발했던 사람들이었는데, 고리족 땅의 사람들은 그를 '포치 사람'이라고 불렀던 것이다. 멕시코 기록에 의하면 아스태가인들이 아사달을 떠난 시기는 기원후 820여 년경이었다. 즉 지명이 한자로 바뀐 지 오랜 후였다. 무당 기질을 '포치 사람'이라고 불렀다는 것은 아사달의 새로운 지명이 바로 '포치'였다는 것을 뜻하는 것이다.

---

6. 필자의 고향, 경상도 울진군 평해 지역의 방언일 수도 있다. 필자가 생각하기에 경상도 동해안 지역은 언어적으로 부여-고구려어의 영향을 많이 받았다. 그 이유는 민족대이동 시기에 만주에서 아무르로 북상하던 일부가 동해안으로 타고 경주와 김해로 남하하여 정착했기 때문이다. 이에 대한 언어학적·고고학적 증거가 매우 많다. 부여의 '마가, 우가, 구가, 저가'의 '가'는 사람을 뜻하는 말인데, 경상도의 '가가 가가'에 남은 것도 그 한 예가 될 것이다.

따라서 '아사달이 요동의 어디였을까' 하는 의문은 곧 '포치가 어디일까'하는 의문이 된다. 스페인어로 표기된 'poch(포치)'는 우리말 발음으로 바꾸면 다음과 같이 다양하게 읽힌다.

poch → 포치, 보치, 뽀치, 포지, 보지, 뽀지

그리고 고대 우리 선조들은 모음 '오'와 '우'를 구별하지 않고 혼용해서 말했다. 이 혼용의 잔재로 남아있는 예로는 '나모/나무, 삼촌/삼춘, 사돈/사둔, 콜콜자다/쿨쿨자다, 졸졸새다/줄줄새다, 폴폴날다/풀풀날다' 등과 같이 매우 많다. 멕시코로 건너간 우리 선조들의 말투에도 이 언어습관은 변하지 않고 오랫동안 지속되었던 모양이다. 멕시코에 남은 우리말에도 모음 '오/우'를 혼용하여 사용한 예가 매우 많다. 위에서 본 환 토바르의 역사서에 실린 그림에도 그의 이름을 '기질로푸치들이(Uiçilopuchtli)'라고 기록되어 있는데, 이것도 이 혼용 현상의 한 잔재이다. 따라서 'poch(포치)'를 'puch(푸치)'로도 읽어 보아야 한다.

puch → 푸치, 부치, 뿌치, 푸지, 부지, 뿌지

그리고 마지막으로 받침소리를 복구해 보아야 한다. 멕시코 원주민 말, 즉 멕시코로 건너간 우리말을 기록한 언어는 스페인어이고, 스페인어는 받침소리가 없는 언어이다. 원래 받침소리가 있던 맥이족의 말은 스페인어로 기록될 때 받침소리가 생략되었다. 따라서 위에서 찾아낸 발음에 받침소리를 복원하고,

요동지역에서 이 발음과 가장 가까운 지명을 찾아보면, 바로 '북진(北鎭)'이라는 지명이 나타난다. 북진 외에는 유사한 지명이 없다.

poch/puch ⟨ 포치, 보치, 뽀치, 포지, 보지, 뽀지
푸치, 부치, 뿌치, 푸지, 부지, 뿌지 ⟩ ⇒ 북진

따라서 푸치들(puchtl)은 '북진 사람'이라는 뜻이 된다. 멕시코 고대 문헌에 기록되어 전하는 기질로푸치들이(Huitzilopuchtli)는 바로 '기질, 북진사람'이라는 뜻이었다. 만주에 살던 고리족 사람들은 아사달에서 맥이족을 이끌고 온 그를 '북진 사람'이라는 뜻으로 '기질, 북진들이'라고 부르기 시작했고, 함께 아메리카로 이동하던 긴 세월 동안 이 명칭은 그의 이름 대신에 신격화된 그의 칭호가 되었다. 그리고 아스태가제국을 정복한 스페인인들이 이 칭호를 듣고서 스페인어로 기록하다보니 '기질로푸치들이(Huitzilopuchtli)'로 되었던 것이다. 맥이족이 아스땅을 떠나 고리족이 살던 만주에 도착한 시기는 820년대, 즉 9세기 초이다. 이 시기는 요동의 지명 대부분이 중국 한자 지명으로 바뀐 지 이미 수백 년이 지난 뒤에 해당하므로, 조상 대대로 아사달에 살던 사람들은 그곳을 '아사달'이라고 계속 불렀겠지만, 다른 지역 사람들에게는 중국식 지명 '북진'이 더 알려졌을 것이다.

그리고 기질로푸치들이가 맥이족 가운데서는 '신'처럼 떠받들어졌지만, 고리족들에게는 단지 북진 출신의 맥이족의 지도자—무당들 중 한 명이자 그들의 우두머리로 여겨졌을 것이다. 따라서 고리족들은 그를 '기질, 북진사람'이라는

뜻으로 '기질, 북진들이'라고 불렀을 것이다.

이렇게 하여 맥이족과 고리족 사람들은 함께 떠났는데, 맥이족만 약 1만여 명에 달했다고 한다. 그들은 바다를 함께 건너 아메리카에 도착하여, 물고기가 많이 잡혀 살기 좋았던 어느 곳까지 가서 상당한 기간 동안 그곳에서 함께 살았다. 그러나 어느 날 신목(神木)이 벼락에 맞아 부러지자, 기질로포치들이는 신이 노했다고 하면서, 그날 밤 하늘에 별이 가득할 때, 고리족 지도자들 가운데 대표 한 사람을 불러서 '더 이상 같이 갈 수 없다'고 하면서 이별을 통보했던 것이다.

아래 지도에서 보듯이, 우리나라 학자들이 초기 고조선의 중심지라고 설정한 지역 안에 북진(北鎭)이 있다. 북진은 의무려산(醫巫閭山)이라고 불리는 산자락에 있다.

북진의 위치

의무려산에는 단군신화와 관련이 있을 것이라고 추정되는 흔적이 여러 지명(地名)으로 남아 있다. 먼저 의무려산은 '치료하는 무당의 문(집)이 있는 산'이라는 뜻이다. 앞에서 필자는 단군왕검은 '땅의 임금이면서 큰 신'을 뜻한다고 밝혔고, 우리 선조들이 '큰 신'이라고 불렀던 대상은 '높은 무당'이었다는 것을 확인했다. 우리민족은 사람이 병들면 나쁜 귀신이 몸에 들어 온 탓으로 여겼고, 이에 대한 치료도 무당을 불러 귀신을 내쫓는 굿으로 하였다. 따라서 고조선 시대의 단군왕검은 높은 무당으로서 백성들의 병을 치료해주던 지도자였을 것이다. 바로 이점에서 단군왕검의 역할과 의무려산의 뜻이 일치한다.

의무려산에는 노노아호산(努魯兒虎山)이라는 봉우리가 있는데, '어리석은 호랑이가 사람이 되려고 노력한 산'이라는 뜻이다. 단군신화에는 곰과 호랑이가 사람이 되기 위해 쑥과 마늘을 가지고 토굴로 들어갔지만 호랑이는 견디지 못하고 뛰쳐나와, 결국 사람이 되지 못했다는 이야기가 있다. 단군신화 속의 호랑이는 인간이 되려고 노력했으나 실패한, 곰에 비하여 어리석은 동물로 나온다.

무엇보다도 의무려산은 '흰 바위산'이다. 앞에서 필자는 멕시코 자료를 바탕으로 아사달(阿斯達)이 '흰 땅/흰 산'을 뜻하는 고대 우리말이라는 것을 밝혔다. 단군신화의 기록에서도 '백악산 아사달'이라고 하여, 그곳이 흰 바위산이라는 것을 밝히고 있다. 의무려산은 '흰 바위산'이므로 백악산(白岳山)이 분명하고, 과거에 실제로 '백악산'이라고 불리었다고 한다.

의무려산 입구   산에서 바라본 요하강과 평야

단군이 하늘에 굿(제사)을 올렸을 것으로 추정되는 천제단 바위(원 안)

의무려산에는 노노아호산뿐 아니라 일곱 노인이 놀던 산이라는 칠노도산(七老圖山)도 있다. 그런데 멕시코 고대 문헌 기록에 아스땅(Aztlán)과 함께 나오는 또 하나의 미스터리 지명이 치고모스톡(Chicomostoc)이다. 일곱 개의 동굴이 있는 곳이라고 하는데, 멕시코 아스태가제국의 역사에서 아스땅과 함께 지금까지 어디인지 알 수 없는 곳이다. 필자는 치고모스톡이 칠노도산과 관련이 있지 않을까 생각한다. 멕시코 고대어에서 일곱을 '치고메'라고 하는데, 한자어 '칠(七)'에서 유래했고, 이 한자어를 가져간 사람들은 바로 요동 아사달, 즉 북진에 살던 우리 선조 맥이족이었다. 요동에 살던 맥이족은 중국과 수천 년 동안 무역을 하던 장사꾼들이었다. 그들은 물건을 거래하기 위하여 중국인들과 자주 접촉했고, 따라서 쉬운 한자어에는 익숙해져 있었을 것이다.

삼국유사에 아사달을 궁홀산(弓忽山) 또는 금며달(今旀達)이라고도 불렀다고 기록하고 있다. 궁홀산은 무슨 뜻이며, 금며달은 무슨 뜻일까? 역시 아직까지 해석되지 못한 지명이다. 독자들은 먼저 지명은 보통 지리적 환경을 반영하거나 그 지역의 역사를 반영하는 것이 일반적이며, 또 변하지 않고 오랫동안 전해지는 특징이 있다는 것을 기억하기 바란다. 그리고 이곳은 원래 고조선의 중심지로서 우리민족이 수천 년 동안 살던 곳이므로, 원래 지명은 우리말이지만 한자로 차음표기되어 전해졌다는 것도 기억하기 바란다.

필자는 궁홀산(弓忽山)은 '굿골산'이라는 우리말을 한자로 차음 기록한 말로 본다. 즉 '굿하는 골짜기가 있는 산'이다. 무당이 올리는 제사를 '굿'이라고 하는데, 무당은 원래 매우 높은 신분이었다[7]. 홀(忽)을 '골'로 읽는 근거는, 앞에서도 설명했듯이, 우리 선조들은 'ㄱ/ㅎ' 분명하게 구분하지 않고 혼용했기 때문이다. (독자들은 '불켜다/불혀다'를 기억하기 바란다.) 이러한 혼용은 광개토대왕의 호칭에서도 보인다. 광개토대왕은 '호태왕(好太王)'이라고도 기록되어 있는데, 이 호칭이 무슨 의미인지 아직 밝혀지지 않았다. 이것을 '고태왕'으로 읽으면, 바로 '높고 신성한 왕'이라는 뜻이 나타난다[8]. 따라서 궁홀산은 '굿골산'이라는 말로서, '굿하는 골짜기 산'을 뜻하게 된다.

금며달(今旀達)은 '신성한 땅'이라는 뜻으로 사용되던 원래 우리말 '금으 달'을 한자로 차음 기록한 말일 것이다. '금'은 단군왕검의 '검'과 같은 말이다. 앞

---

7. 무당(巫堂)은 한자어이다. 고대 우리 선조들은 무당을 그 모시는 동물에 따라서 '곰'이라고도 불렀고, '새'라고도 불렀으며, 멕시코 고대어를 보면 '굿들(cutl/ 굿하는 사람)'이라고도 불렀다. 또 '샤만'이라고도 불렀던 것 같다. 샤만은 '높은 분'이라는 뜻으로 사용된 퉁구스어라고 알려져 있지만, 원래 만주에 살던 우리 선조들의 말이었다. 이 말이 멕시코에서는 '슈마(suma)'로 나온다. 퉁구스어는 언어를 분류할 때 아무르강 유역의 여러 언어와 한국어, 만주어를 통틀어, 20세기 언어학자들이 붙인 명칭이다. 필자는 만주에서 아무르로 이동하여 거주한 최초로 민족은 우리 선조들이었다는 사실을 발견했고, 오늘날 아무르강 유역의 여러 종족의 말에 우리말 어휘가 퍼져 있다는 것도 발견했다. 따라서 퉁구스어 계통이라고 분류되는 모든 언어는 먼저 우리말이 바탕이 되고, 거기에 10세기 이후에 우리민족을 뒤따라 아무르로 이동한 주변의 다른 민족들의 언어가 섞였다. 즉 퉁구스어의 바탕은 우리말이었다. 따라서 우리말을 '퉁구스어 계통'이라고 하는 논지는 잘못되었다. 모든 퉁구스어는 '한국어계통'이라고 해야 옳다. '샤만'이라는 어휘도 퉁구스어가 아니라 만주에 살던 우리 선조들의 말이었으므로, 한국어라고 해야 옳다. 높은 사람에게 붙이는 존칭어인 옛 일본어 '샤마'도 샤만과 같은 말이었다.
8. 독자들은 고구려(高句麗)가 후한서에는 하구려(下句麗)라고도 기록되었다는 사실을 기억하기 바란다. 고구려의 원래 명칭은 '고리/구리'이다. 려(麗)는 원래 '리'였다. '고구려'는 이 명칭 앞에 중국 한자 '높을 고(高)'를 수식어로 붙인 것이다. 바로 '고태왕'의 경우와 같은 것이다.

에서 이미 설명했듯이, '금/검'은 '곰'을 한자로 차음 기록한 말이고, 요동에 살던 우리 선조들에게 그 뜻은 '신'이었다. 단군신화는 곰을 신(神)으로 믿던 신앙을 바탕으로 한 건국신화이다. '달'은 '땅'의 고어이므로, '금며 달 = 금으 달 = 곰의 땅'이 되어, '신의 땅', '신성한 땅'을 뜻하게 된다. 필자가 이렇게 해석 하게 된 이유는, 앞에서 이미 말했듯이, 우리나라 무당들이 굿을 할 때 실제로 '그므 나의 땅'이라는 표현을 사용했기 때문이다. 뜻은 물론 '신성한 나의 땅'이다.

참고로, '신성한'을 '태'라고 한 사람들은 부여-고구려계 선조인 고리족들이었고, '그므'라고 한 사람들은 고조선계 맥(이)족이었다. 고리족 선조들이 '태'를 '신성한'의 의미로 사용한 것은, 그들은 태양신을 믿던 사람들로서, '태'가 '타다/태우다'에서 나온 말이고, '타다/태우다'는 '태양', 즉 '태양신'을 가리키던 말이었기 때문이다. 멕시코에서는 태워(teo/태오)가 '태양신' 또는 '신'을 뜻한다. 맥이족이 '금, 곰'을 '신성한'의 의미로 사용한 이유는 그들이 '곰'을 '신'으로 숭배했기 때문이었다.

이렇게 하여, 필자는 우리 민족 역사의 최대 미스터리 가운데 하나인 '아사달'의 뜻과 위치를 확인했다. 우리민족의 성지 아사달(阿斯達)은 멕시코 아스태가인들이 그들 조상의 고향이라고 말했던 아스땅(Aztlán)과 같은 것으로, '하얀 땅'을 의미하며, 그곳은 의무려산 자락의 북진(北鎭)임을 밝혀냈다. 이 미스터리를 푸는 열쇠도 멕시코로 이동한 우리민족의 흔적에서 발견했음은 물론이다. 아메리카에 남겨진 우리 선조들의 흔적은 실로 방대하다. 앞으로 그 흔적을 더 따라가다 보면 잃어버린 우리민족 고대사의 수많은 이야기들을 되찾을 수 있을 것이다.

아사달의 위치와 식민사학

고대 동북아의 모든 민족들 가운데 가장 먼저 국가를 세운 민족은 우리선조였다. 우리선조들은 기원전 2333년에 고조선을 건국했고, 그들 중 일부는 중국 산동반도로 내려가 기원전 1600년경 은(殷)나라도 건국 하였는데, 이는 중국인 최초의 국가 주(周)나라 보다 500년이나 앞섰다.

아사달(阿斯達)을 중심으로 한 고조선은 만주대평원 북부 수렵 집단으로부터 말과 짐승가죽을 받아 중국인들에게 중개무역으로 팔아 번영을 누리며 살았지만, 기원전 108년 한(漢)나라 무제에 의하여 멸망당했다. 한무제는 중원에 대한 북방민족의 위협을 영구적으로 제거하고자 북방 기마민족 흉노부터 공격하고, 그 여세를 몰아 고조선의 왕검성(王儉城)까지 함락시켰다.

그런데 우리 사학계는 아직도 고조선의 위치에 대하여 오랜 논쟁에 빠져있다. 이 한심한 논쟁의 불씨는 일제(日帝)의 음모에서 비롯되었다. 일제는 우리민족의 주권과 자주 독립성을 말살하고자, 즉 '한국인은 자율적으로 살아갈 수 없는 민족으로 일본의 지배는 당연하다'는 논리를 역사적으로 정당화하고자 1925년 '조선사편수회(朝鮮史編修會)'를 조직하고, 이완용, 박영효, 이병도 등과 같은 친일파들을 가담시켜 우리 역사를 축소 왜곡했다.

조선사편수회는 우리선조들의 중심무대였던 만주대평원을 한반도와 분리하여, 부여-고구려가 있던 만주의 역사는 우리민족의 역사가 아니라 하고, 고조선의 위치도 요동이 아니라 북한의 평양이었다고 조작했다. 그들은 한무제가 고조선을 멸망시킨 후 설치했던 한사군(漢四郡)도 요동이 아니라 평양을 중심으로 오늘날 북한 영토에 있었다고 주장했다.

씨앗이 땅에 떨어지면 싹이 나듯이 잘못된 교육도 잡초처럼 그렇게 뿌리를 남겼다. 1945년 국권회복과 함께 조선사편수회는 사라졌지만, 여기서 교육받은 초기 사학자들이 잡초의 뿌리가 되었다. 이병도를 비롯한 우리나라 초기 대학 교육을 맡은 사학자들은 조선사편수회에서 배운 식민사관(植民史觀)에 따라 고조선은 평양에서 건국된 나라였다고 가르쳤고, 이러한 가르침은 우리나라 근대화와 함께 최근까지 수십 년 동안 대학뿐 아니라 중·고등학교 모든 역사 교육의 중심 내용으로 자리 잡았다.

고조선의 위치를 기록한 중국 고대 문헌 가운데 유명한 것은 「사기(史記)」와 「산해경(山海經)」이다. 「사기」는 기원전 1세기경에 저술된 역사서로서, '조선전'에는 '패수'라는 명칭이 무려 일곱 번이나 기록되었다. 전쟁이 일어나기 전 한나라와 고조선의 경계로 한 번 기록되었고, 나머지는 양국 간의 전쟁터로 기록되었다. 그 가운데 중요한 두 구절을 보기로 하자.

漢興…複修遼東故塞 至浿水爲界 (한흥… 부수요동고새 지패수위계)
한나라가 발전하여… 요동의 옛 요새를 다시 수리하고, 패수를 (고조선과) 경계로 삼았다.
左將軍破浿水上軍 乃前至城下 圍其西北 樓船亦往會 居城南
(좌장군파패수상군 내전지성하 위기서북 루선역왕회 거성남)
좌장군이 패수에서 (고조선의) 수군을 격파하고 전진하여 (왕검)성 아래 이르러 서북쪽을 포위하였다. 루선도 다시 합세하여 성의 남쪽을 점령했다.
(*루선: 수군을 이끌고 배로 발해를 건너 왕검성을 공격했던 한나라 장군)

9 중국인들이 주장하는 하(夏)나라는 발견된 유물이 없어, 학계에서는 전설로 판단한다.

고조선 멸망 전쟁에서 패수가 무려 여섯 번이나 기록되었음은 무엇을 의미할까? 그곳이 승패를 좌우하는 전쟁터였고, 고조선의 운명을 좌우할 만큼 중요한 요충지였음을 의미하지 않을까? 즉 '패수 방어선 무너짐'은 바로 '왕검성 함락'을 의미했을 것이고, 패수와 왕검성 사이에는 새로운 방어선을 칠 시간적 공간적 여유가 없던 절박한 전선이었음을 의미할 것이다.

그런데 이병도, 신석호를 비롯한 식민사학자들과 그 제자들은 패수를 오늘날의 청천강이라 주장하여, 조선사편수회의 음모에서 시작된, '고조선은 평양에 있었다'는 학설을 최근까지도 우리 역사 교육 현장에서 가르쳐 왔다.

그런데 식민사학자들의 이러한 주장은 1960년대 북한의 걸출한 사학자 리지린의 연구와 1980년대 국내 윤내현 같은 사학자들에 의해 그 허구가 드러나기 시작했다. 이들은 기원전 2세기에 기록된「산해경」과 같은 중국 고대 기록들을 찾아내어, 고조선 왕검성은 북한 평양에 있었던 것이 아니라 요동의 어느 지역에 있었다고 주장했다.「산해경」은 고조선의 위치에 대하여 다음과 같이 기록하고 있다.

朝鮮在列陽東 海北山南 列陽屬燕(조선재열양동 해북산남 열양속연)
(ㄱ)조선은 열양 동쪽에 있는데, 바다 북쪽이며 산의 남쪽이다. 열양은 연나라 땅이다.

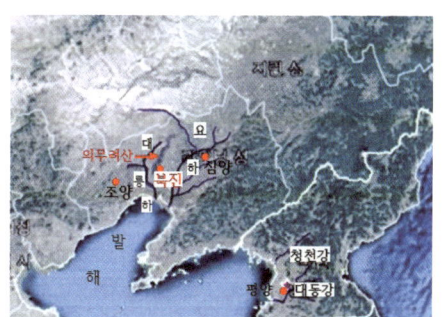

이 기록은 고조선의 왕검성이 '해북산남(海北山南)', 즉 발해의 북쪽에, 그리고 큰 산의 남쪽에 있다고 분명히 전하고 있다. 그런데 평양은 어떠한가? 오른쪽 지도에서 확인할 수 있듯이, 발해의 북쪽이 아니라 동쪽에 위치하고 있다. 그리고 식민사학자들이 패수라고 주장하는 청천강은 평양에서 직선거리로도 무려 62km나 떨어져 있어, 얼마든지 새로운 방어선을 몇 개씩이라도 세울 수 있어,「사기」가 전하는 절박한 상황과 맞지 않다.

윤내현의 주장이 젊은 사학자들의 추가 연구로 더욱 설득력을 얻자, 식민사학자들은 잔머리까지 굴리기 시작했다. 일부 식민사학 아류들은 소위 '중심지 이동설'을 만들어내었다. 고조선은 초기 중심지와 후기 중심지가 다르며, 원래는 요동에 있었지만 기원전 3세기 연(燕)나라 장수 진개의 공격으로 중심지를 평양으로 옮겼고, 한 무제가 함락시켰던 왕검성은 북한 평양에 있었다는 논리로 종래의 주장을 되풀이 했던 것이다.

그런데 본문에서 필자는 멕시코 고대 기록을 바탕으로, 기원후 820년 경 아사달에 살던 맥이족을 이끌고 아메리카로 건너간 큰 무당 기질로포치들이(Huitzilopochtli)의 이름이 '기질, 북진 사람'을 뜻한다는 사실을 밝혀, 오늘날의 북진이 바로 아사달이고, 그곳이 고조선의 마지막 중심지였다고 밝혔다.

지도에서 확인할 수 있듯이, 북진은 발해의 북쪽에 있으면서, 의무려산의 남쪽에 위치하여,「산해경」의 '해북산남(海北山南)'과 정확하게 일치한다. 더구나 서쪽에 '대릉하'라는 강이 가까이 있는데, 적이 이 강을 건너오면 고조선은 새로운 방어선을 세울 시간적 공간적 여유가 없어 바로 풍전등화(風前燈火)의 위기로 몰리게 되어, 이 강이 치열한 전쟁터가 될 수밖에 없는데, 이것은「사기」의 기록과도 일치한다.

따라서 패수는 청천강이 아니라 바로 '대릉하'였고, 고조선은 마지막 순간까지도 요동에 있었으며, 멸망 후 설치된 한사군도 바로 북진을 중심으로 한 요동–요서 지역에 있었던 것이다.

11.
부여, 고구려, 발해의 멸망과 그 원인
– 백성들의 사라짐 –

494년 2월 부여가 망했다. 왕이 스스로 800년 왕조의 문을 닫고 남쪽 고구려로 가서 신하가 되었다. 491년 할아버지 장수왕의 뒤를 이어 고구려 제21대 왕위에 오른 문자왕은 할아버지 시대부터 오랫동안 지속되어 온 평화시대를 이어받아 국가발전에 더욱 힘썼고, 북쪽의 부여마저 항복해 옴으로써 고구려의 전성기를 열었다. 장수왕 때부터 선비족이 중국을 통일하여 수나라를 건국할 때(581년)까지, 고구려는 대평화시대가 지속되었음에도 불구하고, 문자왕 이후 뚜렷한 이유도 없이 고구려의 국력은 쇠퇴하기 시작했고 마침내 668년 망했다. 포로로 잡혀갔던 보장왕은 요동으로 되돌아와 고구려 재건을 꿈꾸며 은밀하게 군사를 모았지만, 숙신의 후예(말갈)에게 청한 도움의 비밀이 새나가 실패했고, 보장왕은 백성들과 함께 다시 중국의 남쪽 변방 사천성(四川省)으로 유배되었다. 926년 1월 발해가 망했다. 거란의 침략에 저항다운 저항도 못해 보고, 불과 15일 만에 왕이 스스로 흰 소복을 입고 나와 항복했다. 698년 건국된 이래, 외부로부터 어떤 침략도 받지 않고 대제국으로 성장하여 해동성국(海東盛國)으로 칭송받던 발해가, 단 한 번의 침략으로 동북아 왕조의 역사상 가장 짧은 기간 만에 신기루처럼 사라져버렸다.

이렇게 기원 이후 만주대평원에 존재했던 우리민족의 왕조들은 뚜렷한 이유도 없이 국력이 쇠퇴하고 신기루처럼 사라져갔다. 발해가 사라진 10세기 이후 만주대평원은 더 이상 우리민족의 영토가 아니었다. 숙신족의 영토가 되어 있었다. 아득한 북방의 역사가 시작된 이래 그 땅에 터전을 잡고 수천 년을 살아왔던, 가장 큰 집단이었고 강자였던 우리 선조들이 어떻게 되었기에 이민족 숙신의 영토가 될 수 있었을까?

● **부여의 멸망**

494년 음력 2월, 북만주의 차가운 바람 속에서 부여가 소리 없이 망했다. 3

세기 중반까지만 해도 8만 호의 백성을 가진 북방의 최강자로서, 만주대평원의 주인공으로 군림했던 부여가 불과 250여 년 만에 외부의 어떤 침략도 없이 저절로 무너졌다. 왕은 800년 왕조의 문을 스스로 닫고, 남쪽 고구려로 내려가 신하가 되었다. 함께 따라간 것은 그의 가족들뿐이었고, 백성들은 왕이 떠난 방향과 반대 방향인 북쪽으로 떠났다고 역사는 전하고 있다.

일부 사학자들은 부여의 멸망 원인을 285년과 346년에 있었던 선비족의 침략, 더하여 410년 고구려 광개토대왕의 공격 때문이라고 설명하고 있다. 부여 멸망 원인이 선비족의 공격 때문이라면, 선비족의 마지막 침략이 346년, 부여의 멸망이 494년이므로, 무려 148년의 시간 차이가 난다. 148년 전에 있었던 침략 때문에 나라가 망했다? 148년 전에 받았던 침략으로 나라가 망할 수 있을까? 인류 역사에서 이런 예가 또 있을까?

인류 역사에서 사라진 모든 국가의 멸망은 외부로부터의 침략 전쟁과 바로 연결된다. 1234년에 망한 중국 금나라는 1215년부터 시작된 몽골 징기스칸의 19년간에 걸친 공격 때문이었고, 몽골의 대원제국도 주원장의 명나라와의 전쟁으로 패망했다. 이와 같이 한 국가의 멸망은 외부와의 전쟁과 시간적으로 바로 연결되는 것이 역사이다.

그런데 선비족의 침략과 부여의 멸망은 148년이라는, 인과(因果)를 연결 짓기에는 너무 긴 시간 차이가 있다. 148년이라는 시간은 한 국가의 흥망성쇠 전 과정이 이루어질 수 있을 정도로 긴 시간이다. 여진족이 세운 금나라(1115~1234)와 몽골족 징기스칸이 세운 원나라(1271~1368)는 각각 119년과 97년밖에 지속되지 못했다. 148년이라는 시간은 이 두 왕조의 흥망성쇠보다 더

긴 시간으로서, 부여가 선비족의 공격을 받았더라도, 국가를 새롭게 정비하여 강력한 국가로 재탄생할 수 있는 매우 긴 시간이다. 고대국가에서 가장 중요한 국가 기반인 백성의 숫자도 몇 배로 늘어날 수 있는 시간이다. 따라서 선비족의 침략으로 부여가 멸망했다는 설명은 타당성이 없다.

　3세기 이후 부여는 남쪽의 많은 영토를 고구려에 내주었다. 그리고 410년 잠시 광개토대왕의 침략을 받기는 했지만, 그것 역시 멸망하기 84년 전 일이었고, 단지 조공을 하지 않았기 때문에 벌어진 징벌 차원의 일시적 침략이었다. 영토를 유린당하거나 왕이 죽고 백성들이 포로로 잡혀간 정복을 위한 전쟁이 아니었다. 84년이라는 시간도 백성이 두 배, 세 배 이상 불어날 수 있는 시간이다. 따라서 부여의 멸망은 고구려의 공격 때문도 아니었다.

　부여의 멸망과 관련하여 이해되지 않는 점은 많다. 3세기 초만 해도 부강했던 부여가 285년 선비족의 침략에 패하여 왕 의려는 죽고, 왕자들은 연해주 주변의 북옥저까지 도망쳐야 했다. 불과 60여 년 전만 해도 북방의 강자로 군림하던 부여가 대흥안령산맥에 거주하던 선비족에게 그렇게 처참하게 패한 원인은 무엇이었을까? 선비족이 그토록 강한 집단이었을까 아니면 부여가 약해졌을까? 만약 부여의 국력이 약해진 탓이었다면, 그 당시의 국력의 기반은 백성들의 수였으므로, 백성들의 숫자가 그동안 상당히 줄어들었다고 보아야 하고, 백성들이 줄어들기 시작했다고 함은 왕조에 대한 백성들의 충성심이 약해져 많은 이탈이 있었음을 뜻할 것이다. 즉 패배의 원인은 백성들에게 있었고, 숫자가 줄었든 충성심이 약화되었든, 백성들에게는 왕실과 멀어지는 중대한 변화가 발생하기 시작했을 것이다. 그 변화는 무엇이었을까?

부여의 역사에서 이해되지 않는 또 한 부분은 5세기 말이다. 부여는 494년 왕이 스스로 왕조의 문을 닫고 식솔만을 거느린 채 고구려로 내려가 항복함으로써 망했다. 부여가 멸망하던 5세기 말, 고구려 북부에는 이미 약소국으로 전락한 부여를 숙신의 후예들(이 시기에는 물길(勿吉)이라고 불리었음)이 자주 공격하며 약탈했다.

3세기에 편찬된 「삼국지」위지동이전은 부여는 백성의 숫자가 매우 많았고, 숙신은 그 숫자가 얼마 되지 않은 작은 집단으로서 부여에게 조공을 바치며 살았다고 기록했다. 말을 듣지 않으면 때때로 부여가 공격하여 징벌까지 내렸다고 했다. 그런데 5세기에 와서는 오히려 숙신이 부여를 자주 공격했다. 이 사실은 불과 250년 만에 부여의 국력이 현저히 쇠퇴했음을 뜻한다. 그 당시의 국력은 백성의 숫자에 좌우되었으므로, 3세기 중반 이후 250여 년 동안 부여의 백성 수는 급격하게 줄었고, 상대적으로 숙신족의 숫자는 폭발적으로 늘었다고 보아야 한다.

부여와 숙신의 인구수 변화를 좀 더 깊게 이해하기 위하여 고구려와 숙신의 역사를 잠시 살펴볼 필요가 있다. 고구려는 기원전 37년 주몽이 동부여에서 남하하여 남쪽 만주의 졸본 지역에 세운 나라이다. 초기의 백성들은 그곳에 살던 고리족과 고조선의 유민들로 구성되었다. 세월이 지나면서 고구려는 점차 강해지고 부여는 점점 약해졌다. 그래서 고구려는 부여 남쪽의 땅을 조금씩 차지하기 시작했다. 두만강 북쪽 연해주 지역에 살던 숙신족에게도 변화가 있었다. 그들은 인구가 늘어나자 두 파로 갈라져, 한 파는 남쪽으로 내려와서 함경도 지역에 정착하여 살았고, 다른 파는 연해주에서 서쪽 방향으로 거주지를 점점 확대하여 마침내 송화강 건너편까지 영토를 확장했다. 역사서는 전자를 속말말갈로, 후자를 흑수말갈로 기록했다.

흑수말갈이 차지한 송화강 동쪽 영토는 원래 부여 백성들이 살던 곳이었지만, 부여의 백성들이 점차 어디론가 떠나버렸기에, 숙신의 후예들은 쉽게 강을 건너 정착하기 시작했고, 5세기 말에는 좀 더 서쪽에 있는 눈강 건너편 영토까지 노릴 수 있게 되었다. 눈강 건너편에는 마지막 남은 부여 왕조와 백성들이 있었다. 이러한 영토 변화로 우리는 부여의 백성들이 얼마나 심각하게 줄어들고 있었는지 가늠할 수 있다. 부여와 숙신의 영토 변화는 아래 지도에서 3세기 초와 5세기 말을 비교해 보면 이해하기 쉽다. (화살표는 부여 백성들의 이동 방향)

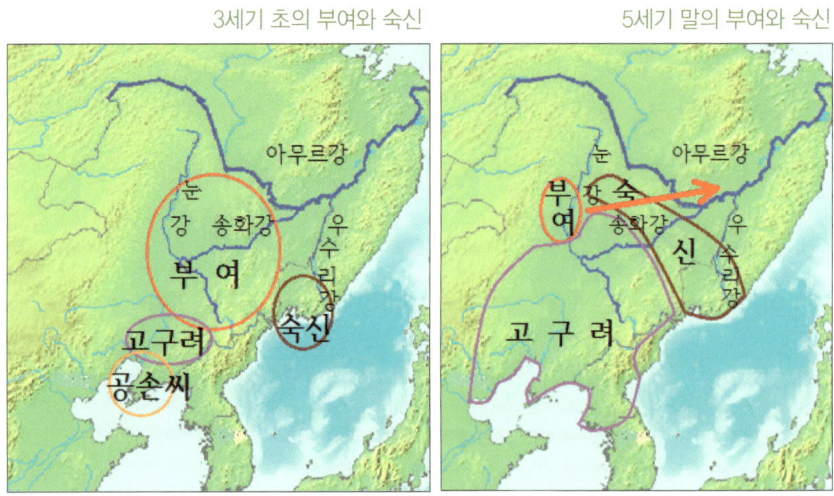

1. 속말말갈은 고구려의 백성으로 편입되어, 고구려의 여러 전쟁에 참가하기 시작했다. 668년 고구려가 패망하자, 발해의 백성으로 남았고, 발해 후기에는 점차 북쪽의 흑수말갈과 다시 합쳐, 만주의 주인공으로 변하였고, 발해가 패망한 후에는 마침내 금나라를 건국하게 된다(이때 그들은 여진족이라고 불리었다).

3세기의 부여는 송화강 동쪽에서 우수리강까지 이르는 영토도 지배하고 있었고, 숙신은 연해주의 작은 지역에 거주하고 있었다. 그러나 5세기 말경의 부여는 송화강 유역의 모든 땅을 이미 흑수말갈(숙신)에게 내어주고 눈강 주변의 땅만 차지한 작은 나라로 돌변해 있었다. 그리고 흑수말갈은 가끔씩 눈강 지역의 부여를 약탈하곤 했었던 것이다.

3세기에는 부여에 스스로 찾아와 굴복했을 정도로 작았던 소수종족 숙신이 5세기에는 둘로 갈라져, 한 쪽만으로도 부여를 넘볼 정도로 부여는 약화되어 있었다. 백성의 수를 기반으로 한 고대 국가의 국력으로 보건대, 5세기 말 부여의 남은 백성들의 수는 반으로 갈라진 숙신조차 감당하지 못할 정도로 대폭 줄어들어 있었던 것이다.

그리고 494년 2월 부여 왕조가 문을 닫았을 때, 왕은 남쪽 고구려로 향했지만, 그 남은 백성들마저도 북쪽으로 이동했음을 중국문헌은 다음과 같이 전한다. 특히 554년에 쓰인 「위서(魏書)」 열전88은 그 백성들이 물길(勿吉/숙신의 다른 호칭)이 사는 곳보다 1천 리 거리 북쪽 지역으로 옮겨가서 잠시 '두막루'국을 건설하고 살았다고 전한다.

为夫馀人后裔 夫馀亡后 其北部遗民渡那河(今嫩江)而居.
(위부여인후예 부여망후 기북부유민도나하(금눈강)이거)
부여 후예들은 부여가 멸망한 뒤 북부 유민이 나하(지금의 눈강)을 건너가서 살았다.

豆莫婁國 在勿吉國北千里 去洛六千里 舊北扶餘也.

(두막루국 재물길북천리 거락육천리 구북부여야)

두막루국은 물길에서 천리 북쪽에 있었는데 옛 북부여이다.

지도에서 확인할 수 있듯이, 3세기와 5세기 말 사이에 일어난 부여와 숙신의 영토 변화는 완전히 정반대이다. 3세기의 부여는 길림·장춘을 중심으로 북만주의 광대한 영토를 차지한 큰 나라였다. 또 만주 북쪽의 아무르강 유역에는 부여라는 국가 건설에 참여하지는 않았지만, 상당수의 같은 민족 사람들이 씨족 단위로 모여 살고 있었다. 숙신은 두만강 북쪽 연해주의 작고 척박하며 외진 지역에 살았던 작은 나라였다. 그러나 5세기 말경에는 숙신족의 거주 영토가 대폭 확대되어, 흑수말갈이 송화강 유역을 차지하여 살고 있었다. 송화강 유역에 원래 살던 부여 백성들은 이미 어디론가 사라져버렸던 것이다. 송화강 서쪽 지역까지 거주 영역을 확대한 흑수말갈 숙신은 그때부터 눈강 서쪽에 남아있던 쇠약해진 부여를 수시로 약탈했다. 그러다가 마침내 494년 부여 왕조는 망하고, 그곳의 백성들은 숙신 거주 지역에서 북쪽으로 1천 리나 떨어진 곳으로 이주하여, 잠시 두막루국(豆莫婁國)을 건설해 살다가 나중에 역시 사라져 버렸다. 이 시대에 '사라져 버렸다' 함은 중국 역사가들의 눈이 미치지 않는 곳으로 이동해 갔음을 의미한다. 그 당시에 중국 역사가들의 눈이 미치지 못했던 곳은 아무르강과 그 북쪽이었다.

민족의 이동은 파도와 같다. 파도는 반드시 앞 파도가 간 방향으로 뒤파도가 쫓아간다. 파도는 큰 해일이 되기 전에 작은 파도로 먼저 해안가에 도착하기 시작하고, 시간이 지날수록 조금씩 커져 마침내 큰 해일과 광풍으로 변하여, 휘몰아쳐 모든 것을 바꾸고 삼켜버린다. 그리고 그 절정이 지난 뒤에도 긴 여운의 시간을 가지며 조금씩 잦아든다. 민족의 이동도 바로 이와 같다.

눈강 주변에 남아 살던 부여의 마지막 백성들이 왕이 떠난 방향과 반대 방향인 북쪽을 향해 집단적으로 떠났다는 것은 그들보다 앞서 사라진 송화강 주변 지역의 부여 백성들이 그 방향으로 떠났음을 의미한다. 왕조가 창건되기 수천 년 전부터 조상 대대로 살던 고토(故土)를 버리고 백성들이 북쪽으로 떠났고, 그로 인해 800년의 왕조가 소리 없이 무너졌던 것이다.

동북아 역사가 시작된 이래, 우리민족이 아닌 모든 민족들의 이동은 남쪽 중원으로 향하는 파도였다. 흉노족이 그랬고, 선비족이 그랬으며, 그 후에 나타난 몽골족, 거란족, 여진족, 만주족까지 모두가 남쪽을 향하여 이동했다. 그런데 왜 우리민족은 홀로 북쪽으로 향했을까? 왜 그들은 기후도 따뜻하고 토지도 비옥하여 살기 좋은 만주대평원을 버리고, 춥고 습한 북쪽 아무르로 떠났을까? 아무르는 5월부터 10월 말까지는 우기(雨期)로서, 계속되는 흐린 날씨와 비로 넓은 저지대는 진흙탕으로 변하고, 11월부터 이듬해 4월까지는 혹독하게 추운 겨울이다. 아무르강 하류는 12월부터 2월까지 한겨울 평균기온이 영하 47도에 이른다. 그렇게 혹독하고 힘든 지역을 향하여 우리 선조들은 왜 파도치듯이 이동해갔을까? 늙고 병든 부모와 어리고 연약한 처자식도 있었을 텐데, 무엇을 알았기에 식구들을 데리고 저 혹독한 환경의 아무르로 갔을까?

여기에는 반드시 필연적인 이유가 있어야 한다. 역사서는 전하지 않았지만, 조상 대대로 수천 년 동안 살아왔던 고토(故土)를 버릴 만큼, 따뜻하고 살기 좋은 만주대평원을 버리고 혹독하게 춥고 살기 힘든 아무르로 식구들을 데려갈 수밖에 없었을 만큼 아주 중요한 이유가 있었음에 틀림없다. 그리고 그 이유는 우리민족만이 알고 있었을 것이다.

습한 땅 아무르 유역(여름 풍경)

눈 덮인 동토 아무르 유역(겨울 풍경)

돌태가문명의 선조들과 부여의 연관성

　멕시코의 고대 문헌 중에 부여 백성들이 북쪽 아무르로 이동한 사실과 관련 있는 듯이 보이는 매우 흥미로운 내용을 담고 있는 문헌이 있다. 거기에는 돌태가문명을 일으켰던 사람들의 조상들이 처음 이동할 때, 어떻게 시작했는지에 대하여 다음과 같이 기록하고 있다2).

　따팔란(Tlapallan)의 족장들이 왕에게 반란을 일으킨 뒤에, 439년 그 지역을 떠났다. 8년 동안 그들의 옛 땅 근처를 헤매다가 달팔란진곳(Tlalpallantzinco)으로 가서 3년을 살았고, 그 후에 다시 100년 이상을 유목생활을 했는데, 이때에 적어도 13곳에서 머물러 살았다. 그 중에 6곳은 태평양 해안이고 나머지 지역은 멕시코 북부에 있는 지역이다.

　돌태가문명은 9세기에서 11세기까지 멕시코 중부 지역에 있던 문명이다. 이 문명이 망한 후에 그 백성들의 일부가 촐룰라로 이동해 거주했다. 촐룰라의 사람들은 자신의 모습을 그림으로 남겼는데, 상투를 하고 검은 갓을 쓰고 흰 도포를 입고 있는 모습이었고, 말도 우리말을 사용했다. 그들이 우리민족이었음을 필자는 여러 논문에서 증명했다. 돌태가(Tolteca)는 '돌+태가'로서 '돌+ 신성한 사람'이라는 우리말이다. 돌태가문명의 특징은 수많은 돌기둥을 세웠다는 데 있다. 돌태가문명은 콜와(Colhua)족이 이룩한 문명인데, 콜와라는 호칭도 원래는 '고리(coli)'라는 말이었다고 미국과 멕시코 학자들이 필자보다 먼저 해석했다. '고리'는 부여-고구려를 건국한 우리 선조들을 부르던 호칭이었다. 따라서 이 기록은 고리족의 이동에 관한 기록으로 판단된다.

---

2. Lewis Spence F.R.A.I., 「The Myths of Mexico and Peru」, George G. Harrap & Co., 1913, p. 12. 이 내용은 멕시코 원주민 출신 역사가였던 이흐들이호치들(Ixtlilxochitl/이것들이꽃들(필자해석))이가 17세기 초에 쓴 책에 담겨 있다. 그는 태흐고고 호숫가에 있던 부족국가 아골화(Acolhua) 왕가의 후예인데, 자기 조상들은 돌태가(Tolteca)문명을 일으킨 사람들의 후예였다고 기록하면서, 위에서 인용한 내용을 적어 두었다. 아골화는 '우리 고리'라는 뜻의 우리말이다. '골화'는 '고리'의 방언이다.

여기서 따팔란(Tlapallan)은 따판땅(tapantlán)이라는 말이 변한 형태이다.[3] 따판땅은 '따+판+땅'으로 구성된 말로서, 세 어휘 모두 '땅'을 의미하는 우리말이다. '따(tla)'와 '땅(tlán)'은 '땅'에 해당하고, '판(pan)'은 '벌판, 모판, 모래판'에서 보듯이 역시 '장소'를 뜻한다.

멕시코에서 사용된 우리말 지명을 보면, 같은 뜻의 말들이 이렇게 여러 번 반복된 경우가 많다. 우리 선조들의 말은 만주와 아무르 유역에 흩어져 살 때부터 이미 방언 차이가 있었는데, 아메리카로 떠날 때 같은 방언을 사용하던 사람들끼리 한 집단씩 이루어 이동했다. 방언을 기준으로 각각 집단을 이루어 각자 다른 시기에 아메리카로 이동한 우리 선조들은 넓은 아메리카 대륙에 도착한 후에도 각자 부족을 이루어 살기도 했고, 멕시코에서처럼 특정 지역에 가까이 모여 살기도 했다.

멕시코에서는 태흐고고 호수 주변 지역에 이렇게 도착한 여러 집단들이 모여 살다가, 아스태가인들이 세운 나라가 주변 지역을 통일하여 아스태가제국을 건설하자, 방언 차이가 있던 집단들이 아스태가제국의 국민이 되어 자연스럽게 함께 어울려 살게 되었고, 서로 대화하는 과정에서 자연스럽게 같은 뜻의 방언을 한꺼번에 중복으로 사용하는 언어습관이 생겨난 듯하다.

아스태가제국보다 수백 년 먼저 건설된 돌태가문명도 그 당시에 제국의 면모를 갖추고 있었다. 돌태가문명에 관한 기록에 의하면, 처음 돌태가문명의 기초를 세운 집단이 있었고, 세월이 지나면서 북쪽에서 계속해서 새로운 집단들이 도착하여 함께 살면서 돌태가문명의 중심 도시는 더욱 발전했다고 한다. 따라서 '다팔란(Tlapallan)'이라는 어휘를 보건대, 돌태가문명에는 '땅'을 '따(tla)'라고 말하던 집단, '판(pan)'이라고 말하던 집단, 그리고 '땅(tlán)'이라고 말하던 집단이 함께 모여 살았던 것 같다. 그리고 그들은 서로 대화할 때 상대방이 쉽게 알아듣도록 하기 위하여 이 세 어휘를 함께 모아 '따판땅'이라고 말하기 시작했고, 이것이 나중에 '따팔란'으로 변했던 것이다.

달팔란진곳(Tlalpallantzinco)도 '달팔란+진+곳'으로 구성된 말로서, '달팔란'은 '따팔란'과 같은 말이며, 역시 '땅'을 뜻하는 우리말이다. 우리말 고어에서 '달'도 '땅'을 의미한다. 따라서 '달팔란진곳'은 '땅이 진 곳'을 뜻한다.

---

3. 란(llan)을 '땅'이라고 해석한 이유는 땅(tan)이 뜰란(tlán)으로 변했고, 다시 동화작용으로 란(llan)으로 바뀐 경우이기 때문이다. (참고: Arthur J.O. Anderson, 「Rules of the Aztec Language」, Univ. of Utah Press, 1992, p.9.)

결국 위의 인용문에 기록된 내용은, 돌태가문명을 일으킨 사람들의 조상들은 원래 어느 곳에 살았는데, 439년 왕의 뜻을 어기고 집단으로 떠나 '땅이 진 곳'으로 이동해 가서 3년 동안 살았다는 내용이다. 이 내용은 부여 왕조를 버리고 북쪽 아무르로 이동했던 우리 선조들의 이야기와 일치하는 면이 있다. 부여의 백성들이 왕조를 버리고 간 곳이 '땅이 진 곳', 바로 여름철의 아무르 유역이기 때문이다. 시기적으로도 일치하는 면이 있다. 439년에 떠난 이 사람들은 부여 왕조가 멸망하기 훨씬 전에 떠난 집단일 것이다. 어쩌면 송화강 유역에 살았던 사람들일 수도 있다.

결국 이 기록은 부여가 망하기 60여 년 전에, 송화강 유역에 살던 우리 선조들이 왕을 배반하고 북쪽 아무르를 향하여 이동하였고, 아무르에 도착하는 데 걸린 기간이 8년이었으며, 땅이 진 아무르를 통과하는데 3년이 걸렸고, 그 후 오늘날의 멕시코까지 도착하는데 100여 년이 걸렸다는 것을 의미하는 것은 아닐까?

고구려의 멸망

고구려 역사를 조금 깊이 들여다보면, 고구려도 오래전부터 인구감소가 시작되지 않았을까 하는 의문을 갖게 하는 대목이「삼국사기」에 기록되어 있다. 고구려 후기로 갈수록 고구려가 전쟁에 동원한 병사는 고구려인이 아니라 숙신(말갈)족 병사였다는 기록이 자주 등장한다. 최초의 기록으로 468년 장수왕이 신라를 공격하기 위하여 말갈병 1만 명을 동원했다고 나온다. 그러나 이 부분은 속말말갈들이 함경도 지역에 주로 거주했으므로, 만주에 살던 고구려인들보다 함경도에 살던 말갈족이 지리적으로 신라에 가깝기 때문에 그들을 동원했다고 이해할 수 있다.

그러나 612년 영양왕 23년에 왕이 수나라가 장악하고 있던 요서 지역을 공격하는데 데려간 병사도 말갈병 1만 명이었다. 지금까지 알려진 역사적 사실에서 보면, 요서 지역은 숙신의 후예 말갈족이 살던 함경도와 매우 멀다. 말갈족이 요서까지 도착하려면 두만강 유역이나 함경도에서 만주대평원을 대각선으로 가로질러야 도착하는 거리이다. 영양왕은 만주의 고구려 병사들을 놔두고 왜 멀고 먼 곳의 말갈족을 동원했을까? 혹시 그 당시에 만주대평원에 상당히 많은 수의 말갈족이 이미 들어와 살고 있었던 것은 아니었을까?

고구려의 마지막 왕, 보장왕 때의 기록을 보면 더욱 이런 의구심이 들게 된다. 보장왕은 661년 북한산성에서 주둔하고 있던 신라군을 공격했는데, 이때에 동원된 병사들도 말갈족이었다. 그 후 668년 고구려가 당나라에게 망하고, 보장왕을 비롯한 약 20만 명이 당나라 여러 곳으로 강제 유배당했다. 그런데

670년 4월부터 건모잠, 안승을 중심으로 고구려 부흥 반란이 일어나는 등 고구려 땅에서 크고 작은 문제가 계속 일어났다. 이에 677년, 당나라는 보장왕을 비롯한 약 14만 명을 도로 데려와서 요동에 정착시켜 고구려 땅을 통치하도록 했다. 그러나 보장왕은 함께 돌아온 고구려인들과 요동에 정착해 살고 있던 말갈족들을 은밀히 규합하여 고구려를 재건하기 위한 모의를 했고, 이것이 사전에 들통나서, 681년 다시 고구려인들과 함께 당나라 서남쪽 국경 지역인, 오늘날의 사천성(四川省)의 공주(邛州)로 유배되었다.

「삼국사기」나 「구당서」의 이러한 기록을 보면, 고구려 말기로 갈수록 전쟁에 자주 동원된 병사들이 고구려인보다는 숙신의 후예 말갈족이었다는 것을 알 수 있고, 보장왕이 요동으로 되돌아와서 반란을 모의하던 680년에는 말갈족이 이미 요동까지 내려와 정착해 살고 있었다는 것을 알 수 있다.

3세기에는 두만강 북쪽 연해주의 작은 지역에 살던 소수 민족 숙신이, 부여 왕조의 말기인 5세기 말에는 송화강 유역까지 정착지를 넓히며, 마지막 남은 부여 백성들과 부여 왕조가 거주하던 눈강 지역까지 노리는 상황이었고, 7세기 후반에는 이미 요동까지 내려와 정착해 살았다. 이것은 많은 말갈족들이 이미 6세기에 만주대평원 깊숙이

숙신의 거주 영역 확대

---

4. 오늘날 중국 사천성과 원난성의 주민들에게 우리민족의 풍습이 나타나고, 또 태국 북부 지역에 사는 라후족에게도 우리민족의 풍습이 나타나는 것도 이러한 역사적 배경 때문으로 추정된다.

퍼져 정착했고, 고구려가 멸망할 때에는 만주의 최남단 요동 지역까지도 내려와 살고 있었음을 말한다.

어떻게 이렇게 될 수 있었을까? 400년 전까지만 해도 두만강 북쪽 연해주의 작고 척박하며 구석진 땅에 살던 숙신의 후예가 고구려 말기인 7세기 후반에는 만주를 거쳐 요동까지 내려와 정착하여 살고 있었다니! 고구려를 재건하기 위한 보장왕의 마지막 도모에도 숙신의 후예 말갈족을 끌어들여야 할 정도로 요동에도 많은 말갈족이 정착해 살고 있었던 것이다.

옛날에는 종족이 다르면 사는 지역도 뚜렷하게 구별되었고, 두 종족의 접경지역에서는 다툼과 전쟁이 끊이지 않았다. 말갈의 선조 숙신은 우리 선조들과 언어와 풍습이 완전히 달랐다. 그들은 부모가 죽으면 사체를 짐승을 잡기 위한 미끼로 사용하던 민족이었고, 우리민족은 부모의 장례식을 다섯 달이나 성대하게 치르고도 더 하려고 했던 민족이었다. 우리는 부모가 죽으면 사후세계로 가서 신(神)이 되어 계속 산다고 믿어, 생전에 사용하던 물건을 함께 묻어주고, 그것을 건드리는 것을 매우 두렵게 여기며 터부시했다. 부모 사체(死體)를 짐승 사냥 미끼로 사용했던 숙신족과는 사후세계에 대한 기본 생각이 완전히 달랐다. 사후세계에 대한 기본 생각이 그렇게 달랐다는 것은 그들과 우리는 정신세계가 달랐음을 의미하고, 정신세계가 달랐다는 것은 그들과 우리민족은 뿌리부터 달랐음을 뜻한다[5]. 우리와 그들은 언어도 달랐고, 풍습도 달랐고, 정신세

---

5. 필자는 우리민족의 이동루트를 연구하는 과정에서 고대 동북아에 우리민족이 아닌 종족으로 숙신족 외에 또 한 종족이 있었음을 알았다. 그들은 러시아 캄차카반도에 살던 이텔맨(Itelmen)족으로서, 우리민족이 아메리카로 건너가기 위해 캄차카반도로 몰려가자, 우리민족에게 밀려서 캄차카반도 남부지역으로 쫓겨나서 정착했다. 그런데 그들도 숙신족과 마찬가지로 부모의 사체를 짐승의 먹이로 주던 풍습이 있었고, 신에 대한 개념이 거의 없었다. 러시아 학자들은 이텔맨족이 서쪽 시베리카 스텝지역에서 이동해 온 종족이

계도 완전히 달랐던, 서로 다른 민족이었다.

그런데 그들이 고구려 말기에는 우리민족의 주된 거주지였던 만주대평원은 물론이고 최남단 요동 지역까지 내려와 정착해 살았다. 이 역사적 변화를 우리는 어떻게 이해해야 할까? 그들이 만주대평원은 물론이고 요동까지 내려와 정착해 살았다는 것은 고구려 시대에 숙신의 후예들이 그만큼 인구가 증가했다는 것과, 고구려인 숫자는 상대적으로 그만큼 줄어들었다는 것을 뜻한다.

옛날에는 사람에게 가장 중요한 것은 먹고 사는 문제였다. 식량은 사냥이나 어로 및 농사에서 나왔기에, 땅은 민족의 생사와 직결되는 문제였다. 인구가 증가할수록 더 넓고 더 비옥한 땅이 필요한 시대였다. 만약 3세기에 인구가 7배나 많았던 우리민족이 숙신처럼 그렇게 인구가 계속 급증했다면, 과연 숙신의 후예들이 우리민족의 거주지였던 만주대평원뿐 아니라 요동까지 내려와 정착하도록 내버려 둘 수 있었을까?

말갈족이 만주대평원을 거쳐 요동까지 남하해서 정착해 살았다는 역사적 사실은 고구려인들이 만주에서 그만큼 사라지고 있었음을 뜻한다. 후기 고구려의 전쟁에 말갈족 병사들이 대거 자주 동원된 역사적 사실도 이를 뒷받침한다. 고구려인들이 줄어들고 있었음을 뜻하는 구체적 역사 기록도 있다. 「구당서」 권 199는 요동 지역의 고구려인들이 680년대에도 계속 북쪽 방향으로 사

라고 설명했다. 필자는 숙신족이 남쪽 아무르 지역으로 이동해 온 그들의 일파였을 것으로 본다.
6. 우리나라 일부 사학자들 중에 말갈족도 원래부터 우리민족의 일부였는데, 중국 사서에서 잘못 기록한 것이라고 주장하는 분도 있다. 고구려 멸망기의 인구수가 백제보다 더 적었다는 중국 기록을 '원래 우리민족의 일부였던 숙신의 후예를 빼고 계산했기 때문'이라고 이해하고자 했기 때문에 이런 주장을 폈다. 이분들의 오류는 필자가 발견한 우리민족의 대이동을 전혀 몰랐기 때문에 비롯된 것이다. 민족 구별의 일반적 기준이 '언어와 풍습'이고, 이 기준에서 보면, 숙신의 후예 말갈족은 우리민족이 절대 아니다.

라지고 있었음을 다음과 같이 전하고 있다.

高麗舊戶 在安東者漸寡少 分投突厥及靺鞨 (고려구호 재안동자점과소 분투돌궐급말갈)
안동에 살던 고(구)려의 옛 집안들이 점차 줄어들었다. 그들은 집단으로 나뉘어 돌궐이나 말갈이 살던 지역으로 이동했다.

안동은 요동을 말한다. 안동도호부가 요동에 있었기 때문에 당나라 시대에 잠시 그렇게 불렀다. 고구려는 장수왕 때부터 이미 '고려'라고 국명을 개칭했다[7]. '고려의 옛 집안'은 오랜 세월 동안 요동에 살던 고구려인들을 뜻한다. 새로 들어와 정착했던 말갈족과 대조하여 붙인 칭호이다. 요동에 오래 살던 옛 집안은 원래 고조선의 백성이었다가 고구려의 백성이 된 우리 선조들이다. 이 기록이 전하는 내용은 새로 요동에 정착한 말갈족은 그대로 남아 살고, 대대로 그곳에 살던 우리민족은 북쪽으로 계속해서 떠나고 있었다는 역사적 사실이다[8].

왜 우리 선조들만 떠났을까? 요동에 대대로 살던 사람들이 삶의 터전을 버리고 왜 북쪽으로 떠났을까? 당나라의 강압적 통치 때문이었을까? 전혀 그렇지 않았다. 강압적 통치는커녕, 오히려 유화정책을 썼다. 당나라는 고구려를 안정시키기 위하여 677년, 고구려를 정복한 지 불과 9년 만에 보장왕과 포로

---

[7]. 고려(高麗)의 원래 발음은 '고리'이다. 우리민족의 시원(始原)적 호칭은 '고리'족이었다.
[8]. 일부 사학자들은 고구려 백성의 북상을 대조영의 아버지 대중상의 대당 반란에 동참하기 위한 것으로 풀이한다. 그렇다면 왜 말갈족은 북상하지 않았는가? 말갈족도 걸사비우 (乞四比羽)를 중심으로 반란을 일으켰다. 대중상과 걸사비우는 당나라와 거란족의 연합공격에 패전하여 죽고, 698년 대조영이 고구려인과 말갈족의 연합군을 이끌고 천문령 전투에서 승리하여 발해를 건국했다.

로 잡아간 고구려 백성 대다수를 요동으로 되돌려 보내야 했다. 당나라의 국내외 상황이 심각하게 돌아가기 시작했기 때문이었다. 북쪽으로는 돌궐이 급격하게 성장하여 위협하기 시작했고, 서쪽에서는 토번족이 부족을 통일하여 강력하게 당나라 국경으로 밀려들

우리민족의 이동

어오고 있었으며, 국내에서는 자신이 낳은 두 아들까지 죽이면서 권력을 휘두르던 측천무후(則天武后)의 폭정과 환관의 부패, 이에 저항하여 일어난 지방 절도사들과 농민 반란으로, 당나라는 고구려라도 안정시키지 않을 수 없었고, 그래서 유화정책을 쓸 수밖에 없었다.

그럼에도 요동의 우리 선조들은 수천 년 동안 살아오던 삶의 터전을 버리고 북쪽으로 떠났다. 민족의 이동은 파도와 같다. 파도는 앞 파도가 가는 방향으로 뒤파도가 따라가는 법이다. 요동의 우리 선조들이 북쪽으로 떠났다는 것은 만주대평원의 북부 지역 사람들부터 먼저 북쪽으로 떠났고, 중부 지역 사람들이 뒤따라 떠났고, 비로소 남쪽 요동 사람들도 떠났다는 사실을 의미한다. 그들은 모두 조상 대대로 살던 터전을 버리고 앞서 간 사람들을, 즉 5세기 말 북쪽 아무르를 향하여 대규모로 떠난 부여의 마지막 백성들의 뒤를 따라 이동한 것은 아니었을까?

요동에서 떠난 우리 선조들이 고작 돌궐족이나 숙신의 후예 말갈족 땅에 거

주하려고 떠났을까? 절대로 그럴 수는 없을 것이다. 비옥하고 따뜻한 자기 땅을 버리고 겨우 찾아간 곳이 북쪽의 춥고 척박하며 이민족들이 차지하고 있는 땅일 수는 없다. 늙은 부모와 어리고 연약한 처자식을 데리고 남의 땅에서 빌붙어 살기 위해, 살기 좋은 자기 땅을 버리고 떠날 사람들이 있었겠는가!

그들의 목적지는 돌궐 땅이나 말갈 땅이 아니었다. 당시의 중국 사가(史家)들도 몰랐고, 오늘날까지 역사도 몰랐지만, 그들의 목적지는 훨씬 더 멀고, 훨씬 더 원대한 곳이었다! 중국 사가들이 돌궐이나 말갈 땅을 언급한 것은 그들의 북쪽 시야가 거기까지밖에 미치지 못했기 때문이었을 것이다. 실제로 중국인들이 아무르강 하류에 처음 간 것은 1413년 명나라 때였다.

● 발해의 건국과 멸망

◆ 발해의 건국

발해가 망했다. 926년 1월 15일, 거란족의 족장 야율아보기가 침략한 지 불과 2주 만에, 발해의 수도 상경 용천부(오늘날 송화강 근처)는 포위된 지 불과 3일 만에, 저항 한 번 제대로 해 보지도 않고, 왕 대인선이 스스로 성문을 열고 나가 야율아보기 앞에 무릎 꿇고 항복했다. 그는 흰옷을 입고 있었다.

645년 당태종은 고구려를 공격하기 위하여, 먼저 요동에 있던 안시성을 30만 대군으로 공격한 적이 있었다. 안시성 장수 양만춘은 적은 병사와 백성들을 이끌고 당태종이 건곤일척의 승부수를 띄운 공격을 무려 3개월 동안 막아, 끝내 성을 지켜내었다.

우리민족이 이민족과 치른 이 두 전쟁은 너무나 대조적이었다. 하나는 왕이 살던 왕성(王城)이고, 하나는 변방의 작은 산성(山城)이었다. 하나는 나라의 중심에 있던 가장 중요한 성으로 많은 백성과 병사가 주둔했던 성이었고, 하나는 변방의 백성들과 소수의 병사들이 거주하던 산성이었다. 하나는 전투다운 전투 한 번 치르지 못하고 무너졌고, 하나는 군민(軍民)이 일치단결하여 결사항전함으로써 식량과 무기가 바닥났음에도 불구하고 끝내 엄청난 대군을 물리쳤다. 역사는 발해의 마지막 왕 대인선(大諲譔)을 '무능'의 상징으로, 안시성 성주 양만춘(楊萬春)을 '영웅'의 상징으로 평했다.

발해의 건국 배경은 이랬다. 668년 고구려를 무너뜨린 당나라는 곧 내우외환(內憂外患)에 직면했다. 안으로는 측천무후의 폭정으로 각지에서 민란과 지방관들의 반란이 일어났고, 밖으로는 서쪽에서는 토번왕국(티벳왕국)이 일어나, 당나라가 서방세계와 무역거래를 하던 실크로드까지 점령하며 위협했으며, 북쪽 대흥안령산맥에서는 돌궐족이 강력하게 성장하여 남하할 기세였다. 이렇게 안팎의 어려움에 직면한 당나라는 고구려 땅의 통치에 대하여는 소홀할 수밖에 없었고, 요동에 설치했던 안동도호부는 사실상 방치상태가 되어 있었다.

이 틈을 타고 거란족과 말갈족이 먼저 반란을 일으켰지만 당나라에 의해 진압당하고, 우두머리들은 죽임을 당했다. 698년, 고구려가 패망한 지 불과 30년 만에 고구려의 장군이었던 대조영은 당나라의 힘이 덜 미치는 북만주로 가서, 그곳에 살던 고구려인과 말갈족(속말말갈)을 통합하여 발해를 건국했다. 8세기 중반 당나라 황제 현종은 며느리였던 양귀비에 빠져, 양귀비의 친척과 환관들이 국정을 어지럽히자, 절도사 안녹산이 반란을 일으키면서, 당나라는 저절로 무너지기 시작했다. 이 틈을 타고 발해는 빠른 속도로 고구려인과 말갈족이 함께 살던 만주대평원과 요동까지 영토를 확장했다. 10대 왕위에 오른 선왕(宣王) 통치시대의 발해는 고구려에 편입되지 않았던 흑수말갈마저 국민으로 통합함으로써, 북으로는 아무르강에 이르고, 남으로는 요동까지 이르는 명실공히 대제국이 되었다. 818년 당나라는 발해를 해동성국(海東盛國) 또는 요동성국(遼東盛國)이라고 칭송하면서 유화정책을 폈다.

830년경의 발해의 영토

◆ **환상의 발해, 미스터리 발해**

　일월영측(日月盈昃), 해와 달도 차면 기운다던가! 바로 이 시기부터 발해는 국력이 기울기 시작했다. 승승장구하던 발해가 왜 갑자기 이 시기부터 기울기 시작했을까? 혹시 이민족의 침입? 역시 없었다. 우리민족의 역사에서 발해만큼 큰 전란도 없이 평안했던 왕조도 없었다. 그럼에도 불구하고 발해는 기울기 시작했다.

　발해의 멸망과 관련하여 자주 거론되는 민족이 거란족이다. 그러나 발해의 국력이 기울기 시작하던 9세기 전반기에, 거란족은 아직 통일되지 못한 채 만주대평원 서쪽 대흥안령산맥에서 부족 단위로 흩어져 살고 있었다. 야율아보기라는 거란족의 영웅이 거란 8개 부족들을 통일하여 발해를 위협하던 시기는 이보다 100년 후의 일이었다. 즉 발해가 이미 거의 해체되다시피 한 10세기 초이다. 따라서 9세기 초의 거란은 승승장구하던 발해에 아직 큰 위협이 될 수 없었다. 그럼에도 불구하고 발해는 소리 없이 무너지고 있었고, 역사는 그 원인을 전하지 않았다.

　발해는 926년 정월 보름, 즉 1월 15일, 거란족의 단 한 차례의 공격으로 패망했다. 패망할 때의 역사 기록을 보면, 거란의 태조 야율아보기가 발해를 공격하기 시작한 것은 925년 그믐날이었고, 발해가 항복한 날은 이듬해 1월 15일, 불과 2주 만에 대제국 발해가 무너졌다. 거란의 침략에 대항하기 위하여 3만 명의 병사를 이끌고 부여부(扶餘府)로 갔던 발해 장군 선상은 바로 패하고, 그로부터 5일 뒤에 상경 용천부의 왕성(王城)은 포위되기 시작했으며, 포위된 지 단 3일 만에 한차례 싸워보지도 않고 항복했다. 마지막 왕 대인선은 하얀 소복을 입고 왕궁 문을 열고 나와서 야율아보기 앞에 무릎을 꿇었다. 오늘날 사가(史家)들이 '환상의 발해, 미스터리 발해'라고 이구동성으로 말하는 이유가 여기에 있다. 그렇게 큰 제국이 어떻게 그렇게 허망하게 무너질 수 있었으며, 왕은 도대체 얼마나 무능했기에 싸워보지도 않고 단 3일 만에 스스로 성문을 열고 나와 항복했냐고!

대제국 발해가 거란의 단 한차례의 공격으로 15일 만에 역사의 뒤로 사라졌다. 세계 전사(戰史)에서 한 국가가 망하는데 이렇게 짧은 시간이 걸린 예가 또 있을까? 2주 만에 멸망당했다는 것은 저항다운 저항 한 번 못하고 무너졌음을 의미한다. 이것은 거란이 공격하기 전에 발해는 이미 무너질 수밖에 없는 중대한 원인을 안고 있었음을 뜻한다. 발해가 무너질 수밖에 없었던 그 원인은 무엇이었을까?

◆ **이심(離心)**

발해 패망의 미스터리를 설명하기 위하여 중국, 일본, 우리나라 사학자들이 저마다 의견을 내놓았다. 중국학자들은 당나라의 봉건체제하에서, 발해는 당나라가 받쳐주던 동북지방의 일개 봉건정권에 불과했고, 907년 당나라가 망하자, 모든 기력을 잃고 사상누각(砂上樓閣)이 되어, 앉아서 멸망을 기다리던 상황이 되었는데, 때마침 거란족의 침략으로 바로 무너진 것이라고 주장했다. 중국 중심의 역사관을 바탕으로 '해동성국'이라고 불러준 것을 빌미로, 발해가 마치 당나라 덕에 먹고살던 지방정권에 불과했다는 식의 설명이다[9].

---
9. 이것이 중국학자 한두 사람의 견해가 아니다. 중국은 발해를 당나라의 속국으로 여기고, 학교교육까지 그

발해 패망의 원인으로 가장 자주 거론되며 우리나라와 일본 사학자들이 지지하는 설이 권력투쟁이다. 발해는 근본적으로 고구려 백성들과 숙신(말갈)이 합하여 세운 이중구조적 국가로서, 내부 단결이 취약했고 파벌 간의 권력투쟁으로 약화되어 거란족과 싸워보지도 못하고 무너졌다는 설명이다. 이 설을 주장한 대표적인 학자가 일본인 미카미 쓰기오(三上次男)로, 그는 발해의 멸망이 고구려의 멸망과 마찬가지로 수뇌부의 격렬한 내분, 즉 권력 투쟁 때문이라고 설명했다. 이른바 우리민족 역사를 폄하하고 왜곡한 식민지사관의 전형적인 논리이다. 권력투쟁설에는 언제나 장식품처럼 따라붙는 수식어들이 있다. 왕권의 취약과 무능함, 국정의 혼란, 굶주림에 허덕이는 백성들의 이반이다. 이것이 권력투쟁설과 함께 발해 멸망의 확인된 원인처럼 퍼져 오늘 우리의 역사교육 현장에서 반복되고 있다.

사가들이 권력투쟁설을 뒷받침한다고 내놓는 유일한 근거가 거란의 역사서인 「요사(遼史)」 권75에 담긴 다음 기록이다.

先帝 因彼離心 乘釁而動 故不戰而克 (선제 인피이심 승흔이동 고부전이극)
선제(야율아보기)께서 저들의 '이심(離心)'을 알고서 틈을 타 움직이니, 싸우지도 않고 이겼다.

일본과 우리나라 사학자들은 '이심'을 권력투쟁으로 해석했다. 그 증거로 발

렇게 하고 있다. 예를 들어 중국 사학자 이전복·손옥량의 「발해국」(중국 문물출판사, 1987년)에도 같은 설명을 하고 있다. 중국의 「민족사전」에는 부여도 그들의 소수 민족이라고 오래 전부터 설명하고 있다.

해가 패망하기 직전에 상당수의 발해 지배층이 막 태동한 고려(高麗)의 왕건에게로 귀순했다는 사실을 들었다. 실제로 발해의 지배층이 고려로 귀순했다는 내용을 살펴보면 흥미로운 부분이 있다. 아래는 「고려사」와 「고려사절요」에 실린 내용을 간추린 것이다.

> 918년 장군 윤선이 귀순했고, 921년에는 장군 고자라가 귀순했고, 922년에는 장수 아어환이, 925년 가을에는 장군 신덕이 500여 명을 이끌고 투항했다. 그 뒤를 이어서 예부경을 맡고 있던 대화균, 균노사정을 맡고 있던 대원균, 공부경을 맡고 있던 대복모와 같은 고관들이 귀순했으며, 마침내 좌우위 장군직을 맡고 있던 대심리가 백성 100호를 이끌고 고려로 와서 투항했다

이 기록에서 눈여겨볼 점은 925년 이전에는 지방관들이 귀순했지만, 925년 가을부터는, 즉 거란족의 공격이 임박했던 때부터는 중앙의 지배층들이 고려로 도망치듯이 서둘러 이동했고, 심지어 거란의 침략을 최일선에서 막아야 할 좌우위장군마저 식솔들을 이끌고 고려로 가버렸다는 사실이다. 이들의 도망이 권력투쟁 패배 탓이었을까?

역사 속 의문의 답은 역사에서 찾아야 한다. 만약 권력투쟁이었다면 반드시 승자와 패자가 있게 마련이다. 권력투쟁은 소위 '제로섬게임'이다. 승자는 모든 것을 차지하고, 패자는 모든 것을 잃는 것이 권력투쟁이다. 다행히 목숨을 건진다면 패자는 수단방법을 가리지 않고 절치부심으로 복수를 하려고 드는 것이 그 속성이다. 복수를 위해서는 가장 강력한 적국(敵國)으로 도망가서 도움을

청하고 군사를 빌려서 조국(祖國)을 향하여 불구대천의 원수에게 창날을 겨누는 것이 인간 권력투쟁의 역사이다.

고구려 역사를 보아도 알 수 있다. 고구려 왕자들 간의 권력투쟁도 이 역사의 전례를 벗어나지 못했다. 제8대 고구려 왕, 신대왕(2세기 말)은 맏아들 발기를 제쳐두고 둘째인 남무(고국천왕)에게 왕위를 물려주었다. 절치부심하던 발기는 아버지가 죽은 지 17년 후인 196년, 드디어 동조하던 소노부 귀족들을 규합하여 반란을 일으켰다. 동생과의 전쟁에서 패하자, 발기는 그 당시의 고구려의 최대 적이었던 요동 태수 공손도에게 도망갔다[10]. 그 당시 공손도는 요동의 왕을 자처하며 고구려와 적대 관계에 있었는데, 권력투쟁에서 패한 발기가 도망쳐오자 환대하며 즉시 군사 3만 명을 내어주어 고구려를 공격하게 했다. 발기는 빌린 군사로 재차 동생을 공격했지만 다시 패하여 중국으로 도망쳤다.

그러나 925년 발해의 고관들이 왕건의 고려로 도망친 것은 이것과 상황이 달랐다. 그 당시 고려는 도망쳐온 발해의 관료들에게 군사 한 명도 내어줄 형편이 아니었다. 왕건은 후백제의 견훤과 운명을 건 마지막 한 판의 승부를 눈앞에 두고 있어서, 온 국력을 그 전쟁에 '올인'해야 하던 시기였다. 더구나 고려 왕실은 발해왕실과 사돈관계까지 맺고 있었다. 따라서 고려로 도망쳐온 발해의 관료들이 권력투쟁에서 패배한 자들이었다면, 방향을 잘못 잡아도 정말 잘못 잡은 것이다. 그들은 발해의 최대 적으로 떠오른 거란으로 도망쳤어야 했

---

10. 공손도는 원래 후한의 신하로서 요동태수로 임명되었다. 그러나 후한이 점점 무너져 가자, 요동에서 독자적인 세력을 구축하여 왕으로 자처했던 인물이다. 그는 영토에 대한 야심이 많아서, 고구려를 압박하기 위하여, 고구려와 사이가 안 좋았던 부여로 딸을 시집보내어 이간질하기도 했고, 대동강 유역을 차지하고 있던 낙랑군도 자기 휘하에 두기도 했다.

고, 공격해올 거란의 길잡이 노릇만 해 주어도 권력투쟁 패배의 원한을 갚을 수 있었을 것이다.

따라서 발해 고관들이 고려로 피신한 것은 고구려 왕자 발기의 경우와 판이하게 다르다. 그들은 권력투쟁 패배로 도망친 것이 아니라, 임박한 거란족의 대규모 공격을 피하려고 미리 식구들과 재산을 챙겨 같은 민족의 나라 고려로 피신한 것이었다. 그들은 거란이 공격해 오면 '필패(必敗)'라는 것을 이미 알았던 것이다. 오늘날 합참의장쯤 되는 좌우위장군마저도 전쟁이 터지면 '필패'라는 것을 예측했기에, 전쟁이 임박하자 서둘러 도망쳤던 것이다.

「요사」에 기록된 이심(離心)은 권력투쟁이 아니었다. 이심은 무엇을 의미했을까? 역사 속의 의문의 답은 역사에서 찾아야 함을 예서 다시 한 번 확인해 볼 수 있다. 부여의 백성들이 왕조를 버리고 북쪽으로 이동했고, 요동에서 조상 대대로 살던 고구려 백성들이 북쪽으로 이동했다. 발해 백성의 이심도 같은 것이 아니었을까? 이심은 '떠나는 마음'이고, 민족이동은 파도와 같으니, 그들의 떠남도 같은 파도의 한 자락이 아니었을까?

백성들이 왕조를 버리고 떠난 부여는 왕이 스스로 800년 왕조의 문을 닫았다. 만주대평원을 호령하며 북방의 강자로 군림했던 고구려도 말기에는 고구려인이 없어서, 보장왕은 고구려를 되찾기 위해 치밀하게 계획했던 마지막 도모에 이민족 숙신(말갈)족에게까지 손을 내밀어야 했었다. 이민족을 가담시킨 계획이 어떻게 성공할 수 있었겠는가! 결과적으로 그 계획은 사전에 발각되어 고구려는 영원히 역사 속으로 사라졌다.

발해도 백성들이 왕조를 버리고 떠나고 있었다면, 그 전쟁은 '필패'일 수밖에 없었을 것이다. 좌우위장군인들 병사가 싸우려들지 않는데 무엇을 할 수 있었겠는가! 상경 용천부에서 파도처럼, 남쪽에서 밀려와 끊임없이 북쪽 아무르로 사라져 가는 백성 무리들을 보았고, 전쟁이 임박하자 믿었던 신하들마저 야반도주하듯이 고려로 피신하는 것을 보아야 했던 발해의 마지막 왕 대인선의 심정은 어떠했을까? 그가 새하얀 소복 이외에 무엇을 준비할 수 있었겠는가! 스스로 800년 왕조의 문을 닫았던 부여 마지막 왕의 심정이나 대인선의 심정이 무엇이 다를까? 무지(無知)의 역사가 그에게 지금까지 '무능'이라는 굴레까지 씌운 것은 아니었을까?

일부 사학자들은 발해 멸망 원인에 대하여 소설까지 쓰듯 했다. 대인선이 하얀 소복을 입고 항복했다는 점에 주목하여, 아마 발해는 때마침 국상(國喪)중이었을 것이라고 추측했다. 즉 무능한 대인선 위에 발해 전체를 다스리던 상왕(上王) 또는 국부(國父)가 있었는데, 그가 갑자기 죽자 국가 전체가 일시적으로 행정적 군사적 마비 상태에 빠졌을 것이고, 그 틈을 타 거란족이 공격하자, 미처 손 쓸 새도 없이 무너졌을 것이라는 설명이다. 그야말로 환상의 발해요 미스터리 발해다운 추측이요 소설이다.

12. 돌아온 자들

19세기 말 멕시코 고대 문명학자로 유명한 독일 출신 에두어드 젤러(Eduard Seler)라는 학자가 있었다. 그는 35세 되던 1884년 독일의 한 박물관 임시 직원으로 채용되면서부터 아메리카 원주민과 그 문명에 대해 연구하기 시작하여, 평생을 멕시코 고대 문명 연구에 바쳤고, 오늘날까지도 이 분야에서 최고의 대가 중 한 명으로 손꼽히고 있다.

19세기 말 미국에서는 독일 출신 프란츠 보아스(Franz Boas)를 중심으로 러시아와 미국의 많은 학자들이 모여, 그 당시 미국자연사박물관 관장이자 부호였던 모리스 제섭(Morris Jesup)의 후원 아래, 제섭북태평양탐험대(Jesup North Pacific Expedition)를 조직했다. 이 탐험대의 목적은 아메리카 인디언과 동북아시아인들이 인종적·민족적으로 연관성이 있는가 없는가를 밝히는 것이었다. 여러 팀으로 나뉘어 지역별로 수년 동안 조사한 뒤에 그들이 발표한 결론은 '아무르강 남쪽 사람들과는 연관성이 없다'였다. 아무르강 하류부터 북쪽 춥지·캄차카반도까지의 지역에 사는 사람들은 아메리카 인디언들과 분명히 같은 민족이지만, 중국·일본을 비롯한 동북아시아인들과는 연관성이 없는 사람들이라는 것이었다. 아무르강 북쪽 사람들과 아메리카 인디언들이 같은 민족인 이유는 어느 시대인가 아메리카 인디언들이 다시 그곳으로 건너가 정착했기 때문이라고 결론을 내렸다.

이때, 잠시 논란이 되었던 것이 5세기말 중국 스님 혜심(慧深)이 남긴 기록이었다. 그 기록에는 그가 2만 리 동쪽으로 갔다 왔는데, 그곳에 고구려인들이 살고 있었다고 하면서, 고구려 관직명도 그대로 사용하고 있었다는 내용이었다. 미국의 인류학자들은 2만 리면 오늘날 멕시코 북부 지역까지의 거리가 분명하지만, 코리안들이 불과 1500년 전에 멕시코로 와서 정착했다는 혜심의 기록을 믿지 않았다. 에두어드 젤러도 '멕시코 고대 문명에 코리안의 흔적을 증명할 수 있는 실질적인 증거가 전혀 없다'고 말하면서, 그 시대의 대세에 따랐다[1].

그런데, 프란츠 보아스든 에두어드 젤러든 코리아를 아는 학자는 그들 중에 없었다. 그들 중의 어느 누구도 우리민족의 언어, 문화, 종교, 신화에 대한 기초 지식이라도 알고 있던 학자는 없었다. 만약 그들이 지금까지 필자가 설명한 '상투, 두루마기, 한복, 윷놀이와 같은 각종 놀이와 풍습, 천문학, 침술' 등의 증거를 본다면, 이러한 각종 풍습과 지식에 사용된 용어까지 우리말이라는 것을 알았더라면, 과연 혜심 스님의 기록을 그렇게 부인할 수 있었을까?

---

1. Eduard Seler, 「Collected Works in Mesoamerican Linguistics and Archaeology」, Vol II, Labyrintos, 1991, p.3.

돌아온 자(1): 혜심

우리민족이 아메리카로 대규모 이동했다는 것은 의심할 여지 없는 사실이다. 여러 편의 연구를 통하여 필자가 그동안 밝혀온, 멕시코를 비롯한 아메리카 인디언의 언어, 문화, 종교, 풍습, 각종 놀이, 지명, 고고학적 유물 등과 같은 증거들은, 그들이 우리민족이라는 사실을 모든 방면에서 증명하고 있다.

그렇다면 동북아 역사 속에는 그들이 우리민족이라는 증거가 없을까? 있다. 우리가 그동안 역사의 신비로운 편린쯤으로 치부하며 무시해온, 그러나 너무나 소중한 증거가 남아 있다.

지금부터 1500여 년 전, 499년 중국의 혜심이라는 스님이 황하강 이남에 있던 제(齊)나라 왕에게 가서, '자신이 동쪽으로 2만 리 거리에 있는 부상(扶桑)이라는 나라에 갔다 왔는데, 그곳에는 고구려인들이 살고 있었다'고 보고했다. 이 이야기는 오랫동안 구전(口傳)으로 전해 내려오다가 137년이 지난 636년에 조사겸이 쓴 「양서」(梁書/양나라 역사서)의 열전 제54권에 다음과 같이 기록되었다.

扶桑國者, 齊永元元年, 其國有沙門慧深來至荊州, 說云:「扶桑在大漢國東二萬餘里, 地在中國之東, 其土多扶桑木, 故以為名.

---

2. 이 시기를 중국 역사에서는 남북조시대라고 한다. 황하강 북쪽에는 북방족이 세운 북위를 비롯한 나라들이 있었고, 남쪽에는 중국 한족의 송나라(420년~479년), 제나라(479년~502년), 양나라(502년~557년)가 차례로 건국되었다가 망하고, 진나라(557년~589년)가 건국되었다. 그리고 마침내 589년 선비족이 황하강 북쪽과 남쪽의 모든 나라를 멸망시키고, 중국 천하를 통일하여 수나라를 건국했다.

扶桑葉似桐, 而初生如筍, 國人食之, 實如梨而赤, 績其皮為布以為衣, 亦以為綿. 作板屋. 無城郭. 有文字, 以扶桑皮為紙. 無兵甲, 不攻戰. 其國法, 有南北獄. 若犯輕者入南獄, 重罪者入北獄. 有赦則赦南獄, 不赦北獄. 在北獄者, 男女相配, 生男八歲為奴, 生女九歲為婢. 犯罪之身, 至死不出. 貴人有罪, 國乃大會, 坐罪人於坑, 對之宴飲, 分訣若死別焉. 以灰繞之, 其一重則一身屛退, 二重則及子孫, 三重則及七世. 名國王為乙祁, 貴人第一者為大對盧, 第二者為小對盧, 第三者為納咄沙. 國王行有鼓角導從. 其衣色隨年改易, 甲乙年青, 丙丁年赤, 戊己年黃, 庚辛年白, 壬癸年黑. 有牛角甚長, 以角載物, 至勝二十斛. 車有馬車、牛車、鹿車. 國人養鹿, 如中國畜牛. 以乳為酪. 有桑梨, 經年不壞. 多蒲桃. 其地無鐵有銅, 不貴金銀. 市無租估. 其婚姻, 壻往女家門外作屋, 晨夕灑掃, 經年而女不悅, 即驅之, 相悅乃成婚. 婚禮大抵與中國同. 親喪, 七日不食; 祖父母喪, 五日不食; 兄弟伯叔姑姊妹, 三日不食. 設靈為神像, 朝夕拜奠, 不制縗絰.〈중략〉

제나라 영원원년(499년)에 혜심이라는 스님이 형주에 와서 이렇게 말했다. "부상은 한나라 동쪽으로 2만 리 정도 떨어져있다, 중국의 동쪽에 있고, 그곳에는 부상나무가 많아서, 부상이라고 부르겠다. 부상나무의 잎이 동(桐)나무와 비슷하고, 어릴 때는 죽순과 비슷하다. 사람들이 빨간 열매를 먹는데, 그 맛이 배와 비슷하다. 또한 그 껍질을 이용해서 천을 만들어 옷을 만드는데, 삼베(면직물)와 비슷하다. 그 나무로 집을 지을 수도 있다. 그 나라에는 문자가 있고, 부상나무의 껍질로 종이도 만든다.

그곳에는 갑옷과 군인이 없고, 전쟁도 없다. 그 나라에는 법이 있고, 남쪽 감옥과 북쪽 감옥이 있다. 가벼운 범죄자는 남쪽 감옥에 수감되고, 중범죄자는 북쪽 감옥에 수감된다. 사면할 일이 있으면 남쪽 감옥의 수감자들을 대상으로 하고, 북쪽 감옥 수감자들은 사면되지 않는다. 북쪽 감옥에 수감된 남녀가 짝을 지어 남자 아이를 낳으면, 8살이 되면 노예가 되고, 여자 아이를 낳으면 9살에 하녀가 된다. 그 사람들은 죽을 때까지 자유를 갖지 못한다. 귀족이 죄를 지으면 나라에서 큰 회의를 열고, 죄인을 구덩이 안에 앉히고 그를 향해 술을 마시며, 마치 죽은 사람과 작별하듯이 한다. 그렇게 하고 나서 그 죄인 주변에 재를 뿌린 다음, 그 죄인과 동배인 사람이 먼저 떠나고, 다음에는 그 죄인의 자손들이 떠난다. 세 번째 뿌릴 때 남은 사람이 모두 떠난다.

그 나라의 황제를 을기(乙祁)라고 부르고, 귀족 중에 제일 높은 자를 대대로(大対盧)라고 부르며, 두 번째를 소대로(小対盧)라고 부르고, 세 번째 높은 사람을 납출사(納咄沙)라고 부른다. 황제가 나갈 때 악대가 따라 나간다. 그들이 입는 옷의 색깔이 해마다 바뀐다. 갑을(甲乙)년에는 청색 옷을 입고, 병정(丙丁)년에는 빨간색 옷을 입는다, 또 무기(戊己)년에는 노란색 옷을 입고, 경신(庚辛)년에는 흰색 옷을 입으며, 임계(壬癸)년에는 검은색 옷을 입는다.

거기에 쇠뿔이 매우 길어서 그들은 쇠뿔로 화물을 싣는데, 20곡 넘게 싣는다. 수레로는 말이 끄는 수레, 소가 끄는 수레, 사슴이 끄는 수레가 있다. 그들은 사슴을 기르는데, 마치 중원(중국) 사람들이 소를 기르는 것과 같다. 사슴의 젖으로 우유제품도 만든다. 뽕배(桒梨)라는 것이 있는데, 1년이 지나도 썩지 않는다. 포도 또한 그곳의 특산물이다. 그곳에는 철이 없지만 동은 있다. 사람들은 금, 은을 귀한 물건으로 취급하지 않는다. 시장에 전당포가 없다.

그곳 사람들은 결혼할 때, 남자가 여자 집 근처에 가서 집을 짓고, 아침저녁으로 물을 뿌리면서 청소한다. 그러다가 1년 뒤에 여자가 싫다고 하면 남자를 쫓아낼 수 있다. 남녀 모두 좋다고 해야 결혼할 수 있다. 혼례는 중원과 비슷하다. 부모가 돌아가시면, 자식은 7일 동안 밥을 먹지 않는다. 조부모가 돌아가시면 5일 동안 먹지 않고, 형제가 죽으면 3일 동안 먹지 않는다. 사람들은 빈소를 마련하고 신상(神像) 앞에 제사상을 차리어 아침저녁으로 제사를 지낸다. 상복은 만들지 않는다. 〈중략〉

20세기 초 미국의 인류학자 프란츠 보아스(Franz Boas)를 중심으로 아메리카 인디언들의 기원(基源)을 밝혀 보려는 노력이 있었다. 논란의 핵심은 아메리카 인디언들과 동북아시아인들이 같은 민족인가 아닌가에 있었고, 그 결론은 아메리카 인디언들과, 동북아에서 아무르강 하류 북쪽부터 츰지·캄차카 반도까지 이르는 지역에 사는 사람들은 '같은 민족'이 맞지만, 그들은 중국인이나 일본인과는 '다르다'였다. 당시 이 탐험대에 참가했던 학자들은 아무르강 북쪽에 사는 동북아시아인들은 아메리카 인디언들의 후예라고 설명했다.

이때 혜심의 기록이 잠시 논란거리가 되었다. 그러나 그들의 결론은 혜심의 이야기는 '믿을 것이 못 된다'였다. 주된 이유는 다음 두 가지였다. 첫째, 동쪽 2만 리는 동북아에서 아메리카의 멕시코 북부까지 이르는 거리이기는 하지만,

5세기에 그가 넓은 태평양 바다를 건넜다는 것은 불가능하기 때문이라고 보았다. 그 당시에는 지구가 평평하고 바다 멀리 나가면 낭떠러지가 있다고 생각해서, 서양 사람들조차도 배를 타고 바다 멀리 나간 적이 없었다. 지구가 둥글다는 것을 처음 알게 된 것은 15세기였다. 따라서 그렇게 넓은 태평양을 나침반도 없던 시대에 건넜다는 것은 불가능하다고 결론지었다. 둘째, 혜심의 이야기 중 위에서 인용한 부분 뒤에, 이상한 나라의 이야기가 있는데, 거의 허황된 내용이기 때문이었다[3].

그러나 필자는 혜심에 관한 기록에는 진실된 이야기와 허황된 이야기가 뒤섞여 있다고 판단한다. 혜심이 제나라 왕에게 보고했던 해와 그 내용이 기록된 해 사이에는 137년의 시간 차이가 있다. 이 긴 시간 동안 그의 이야기가 구전되어 내려오면서, 출처가 불분명하고 허황된 '여국'의 이야기가 섞여 들어갔을 가능성이 매우 많다. 또 중국의 고대문헌에는 진실된 이야기와 허황된 이야기가 섞여 기록된 경우가 적지 않다. 예를 들어 기원전 1세기 이전에 편찬된 산해경(山海經)에는 진실된 역사적 사실과 함께 '서왕모 이야기'와 같은 허황된 이야기가 함께 기록되어 있다.

필자가 혜심의 이야기를 진실이라고 판단하는 근거는 그의 이야기 속에는 멕시코의 자연 환경이나 그 시대 상황과 정확하게 일치하는 내용들이 있고, 그것은 직접 보지 않고서 상상으로 지어내기에는 불가능한, 너무 정확한 내용이기 때문이다.

---

3. 예를 들면, 부상국에서 동쪽으로 1천리를 더 가면, '여국'이라는 나라가 있는데, 매년 2~3월에 물속에 들어가면 임신을 하고, 6~7월이 되면 아이를 낳고, 3~4년이면 성인이 되었다는 등의 이야기는 매우 허황된 이야기임이 틀림없다.

첫째, 그가 동쪽 2만 리라고 한 거리는 그 시대의 거리 척도로 계산하면 오늘날의 멕시코나 미국 서해안까지 이르는 거리라고 학자들이 해석하고 있다. 이 부분은 앞에서 언급한 20세기 초의 미국 학자들도 인정했다.

둘째, 그가 '부상'이라고 이름을 붙인 식물은 '선인장'으로, 그 생장과정이나 용도에 관한 기록이 매우 정확하다. 오늘날 선인장을 그 특징에 따라서 여러 종류로 구별하지만, 옛날에는 어휘수가 부족했고, 중국인 스님 혜심은 본적이 없던 식물이므로, 그 식물의 명칭 자체가 없었을 것이다. 따라서 혜심은 모든 종류의 선인장을 '부상'이라고 이름 지어 불렀다. 그는 그곳에 사는 사람들이 '나라' 이름도 정하지 않아서, 그 나라에 선인장이 많으므로 자신이 그 나라를 '부상'이라고 부르겠다고 설명하고 있다. 그가 남긴 기록에 따라 선인장부터 하나씩 검토해 보기로 하자.

⑴ 초생 때 죽순 같다: 죽순은 봄에 갑자기 쭉 솟아오르며 빠르게 자란다. 아래 사진의 선인장의 대도 죽순처럼 갑자기 솟아나서 매우 빠른 속도로 자란다. 필자는 이 선인장이 자라는 곳을 여러 차례 방문하여, 그 자라는 과정을 사진 촬영하려고 했으나 번번히 시기를 놓쳤다. 그만큼 생장과정이 빠르다. 다 자란 대는 대나무처럼 일정한 간격으로 마디가 있고, 그 마디에 잎이 나 있다. 다음 사진을 비교해 보면 선인장 대와 대나무가 매우 비슷하다는 것을 알 수 있다.

대나무와 죽순

선인장과 선인장 대

(2) 사람들이 빨간 열매를 먹는데 그 맛이 배와 비슷하다: 열매를 맺는 선인장은 '노팔(Nopal)'이라는 선인장으로, 그 열매는 빨간색이고, 모양도 작은 배 모양이며, 맛도 역시 배와 비슷하다. 조금 달고 과즙이 많으며, 그 안의 씨로 인하여 마치 배의 과육이 씹히는 듯한 느낌을 준다 . 멕시코 원주민들은 노팔 선인장의 열매와 잎을 오랜 옛날부터 먹어왔다.

노팔(Nopal) 선인장과 열매

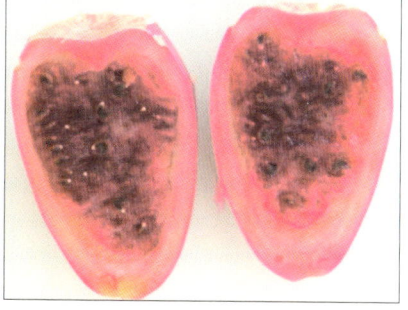
열매 내부

4. 5세기 동북아의 과일은 다섯 가지 과일이었다. 필자가 직접 먹어 본 선인장의 열매는 다섯 가지 과일 중에 배 맛과 비슷했다. 특히 자잘한 씨로 인하여 씹히는 맛이 배의 과육처럼 느껴졌다.

(3) 그 껍질을 이용해서 천을 만들어 옷을 짓는데 삼베(면직물)와 비슷하다: 실제로 멕시코 원주민들은, 아가베(agave)선인장 잎에서 실을 뽑아내어 천을 짜고, 옷을 만들어 입었다. 그렇게 만든 천은 삼베처럼 질감이 뻣뻣하다. 선인장에서 섬유를 뽑아내어 실을 만드는 과정은 앞에서 이미 설명했다.

아가베 선인장   잎사귀 속의 질긴 섬유   캑터스 선인장

(4) 선인장 나무로 집을 짓기도 했다: 일부 선인장은 그 속이 나무처럼 단단하다. 특히 캑터스(Cactus) 선인장은 나무 기둥처럼 자라고, 보통 지름이 30~40cm정도이며, 속이 단단하여 집을 지을 수 있는 재목으로도 사용할 수 있다. 이 선인장이 자라는 지역은 건조하여 다른 큰 나무들이 거의 자라지 않는다. 따라서 집 기둥으로 캑터스 선인장을 이용했을 가능성이 많다.

(5) 그 껍질로 종이를 만들었다: 멕시코 원주민들은 선인장의 껍질이나 부드러운 나무의 껍질을 벗겨서 종이를 만들었다. 먼저 껍질을 돌로 두들겨 빻아서 축축한 반죽을 만든 후, 이것을 얇고 넓게 펴서 말렸다. 여기에 고무나 끈기 있

는 식물 액을 첨가하여 쉽게 찢어지지 않도록 하고, 일단 마르면 매끄러운 돌로 종이 표면을 문질러 고르게 다듬은 후에, 그 위에 역청에 반죽한 흰 석고를 발라서 말렸다. 그 종이에 멕시코 원주민들은 그림문자로 자기들의 역사, 풍습, 종교, 전쟁에 관한 많은 기록을 남겼다.

(6) 그곳에는 갑옷과 군인이 없고, 전쟁도 없다: 신대륙 발견 이전의 미국 인디언들 사이에서는 전쟁이 없었고, 그래서 전쟁 무기가 발달하지 않았다고 한다. 사람을 죽이거나 물건을 빼앗는 약탈을 동반한 전쟁은 신대륙 발견으로 백인이 오면서 시작되었다고 한다[5]. 멕시코 지역에서도 5세기까지는 전쟁이 없었다. 멕시코에서의 전쟁 역사는 12세기 중엽 돌태가 문명이 무너질 때 백성들이 두 패로 갈라져서 내란전쟁을 치렀다는 기록이 처음이다. 혜심이 방문했던 5세기 말까지는 우리민족의 이동도 아직 절정기가 시작되기 전이었으므로, 땅은 넓고 사람은 적어서, 전쟁할 이유도 없었기에 갑옷도 필요 없었을 것이다.

(7) 귀족 중에 제일 높은 자를 대대로(大對盧)라고 부르며, 두 번째를 소대로(小對盧)라고 부른다: 이 관직명은 고구려의 관직명이다. 고구려에는 '대대로' 뿐 아니라, '대로'라는 관직명이 있었다. 대대로는 조선시대의 영의정에 해당한다. 혜심의 기록을 연구했던 미국의 학자들도 이 관직명이 우리민족의 것이라는 것을 인정했었다.

(8) 그 나라에는 철은 없고, 동은 있다: 5세기의 중국이나 만주는 이미 철기가 보편화되었던 시대였다. 그러나 멕시코에는 신대륙 발견으로 스페인 사람

---

5. Ian Varnes, 「The Historical Atlas of Native Americans」, Chartwell Books Inc. 2009, p. 98.

들이 찾아갔을 때까지도 철이 나지 않았다. 모든 도구는 동이나 나무, 돌로 만들었던 초기 청동기시대였다. 역사가들이 아직까지 아스태가제국의 문화를 '신비롭다'고 생각하는 이유 중의 하나가, 철이 나지도 않았는데, 그들은 철을 다룰 줄 알았기 때문이다. 멕시코 원주민들은 하늘에서 떨어진 운석(隕石)을 녹여서 철을 뽑아내어 도구를 만들었다[6].

(9) 해에 따라 옷 색깔을 달리해 입기도 했는데, 그 색깔이 '빨강, 노랑, 파랑, 검정, 하얀'이었다: 이 다섯 가지 색깔은 우리 선조들이 매우 중요시하던 색깔이다. 우리 선조들은 이 다섯 가지 색깔로 방위(方位)를 표시했다. 우리 선조들은 강서대묘의 사신도(四神圖)에서 보듯이, '동쪽은 푸른색, 서쪽은 흰색, 남쪽은 붉은색, 북쪽은 검은색, 그리고 중앙은 노란색'으로 표시했다. 실제로 아스태가제국도 이 다섯 가지 색깔로 방위를 표시했고, 마야문명도 그렇게 했고, 미국 애리조나 인디언들도 그렇게 했다.

(10) 수레로는 말이 끄는 수레, 소가 끄는 수레, 사슴이 끄는 수레가 있다. 그들은 사슴을 기르는데, 마치 중원(중국) 사람들이 소를 기르는 것과 같다. 사슴의 젖으로 우유제품도 만든다. 뽕배(桑梨)라는 것이 있는데, 1년이 지나도 썩지 않는다. 포도 또한 거기의 특산물의 일종이다. 그곳에는 철이 없지만 동은

---

6. 인간의 문화가 청동기 문화에서 철기 문화로 진화하는데 2천여 년의 시간이 걸렸다. 청동기는 자연광물에서 녹이는 과정 없이, 돌로 두들겨서 만들 수 있지만, 철은 반드시 고온으로 녹여야 하는 과정이 필요하다. 쇠를 불로 녹일 수 있다는 깨달음을 얻는데 인간은 오랜 시간이 걸렸던 것이다. 아스태가제국에서는 석기문화와 초기청동기 문화가 공존하던 상태에서 철기까지 다룰 줄 알았다는 것이 멕시코 원주민을 더욱 수수께끼로 만들었다. 그러나 철기를 다루는 지식도 기원 이후에 이동한 우리 선조들이 가져 간 것이다. 멕시코에 정착한 우리 선조들은 철광산을 발견 못하여 철이 너무 귀했기 때문에, 그 지식을 일반적으로 사용할 수 없었을 뿐이었다. 우리민족의 철기시대 시작은 기원전 3~4세기이다. 따라서 멕시코 원주민의 쇠를 녹이는 지식은 그 이후에 이동했던 사람들이 가져간 것으로 보아야 한다.

있다: 이 부분은 멕시코에 대한 기록이 아니라 혜심이 멕시코로 오가면서 중간에 거쳤던 만주 북부 지역에서부터 캄차카반도까지, 그리고 오늘날 미국 서해안 지역에 대한 이야기가 뒤섞여 있는 것으로 판단된다. 아메리카에서는 수레를 사용하지 않았고, 말이나 소도 없었다. 또 사슴을 소처럼 기르지도 않았다. 사슴은 순록(馴鹿)을 말하는데, 순록을 소처럼 기르던 곳은 춥지반도와 캄차카반도였다. 소와 말은 만주 북부와 아무르강 중류 지역에서 길렀다. 순록을 키우는 지역은 수레를 만들어 순록으로 하여금 끌게 했다. 사슴 젖으로 우유를 만드는 곳도 순록을 키우는 지역이다. 또 1년이 지나도 썩지 않았다고 한 것은 그곳이 매우 추운 북쪽 지역이었다는 것을 말한다. 포도는 미국 서해안 지역에 널리 자생했었다. 아무르강 북부 지역에서부터 캄차카반도까지, 그리고 아메리카 대륙에는 그 당시에 철이 없었고, 그곳에 살던 사람들은 생활도구로 돌, 나무, 짐승뼈, 그리고 자연석에서 채취한 동을 사용했다.

 5세기 중국인들은 북만주 너머 더욱 북쪽에 있는 아무르 지역을 몰랐다. 10세기에 쓰인 「구당서」의 저자조차도 돌궐과 말갈족이 살던 북만주까지는 알았지만, 그 너머 아무르강 유역에 대하여 구체적으로는 몰랐다. 중국인들이 아무르강 하류까지 간 것은 1413년 명나라 관리 이시야가 처음이었다. 따라서 5세기 혜심이 오늘날의 춥지 · 캄차카 반도에서부터 아무르강에 이르는 지역을 지날 때, 그곳에 살던 사람들의 생활 풍습이 매우 신기해 보였을 것이다. 특히 사슴을 소처럼 길렀다는 것과 그 젖으로 우유제품을 만들었다는 것은 직접 보지 않고는 알 수 있는 내용이 아니다. 더구나 그 당시에는 그 지역의 지명(地名)이 아직 없었을 때였으므로, 그의 이야기를 들은 사람도, 듣고 다른 사람들에게 전했던 사람도 그 세세한 내용이 구체적으로 어느 지역을 말하는지 전혀 이해하지 못했을 것이다.

사슴을 소처럼 기르는 춥지 · 캄차카 반도

사슴을 소처럼 기르는 지역과 종족들

⑾ 그곳 사람들은 결혼할 때, 남자가 여자 집 근처에 가서 집을 짓고, 아침저녁으로 물을 뿌리면서 청소한다: 이 내용은 고구려의 데릴사위제도와 같다. 「삼국지」위지동이전에 따르면, 고구려인들은 장가를 갈 때 여자의 집 뒤에 작은 집을 짓고 그곳에 머물면서 한동안 여자 집의 머슴처럼 일해주었다고 한다.

⑿ 부모나 형제가 죽으면 애도하는 방식으로, 아침저녁으로 신상(神像) 앞에 제사상을 차리고 제사를 드렸다는 기록이다. 우리민족의 장례 풍속은 성대하고 긴 장례식을 치르는 것이 특징이었다. 멕시코에서는 5일장 장례식 풍습이 아스태가 제국이 멸망당한 후에도 오랫동안 지속되었다. 아침저녁으로 신상 앞에 제사상을 차려두고 제사를 올렸던 풍속도 우리민족의 풍속이었다. 우리에겐 이 풍속이 비교적 최근까지 이어져서 부모가 죽으면 3년 동안 삭망제사를 드렸다. 삭망제사는 부모의 위패를 모셔두고 음력으로 매달 초하루와 보름날에 올리는 제사를 말한다. 필자가 어렸을 때 조부님이 돌아가시자, 부친께서는 3년간 삭망제사를 올리셨는데, 초하루와 보름날이 아닌 평일에도 매일 아침저녁으로 식사하기 전에, 먼저 위패 앞에 밥상을 차리고 간단히 제(祭)를 올린 후에 식구들이 식사를 하곤 했다.

이상에서 검토한 바와 같이, 혜심은 직접 보지 않고서는 도저히 알 수 없는 멕시코 선인장의 생장과정과 이용방법을 매우 구체적으로 언급했다. 노팔선인장의 붉은 열매와 맛, 아가베 선인장 잎에서 실을 뽑아 천을 만들어 옷을 짓는 것, 또 어떤 선인장은 마치 대나무 죽순처럼 순식간에 올라와 큰 대나무처럼 자라기도 한다는 것 등은 멕시코에 직접 가보지 않고는 절대로 알 수 없는 매우 구체적인 내용이다. 이 글을 읽는 독자들 대부분도 이러한 선인장의 생태적 특징을 몰랐을 것이다. 그것을 5세기의 중국 스님 혜심이 직접 보지 않고서 어떻게 알 수 있었겠는가!

사슴을 소처럼 기르고, 그 사슴을 이용하여 수레를 끌게 한다는 것, 사슴 젖으로 유제품을 만들어 먹고, 음식이 1년을 놔둬도 썩지 않는다는 것은 그가 아무르 북쪽을 지나 캄차카반도까지 가서 아메리카를 갔다 왔음을 증명한다. 이 루트는 필자가 밝힌 우리민족의 이동루트이다.

더구나 그는 멕시코에서 상당한 기간을 머물렀음이 분명하다. 아가베 선인장에서 대가 죽순처럼 자라는 시기는 11월~12월이고, 노팔 선인장이 붉은 열매를 맺는 시기는 7월~8월이기 때문이다. 따라서 그는 적어도 멕시코에서 7개월 이상 머물렀다고 판단된다. 그가 만났던 멕시코 사람들은 사회 조직을 갖추고 있었는데, '대대로'와 '소대로'는 고구려의 벼슬이 분명하다. 5세기에 멕시코에 정착해 살던 사람들이 고구려 벼슬 명칭을 사용했다는 것도 그 시기 이전부터 부여-고구려계 우리 선조들이 이동했다는 필자의 주장과 정확하게 일치한다.

● 우리민족과 혜심의 이동루트

필자가 여러 연구를 통하여, 세계 최초로 밝힌 우리민족의 이동루트는 다음과 같다. 만주를 출발하여 아무르강을 타고 북상하여 아무르강 하류에 도착한 후, 오호츠크해 연안을 따라서 계속 북상하여 캄차카반도에 도착했다. 거기서 배를 타고 알류산열도를 통과하여 아메리카의 알래스카와 캐나다 서해안에 도착한 후에, 남쪽으로 내려가 미국 서해안에 도착하여, 아메리카 대륙 각지로 퍼졌다. 알류산열도를 건너갈 때는 해류의 흐름을 따라 배를 타고 이동함으로써 이루어졌다.

우리민족의 이동루트

춥지(Chukchi)반도와 캄차카(Kamchatka)반도의 지명은 우리말이다. '춥지'는 우리말 '춥지'에서 유래되었고, '캄차카'는 우리말 '깜짝'에서 유래되었다. 캄차카의 원래 지명은 '캄차칸(Kamchatkan)'이었고, 우리말 '깜짝+간'으로 구성된 말이다. '간'은 '장소'를 뜻하는 우리말이다(장독간, 헛간, 곳간). '깜짝+간'은 '깜짝 놀라운 장소'를 뜻하게 된다 . 이곳을 우리 선조들은 왜 '깜짝 놀라운 장소'

---

7. 필자가 동부 시베리아의 지명을 연구해 본 결과, 자음 T가 받침소리로 쓰인 경우가 더러 있었다. 예를 들

라고 했을까? 그 이유는 바로 기후에 있다. 시베리아는 매우 추운 지역이다. 아무르강 유역만 해도 한겨울에 영하 40도 밑으로 내려가고, 영하 50도 밑으로 내려가는 지역도 있다. 그러나 캄차카반도의 해안 지역은 아무르보다 훨씬 북쪽 지역임에도 불구하고 한겨울 평균 온도가 영하 9도밖에 되지 않는다. 정말 깜짝 놀라운 장소일 수밖에 없다. 이 지역이 이렇게 따뜻한 이유는 적도에서 따뜻하게 데워진 바닷물이 방향을 북쪽으로 틀어 일본 옆을 지나서 캄차카반도까지 올라오기 때문이다. 이 해류를 쿠로시오 난류라고 한다. 쿠로시오 난류는 캄차카 앞 바다에서 갑자기 방향을 바꾸어 알류산열도를 따라서 캐나다와 알래스카 방향으로 흘러가는데, 이 해류를 북태평양 해류라고 한다. 북태평양 해류는 캐나다 앞바다에 도착한 후에는 남쪽으로 방향을 틀어 미국 서해안을 향하여 흐르는데, 이것을 캘리포니아 해류라고 한다. 우리민족의 이동은 이러한 해류의 흐름을 이용했다.

북태평양 해류를 이용하여 혜심도 캄차카반도에서 아메리카로 건너가기는 쉬웠을 것이다. 그러나 돌아오는 길은 쉽지 않았을 것이다. 해류를 거꾸로 거슬러 와야 했기 때문에, 아마도 바람을 이용했을 것이다. 또 그 당시에 알류산열도에 이미 정착해 살던 섬 사람들의 도움을 받았을 것이다. 고고학 발굴에 의하면 알류산열도에는 매우 이른 시기부터 이미 사람들이 살기 시작했고, 배를 타고 서로 왕래도 했다고 한다. 알류산열도의 아막낙(Amaknak) 섬에서 발

어 춥지반도의 추고트카(Chukotka)도 우리말로 '춥곳+가'이다. 즉 '추운 곳'을 뜻한다. '가'는 원래 장소를 뜻하는 '간'이었을 것이다. 러시아 지명에서는 '간'에서 받침소리 'ㄴ'이 탈락한 경우가 많다. 러시아어도 원래 받침소리가 없는 언어이므로, 우리말이 그곳으로 퍼진 후에 러시아어 알파벳으로 기록되어 수백 년 동안 전해지는 과정에서 러시아어 발음체계에 적응하여 받침소리가 탈락되었기 때문이다.

굴된 우리민족 고유의 난방 방식인 온돌은 기원전 1천 년이나 되었다고 한다.

● 돌아온 자(2): 개미핥기

2010년 11월, KBS「역사스페셜」이라는 프로그램은 우리나라 토우를 주제로 다룬 적이 있다. 토우는 삼국시대 무덤에서 나온, 흙으로 빚은 각종 동물과 사람 인형들을 말한다. 그런데 가장 주목을 끌었던 것은 5세기 말에 축조된 경주 황남동 고분에서 발굴된 개미핥기 토우였다. 개미핥기는 우리나라 주변이나 아시아대륙에 사는 동물이 아니다.

국립중앙박물관에 전시된 개미핥기 토우

이 토우가 발굴되자 고고학자들과 동물학자들은 충격을 받았다. 왜냐하면 이 동물은 동북아 주변 지역에서는 본 적이 없는 동물이기 때문이었다. 그들은 전 세계 동물도감을 펼쳐놓고 확인한 결과, 이 동물은 아메리카에서도 멕시코 남쪽과 남미 대륙에 사는 개미핥기라는 것과 이것을 만든 사람은 상상으로 만든 것이 아니라 그 동물의 실재를 직접 보고나서 만들었다는 결론에 이르렀다.

그러나 '그 먼 곳에 사는 개미핥기를 그 당시에 그 사람이 어떻게 보았는가'에 대한 설명은 할 수 없었다. 5세기 당시에 태평양 건너편 멕시코와 우리민족 사이에 어떤 교류가 있었을 가능성은 상상조차 할 수 없었기 때문이었다. 토우 연구에 참여했던 전문가들은 '그 당시에는 그곳에 땅이 있다는 것도 몰랐던 시대였는데 어떻게 우리민족이 가볼 수 있었겠는가' 하는 생각이었다.

KBS「역사스페셜」은 이 미스터리에 대한 나름대로의 설명을 내놓았다. 이 동물은 멕시코의 개미핥기가 아니라 호주의 흰개미핥기(주머니개미핥기)일 것이고, 동남아와 교류가 있었을지도 모르는 일본이나 중국 남부를 통해서 우리나라에 들어왔을 것이라고 설명했다.

그러나 위의 토우 모습과 아래의 두 종류의 개미핥기를 비교해 보면, 토우는 호주의 흰개미핥기가 아니라 멕시코의 개미핥기라는 것을 분명하게 알 수 있다. 먼저 호주의 흰개미핥기의 모습은 귀가 매우 커서 개처럼 머리 위로 솟아나 있고, 다리 굵기는 머리보다 매우 작고 몸통에 비해서 매우 가늘다. 다리에서 발목에 이르는 부분은 점점 가늘어져 있지만, 땅을 딛고 있는 발의 넓이는 다리의 굵기보다 크다.

호주의 흰개미핥기　　　　　멕시코의 개미핥기

그러나 개미핥기 토우의 모습을 보면, 귀는 너무 작아서 보이지도 않고, 다리의 굵기는 머리보다 오히려 굵으며 몸통 굵기의 절반 정도이다. 특히 발목은 무엇으로 묶은 듯이 오므라들었으며, 땅을 딛고 있는 발의 넓이는 다리의 굵기보다 작다. 토우의 이 모든 특징은 호주의 흰개미핥기와는 너무나 다르고, 오른쪽 사진의 멕시코 개미핥기와 정확하게 같다는 것을 쉽게 알 수 있다. 따라서 신라의 개미핥기 토우는 멕시코의 개미핥기라고 한 고고학자들과 동물학자들의 판단이 옳았다.

결국, 멕시코의 개미핥기 토우가 어떻게 5세기 말에 축조된 경주 고분에서 발굴될 수 있었는가 하는 본래의 미스터리는 그대로 남게 되었다. '5세기 말에 누가 어떻게 멕시코의 개미핥기를 보고 와서 만들었을까' 하는 이 의문은 필자가 우리민족이 아메리카로 대이동했다는 사실을 발견하지 못했더라면 우리 역사의 영원한 미스터리로 남을 뻔했다.

필자는 이 개미핥기 토우를 만든 사람도 혜심과 함께 멕시코에서 되돌아 온 사람들 중의 한 명일 것이라고 판단한다. 이유는 이 토우가 묻힌 황남동 고분이 5세기 말에 축조된 것으로, 혜심이 멕시코에서 되돌아와 제나라 왕을 만났던 시기와 일치하고, 알류산열도를 통해서 돌아오는 길은 해류의 흐름을 거슬러 와야 하는 매우 어려운 길이었으므로, 혼자 돌아올 수 없고 일행이 있어야 가능했기 때문이다. 개미핥기를 만든 사람은 오늘날의 멕시코 북부를 지나서 멕시코 중남부 지역까지는 갔을 것이다. 개미핥기는 멕시코 북부 지역에는 살지 않기 때문이다.

● **돌아온 혜심과 개미핥기 제작자, 그리고 만주**

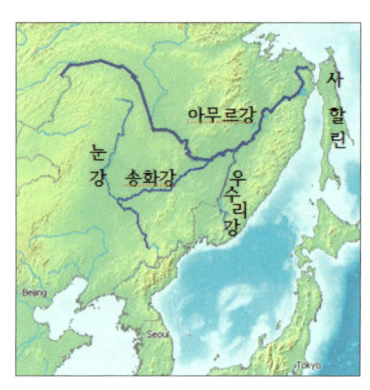

멕시코까지 가서 적어도 7개월 이상 머물렀던 혜심과 개미핥기 제작자 일행은 알류산열도를 다시 건너와서 순록사슴을 소처럼 키우던 캄차카반도에서부터 아무르강 하류까지 남하했을 것이다. 그들은 돌아오는 길에서 만났던 모든 사람들에게 자신들이 보고 경험했던 바다 건너편 아메리카의 이야기를 해 주었을 것이다. 바다 건너편에 큰 대륙이 있고, 이미 많은 사람들이 건너가 매우 평화롭게 잘 살고 있다는 이야기에서부터, 바다를 건널 수 있는 곳이 어디에 있으며 건너는 방법까지, 아주 구체적으로 이야기해 주었을 것이다. 아무르강 유역을 지나 북만주에 도착했을 때도, 그곳에 사는 부여 백성들에게 이야기했을 것이다. 과거에는 인간의 교통로가 강줄기였으므로, 그들은 아무르강에서 송화강을 따라서 남하하여 만주에 도착했을 것이다.

부여가 망하기 직전의 북만주 역사를 보면, 5세기 말경의 송화강 유역에는 숙신족이 이미 들어와 살면서 서쪽 눈강 유역에 남아있던 작아진 부여를 넘보던 상황이었다. 혜심과 개미핥기 제작자 일행은 자신들의 경험담을 모든 사람들에게 이야기했겠지만, 우리민족과는 달리 숙신족은 귀담아 듣지 않았을 것이다. 왜냐하면 5세기 말부터 전개된 만주의 역사를 보면, 숙신족은 점차 남쪽 방향의 만주대평원으로 거주 지역을 확대했기 때문이다. 민족의 이동은 파도와 같은데, 그들의 파도 방향은 북쪽이 아니라 남쪽이었던 것이다.

그러나 눈강 건너편에 살던 부여 백성들의 반응은 달랐다. 그들은 혜심과 개미핥기 제작자 일행의 이야기를 듣자마자 바로 북쪽으로 떠날 준비를 시작했고, 부여 왕은 마지막 남은 백성들마저 떠날 준비를 하는 모습을 보고서 왕조의 마지막을 예감했을 것이다. 부여 백성들의 이러한 즉각적인 반응의 배경에는, 송화강 유역에 살던 사람들이 새로운 땅을 찾아 이미 수십 년 전에 먼저 떠났다는 사실을 알고 있었기 때문일 것이고, 또 바다 건너 어딘가에 살기 좋은 새로운 땅이 있고, 많은 사람들이 그곳으로 떠나고 있다는 이야기를 오래전부터 듣고 있었기 때문일 것이다.

필자는 바다 건너 아메리카로 건너갔다 되돌아 온 사람으로서 혜심 일행이 최초가 아닐 것이라고 생각한다. 시기적으로 보나 혜심의 이야기를 보나, 혜심 일행보다 먼저 아메리카로 건너간 사람들은 이미 많았다. 그들 중에는, 역사에 흔적을 남기지는 못했지만, 혜심보다 먼저 아메리카로 건너갔다 되돌아온 사람들도 있었을 것이고, 그들은 아마도 북쪽 사냥꾼들이었을 것이다. 그들은 원래 아무르강 유역에 살면서 캄차카반도로 사냥을 다녔던 우리 선조들이었다. 그들은 캄차카반도의 따뜻한 기후와 풍부한 사냥감을 발견한 후, 어느 시기부터는 캄차카반도에 정착하기 시작했으며, 우연히 바다 한가운데에 섬들이 있고, 바다사자나 물개와 같은 많은 사냥감이 있다는 것을 알게 되어, 사냥을 위해 그 섬들을 왕래하다가 결국 알류산열도를 통해서 아메리카까지 이동하기 시작했을 것이다. 이 시기가 기원전 10세기경까지 거슬러 올라간다는 증거로, 춥지반도와 캄차카반도에 사람들이 거주하기 시작했던 고고학적 흔적이 기원전 10세기까지 거슬러 올라가고[8], 알류산열도의 아막낙(Amaknak) 섬에서 발견된 우리민족의 온돌 유적도 기원전 10세기까지 거슬러 올라간다.

  사냥꾼들에게서 시작된 아메리카에 대한 이야기는 캄차카반도에서 남쪽 아무르로, 아무르에서 북만주로, 입에서 입으로, 조금씩 알려지기 시작했을 것이고, 그 이야기를 전해들은 아무르강 유역에 살던 우리민족은 사냥꾼 가족들부터 떠나기 시작했을 것이다. 그리고 세월이 흘러 기원후 3~4세기에 있었던 두 차례의 선비족의 공격은 북만주에 살던 우리민족의 본격적인 이동을 자극하는 계기가 되었을 것이다. 그래서 북쪽 아무르강 유역에 살던 사람들의 소식을 제일 먼저 접하던 송화강 유역에 살던 사람들이 먼저 떠났을 것이다. 그리고 마침내 혜심과 개미핥기 제작자 일행들이 나타난 것이다.

---

8. William W. Fitzhugh and Aron Crowell, 「Crossroads of Continents」, Smithsonian Institution, 1988, p.40.

5세기 말 만주에 살던 사람들에게, 혜심과 개미핥기 제작자 일행이 전한 이야기의 파장은 컸을 것이다. 그렇잖아도 아무르강 유역까지 자주 왕래하며 중국에 팔 가죽을 사러 다니던, 만주와 요동의 장사꾼들이 오래전부터 전해주던 이야기로, 북쪽 사람들이 새로운 땅을 찾아 어딘가로 떠나고 있다는 소문을 듣고는 반신반의했는데, 이제 그 이야기가 사실이라는 것이 확인되었던 것이다.

이제 바다 건너편까지 갔다가 왔다고 하는 사람들이 나타나, 그곳으로 가는 자세한 이동루트와 그곳에 가서 평화롭게 사는 사람들의 생활상을 구체적으로 들려주었던 것이다. 그들의 이야기에, 북만주 눈강 서쪽에 남아 살던 부여의 백성들부터 흥분하기 시작했을 것이다. 그들은 그렇잖아도 송화강 주변에 살던 사람들이 이미 수십 년 전에 떠났다는 것을 알고 있었고, 그 땅에 새로 들어온 숙신의 후예들에게 노략질까지 당하던 처지였기에, 더 이상 그 땅에서 머뭇거릴 이유가 없었을 것이다. 조상 대대로 충성을 바쳐왔던 부여 왕조에 대한 충성심도 순식간에 사라지고, 그들의 마음속에는 언제 떠날 것이고 무엇을 준비해야 하는가 하는 생각만 남았을 것이다. 그리고 마침내 많은 사람들이 함께 떠나기 위해서 짐을 꾸리기 시작했고, 그것을 본 부여왕은 왕조의 종말을 예감했을 것이다.

이렇게 하여 드디어 우리민족 이동의 파도는 휘몰아치는 광풍을 동반한 해

---

9. 고조선의 맥족은 상인들로서 북만주와 아무르 일대로 가죽을 사러 다녔던 사람들이다. 그들은 중국과 무역을 해서 풍족하게 살았는데, 주된 거래 품목이 북쪽에서 나는 가죽과 말이었다. 특히 가죽은 추운 지방 것이 질이 좋았고, 비싼 가죽은 담비 가죽이었다. 「연해주의 고고학」의 저자 브로단스끼도 아무르 유역에서는 기원후 1세기부터 팔기 위한 목적으로 짐승 사냥이 유행했고, 큰 사슴을 한꺼번에 30~40마리씩 잡기도 했다고 했다(참고: 데.엘.브로단스키, 「연해주의 고고학」, 정석배역, 학연문화사, pp.379~380.). 아무르강 유역의 가죽 무역의 중심지 중 한 곳의 지명이 '돈돈'이라는 우리말로 된 지명이다.

일로 서서히 바뀌기 시작했을 것이다. 눈강 주변에 살던 부여의 남은 백성들이 떠나자, 만주 일대의 우리 선조 고리족들은 너도나도 떠나야 한다고 마음먹기 시작했을 테고, 날마다 들리는 이야기는 어느 곳의 어떤 씨족 집단도 떠났다고 하더라는 소문이었을 것이다.

5세기 말, 고구려는 장수왕에 이어서 문자왕이 왕위에 올랐다. 그는 아버지를 일찍 여의고 할아버지 장수왕 품에서 자랐다. 왕위에 오른 그는 내치(內治)에 더욱 힘써, 고구려 최고 전성기를 이룩했다. 고구려는 장수왕이 왕위에 올랐던 5세기 초부터, 중국으로 내려간 선비족들이 남북조의 모든 나라를 정복하여 통일제국 수나라를 세우게 되는 581년까지는 참으로 평안한 시대였다. 전쟁이라야 수천 명으로 하는 백제와의 전투가 고작이었다.

그럼에도 불구하고 고구려도 문자왕 이후부터 국력이 기울기 시작했다. 역사는 그 원인이 무엇이었다고 전하지 않았지만, 분명한 것은 오랫동안 평화시대가 지속되었음에도 불구하고 고구려도 문자왕 이후 날로 쇠약해져 가기 시작했다는 사실(史實)이다. 특별한 전쟁도 없었음에도 불구하고 왜 그때부터 고구려는 쇠약해져 갔을까?

오래전부터 고구려 백성들도 아무르유역을 오가던 가죽 장사꾼들이 전하는 이야기에 솔깃해 있었을 것이다. 북쪽 어딘가에서 큰 바다를 건너가면 엄청나게 큰 땅이 있고, 북쪽 사람들은 이미 오래전부터 씨족 단위로 건너가 마을을 이루어 살고 있다는 이야기도 듣고 있었을 것이다. 그리고 최근에 북만주에 살던 부여 백성들마저 한꺼번에 떠나버려, 백성이 없는 부여왕이 고구려로 와서 신하가 되었다는 소문을 듣던 차에, 마침내 그들 앞에 바다 건너 새로운 땅에

갔다 온 사람들이 나타났던 것이다. 5세기 말 혜심과 개미핥기 제작자 일행은 부여를 지나 만주대평원에 살던 고구려 백성들 앞에도 나타났을 것이고, 부여에서처럼 그곳에서도 만나는 사람과 마을마다 그들의 경험담을 들려주었을 것이다. 바다 건너편 새로운 땅에는 이미 많은 부여-고구려인들이 건너가, 전쟁도 없이 매우 평화롭게 살고 있다는 이야기도 전했을 것이다.

부여 백성들이 떠나서 부여가 망하고 왕은 고구려로 와서 신하가 되었다는 소문과 바다 건너편 땅까지 갔다 온 사람들의 이야기는 만주대평원에 폭풍처럼 휘몰아치기 시작했을 것이다. 수많은 씨족 집단들이 보따리를 짊어지고 바다를 건너갈 수 있는 북쪽으로 몰려가기 시작했고, 만주대평원에는 텅 빈 마을들이 하루가 다르게 급격히 늘어나기 시작했을 것이다. 그리고 얼마 후부터 그 빈 마을로 북쪽에서 내려온 숙신의 후예 말갈족 사람들이 들어와 살기 시작했을 것이다. 그리고 7세기 초부터 시작된 수·당나라와의 전쟁은 고구려 백성들의 떠남을 더욱 부채질했을 것이다.

이렇게 하여 우리민족의 대이동은 이제 파도에서 해일로 변해갔을 것이다. 그 해일은 만주 북부에서 점차 중부를 지나 남부로 확대되어, 마침내 요동·요서에 살던 우리 선조들에게까지 휘몰아쳤을 것이다. 그 해일의 여파로 그렇게 강하고 넓은 영토를 누리던 고구려의 국력도 봄날 눈 녹듯이 줄어들기 시작했을 것이다.

고구려 말기인 7세기 중엽에는 만주대평원은 물론이고 최남단 요동지역까지 고구려 사람들이 버리고 떠난 빈 마을들이 널려있었고, 그 마을은 언제나 새롭게 나타난 말갈족들의 차지가 되었을 것이다. 그들은 군사력을 빌려주는 대신 그 빈 마을에 정착할 권리를 주장했을 것이다. 국력의 근원인 고구려 백성들은 대부분 떠나고, 남은 백성들이라고는 고구려 왕조에 대한 충성심이 약한 이민족인 말갈족이 대부분이었기에, 당나라와의 전쟁에서 패전이 지속될 수밖에 없었고, 그래서 고구려를 지탱하기 위한 방법에 대한 의견차이로 지배계층에서 내분(內紛)이 발생했고, 결과적으로 당나라와의 전쟁에서 패해 668년 마침내 고구려도 망했던 것이다.

698년 발해가 건국되었다. 고구려 장군이었던 대조영은 당나라의 눈을 피해 북만주로 도망쳐, 그곳에 살던 사람들을 모아 발해를 건국했다. 옛 부여의 땅이었고, 부여가 사라진 후에는 고구려의 땅이었던 그곳에는 이제 고구려인은 별로 없고 숙신의 후예 말갈족들만이 득실거렸다. 때마침 당나라는 내우외환으로 급격히 무너지고 있었기에, 발해는 별 어려움 없이 옛 고구려 영토 대부분을 차지하여 대제국의 면모를 갖출 수 있었다.

그럼에도 불구하고 발해는 사상누각과 같은 국가였다. 발해의 기둥 역할을 해줘야 할 고구려인들은 매일 무리를 지어 끊임없이 북쪽으로 떠나고 있었고, 남는 사람들은 고구려계 왕조에 대한 충성심이 약한 이민족 말갈족뿐이었기 때문이다. 실제로 그 당시의 만주대평원은 길게 줄지어 연일 북쪽으로 떠나는 집단들이 끊임없이 이어졌을 것이다. 그래서 발해가 건국된 지 100여 년이 지난 8세기 말, 만주대평원을 지나가던 일본 승려 영충(永忠)은 마을마다 고구려인이 아니라 말갈족들이 주로 살고 있는 모습을 발견하고서, "만주의 마을마다 고구려인은 거의 없고, 말갈족만 득실댄다"고 본국에 편지로 알렸던 것이다.

만주대평원 서쪽 대흥안령산맥에서 새로 성장을 거듭하던 거란족은 야율아보기를 중심으로 뭉쳤다. 그는 발해의 백성들이 '떠날 마음'뿐이라는 것을 알고 있었기에 발해와의 '전쟁은 곧 승리'라는 것을 확신했고, 그래서 발해를 공격할 준비를 차근차근 진행했다. 발해의 마지막 왕 대인선은 남쪽 어디에선가부터 끊임없이 올라와서 북쪽으로 사라지는 자기 백성 고구려인들을 보면서, 부여나 고구려처럼 발해의 200년 왕조도 운명이 다해 감을 알고, 비애감에 젖어 있었을 것이다. 그리고 마침내 거란의 침략이 임박했다는 풍문이 들리자, 그렇게 믿었던 대신들마저 서둘러 고려 왕건에게로 떠났고, 마침내 좌우장군마저 떠났다는 소식에 지난 세월의 영화(榮華)가 꿈같이 느껴졌을 것이다. 비록 말갈족이 만주대평원 가득히 살고는 있었지만, 그들은 고구려 혈통의 발해왕조에 대한 충성심이 거의 없다는 것을 이미 오래전부터 알고 있었기에, 거란의 침략은 곧 왕조의 몰락이라는 것을 예감했을 것이다. 그리고 마침내 925년 12월 그믐날, 거란의 태조 야율아보기가 발해의 수도 상경 용천부를 향해 군사를 몰아 진격을 시작했다는 소문에, 왕조의 마지막 운명을 애도하는 심정으로 흰 소복을 준비했을 것이다.

불과 500년 전 광개토대왕 시절, 거란은 대흥안령산맥 북쪽의 척박한 땅에 살던 작디작은 '실위'라고 불리던 부족이었다. 그때부터 500년이 흐르는

5세기 말~6세기 초의 고구려와 실위

동안, 그들도 숙신처럼 인구수가 폭발적으로 늘었고, 그에 따라 국력도 일취월장하여, 마침내 발해까지 멸망시켰다. 척박한 땅 대흥안령에 살던 종족이 인구가 늘어, 기름지고 풍요로운 땅 만주대평원에 살던 우리민족의 국가 발해를 멸망시킨 것이다.

먹고 사는 것이 중요했던 고대에는 풍요로운 땅을 차지하고 살던 민족이 척박한 땅에 살던 민족보다 인구수가 더 빠르게 증가했다. 백성의 숫자가 곧 국력이었던 그 시대에는 숫자가 많은 민족이 강자로서 풍요롭고 기름진 땅을 차지했다. 우리민족은 북방의 역사가 시작된 이래 주변 다른 민족에 비하여 인구수가 매우 많았던 큰 집단으로 기름진 만주대평원을 차지할 수 있었고, 가장 기름진 만주대평원을 차지하고 살았으므로 인구수도 다른 민족에 비하여 폭발적으로 늘어야 했고, 그에 따라 국력도 압도적이어야 했다. 그러나 '우리민족 대이동'이라는 파도를 타고 백성들이 북쪽으로 떠남으로 인하여, 부여-고구려-발해는 세월이 갈수록 점점 약해져, 마침내 만주 역사에서 사라져 버렸던 것이다.

멕시코 아스태가인들의 역사에 따르면, 그들의 조상들은 820년경 아사달을 떠나 고리족 땅에 도착했고, 거기서 고리족 8개 씨족 집단과 함께 떠났는데, 아스태가인만 1만 명에 이르렀다고 했다. 이 기록을 우리 역사에 대입해보면, 그들이 떠난 시기는 발해 전성기였다는 것을 알 수 있다. 발해는 818년부터 당나라로부터 해동성국(海東盛國)이라는 칭송을 받으며, 최고 전성기를 맞이했는데, 바로 그 시기에 발해의 최남단 지역이면서 가장 잘 살던 지역이었던 요동의 아사달에 살던 사람들이 북쪽으로 떠났고, 만주에 살던 고리족이 따라 나섰던 것이다. 가장 살기 좋았고 평화롭던 시기에도 우리 선조들이 이렇게 떠났다는 것을 볼 때, 그 당시에 만주에 살던 우리 선조들의 마음은 이미 멈출 수 없는 파도의 일부가 되어 있었던 것은 아닐까?

그리고 그로부터 100년이 지난 뒤에도 우리민족의 '파도'는 계속 이어지고 있었음이 분명하다. 거란족 태조 야율아보기가 본 파도는 925년경의 파도였기 때문이다. 그는 우리민족이 끊임없이 북쪽으로 떠나는 모습을 보고서 발해 정복은 손쉬운 일이라고 판단했던 모양이다. 그는 휘하 장수들에게 '저 사람들은 계속 떠나고 있으니, 공격만 하면 무조건 이긴다'고 말했고, 그의 이 말이 그들의 역사서 「요사(遼史)」에 '이심(離心)'이라고 기록되었던 것이다. 야율아보기가 말한 '이심(離心)'은 아마도 우리민족에게 휘몰아쳤던, '우리민족 대이동'이라는 해일의 끝자락에 해당하는 파도였을 것이다.

우리민족 대이동의 파도

　우리민족의 이동은 파도였다. 첫 파도가 언제 치기 시작했는지는 아무도 모른다. 아무르강 북쪽에 살던 사냥꾼들이 추운 지방에 많이 사는 순록 같은 사냥감을 찾아 캄차카반도까지 갔다가 우연히 멀리 바다 가운데 섬이 있는 것을 발견했을 것이고, 알류산열도의 화산에서 뿜어져 올라오는 연기를 보고서 섬들이 일렬로 늘어서 있다는 것도 알게 되었을 것이다. 그리고 그 섬에 서식하는 많은 바다짐승(바다사자, 물개 등)을 잡기 위해 가까운 섬부터 건너다니다가 결국엔 알래스카까지 건너가게 되었을 것이다.

　세월이 지나면서 캄차카반도와 알류산열도에는 더 많은 사냥꾼들이 몰려들기 시작했을 것이고, 그에 따라 요동지역의 가죽 장사꾼들도 더 좋은 가죽을 더 싸게 사기 위하여 이 지역까지 방문하기 시작했을 것이다. 그리고 의외로 따뜻한 캄차카반도에 사람들은 아예 정착해 살기 시작했을 것이고, 그 결과 더 많은 사람들이 캄차카반도와 춥지반도에 몰려들기 시작했을 것이다.

　이 시기에 알류산열도를 건너기 시작한 사람들은 대부분이 사냥꾼들이었겠지만, 또 다른 집단도 있었을 것이다. 그들은 바로 발해만 주변에 살던 가죽 장사꾼들이었을 것이다. 그들은 고조선계 사람들로서 좋은 가죽을 싼 값에 사기 위하여, 혹은 그들 자신이 사냥꾼으로서 캄차카반도까지 왔고, 결국엔 그곳에 살던 사냥꾼들과 함께 알류산열도를 건너기 시작했을 것이다. 이때가 기원전 10세기경이었을 것이다. 필자가 이렇게 추정한 근거는 고고학에서 이 시기부터 캄차카반도와 춥지반도에 순록 사냥의 흔적이 나타나기 시작했고, 알류산열도에는 온돌의 흔적이 남았다고 밝혔기 때문이고, 멕시코 최초의 문명에 고조선의 흔적이 나타나기 때문이다.

　고조선계 장사꾼들은 북쪽 캄차카반도에서부터 만주 남쪽 요동 지역까지 돌아다녔기 때문에, 그들의 입을 통하여 알류산열도의 이동로에 대한 소문은 시간이 지날수록 점점 퍼져, 마침내 북만주 일대에 살던 부여 백성들에게는 상식처럼 알려지게 되었을 것이다. 그리고 기원후 3세기, 두 번에 걸친 선비족의 침략은 부여계 선조들의 이동을 촉발했을 것이다. 민족 이동의 파고가 높아지기 시작했던 시기가 이때부터였을 것이다. 그리고 5세기말, 혜심과 개미핥기 토우의 주인공이 되돌아와 전한 이야기는 너무나 충격적이어서, 순식간에 아무르 유역에서부터 만주 대평원 남단 요동까지 대륙 전체를 진동하게 만들었을 것이고, 민족이동을 작은 파도에서 광풍이 휘몰아치는 해일로 바꾸어 버렸을 것이다. 이 충격으로 부여가 바로 무너졌고, 강력하던 고구려도 북쪽부터 소리도 없이 무너지기 시작했을 것이다. 그리고 150여 년이 지난 고구려 말, 민족이동의 해일이 지나간 흔적으로 만주 대평원에는 텅 빈 마을들이 널려 있었고, 그 마을엔 어느새 숙신의 후예 말갈족들이 몰려와 살기 시작했을 것이다. 수·당과의 전쟁으로 군사력이 필요했던 고구려는 말갈족이 만주대평원 빈 마을에 들어와 사는 것을 용인할 수밖에 없었을 것이다. 그러나 이민족 병사들을 동원한 전쟁은 연속된 패전으로 이어질 수밖에 없었고, 결과적으로 고구려는 패망할 수밖에 없었을 것이다. 그리고 뒤이어 일어난 발해도 이 파도의 여운만으로 맥없이 쓰러졌을 것이다.

918년 고려를 건국한 왕건은 두려웠을 것이다. 겨우 세운 나라인데 백성들이 떠나면 어쩌나 노심초사했을 것이다. 고려 왕조의 신료들도 만주의 역사를 가능한 빨리 잊어버리고 싶었을 것이다. 그래서 김부식을 비롯한 고려의 신료들은 삼국시대를 정리한 역사서는 썼지만, 발해의 역사를 정리하여 책으로 남기지 않았을 것이다. 발해의 역사를 쓰면 그 멸망의 원인을 기록하지 않을 수 없었을 테니, 그것은 곧 고려의 멸망을 불러올 수 있는 씨앗이 될 수도 있었기 때문일 것이다.

그리고 때마침 사이가 나빠지기 시작한, 압록강과 두만강 유역에 살던 숙신의 후예(말갈족, 이때는 여진족으로 불리기 시작함)도 우리민족의 이탈을 더 이상 지속되지 못하도록 막는 데 한몫했을 것이다. 그들은 함경도 지방마저 점령함으로써, 한반도 안의 우리민족의 북쪽 이동로를 막아버리게 되었고, 그렇게 하여 민족대이동은 멈추어져 점차 역사의 망각 속으로 잊혀져갔을 것이다.

우리민족은 북쪽으로 휘몰아쳐 간 파도였다. 동북아 모든 민족들이 세월이 흐르면서 인구수가 폭증했고, 그 늘어난 백성의 힘을 바탕으로 중국 중원을 향하여 남쪽으로 휘몰아쳐 간 파도가 되었지만, 동북아의 역사가 시작된 이래 가장 큰 집단이었고 현명했던 북방의 강자 우리민족은 홀로 북쪽으로 휘몰아쳐간 파도가 되었던 것이다.

북쪽과 남쪽으로 달랐던 민족 이동의 파도 방향은 우리민족과 다른 민족들의 그 이후의 운명을 바꾸어버렸다. 우리민족은 10세기 이후 만주에서 사라진 민족이 되었고, 그들은 만주대평원의 지배자가 되었다. 우리민족은 한반도에 갇혀버린 약소민족으로 급전직하했고, 그들은 만주대평원을 호령하며 중국 중원까지 넘보는 강대한 민족으로 성장했던 것이다.

13.
사라져버린 우리민족의 규모

　동북아의 역사가 시작된 이래, 우리민족은 북방의 최강자였다. 활과 창으로 싸워야 했던 고대에 한 나라 국력의 척도는 인구수였다. 우리민족은 삼국시대까지 북방에서 가장 인구수가 많은 민족이었기에, 북방의 강자로 군림하면서 동북아에서 가장 비옥하고 넓은 만주대평원을 차지할 수 있었다. 우리 선조들이 남으로는 한반도, 서로는 요동·요서에서 북으로는 아무르강까지 이르는 광대한 영토에 퍼져 살던 3~4세기 때, 거란은 '실위'라는 이름으로 대흥안령 북쪽 끝자락에 거주하던 작은 종족이었고, 숙신은 동북쪽의 연해주에 살던 작은 종족이었다.

　그러나 500여 년이 흐른 9세기 말, 우리민족은 약소민족으로 전락했고, 그들은 각각 큰 민족으로 성장했다. 거란은 인구가 늘자 대흥안령산맥으로 남하하여 주변 지역을 장악한 강자가 되어 발해를 공격할 준비를 하고 있었고, 숙신은 말갈이라는 이름으로 만주대평원의 주인이 되어 때가 오기를 기다리고 있었다. 거란족은 숙신을 여진족이라고 불렀다.

우리민족 대이동이 본격적으로 시작된 시기는 3세기부터였을 것이고, 그 절정기는 혜심스님과 개미핥기 제작자가 되돌아온 5세기 말부터 발해가 건국되던 7세기 말까지 약 200년 동안이었을 것이다. 대이동의 본격적인 시작을 3세기부터라고 추정하는 근거는 3세기 전반기에 만주대평원에서 가장 크고 강한 나라였던 부여가 3세기 후반에 선비족의 공격으로 옥저까지 피신해야 했을 정도로 대패했다는 사실이다. 이 시대의 국력은 인구수에 좌우 되었고 군사력은 왕실에 대한 충성심에 좌우되었으므로, 부여의 대패 원인은 인구수나 충성심에서 중대한 변화가 발생했기 때문일 것이다. 백성들에게 생긴 이러한 변화를 본격적인 이동의 시작으로 해석해야 함은 그 이후 부여가 시간이 지날수록 점점 약해졌고 영토도 점점 줄어들었다는 역사적 사실로 뒷받침되기 때문이다. 특히 우리민족의 이동루트인 아무르강으로 바로 이어지는 곳이 송화강인데, 송화강 지역 백성들부터 사라지고 대신에 숙신족이 그 땅에 들어와 살기 시작했기 때문이다.

우리민족 대이동의 절정기를 5세기 말부터라고 보는 이유는 혜심과 개미핥기 제작자 일행의 귀환과 부여의 갑작스러운 멸망이 시기적으로 일치하고, 부여의 남은 백성들이 대규모 집단으로 북쪽으로 이동했다는 중국 역사서의 기록이 있기 때문이다. 또 그 절정기가 7세기까지 이어졌을 것이라고 추정하는 근거는 다음과 같은 몇 가지로 요약할 수 있다: 우선 7세기 후반 보장왕이 고구려 재건을 위한 마지막 도모를 은밀히 준비했을 때, 말갈족이 이미 요동까지 내려와 살았다는 사실이다. 이것은 많은 수의 우리 선조들이 떠남으로 인하여 만주대평원뿐 아니라 요동까지 빈 지역이 생겼고, 그곳까지 말갈족이 내려와 살았다는 것을 뜻한다. 요동에 대대로 뿌리를 두고 살던 고구려인들이 7세기 말에도 계속 북쪽으로 이동했다고 「구당서」에도 기록되어 있다. 그리고 7세기 말 발해가 건국되었는데, 그때 이미 발해의 백성 대다수는 숙신족의 후예인 말갈족이었다. 이에 대해 8세기 말 만주를 지나가던 일본 승려 영충이 만주에 거주하던 사람의 대부분은 고구려인이 아니라 이미 숙신의 후예라는 기록을 남기기도 했다.

이 모든 사실은 7세기 말에 만주대평원에 거주하던 주된 종족은 우리민족이 아니라 이미 숙신의 후예였다는 것을, 즉 만주의 주인공이 우리민족에게서 숙신으로 이미 교체되었다는 것을 의미한다.

우리민족은 과연 얼마나 사라졌을까? 지금까지 우리 역사는 삼국시대에 그렇게 강대했던 우리민족이 고려시대에는 왜 만주를 잃어버리고 갑자기 약소민족으로 전락하여 수많은 외세의 침략을 당하기 시작했는지 그 원인조차 알지 못했다. 그 원인에 대한 규명은커녕, 다른 민족은 계속 인구수가 폭증하면서 국력이 날로 성장했지만, 반대로 우리민족만은 인구수가 상대적으로 계속 줄어들고 영토도 좁아진 이유에 대하여 제대로 주목조차 하지 않았다.

지금까지 인간의 역사가 보여준 진리는 왕조가 사라져도 그 땅에 그 민족이 계속 살면, 언젠가는 반드시 그 땅에 그 민족의 왕조가 다시 나와서 나라가 세워진다는 것이었다. 그런데 발해가 망한 10세기 이후 만주에서 우리민족의 왕조가 단 한 번도 다시는 나타나지 않았다. 이것은 발해 패망 이후 만주대평원에 우리민족이 거의 남아 있지 않았음을 의미한다. 우리민족은 어디론가 떠났던 것이다.

그리고 다른 곳으로 떠난 민족은 새로 자리 잡은 어딘가에 그 흔적을 남기곤 했다. 돌궐족이 서쪽으로 이동하여 터어키에 흔적을 남겼고, 거란족이 세운 요나라가 여진족의 금나라에게 패하여 서쪽으로 도망가서 오늘날의 키르키스탄이 되어 흔적을 남긴 것처럼, 부여-고구려 백성들도 주변 어딘가에 그 흔적을 남겼어야 했다. 그러나 만주를 떠난 우리민족은 동북아의 어느 곳에도 그 흔적을 남기지 않았다. 우리민족은 사라지긴 했어도 나타난 자리가 없었다. 동북아 역사의 최대 미스터리이자 그 누구도 풀지 못한 의문이었다. 필자가 2007년 세계 최초로, 아메리카로 건너간 우리민족의 방대한 흔적을 발견함으로써, 비로소 우리민족이 아메리카로 대규모 이동했다는 사실이 알려지기 시작했고, 동북아의 미스터리도 경주에서 발굴된 개미핥기의 미스터리도 한꺼번에 설명되기 시작했다. 그리고 강길운교수가 우리말과 '쌍둥이'라고 지적한 언어를 가진 아무르강 하류에 살고 있는 길약족도 우리민족이 이동하다 중간에 남긴 흔적 가운데 하나라는 사실도 필자의 연구를 통해 밝혀졌다.

과연 만주에서 사라진 우리민족의 규모는 어느 정도였을까? 필자는 1장에서 3세기경 만주와 요동 일대에 살았던 우리민족의 수를 대략 14만 호로 보고, 숙신보다 7배 정도 많았다고 추정했다. 14만 호로 추정한 근거는 「삼국지」위지동이전에 부여와 고구려의 인구수가 각각 8만 호와 3만 호로 기록되어 있고, 한나라의 후예였던 공손씨가 지배하던 요동에 남아 살던 고조선의 후예들도 약 3만 호 정도는 되었을 것이기 때문이다. 요동은 중국과 만주·아무르 사이를 연결하던 중개무역의 중심지로서 매우 발달된 지역이었으므로, 그 정도 숫자의 사람들은 살았을 것이다. 그리고 같은 책에 백제(마한)의 인구수도 기록되어 있는데, 4~5만 호라고 했다.

10세기와 11세기에 집필된 「구당서」와 「신당서」에는 백제와 고구려가 멸망하던 7세기 중엽의 인구수가 각각 기록되어 있다. 그 당시 백제는 76만 호, 고구려는 69만 호라고 했다. 따라서 3세기 중반부터 7세기 중반까지 약 400년 동안 백제와 고구려의 인구수 변화를 비교해 볼 수 있다. (멸망하던 시기의 고구려 영토는 옛 부여 영토와 공손씨의 요동을 전부 포함했으므로, 아래 표에서 3세기의 고구려 인구수도 이 모든 지역의 인구를 다 포함한 것으로 계산했다.)

고구려와 백제의 인구증가 비교표

	3세기 중반	7세기 중반	인구증가 배수
백제	4~5만호	76만호	15~19배
고구려(만주·요동)	14만호	69만호	5배

이 비교표에서 눈에 띄는 것은 백제의 인구는 15배~19배로 폭증했지만, 고구려의 인구 증가는 5배에 불과했다는 점이다. 고구려 인구가 이렇게 적게 증가한 원인에 대하여 우리나라 사학자들은 계속되는 전쟁과 그로 인한 굶주림 때문이라고 설명하지만, 설득력이 없다. 그 당시에 전쟁 없이 살아온 민족이 어디에 있단 말인가! 백제도 신라나 고구려와의 끊임없는 전쟁에 시달렸고, 거란도 주변 민족과의 끊임없는 전쟁 속에 살았지만 인구가 늘어 결국 발해를 멸망시키지 않았던가! 고구려도 전쟁만 있었던 것이 아니다. 장수왕이 왕위에 오른 412년부터 수나라가 건국되던 581년까지 170년 동안 '고구려 평화시대'라고 할 만큼 전쟁이 거의 없었다.

따라서 만약 고구려 인구가 백제처럼 정상적으로 증가를 했다면, 즉 인구가 15~19배 증가했다면 7세기 중반에는 대략 210만~266만 호가 되어 있어야 했다. 게다가 고구려 인구 증가 폭은 백제보다 더 컸어야 할 중요한 변수가 있다. 백제는 3세기 중반과 비교하면 7세기 중반에는 영토가 더 줄어들어 있었지만, 고구려는 오히려 더 늘어나 있었다. 백제는 475년 고구려 장수왕에게 인구 밀집 지역인 한강유역을 빼앗겼고, 이 땅은 80여 년 뒤에 다시 신라에게 넘어갔다. 따라서 백제 말기의 인구 76만 호에는 한강유역의 인구가 포함되지 않았기 때문에, 실제 인구증가는 19배가 아니라 20배 이상이었다고 보아야 한다. 또 고구려의 인구 계산에서도, 3세기 중반의 고구려는 압록강 이남부터 대동강 이북까지의 영토를 지배하지 않았지만, 5세기 이후부터 그 지역을 추가로 지배했다. 따라서 멸망기의 인구 수 69만호에는 이 지역 인구가 포함되어 있다고 보아야 한다.

따라서 고구려가 멸망할 때, 만주·요동 지역의 실제 인구 수는 69만 호에 훨씬 못 미쳤을 것으로 보아야 한다. 한반도 안의 고구려 영토인 대동강과 청천강 유역도 농사를 짓기에 좋은 조건을 가진 지역이었으므로 많은 사람들이 살았을 것이

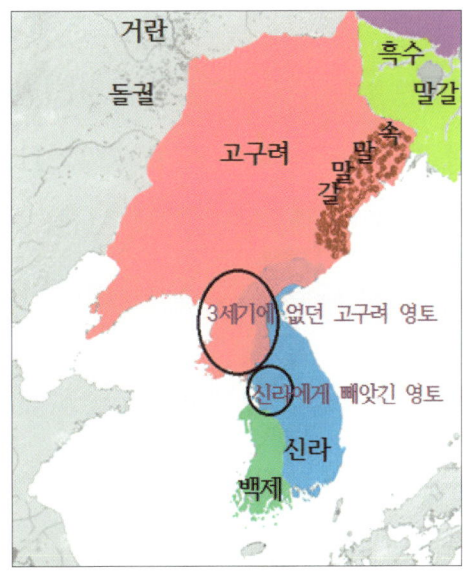

3세기 중반과 비교한 7세기 중반의 고구려와 백제 영토 변화

다. 필자는 이 지역의 인구수를 최소 9만 호 정도로 임의로 추정하겠다. 따라서 멸망하던 시기에 원래 고구려 영토였던 만주·요동의 인구수는 대략 60만 호 정도로 추산할 수 있다. 따라서 고구려의 인구수가 백제처럼 정상적으로 증가했다면, 즉 20배 정도 늘었다면 다음과 같이 계산되어 약 280만 호가 되었어야 했고, 실제 인구는 60만 호로 추정되므로, 사라진 숫자도 아래와 같이 계산되어 약 220만 호가 된다.

> 고구려의 정상적인 인구 증가: 14만호 × 20배 = 280만호
> 만주·요동의 실제 인구수 = 69만호 − 9만호 = 60만호
> 만주·요동에서 사라진 숫자 = 280만호 − 60만호 = 220만호

7세기 중반 만주·요동의 고구려 인구수는 280만 호 정도는 되었어야 정상이었다. 그러나 실제로는 약 60만 호밖에 되지 않았다. 사라진 가구 수는 무려 220만 호에 달했다. 사학계에서 당시의 한 가구의 사람 수를 보통 5명 정도로 추정하므로, 사라진 인구수는 220만 x 5명= 1100만 명이나 된다. 물론 이것은 추정된 수치이다. 그러나 필자는 만주대평원과 요동에 살던 사람에 더하여, 중국인 역사가들의 시야가 미치지 못했던 북만주와 아무르 유역에 살던 우리민족의 숫자까지 합친다면, 사라진 우리민족의 숫자는 이보다 훨씬 더 많았으리라 추정한다.

물론 이 숫자 전부가 아메리카로 건너가지는 않았을 것이다. 이동하던 루트의 중간 여러 지역에 정착한 사람도 많았다. 아무르강 유역에 정착한 사람들,

오호츠크해 연안에 정착한 사람들, 츕지반도와 캄차카반도에 정착한 사람들도 있었다. 멕시코 고대 문헌에 따르면 아스태가인들도 이동하던 도중의 여러 곳에 작은 집단을 남겨두고 떠났다고 한다. 실제로 아무르강 하류의 길약족, 오호츠크해안의 에벤키족과 에벤족, 츕지반도의 츕지족, 캄차카반도의 코리야족, 그리고 알류산열도의 여러 섬에 정착하여 사는 사람들은 우리민족의 후예일 가능성이 매우 높다. 그들의 언어에 우리말이 나오고, 사는 곳의 지명도 우리말 지명이 나오며, 종교와 생활 풍습에서도 우리민족 고유의 것이 나오기 때문이다. 또 일부는 만주에서 서쪽 방향으로 이동하기도 했다. 아무르강 상류의 아르군(Argun)강 유역에 오늘날 살고 있는 어윈커족은 동해안에 살던 옥저의 후예라고 중국학자들이 오래전부터 이야기해 오고 있다.

그럼에도 불구하고, 필자는 1천만 명 이상의 우리민족이 3세기에서 7세기 중반까지 아메리카로 건너갔다고 본다. 또 7세기 이후 발해 시대에도 계속해서 잔파도처럼 떠났으므로, 1천만 명도 최소의 추정치, '적어도 1천만 명'이라고 본다. 이러한 수치가 과장이 아니라는 것은, 1492년 신대륙이 발견되어 유럽인들이 아메리카로 왔을 때, 아메리카 대륙에는 8천만~1억 명의 인디언들이 살고 있었다는 사실로도 뒷받침된다. 우리민족이 아메리카로 이동을 마친 10세기 말부터 신대륙이 발견된 15세기 말까지 약 500년 동안 약 8~10배 정도의 인구 증가는 당연할 것이다.

백인의 이주와 인디언 인구수의 급감

아메리카에는 많은 인디언들이 살았지만, 그들은 같은 민족으로서 평화롭게 살아서 전쟁무기가 발달하지 않았다. 신대륙의 발견으로 낯선 백인들이 찾아오자, 그들은 우리민족 고유의 풍습에 따라 손님으로 반갑게 맞이하고 후하게 대접했다. 그러나 백인들이 그들에게 가져온 것은 천연두와 홍역 같은 치명적인 질병으로 대재앙이었다. 백인들이 가져온 전염병으로 인하여 아메리카 인디언들은 신대륙 발견 이후에 급격하게 감소하기 시작했다. 일부 백인들은 심지어 전염병 균이 묻은 담요를 인디언 마을마다 공짜로 나눠주었고, 그 담요를 가져간 마을들은 얼마 후에 어린 생명조차 하나 살아남지 못한 공동묘지로 변했다고 한다.

인디언들의 삶은 평화로웠고 순박했다. 그들은 처음 백인들이 찾아오자 매우 친절하게 대했고, 그들이 정착할 수 있도록 물심양면으로 도와주었다. 그 한 예가 미국 추수감사절과 관련된 이야기이다. 1620년 영국에서 건너온 청교도들은 오늘날 미국의 맨하탄(Manhattan) 북쪽 지역에 도착했고, 그 해 겨울 가져온 식량이 떨어지자, 추위와 굶주림에 죽어가기 시작했다. 청교도들은 주변에 살던 인디언들에게 도움을 청했고, 인디언들은 그들에게 많은 식량을 주면서, 동시에 그곳에 날아드는 야생 칠면조 잡는 방법까지 가르쳐 주었다. 인디언들의 도움으로 살아난 청교도들은 새해 봄에 농사를 짓기 시작하여 가을에 추수하자, 야생칠면조도 잡아 도움을 주었던 인디언들을 초대하여 잔치를 베풀었는데, 이것이 미국 추수감사절의 시작이었다.

맨하탄 지역에 살던 인디언들은 누구였을까? 맨하탄(Manhattan)의 원래 지명은 마나하땅(Manahatan)이었다. 마나하땅은 우리말 '많아 + 땅'이라는 말로, '많은 땅'이라는 뜻이다. 맨하탄을 감싸고 있는 지역이 코네티컷(Connecticut)주이다. '코네티컷'이라는 지명은 '큰 강이 있는 곳'이라는 인디언 말이라고 한다. 코네티컷은 인디언이 하던 말을 백인들이 기록한 지명으로서, 원래 퀸내흐터곳(Quinnehtukqut) 또는 큰네티컷(connecticut)이라고 기록되어 있었다. 이 지명도 '큰(quin/con) + 내(neh/nec) + 터(tuk/ti) + 곳(qut/cut)'으로 구성된 우리말로서, '큰 내 터 곳' 즉 '큰 강이 있는 곳'을 뜻하는 우리말이다.

그곳에 남은 우리민족의 흔적은 지명만이 아니다. 그곳에 살던 인디언들은 볼 연지도 찍었고, 우리민족의 유물인 반달형 돌칼도 사용했다. 그들도 일인칭 대명사 '나'를 나(na) 또는 내(ne)라고 했다. 모두 우리민족의 풍습, 유물, 언어라는 것은 의문의 여지가 없다.

아래 그림은 그곳에 살던 여인의 모습이다. 결혼한 여인만 볼연지를 찍은 모습이 눈에 띈다. 사진은 그들이 사용하던 전쟁용 몽둥이이다. 몽둥이 머리 부분으로 만들어진 여인의 모습은 가운데 가르마를 탄 쪽진머리 모양으로, 20세기 초의 사진 속의 우리민족 여인의 머리 모양과 같다.

코네티컷주의 볼연지를 한 인디언 여인

몽둥이 무기

몽둥이 머리 부분

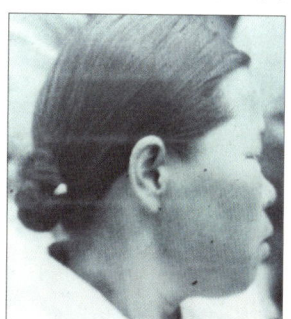
우리나라의 쪽진 머리

1. Herbert C. Kraft, 「The Lenape or Delaware Indians」, Lenape lifeways Inc., 2005, p.15.
2. Gilbert T. Vincent외 3인, 「Art of the north American Indians」, University of Washington Press, 2000, p.95.

14. 현대 인류학의 오류와 반성

● 빙하기 이동설

　오늘날의 세계사와 인류학은 아메리카 인디언의 기원에 대하여, 기원 1만 5천 년 전 지구에 마지막 빙하기가 있었고, 그 당시 동북아에 살던 고아시아인들이 얼어붙은 베링해를 통하여 아메리카로 건너가 정착한 사람들이라고 설명하고 있다. 이 설은 16세기 후반 스페인 신부 호세 데 아코스타(José de Acosta)가 과학적인 어떤 근거도 없이, 단순한 논리로 추론한 이야기에서 시작되었다.

　1492년 신대륙을 발견하고, 멕시코에 흰옷을 즐겨 입는 사람들이 높은 문명을 이루어 살고 있다는 소식을 들은 유럽의 가톨릭 세계는 드디어 구약성경의 미스터리가 풀렸다고 생각했다. 구약성경에는 하나님의 선지자이며 인류의 조상으로 여기는 야곱의 열두 아들들의 이야기가 나온다. 그들은 각자 큰 종족의 조상이 되었는데, 오직 '단'이라는 아들의 후손에 대해서는 성경에 나오지 않는다. 단 종족이 성경에서 사라져 버린 것이다. 이것은 가톨릭이 유럽세계의 단일종교로 깊이 뿌리내리면서, 매우 큰 미스터리로 남아 오랫동안 그 행방이 연구되었다. 그런데 신대륙의 발견으로 아메리카 인디언들이 발견되고, 그들이 미개한 인간이 아니라 매우 높은 문화와 종교적 영성(靈性)을 지녔다는 사실이 알려지자, 유럽인들은 어쩌면 사라져 버린 단 지파의 후손들이 아닐까 생각하기 시작했다. 멕시코 아스태가제국이 정복된 지 20여 년이 흐른 후에 부모를 따라 멕시코로 가서 성장했고, 나중에 멕시코 원주민에 대한 역사서를 남긴 가톨릭 신부 디에고 두란(Diego Durán)도 그들이 유대인의 일파라고 주장했었다.

당시 유럽은 가톨릭교회의 부패에 대항하여 1517년 독일의 마르틴 루터가 종교개혁을 부르짖기 시작하던 때였다. 가톨릭 국가들 중에서도 가장 독실했고 종교개혁 바람이 불지 않았던 스페인은 많은 신부들을 1523년부터 지금의 멕시코로 파견하기 시작하여, 원주민들이 누구이며, 어디서 왔는지, 그들이 믿는 종교는 무엇이며, 생활풍습은 어떠한지 등에 관해 대대적인 조사를 시작했다.

16세기 후반 호세 데 아코스타 신부도 독자적으로 페루의 잉카문명과 멕시코의 아스태가문명을 두루 조사했다. 그리고 그는 아메리카 원주민들이 유대인의 후예가 아니라, 고대 동북아시아에서 육로로 건너온 사람들의 후예라고 주장했다. 아코스타 신부가 든 증거는, 원주민들의 종교는 유일신 여호와 하나님에 대한 신앙이 아니라, 모든 자연물과 동물에 신령한 영혼(靈魂)이 깃들어 있다고 믿는 샤마니즘 신앙이고, 유대인이 목숨처럼 지키던 할례 풍습(포경수술)도 없으며, 유대인은 돈을 좋아하는데 그들은 그렇지 않다는 점 등이었다.

아코스타 신부는 그들이 아시아 대륙에서 육로로 건너왔다고 주장했는데, 그 근거로는 나침판이 없었던 옛날에 큰 바다를 건넜다는 것은 불가능하므로, 아시아 대륙과 아메리카 대륙이 어딘가에 매우 가깝거나 서로 맞닿아 있는 지역이 있을 것이라는 논리를 전개하며, 그곳을 통하여 걸어서 건넜을 것이라고 주장했다.

그의 주장에 힘을 보태준 사람은 18세기 중엽의 비투스 베링(Vitus Bering)이었다. 베링은 러시아제국을 건설한 황제 피터대제의 명을 받고, 1741년 아시아 대륙과 아메리카 대륙이 붙어있는지 떨어져 있는지 조사하러 오호츠크 연안에서 배를 타고 북극으로 갔다. 그는 가는 도중에 섬들이 일렬로 늘어서 있는 알류산열도를 처음 발견했고, 베링해협에 도착하여 그곳이 얼음으로 덮여 있는 것을 확인했다. 오늘날 베링해협의 명칭도 그의 이름을 딴 것이다.

이러한 과정을 거친 후에, 학문이 발달하면서 지구가 여러 차례 빙하기를 거쳤다는 과학적인 증거까지 나오자, 아코스타 신부의 베링해 육로 이동설은 아메리카 인디언들의 기원을 설명하는 유일한 이론으로 자리 잡았다. 지금부터 약 1만 5천 년 전에 있었던 마지막 빙하기에 바닷물 수위가 낮아지고, 물이 얼어서 두 대륙이 연결되었을 때 아시아에 살던 원시상태의 고아시아인들이 아메리카로 건너가서 인디언들의 조상이 되었고, 마지막 빙하기가 지나가고 바닷물 수위가 다시 올라가서 육교와 같은 연결로는 끊어져, 두 대륙의 왕래는 더 이상 지속되지 못했다는 내용이다.

필자의 책을 여기까지 읽은 독자들은 서구인들이 주장해 온 빙하기이동설을 믿을 수 있겠는가? 필자는 이 책에서 아메리카 인디언들이 우리민족이라는 사실을 보여주는 수많은 증거를 제시하였다. 남자들의 상투, 갓, 두루마기, 여자들의 한복, 볼연지, 비녀와 쪽진머리, 봉잠 같은 머리 장식, 그리고 우리민족 고유의 여러 가지 풍습, 윷놀이나 공기놀이와 같은 각종 놀이, 달 속의 토끼 한 마리와 같은 설화, 솟대와 같은 신앙, 각종 유물, 그리고 달력과 침술까지 수많은 증거들을 제시했다. 특히 각종 풍습이나 놀이, 달력과 의술은 외적으로만 같은 것이 아니라, 거기에 사용된 용어까지 우리말이라는 것을 확인했다.

만약 빙하기이동설이 옳다면, 우리민족은 이미 1만 5천 년 전에 저 모든 것을 누리며 살았다고 해야 할 것이다. 1만 5천 년 전에 갓모자를 쓰고 흰 두루마기를 입었으며, 베틀을 이용해 옷감을 짰어야 했다. 그래야만 태평양을 사이에 두고 한반도 고유문화와 언어가 멕시코의 그것과 같을 수 있을 테니까. 따라서 기존의 모든 고고학 이론은 폐기처분되어야 할 것이다. 고고학은 1만 년 전까지 인간이 원시상태로 살았고, 도구는 타제석기에 불과했으며, 불도 사용할 줄 몰랐고, 옷은 고사하고 그릇도 없었다고 이야기하고 있기 때문이다.

● 동북아시아인들의 아메리카 유래설

매우 흥미로운 이야기가 있다. 근세의 학자들도 바보는 아니었다. 19세기 말로 접어들면서 미국 학자들은 아메리카 인디언들의 언어, 문화, 종교, 전설이 동북아시아의 것과 너무나 비슷하다는 것을 발견했다. 독일계 미국인 프란츠 보아스(Franz Boas)는 자본가이자 미국 자연사박물관 책임자였던 제섭(Jesup)의 후원을 받아, 미국과 러시아 학자들을 불러 모아, 1897년 제섭북태평양 탐험대(Jesup North Pacific Expedition)를 조직했다. 탐험대는 조사할 지역별로 여러 분과로 나뉘었는데, 아무르강 하류 지역은 독일인 버솔드 로퍼(Berthold Laufer)가 맡고, 츕지-캄차카 지역은 러시아인 조첼슨(Jochelson)과 보고라스(Bogoras)가 맡았다.

이 탐험대는 몇 년간의 현지 조사를 마친 후에, 아무르강 하류의 길약족, 오호츠크해 연안의 에벤키족과 에벤족, 츕지반도의 츕지족, 캄차카반도의 코리야족 등의 언어, 문화, 종교, 전설 등이 아메리카 인디언들의 그것과 같다는 것을 확인했다. 그리고 태평양을 사이에 둔 두 대륙의 문명이 이렇게 같은 이유를, 아메리카 인디언들이 동북아시아로 다시 되돌아갔기 때문이라고 설명했다. 즉 빙하기에 아메리카로 이동해 온 인디언들이, 많은 세월이 지나 문화가 발달한 후에, 언제 어느 곳을 통하여 어떻게 되돌아갔는지는 알 수 없지만, 동북아시아로 다시 건너가서 정착했기 때문이라고 설명했다. 그래서 아무르강 하류 북쪽에서부터 츕지-캄차카 반도에 이르는 지역에 살고 있는 모든 종족은 아메리카에서 다시 건너간 인디언들의 후예라고 결론 내렸고, 그들을 '아메리카노이드(Americanoid)'라고 명명했다[1]. '아메리카 인종'이라는 뜻이다.

아메리카노이드 가설을 세우는데 특히 기여한 학자가 아무르강 하류를 탐사했던 버솔드 로퍼였다. 그는 1898년부터 2년 동안 아무르강 하류와 사할린

---

[1] Jochelson, Waldemar, 「Archaeological Investigations in the Aleutian Islands」, The University of Utah Press, 2002, p.7.

섬 북쪽에 퍼져 살던 길약족의 언어, 문화, 풍습을 탐사한 후에, 중국 및 일본의 그것과 비교해 보고 다르다는 것을 확인했다. 그 당시 미국이나 러시아 학자들에게 동북아시아는 일본과 중국을 뜻하는 말이었고, 약소국 조선은 눈에 보이지도 않았다. 로퍼도 길약족의 언어, 문화, 풍습을 우리민족과 비교해 볼 생각조차 하지 않았다. 그는 심지어 길약족 노인으로부터 '태양신 신화'를 들으며 그것이 코리안들의 조상들의 것이고, 그곳 암벽에 그림을 새긴 사람들도 코리안들의 조상이었다는 증언을 듣고도 믿지 않고 무시했다.

 19세기 말의 조선은 외국 학자들 눈에 아메리카 인디언들의 뿌리로 상상하기에는 너무나 작고 초라한 모습이었다. 제국주의 일본과 청나라가 수도 한양에서 조선의 지배권을 놓고 힘겨루기를 하다가 마침내 1894년 청일전쟁을 일으켰고, 전쟁에서 이긴 일본은 조선의 명성왕후를 살해하기까지 했다. 일본의 위압에 겁먹은 고종은 러시아 공사관으로 피신하여 1년을 지냈고, 1897년 경복궁으로 되돌아와 대한제국을 선포하기는 했지만, 이미 국운은 기울 대로 기울어져 있었고, 조선의 관료들은 개화파와 수구파로 나뉘어 살육전까지 벌이면서 권력투쟁을 하고 있었다. 그런 조선이 아메리카 인디언들의 조상일지 모른다고 누가 상상이나 할 수 있었겠는가!

 버솔드 로퍼는 아무르강 유역의 길약족을 비롯한 종족들, 즉 아메리카노이드들이 중국이나 일본과 전혀 관련이 없다고 다음과 같이 단언했다.

만약에 혹시라도 아무르 종족들의 장식문양이 중국에서 유래한 것이라면, 정확하게 일치하는 문양이 중국에서 과거에 발견된 적이 전혀 없었고, 관련된 문양에 대한 적절한 설명도 전혀 없었다는 것은 정말 놀라운 일이다[2].

나는 시베리아 장식문양과 중국·일본의 장식문양을 비교한 결과, 양쪽 예술이 역사적으로 직접 연결되었다는 것을 증명할 수 없다[3].

그의 이 보고서는 제섭북태평양탐험대가 6년간의 조사활동 보고서를 작성하는데 매우 중요한 역할을 했다. 아무르강 하류에서부터 춥지·캄차카반도의 모든 종족은 아메리카 인디언들과 같은 민족이 맞지만, 아무르강 남쪽 만주에 사는 사람들이나 일본인과는 직접적인 연관성이 없다는 결론이었다. 버솔드 로퍼가 조사하던 19세기말 만주는 만주족의 땅이었다. 만주족은 숙신의 후예이다. 그들은 '숙신〉읍루〉물길〉말갈〉여진〉만주'로 시대에 따라 호칭이 바뀌어 왔다. 숙신은 3세기 「삼국지」위지동이전에 이미 우리민족과 언어와 문화가 다른 종족이라고 기록되어 있다. 그런 종족의 후예인 만주족의 문화가 북방으로 휘몰아쳐 떠난 우리민족의 흔적, 즉 아무르강 하류에, 오호츠크해 연안에, 춥지·캄차카 반도에 남겨진 우리민족의 흔적과 어떻게 같을 수가 있겠는가!

아무르강 유역의 종족들이 중국이나 일본과 전혀 관련이 없다고 한 버솔드 로퍼의 판단은 옳았다. 그러나 그가 만약 길약족의 명칭 '길약'이 우리말이라는

---

2. Laufer, Berthold, 「The decorative art of the Amur Tribes」, AMS Press, 1902, p.3.
3. Laufer, Berthol, 같은 책, 1902, p.4.

것을 알았더라면, 만약 길약족의 다른 명칭 '길래미, 질래미, 니브히'도 모두 우리말이고, 길약족의 언어가 우리말과 '쌍둥이 언어'라고 할 정도로 같았다는 것을 알았더라면, 길약족이 그렇게 중요하게 생각하던 그들의 전통문양 속의 새 명칭 '다기야(takiya)'가 우리말 '닭이야'라는 것을 알았더라면, 만주가 원래 코리안의 선조들이 수천 년 동안 살던 터전이었다는 기초 지식만 있었더라면, 그 땅에 살던 우리민족이 북쪽 아무르를 향하여 파도처럼 이동해 올라갔었다는 우리민족 이동의 역사를 조금이라도 알았더라면, 아무르강 북쪽 종족들의 언어, 문화, 종교를 우리민족의 것과 비교할 생각조차 안 할 수 있었을까?

그들은 만주의 역사도 우리민족의 대이동에 대해서도 전혀 몰랐다. 19세기 말에는 외세에 시달려 비록 초라하고 작은 민족이 되어 있었지만, 10세기 이전에는 만주대평원의 주인공으로서 북방의 최강자였다는 사실을 전혀 몰랐다. 이 무지(無知)에서 비롯된 오류를 바탕으로, 우리민족의 피를 이어받은 길약족, 에벤키족, 에벤족, 춥지족, 코리야족들을 '아메리카노이드'라고 명명했다. 제섭북태평양탐험대가 그들을 '아메리카에서 다시 건너온 인디언들의 후예'라는 엉터리 결론을 내렸던 것이다. 그들은 바보는 아니었지만, '바보짓'은 했던 것이다!

그리고 20세기 초에 인류학이라는 학문이 탄생했다. 바로 이 탐험대가 연구하기 시작한 분야가 학문의 한 갈래로 자리매김되면서, 인류학이라는 새로운 학문분야가 시작되었고, 이 탐험대의 대장이었던 프란츠 보아스(Franz Boas)는 '미국 인류학의 아버지, 세계 인류학의 효시'로 후세에 불리기 시작했다. 아이러니하게도 오늘날 인류학의 시작은 이렇게 엄청나게 큰 오류를 범하면서 시작되었다.

길약족의 전통 의복에 반드시 들어가는 새문양이 있다. 그들은 이 문양을 의복뿐 아니라 각종 장신구나 무기에도 새겼고, 심지어는 가죽신에도 수놓아 신고 다녔다. 버솔드 로퍼는 '이 새가 무슨 새냐?'고 물었고, 그들은 '다기야(takiya)'라고 대답했다. 로퍼는 이 말을 몽골어라고 기록했다. 그러나 '다기야'는 '닭이야'라는 우리말이다. '닭 + 이야'라는 말로서, '~이야'는 우리말 서술어이다. 몽골어로는 닭은 '타햐(тахиа)'이다.

아래는 길약족이 그렇게 중요시하는 전통문양과 우리나라 부여에서 발굴된 백제 금동대향로를 비교한 것이다. 문양과 향로가 전체적인 구조에서 같고, 맨 위에 날개를 펴고 있는 새도 닭으로서 같다.

길약족의 전통문양   백제 금동대향로

닭은 태양신을 상징하는 새로서, 우리민족의 태양신 신앙의 상징이었다. 이것이 한반도 부여에는 유물로, 아무르강 하류에는 전통문양으로 남았다. 이 상징이 태양신 신앙과 함께 아메리카로 이동하여, 남북 아메리카에 매우 놀라운 흔적을 남겼다. 필자는 준비 중인 다른 책에서 '우리민족의 태양신 신앙과 아메리카 이동'이라는 제목으로 그 흔적을 밝히겠다. 독자들은 그 흔적만으로도 우리 선조들의 발자취가 얼마나 위대하고 원대했던가를 알게 될 것이다.

만약 버솔드 로퍼가 길약족의 이 문양과 우리의 금동대향로를 비교해 본다면 무슨 말을 할까?

로퍼는 심지어 미국 인디언들의 전통 가죽신 '모카신(Moccasin)'이 원래 아무르강 유역과 그 남쪽에서 신던 가죽신에서 유래했다는 구트문트 하트(Gudmund Hatt)의 연구도 정면으로 부인하고, 미국 인디언들이 스스로 발전시킨 신발이라고 주장했다. '모카신'이라는 말까지도 우리말인데 말이다. 다음 자료의 왼쪽은 우리 선조들이 '모카신' 즉 '목화신(木靴신)'이라고 부르던 가죽신의 사진이다. 목화신의 특징은 신발 바닥이 평평하다는 데 있다. 오른쪽 사진은 미국 인디언들이 신던 목화신이 변형되어 오늘날 미국에서 널리 판매되고 있는 모카신의 한 종류이다. '모카신'을 즐겨 신는 미국인들이 그 명칭과 신발의 유래가 우리민족에서 비롯되었다는 사실을 알게 된다면 어떤 표정을 지을까?

우리나라 목화신

미국 인디언 모카신

15. 멕시코에 나타난 우리말

● 민족이란?

'민족이란 무엇을 뜻하는가'라는 질문에 대한 대답으로 자주 사용되는 말이 '운명공동체' 혹은 '역사적 공동 경험을 소유한 집단'이다. '운명공동체'는 과거의 역사 속에서도 같은 운명으로 살아왔고 앞으로의 역사에서도 같은 운명으로 살아가야 할 집단임을 뜻하고, '역사적 공동 경험을 소유한 집단'이란 '운명공동체'를 좀 더 구체적으로 설명한 말로서, 민족 형성 과정과 관련된, 과거에 초점을 맞춘 용어이다. 역사적으로 같은 경험을 가진 집단을 구성한다는 것은 집단 구성원들이 삶의 터전을 찾아서 함께 이동하고 정착하며, 외부의 적에 대항하여 함께 싸우고, 종교적으로는 같은 신을 믿고 같은 형식으로 제사를 올리며, 풍습으로는 같은 유형의 옷을 입고, 같은 형태의 머리 모양을 하거나 같은 모양의 모자를 쓰고, 같은 절기에 축제를 열고, 아기 탄생이나 육아 방법 그리고 장례에서도 같은 형식의 의례를 행함으로써, 다른 집단과 구별되는 자기 집단 고유의 특징을 형성하고 공유해왔음을 의미한다.

이러한 역사적 경험을 공동으로 소유하기 위해서 가장 중요한 요소가 구성원들 간의 의사소통이고, 의사소통의 핵심은 바로 '말'이다. 구성원들이 같은 말을 사용하여 서로의 생각을 교환할 수 있어야 공통의 가치관과 유대감이 형성되어 계속해서 함께 살 수 있으며, 운명공동체로서의 일체감을 형성하여 더 많은 역사적 공동 경험을 축적하게 되는 것이다. 따라서 민족을 역사적 공동 경험을 가진 집단이라고 하는 것은 바로 민족을 '같은 언어를 사용하며 살아 온 집단'이라고 하는 것과 같다.

멕시코 역사를 들여다보면, 그들이 이룩했던 고대 문명의 명칭에서부터, 그 문명이 남긴 온갖 유물의 이름, 그들의 갖가지 풍습, 그리고 그들이 살던 곳곳의 지명에 이르기까지 모든 것이 우리말로 되어 있다는 것을 발견하게 된다. 즉, 역사, 문화, 종교, 풍습, 지리 등 일상생활의 모든 면에서 그들이 우리말을 사용했다는 것을 발견하게 된다. 이것은 멕시코 원주민들의 언어가 우리말이었다는 것을 뜻하는 것으로, 그들이 우리민족이라는 것을 분명하게 밝혀주는 가장 중요한 증거이다.

● **발음에 관한 선행 지식: 원주민의 원래 말과 스페인어로 표기된 말의 차이점**

언어편을 시작하기 전에 독자들에게 먼저 말하고 싶은 것 한 가지는 멕시코 고대 문헌에 남아있는 원주민의 말, 즉 멕시코로 건너간 우리말은 스페인어 알파벳 체계로 표기되어 있다는 사실이다. 그런데 어떤 우리말 소리는 스페인어의 발음체계에는 아예 존재하지 않아 스페인어 알파벳으로 제대로 표기할 수 없는 것들이 있다. 이런 경우는 특히 모음에서 발견되는데 그 이유는 우리말은 모음이 매우 발달하여 '아, 야, 어, 여, 오, 요, 우, 유, 으, 이' 등과 같이 매우 많지만, 스페인어는 모음이 단순하여 '아(a), 에(e), 이(i), 오(o), 우(u)'의 다섯 가지밖에 없기 때문이다.

모음 소리에 대한 우리말과 스페인어 사이의 이러한 차이로 인하여 우리말 모음 '어/으'를 스페인어로 표기할 때 심각한 문제를 야기한다. 실제로 '어/으'는 스페인어에 일치하는 모음이 존재하지 않기 때문에 스페인어 알파벳으로는 제대로 표기할 수 없다. 멕시코를 정복한 스페인인들은 원주민들의 모음 '어/으'를 제대로 표기할 수 없어 다른 모음으로 대체 표기하였다. 예를 들어, '서울'은 '세울(Seúl)'로 표기하는 식이었다. 또 스페인어 알파벳 'h'는 오늘날 스페인어에서는 음가(音價)가 없어서 발음되지 않지만, 멕시코 원주민의 '흐' 소리를 나타내기 위해서 때때로 사용했다[1]. 그래서, 예를 들어, Colhuacan은 '골(col)-화(hua)-간(can)'으로 읽을 수도 있고, '골(col)-와(hua)-간(can)'으로 읽을 수도 있다. 그리고 Huemac의 경우에는 'h'를 발음하지 말고 '우(hu)-에(e)-막(mac)'으로 읽어야 한다. 실제로 우에막은 'h'가 없이 그냥 Uemac이라고도 표기되어 있다. 또 hui로 기록된 경우에는 'ㄱ'소리로 발음되어 tetzahuitl은 '태자위들/태

---

1. Morris Swadesh, 「Estudios sobre lenguas y cultura」, Instituto Nacional de Antropología e Historia, 1960. p.164.

자휘들'이 아니라 '태자귀들'로 발음된다. 보다 자세한 것은 손성태(2011)의 '멕이코에 나타난 우리민족의 언어'를 참고하기 바란다[20].

자음의 경우에도 우리말은 평음(ㄱ, ㄷ, ㅂ, ㅈ), 경음(ㄲ, ㄸ, ㅃ, ㅉ), 격음(ㅋ, ㅌ, ㅍ, ㅊ)의 구별이 있지만, 스페인어는 경음밖에 없다. 그래서 원주민의 원래 말에서 존재했던 평음, 경음, 격음의 구별이 스페인어로 기록되는 과정에서 사라져 버려, 모두 경음으로만 표기되어 있다. 따라서 나와들어를 읽을 때 이러한 차이를 복원하여 읽어야 우리말이 나타난다. 예를 들어 원주민 말 '(불)타다'는 'tata'로 기록되어, 스페인어 발음은 '따따'이다. 그러나 우리는 '타다'로 읽어야 한다.

앞에서도 설명했듯이, 원래의 원주민 말에는 /T/ 소리 다음에 /L/ 소리가 없었는데, 15세기말~16세기 초에 발생한 언어 혼란으로 이 소리가 첨가되었다. 그래서 TA는 원래 '따'였고, TAN은 '땅'이었으며, TE는 '떼'였으나, 오늘날의 멕시코인들은 '뜰라(TLA), 뜰란(TLAN), 뜰레(TLE)'라고 말한다. 따라서 아래와 같은 많은 어휘들은 /L/ 소리를 생략하고 읽어야 원주민이 말하던 원래의 말이 나타난다. 그리고 그 원래의 말이 우리말이라는 것을 쉽게 알 수 있다.

또 '땅'을 뜻하는 '땅(tán)'은 /L/소리가 첨가되어 '뜰란(tlán)'으로 변한 뒤에, 지명 중에 자음 /L/소리로 끝나는 것과 함께 쓰일 경우에 /T/가 같은 /L/소리로 변하기도 하여(동화현상), 'L+TLán 〉 LLLan'이 되고, 다시 하나의 /L/이 탈락하여 LLan이 되기도 했다(동음탈락). 이런 현상을 일으킨 대표적인 지명이 돌태가문명의 '돌란(Tollan)'과 타흐칼태가인들이 살던'타흐칼란(Taxcallan)'이다.

---

2. 손성태, '멕이코에 나타난 우리민족의 언어', 「언어학」, 대한언어학회, 2011.

돌란(Tollan) → Tol(돌) + tan(땅) 〉 Toltán(돌땅) 〉 Toltlán(돌뜰란) 〉 Tollan(돌란)

타흐칼란(Taxcallan) → Taxcal(타흐칼) + tan(땅) 〉 Taxcaltán(타흐칼땅) 〉 Taxcaltlán(타흐칼뜰란) 〉 Taxcallan(타흐칼란)

국명에도 이런 음운변화를 거친 명칭이 있는데, 과테말라(Guatemala)가 바로 이런 경우로서, 앞에서 이미 설명했다.

오늘날의 말	원래 원주민의 말	뜻
뜰라도안이(TLatoani)	다도안이(Tatoani)	다 도와주는 이/왕
뜰라마틴이(TLamatini)	다마틴이(Tamatini)	다 맞히는 이/점장이
뜰라메메(TLameme)	다메메(Tameme)	다 메는 사람/지게꾼
뜰라기로(TLacuilo)	다기려(Tacuilo)	다 그려/ 화가
뜰라치들(TLachitl)	다치들(Tachitl)	다 치는 사람/공놀이 선수
뜰라흐칼태가(TLaxcalteca)	타흐칼태가(Taxcalteca)	태양의 칼의 신성한 사람
나와뜰라돌이(NahuatLatoli)	나와다들이(Nahuatatoli)	나와 모든 사람들이
뜰라지왈태백(TLachihualtepec)	다지왈태백(Tachihualtepec)	다 지은 산
뜰라뜰라살리(TLatlazali)	다다살리(Tatazali)	전부 전부 살리
뜰라같이배왈리(TLacaxipehualli)	다같이배왈리(Tacaxipehualli)	다같이 배우리
아스뜰란(AztLán)	아스땅(Aztán)	아스땅/아사달
태노치티뜰란(TenochtitLán)	태노치티땅(Tenochtitán)	신성한 나의 사람 (터)땅
뜰랄(TLal)	달(Tal)	달(땅의 고어)
파판뜰라(PapantLa)	파판따(Papantla)	판판한 땅

● **문명 명칭**

멕시코의 대표적인 문명은 기원전 1세기부터 기원후 8세기까지의 태오티와간(Teotihuacan)문명, 기원후 9세기부터 11세기까지 번성했던 돌태가(Tolteca)문명, 그리고 14세기부터 16세기 초까지의 아스태가(Azteca)문명이다. 태오티와

태오티와간과 돌태가 사람들의 이동

간문명은 서로 다른 시대에 도착한 여러 집단들이 함께 이룩한 문명이었는데, 그 집단들 사이에 충돌이 일어나, 각 집단은 끼리끼리 태흐고고(Texcoco)호수 주변의 여러 지역으로 흩어짐으로써 사라졌다. 그 집단들이 이동한 곳은 주로 골화간(Colhuacan/골와간), 아스카포잘고(Azcapotzalco), 촐룰라(Cholula), 호치갈고(Xochicalco), 그리고 호수 북쪽으로 70km 떨어진 툴라(Tula)였다.

　태오티와간 사람들이 이동한 도시들 가운데 가장 번영했던 곳은 툴라였다. 툴라에 처음 정착하기 시작한 사람들은 태오티와간에서 온 사람들과 남쪽 태흐고고 호숫가의 골화간으로 갔다가 토필친 꽤잘꼬아들(Topiltzin Quetzalcoatl)을 따라서 함께 올라 온 사람들이었다. 토필친 꽤잘꼬아들은 뱀용을 신으로 모시던 무당이었는데, 툴라에 와서 그곳의 통치자가 되었다. 그는 원래 남쪽 태흐고고 호숫가에 있던 도시국가 골화간(골와간)의 왕자로서, 유복자로 태어났다. 골화간의 왕이었던 그의 아버지가 다른 집단 출신 여자와 결혼했다는 이유로 삼촌에게 왕위를 빼앗기고 죽임을 당했다. 아버지가 죽은 후에 태어난 어린 토필친은 뱀용 꽤잘꼬아들(Quetzalcóatl)을 모시던 늙은 무당 '꽤잘꼬아들' 손에 컸는데, 그의 어릴 적 별명이 세 아가들(ce acatl)이었다[3]. 필자는 이 별명이 '센 아가', 즉 '튼튼한 아가'라는 뜻으로 본다. 멕시코 원주민 말에서 우리말 '센

---

3. George C. Vaillant, 『Aztecs of Mexico』, Penguin Books, 1965, p.87.

(cen)'은 매우 자주 사용되었는데, 여기서는 받침소리 'ㄴ(n)'이 탈락된 것이다. 그는 장성하여 무당 꽤잘꼬아들의 뒤를 이어 꽤잘꼬아들이 된 뒤에, 골화간으로 되돌아가 삼촌을 죽여 아버지의 복수를 했다. 그 후 따르던 무리를 이끌고, 북쪽의 툴라로 가서, 그곳을 도시국가로 발전시키며 지배자가 되었다. 툴라의 지배자가 된 그는 사람들의 생활의 편이를 위한 기술을 개발하고 농업을 장려하였다. 남쪽에서 가져온 목화를 재배하여 실과 옷감을 짜도록 하고 콩과 옥수수를 재배하여 백성들의 생활을 개선함으로써, 그 당시 멕시코에 존재하던 도시국가들 가운데 가장 잘 살고 발달된 국가로 발전시켰다. 이 문명을 나중에 아스태가인들이 '자기 조상의 문명'이라고 기록하면서, '돌태가(Tolteca)'라고 불렀다[4].

돌태가문명이 한창 발달하고 있었을 때, 북쪽으로부터 새로운 집단이 툴라로 이동해 와 함께 살게 되었는데, 그 집단의 우두머리는 우에막(Huemac)이라는 무당이었다. 우에막은 신에게 올리는 제사에서 인신공양을 중요시했고, 인신공양의 제물을 확보하고자 주변 마을을 공격하자고 주장하던 호전적인 지도자였다. 그는 백성들의 생활 향상과 평화를 중요시했던 토필친 꽤잘꼬아들과는 통치 방법에서 달랐다. 생각이 달랐던 두 지도자의 충돌은 그들이 이끌던 두 집단 간의 충돌로 이어져, 돌태가 지역의 패권을 두고 여러 차례 전쟁까지 벌이는 상황으로 전개되었고, 결국 평화를 추구했던 토필친 집단이 패하여 남쪽 촐룰라로 도망쳤다.

---

4. Davies, Nigel, 『The Toltec Heritage: From fall of Tula to the rise of Tenochtitlan』, University of Oklahoma Press, 1980, p.4.

앞에서 본 지도는 태오티와간 문명을 건설했던 사람들이 각자 이동하여 도시국가를 건설했던 곳, 그리고 다시 수백 년 후에 돌태가문명을 건설했던 사람들 가운데 토필친 꽤잘꼬아들을 따르던 사람들이 이동한 곳을 표시한 것이다. 태오티와간문명 시대에 멕시코 동쪽 바닷가 지역에도 큰 집단이 살고 있었는데, 그 사람들을 토토나가(Totonaca)라고 했고, 그들이 살던 땅을 토토나가판(Totonacapan)이라고 했다. 태오티와간과 토토나가판은 서로 왕래하며 문화 교류를 했다.

돌태가문명의 패권을 두고 경쟁을 벌이다 패한 꽤잘꼬아들 집단은 우에막 집단을 피하여 남쪽 촐룰라로 대거 이동했다. 여기서 그들은 세 갈래 집단으로 나뉘어, 촐룰라에 정착한 사람들, 꽤잘꼬아들을 따라 동쪽으로 떠난 사람들, 그리고 남쪽으로 떠난 사람들로 갈라졌다. 동쪽으로 이동한 사람들은 오늘날의 멕시코만 바

닷가에 도착한 후, 꽤잘꼬아들을 따라 유카탄반도까지 이동하였고, 그곳에서 만난 마야인들과 함께 새로운 문명을 일으키기 시작했는데, 그렇게 시작된 문명이 후기 마야문명이고, 그 유적지가 유명한 치첸이짜(ChitzenItza)이다. 남쪽으로 이동한 사람들은 멕시코 남부 오아하카(Oaxaca)지역에 도착한 후에 태평양 연안을 따라서 오늘날의 과테말라로 이동했고, 거기서 더욱 남쪽으로 내려

가 중미지역(중앙아메리카)을 통하여 결국엔 남미대륙에 도착하여 남미 원주민이 되었다[5].

필자는 멕시코 원주민들이 일으킨 모든 문명의 명칭과 그들이 거주했던 땅의 지명이 우리말이고, 각 지역의 고고학적 발굴로 드러난 풍습이나 유적도 역시 우리민족의 것이었다고 보여주는 많은 증거들을 발견했다. 먼저 태오티와간은, 이미 설명했듯이, '(태양)신의 터와 족장들'이라는 뜻의 우리말이다. 태오티와간에 있는 태양의 피라밋이나 달의 피라밋은 위가 평평한 피라밋으로서, 우리 선조들이 만주대평원에 남겨놓은 수만 기의 피라밋과 그 모양이 같다. 이 피라밋 위에는 원래 신전과 그 안에 신상이 놓여져 있었는데, 그것 또한 필자가 장군총을 설명할 때 언급한 바와 같다. 그리고 벽화로 그려진 여인의 초상화에는 붉은 볼연지가 찍혀 있고, 발굴된 인물 조각상에는 정수리 가운데에 상투가 있는데, 볼연지와 정수리 가운데의 상투는 우리민족 고유의 풍습이었다. 또 그곳에는 뱀용을 모시던 꽤잘꼬아들 신전이 있다. '꽤잘꼬아들(Quetzalcoatl)'에서 '꼬아'는 뱀이 움직이지 않을 때 몸통을 꼬고 있는 모양을 나타내는 우리말 의태어라고 앞에서 이미 설명했다. '꽤잘꼬아들'은 '꽤 잘 꼬는 것들'을 뜻한다.

돌태가는 '돌+태가'로 구성된 말로, '돌의 신성한 사람'을 뜻하는 우리말이다. 문명의 명칭으로 사용된 태오티와간, 돌태가, 아스태가의 형태소 구성과 각 형태소의 뜻을 정리하면 다음과 같다.

---

5. 멕시코 원주민들이 중앙아메리카로 이동하고, 더 나아가 남미로 이동한 것은 촐롤라인들이 처음이 아니다. 태오티와간문명 시대에 이미 남미로 이동한 흔적이 남미에 뚜렷이 나온다. 따라서 촐롤라인의 이동 이전에도 많은 사람들이 이동했고, 그 이후에도 계속 이동했다. 오늘날의 중앙아메리카와 남미의 모든 나라 국민의 대부분은 백인과 원주민들의 혼혈인데, 원주민의 피의 원류가 우리민족임은 물론이다.

```
태오티와간(Teotihuacan)   →   태오(teo) + 티(ti) + 와(hua) + 간(can)
      뜻               →   태양신/신    터       와      족장

돌태가(Tolteca)         →   돌(tol) + 태(te) + 가(ca)
      뜻               →   돌       신성한    사람

아스태가(Azteca)        →   아스(az) + 태(te) + 가(ca)
      뜻               →   하얀/흰    신성한    사람
```

우리말 고어에서 '사람'을 뜻하는 '가'는 「삼국지」위지동이전에는 '가(加)'로 표기되었다. 부여의 4부족 명칭, '마가(馬加)·우가(牛加)·저가(猪加)·구가(狗加)'의 '가'와 고구려의 대가(大加)의 '가'에서 볼 수 있다. 이 말은 삼국시대에 만주에서 일부 집단이 경상도로 이주함으로써, 오늘날 경상도의 방언 '가가 가가/가가 왜 그러노' 등의 표현에 남게 되었다.

돌태가문명의 주인공들도 우리민족이었다는 근거로, 그들이 원래 태오티와간에서 살다가 온 사람들이었다는 사실뿐 아니라, 돌태가라는 명칭 자체가 '돌의 신성한 사람들'이라는 뜻의 우리말이라는 것도 중요하다. 명칭에서 드러나듯이 이 문명의 특징은 '돌'에 있다. 돌태가문명의 중심지로 알려진 툴라(Tula)에는 많은 돌기둥들이 아직도 남아있고, 돌태가문명이 망한 후에, 꽤잘꼬아들을 따르던 사람들 가운데 한 집단은 촐룰라를 거쳐서 유카탄반도까지 가서, 그곳에 후기 마야문명을 건설했다. 후기 마야문명의 유적지로 유명한 유카탄 반도의 치첸이짜(Chitzen Itza)에는 전사의 신전이 있는데, 그곳에도 툴라와 마찬가지로 많은 돌기둥이 세워져 있다.

툴라의 돌기둥

치첸이짜의 돌기둥

    툴라(Tula)라는 지명은 원래 '툴람(tullam)/톨란(Tollan)'에서 유래했다. 16세기 스페인 사람들의 기록에 따르면 '툴람/톨란'은 '기능공들의 모임'을 뜻한다고 하는 기록도 있고, '툴라 가까이'라는 설명도 있다. 앞에서도 여러 차례 말했듯이, 신대륙 발견 이후 스페인은 그 당시의 최고 지식층인 가톨릭 신부들을 파견했지만, 그들도 원주민 말을 제대로 알아듣지 못하여 많은 오류를 범했다. 툴라(Tula)의 뜻을 위와 같이 해석한 것도 이러한 오류의 한 부분이다. 툴라는 원래 우리말 '돌 땅'이라는 말에서 유래된 지명으로서, 세월이 흐르면서, 위에서 이미 설명했듯이, 다음과 같은 음운변화를 겪었다.

    툴라(Tula): 돌땅(Toltán) 〉 돌뜰란(Toltlán) 〉 돌란(Tollan) 〉 툴라(Tula)

멕시코 원주민 말에서 자음 T와 모음 A 사이의 자음 L 소리는 원래 원주민 말에는 없었는데 나중에 첨가된 것이다. 그래서 우리말 '땅(tan)'은 대부분의 경우에 '뜰란(tlan)'으로 바뀌었다[6]. 그래서 이 지명은 'Tol + tlan'으로 된 후에, 자음 L과 L사이에 오는 T소리가 동화작용으로 인하여 같은 L소리로 변했고, 그 후에 연속되는 세 개의 L가운데 하나가 탈락하여 톨란(Tollan)이 되었다[7].

Tol(돌) + Tlán(뜰란) → Tol + llan → Tollan

스페인어는 받침소리가 없는 언어이므로, 이 지명이 스페인어에 수용되는 과정에서 마지막 받침소리 'N'이 탈락하여 톨라(Tolla)가 되었다. 그리고 한반도의 우리말과 멕시코로 건너간 우리말의 또 하나의 공통 음운현상은 모음 '오(o)'와 모음 '우(u)'를 정확하게 구별하지 않고 혼용한 것이다. 이것도 고대 우리말의 특징이었다. 그래서 톨라(Tolla)가 툴라(Tula)로 되었다.

필자가 돌태가문명의 주인공이 우리민족이라고 주장하는 가장 중요한 근거는, '돌태가'나 '툴라'가 모두 우리말이라는 점 외에, 돌태가문명 전성기에 대립했던 두 명의 지도자 이름이 모두 우리말이라는 사실이다. 그 두 명의 지도자는 토필친(Topiltzin)과 우에막(Huemac)으로, 전자는 골화간의 왕자 출신이었

---

[6] 일부 지명에는 '땅(tan)'으로 그냥 남아 있는 경우도 있다. 그러나 대부분의 경우에는 '뜰란(tlán)'으로 바뀌었고, 멕시코 학자들은 그 뜻을 '~가까이'라고 잘못 해석하고 있다. 멕시코 지명에 매우 많이 나오는 뜰란(tlán)이나 티뜰란(titlán)의 원래 형태는 L 소리가 없는 '땅(tan)'과 '티땅(titan)'이었고, 그 뜻은 우리말 그대로 '땅'과 '터땅'이다. '티'는 '한티고개, 닷티고개, 느팃골'에서 보듯이 오늘날 사용되는 '터'의 고어로서 장소를 뜻하는 다른 어휘 앞에 중복으로 자주 사용되었다.

[7] Arthur Anderson, 「Rules of Aztec language」, University of Utah press, 1973, p.9.

고, 후자는 나중에 북쪽에서 내려와 토필친의 집단과 함께 살게된 집단의 무당 지도자였다.

  독자들은 필자가 앞에서 우리민족이 만주에서 떠날 때, 한꺼번에 전체가 떠난 것이 아니라 지역별·씨족별로 각자 집단을 이루어 오랜 세월에 걸쳐 각각 다른 시기에 떠났다고 설명했던 것을 기억하기 바란다. 이렇게 떠난 각 집단들은 다른 집단과 방언 억양의 차이가 있었다. 그들은 알류산열도를 건너 아메리카에 도착한 후에도 살기 좋은 지역을 발견하면 그곳에 정착하여 수년에서 수십 년 동안 살다가 다른 지역으로 이동하기를 끊임없이 반복하였고, 그렇게 유목생활을 하는 동안 집단 구성원들끼리 단결심이 더욱 커져, 자기 집단을 다른 집단과 구별하기 위한 다양한 방법이 시작되었다. 머리 모양을 조금 바꾼다든가, 머리에 꽂던 새 깃털의 형태를 바꾼다든가 또는 옷 모양의 일부를 바꾸어 자기 집단만의 특징을 만들기 시작했다. 그리고 이것이 신대륙 발견 이후 백인들의 눈에 띄었고, 원주민들의 말을 알아듣지 못했던 백인들은 이것과 방언 억양의 차이를 바탕으로 원주민 부족들을 서로 다른 종족으로 구분했다.

  우에막이 이끌던 집단도 그런 집단들 중 하나였다. 돌태가문명을 처음 건설하기 시작한 사람들은 토필친 집단인데, 그들은 태오티와간에서 살다 온 사람들로, 우에막 집단보다 수백 년 먼저 만주를 떠나 멕시코에 도착한 사람들이었다. 두 집단이 만주를 떠난 후부터 툴라에서 만나기까지 상당한 시간적 차이가 있었고, 또 툴라에서 처음 만났음에도 불구하고 함께 살 수 있었던 것은 그들의 '말'이 서로 통했기 때문일 것이다. 즉 같은 민족이라는 것을 서로 알았기 때문일 것이다.

먼저, 토필친의 이름을 우리말 형태소로 분석하면 다음과 같이 구성되고, 각 형태소의 뜻도 아래와 같다.

토필친(Topiltzin) → 토(to) + 피(pi) + ㄹ(l) + 친(tzin)
뜻   → 신성한   피   접사   사람

앞에서 이미 보았듯이, 멕시코 원주민어의 태(te)는 '신성한'을 뜻하는데, 이 말의 방언이 '토(to)'이다. 아스태가인들도 때때로 이 말을 사용하여 '신성한 날(태양)'을 '토날(tonal)'이라고 말했다. 앞에서 보았던 달력의 명칭 '토날보활리(Tonalpohuali)/신성한 날을 보리니'의 '토날'이 그 예이다. '태' 대신에 '토'를 주로 사용하던 집단은 멕시코 동부 해안 지역에 거주하던 '토토나가(Totonaca)' 사람들이었는데, 그들이 사는 지역을 '토토나가판(totonacapan)'이라고 불렀다. 토토나가는 '토+토+나+가'로 구성된 우리말로서, '신성하고 신성한 나의 사람'을 뜻한다. 여기서도 나(na)와 가(ca)는 각각 '나'와 '사람'을 뜻하는 우리말이다. 토토나가판의 '판'은 '벌판, 모판, 모래판'에서 보듯이 평평한 땅을 뜻하는 우리말이다. 토토나가들은 태오티와간을 건설한 사람들과 교류했던 사람들로서, 필자는 그들이 남긴 흔적에서도 다양한 우리말과 우리민족 고유의 풍습을 확인했다. 필자는 그들도 우리민족의 한 집단이었다고 확신한다.

'피(pi)'는 글자 그대로 우리말 '피'이다. 이 어휘는 아스태가제국 최초의 왕의 이름 '아까마피치들이(acamapichitli)'에도 사용되었다. 아까마피치들이는 '아(a)+까마(cama)+피(pi)+치(chi)+들이(tli)'로 구성된 이름으로서, '우리 까만 피

사람'을 뜻한다. 미국 남부 뉴멕시코주에 살고 있는 태화족 인디언들의 언어를 채집했던 미국 학자들은 '피(pi)'를 '붉은색'이라고 해석했다. 우리민족은 붉은색을 '피색', 푸른색을 '하늘색' 등으로 말하곤 했다.

멕시코 원주민 말에서 '치/친'은 '높은 사람'을 뜻하는 말로 사용되었다. 이 말도 우리말로서 '벼슬아치, 장사치' 등에 아직 남아 있다. 오늘날 우리말에서는 '치'가 경멸적인 의미가 있지만, 옛날에는 '존칭어'였다.

지금부터 우에막(Huemac)의 이름을 분석해 보자. 우에막은 때때로 우에막친(Huemactzin)이라고도 기록되어 있는데, 멕시코 문헌에는 '위대한 손(great hand)'이라는 뜻이라고 해석되어 있다. 그런데 우리말 고어로도 이 이름은 '위대한 손'을 뜻한다. 먼저 '우에막친'을 우리말 형태소로 분석하면 다음과 같다.

우에막친(Huemactzin) → 우에(hue) + 막(mac) + 친(tzin)
뜻 → 위에/높은   손   사람

그의 이름을 우리말로 풀이하면 다음과 같다. '우에(hue)'는 글자 그대로 우리말 '우에, 위에'이다. 우리는 '웃어른', '우엣마을', '윗사람'이라고 말했다.

---

8. SmithSonian Institution, 「29th Annual report of the Bureau of American Ethnology to the Secretary of the SmithSonian Institution」, 1907-1908, Washington Government Printing Office, 1916, p.43.
9. 방종현(1932), '티와 치에 대한 생각 일편', 「조선어문학회보」, 제3호, 조선어문학회, pp.12~15. 만주 북쪽에서는 '치'를 '친'으로 사용했던 모양이다. 몽골족 영웅 징기스칸의 원래 이름은 '테무친'이었다. '테무'는 '철, 쇠'를 뜻하고, '친'은 높은 사람을 뜻한다. '테무친'은 '쇠 같은 사람'을 뜻한다. 몽골인들이 우리 선조들과 매우 가까이 살면서 친하게 지냈음은 몽골 최고의 역사서인 「몽골비사」에도 나온다.
10. Spence, Lewis F.R.A.I., 「The Myths of México and Perú」, George G. Harrap & Co. LTD., 1920, p.14.

'웃'은 '우에/위'와 같은 말이며, 그 뜻은 '옛날의, 높은'이다[11]. 마지막 글자 '친(tzin)'은 앞에서 설명한 대로, 멕시코 원주민들이 높은 사람에게 붙이던 존칭어로서, 때때로 '치(ch/chi)'로 기록되기도 했다.

'마(ma)'도 우리말이며 '손'을 뜻할까? 그렇다. 분명히 우리말이고 '손'을 뜻한다. 증거는 서정범님의 「우리말의 뿌리」에 설명되어 있다. 거기에 '맞'은 '손'을 뜻하던 우리말 고어이고, 동사 '만지다'는 바로 '맞'에서 유래되었다고 다음과 같이 설명하고 있다[12].

> 동사 '만지다, 만들다'에서 '손'을 뜻하는 명사를 찾아낼 수 있다. '만지다'는 '마지다'에 'ㄴ'이 개입한 것이다. '마지다'의 어근은 '맞'이고... 만지는 행위는 손으로 이루어지므로 '맞'이 '손'을 뜻한다는 것을 알 수 있다.

'맞'을 스페인어로 표기하면 'mac'이 된다. 멕시코 원주민 말을 스페인어로 표기할 때, 대부분의 경우에는 받침소리를 표기하지 않았지만, 드물게 표기할 때는 주로 알파벳 'C'를 사용했다. 예를 들어, 우리말 '곳'을 주로 '고(co)'라고 표기했지만, 드물게 '곳(coc)'라고 표기하기도 했다. 따라서 '우에막'은 '위대한 손'을 뜻하는 우리말 고어였다는 것이 확인되었다.

이것으로써 필자는 돌태가문명도 우리민족이 건설한 문명이었다는 것을 확

---

11. 우리민족 고조선의 역사에서도 이 어휘가 사용되었다. 고조선의 마지막 왕은 '우거(右渠)'였다. '우(右)'는 '높은'을 뜻하고, 거(渠)는 '굿'을 뜻한다는 설이 있다. 즉 우거왕은 '굿을 하는 높은 자'를 뜻하는 호칭으로, 제정일치 시대였던 고조선의 정치체제를 반영한 것으로 보인다.
12. 서정범, 「우리말의 뿌리」, 고려원, 1999, p.27.

인했다. 우리민족의 흔적이 분명하게 드러나는 태오티와간에서 툴라(Tula)로 옮겨간 사람들이 건설한 문명이라는 역사적 사실, '돌태가'라는 문명 명칭이 우리말이고 '돌의 신성한 사람'을 뜻한다는 사실, '툴라'라는 지명이 원래 '돌땅'이라는 우리말에서 유래했다는 사실, 그리고 그 문명을 이끌었던 두 지도자의 이름 '토필친'과 '우에막'도 우리말 이름이었다는 사실 등은 그 문명의 주인공들이 우리민족이었다는 것을 분명하게 보여주고 있다. 나중에 아스태가제국을 건설했던 맥이족이 '돌태가인들은 우리 조상들이었다'고 기록한 것도 필자의 이러한 발견과 일치한다.

토필친과 그의 백성들이 남쪽 촐룰라(Cholula)로 도망친 후에, 툴라는 우에막과 그의 백성들의 세상이 되었지만, 북쪽에서 계속해서 내려오는 새로운 집단과의 대립으로 인하여, 결국 우에막도 11세기말~12세기 중엽에 자기 백성들을 이끌고 태흐고고(Texcoco) 호숫가로 내려와 정착했다.

● 찬몰(Chacmool) '찬 물'

돌태가 문명이 남긴 유물 중의 하나가 '비의 신전' 앞에 세워진 찬몰(Chacmool)이라는 조각상이다. 찬몰상은 돌태가문명에서 처음 나타나기 시작하여 후기 마야문명과 아스태가문명에서도 나타난다. 찬몰상은 주로 비의 신 '따로끄(Tlaloc)'를 모시는 신전 앞에 세워져 있는데, 마야에서는 전사의 신전이나 바람의 신전 앞에 세워져 있다[13].

돌태가문명의 찬몰

아스태가문명의 찬몰

마야문명의 찬몰

사진에서 보듯이, 모든 찬몰상은 두 손으로 물을 받는 그릇을 받쳐 들고 있거나, 마야의 찬몰상처럼 물그릇을 놓는 받침대를 들고 있다. 아스태가의 찬몰상은 그릇 윗부분이 약간 파여 있고, 그릇 바깥 부분은 윗부분까지 푸른색으로 칠하여 물이 그렇게 가득 찰 정도로 비가 오기를 기원하는 신앙심을 나타내고 있다. 멕시코의 모든 문명과 마야문명은 농업을 기반으로 한 문명으로, 옥수수, 콩, 토마토, 호박, 고추 등을 재배하여 살았으므로, 때맞추어 오는 비가 매우 중요했다.

수리시설이 없던 그 당시에 농사의 풍흉은 하늘에서 내리는 비에 의해 좌우되었고, 농사의 성패는 집단 생존 문제였으므로, 때를 맞추어 내리는 비가 매우 중요했다. 그래서 가뭄이 닥치면 국가적 위기로 생각하여 큰 기우제(祈雨祭)를 지내곤 했다. 이때 아스태가제국과 마야에서는 7세~10세 사이의 어린 아이

---

13. 비의 신 'Tlaloc'을 '딸록'이라고 읽지 않고 '따로끄'라고 읽는 이유는 미국 학자들이 이 명칭의 발음을 ['tɬaːloːk]라고 했기 때문이다. 마지막 소리 'k'를 따로 읽도록 표기했다.

를 인신 공양 제물로 바쳤는데, 어린아이들이 눈물을 잘 흘리므로, 눈물이 쏟아지듯이 비가 쏟아지기를 기원하는 뜻에서 아이들을 제물로 삼았다고 한다. 마야문명에서는 그 나이의 여자 아이를 연못의 수신(水神)에게 산 채로 던져 넣는 제사를 지내기도 했다.

멕시코에서는 이것이 '비를 기원하는 조각상'이라는 것까지는 알지만, '찬몰(Chacmool)'의 의미는 아직까지 알지 못한다. 필자는 '찬몰'은 '(가득) 찬 물'을 뜻한다고 해석한다. 필자가 이렇게 해석하는 이유는 비가 오도록 기우제를 올리는 곳에 세워진 조각상이고, 조각상의 가장 중요한 부분은 바로 물을 받는 그릇이기 때문이다. 그리고 우리말 고어에서 모음 '오/우'의 혼용으로 볼 때 '몰'은 곧 '물'이기 때문이다. 우리는 '그릇에 가득 찬 물'이라는 식으로 말하므로, '찬몰'은 '(가득) 찬 물'이라고 해석되는 것이다.

멕시코 원주민들은 비의 신을 '따로께(Tlaloque)' 또는 '따로끄(Tlaloc)'라고 불렀다. '따로께/따로끄'가 왜 비의 신을 뜻하는지도 멕시코에서는 아직 설명 못하고 있다. 필자는 이 명칭도 우리말이며, 다음과 같이 구성된 말이라고 본다.

따로께(Tlaloque)   →   따로(tlalo)   +   께(que)
뜻   →   따르(다)   +   것

'따로'는 '따르(다)'를 표기한 것으로, '물을 따르다'라고 말할 때 사용하는 동사이다. 우리 선조들은 비가 많이 올 때 '비가 따르듯이 온다'고 말하곤 했다. 따라서 '따르 께'는 '물을 따르듯이 비를 쏟아지게 하는 것', 즉 '비의 신'을 뜻하

게 된다[14]. '르'를 '로(lo)'로 표기한 이유는 다음과 같다: 경상도 옛 방언에서는 '비가 따루듯이 온다'라고 말하곤 했다. '따루'는 모음 '오/우'의 혼용으로 '따로'가 된다. 따라서 '따로(tlalo)'는 오늘날 우리말 표준어 '따르(다)'와 같은 말이다. '것'을 '께'라고 한 것은 우리나라 경상도 방언에도 있다(내것〉내께). 멕시코 원주민 말에서 '것'을 '께(que)' 또는 '끄(c)'라고 표기한 예는 매우 많다.

마야문명에서 찬몰 조각상이 '바람신의 신전'에 세워진 이유는 바람이 불어야 비가 오기 때문일 것이다. 마야인들은 '찬몰(Chacmool)'을 그냥 '찬(chaac)'이라고 부르기도 했는데, '찬'은 번개와 천둥으로 현신하는 비의 신이라고 믿었다[15].

필자는 마야문명에서도 우리말 '바람'을 '바람(balam)'이라고 했고, 유카탄 반도 여러 곳의 지명이 우리말 그대로 '바람골(Balamcol)' 또는 '바람곳(Balamkú)'이라는 사실을 발견했다. 남미 안데스 지역으로 이동한 사람들도 '바람'이라는 우리말을 사용했다. 칠레 원주민들은 '바람'을 '바라(para)'라고 했다고 기록되어 있는데, 우리말 '바람'에서 받침소리가 탈락한 것이다. 이 말이 파라과이에서는 '비'를 뜻하는 말로 바뀌었는데, 대서양에서 습기를 담은 바람이 안데스산맥을 넘기 전에 파라과이 지역에 많은 '비'를 뿌리기 때문이다. 그곳에서는 '바람이 부는 것은 곧 비가 온다'는 것을 뜻한다. 파라과이 원주민들도 우리민족의 후예라는 것을 보여주는 다양한 증거가 있다. 보다 자세한 내용은 준비 중인, '우리민족의 흔적-남미 편'에서 다루기로 한다.

---

14. 멕시코 일부 학자들은 따로끄(tlaloc)를 '달(tlal) + 옥들이(octli)'로 구성된 말로서, '달'은 '땅'을 뜻하고, '옥들이'는 '술'을 뜻한다고 설명한다. 달(Tlal)이 '땅'을 뜻한다는 설명은 '양달/응달'에서 보듯이 우리말과 일치한다. 그러나 이 설명에 따르면 따로끄(tlaloc)는 '땅 술'이 되어, 비의 신과는 전혀 관련 없는 해석이 된다. 필자는 잘못된 설명이라고 본다.
15. Michael D. Coe, 「The Maya」, Thames & Hudson, 2005, p.217.

● 술의 명칭: 풀께(Pulque) '풀의 것'

오늘날 멕시코에서 생산되는 술 가운데 세계적으로 유명한 술이 데낄라(Tequila)이다. 데낄라는 멕시코 원주민들이 신대륙 발견 이전부터 마시던 풀께(Pulque)라는 술을 더욱 증류하여 알코올 농도를 높인 술로서, 멕시코 서부 할리스꼿(Jalisco)주의 작은 마을 데낄라(Tequila)에서 처음 만들었다. '데낄라'라는 명칭은 그 마을 이름을 따서 지어진 것이다.

아가베 선인장

풀께를 처음 만든 것은 돌태가문명이었다. 일설에 따르면 파판친(Papantzin)이라는 사람이 아가베 선인장의 즙을 발효시켜 만들었다고 한다. 그렇다면 풀께도 우리말

데낄라(Tequila)

일까? 필자는 그렇다고 생각한다. 우리말은 식물을 '나무'와 '풀'로 구별한다. 사진에서 볼 수 있듯이, 아가베 선인장은 나무가 아니라 '풀'이다. 따라서 풀께(Pulque)는 우리말로 '풀 것', 즉 '풀의 것, 풀에서 난 것'을 의미한다. '께'가 '것'이라는 것은 경상도 방언에 남아 있다(내 것= 내께, 우리 것= 우리께). 독자들은 우리민족 대이동 시기에 일부 집단이 동해안을 따라 남하해서 경상도 지역에 정착했고, 따라서 경상도 방언에 부여-고구려 말이 남아 있다는 것을 기억하

기 바란다.

우리말 '풀'은 멕시코 서해안의 유명한 휴양 도시 '아카풀고(Acapulco)'의 명칭에도 남아 있다. 멕시코 원주민어에서 '아카(aca)'는 갈대의 일종을 가리킨다. 따라서 아카풀고는 '아카(aca) + 풀(pul) + 고(co)'으로 구성된 말로서, 뜻은 '아카 풀의 곳' 즉 '아카라는 풀이 많은 곳'을 뜻하는 지명이다.

필자의 글을 주의 깊게 읽는 독자들은 아마도 우리말 '것'을 위에서는 'C(ㄲ)'로 표기하고, 풀께에서는 'Que(께)'로 표기했다는 것을 기억할 것이다. 우리말 '것'을 표기한 말로 이것 외에도 'Qui(끼)'도 있다. 이것은 모두 기록자들이 원주민 말을 스페인어 알파벳으로 차음 기록하는 과정에서 발생한 차이일 수도 있고, 여러 집단의 방언적 차이일 수도 있다.

● **마까기틀(Macahuitl)**

아스태가제국 그림문헌 역사서에 실려 있는 무기로는 활, 창, 몽둥이가 있다. 이 중에 전사들이 주로 사용한 무기는 사진과 같은 몽둥이이다. 나무 몽둥이에 흑요석이라는 매우 단단하고 날카로운 돌을 박은 것으로, 원주민들은 이 몽둥이를 마까나(Macana) 또는 마까기틀(Macahuitl)이라고 불렀다. 이 몽둥이 명칭도 우리말로서, 다음과 같은 형태소로

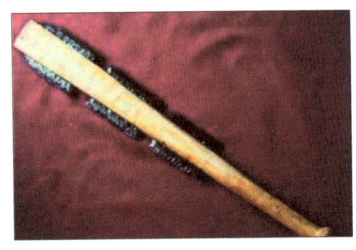

구성되고, 각 형태소는 아래와 같은 의미이다.

마까기틀(Macahuitl) → 마(ma) + 까(ca) + 기(hui) + 틀(tl)
뜻 → 막 까다/때리다 기 틀/도구

'마'는 우리말 부사 '막'이다. '까'는 우리말 동사 '까다, 때리다'의 어근이다. 스페인어 표기 'Hui'는 여기서는 '위/휘'로 읽으면 안 되고 '기'로 읽어야 한다[16]. '기'는 글자 그대로 우리말 명사화 접사이다. '먹다〉먹기, 보다〉보기'에서처럼 이 접사는 동사를 명사로 만든다. 그리고 '틀'도 '도구'를 뜻하는 우리말이다.

이 몽둥이 무기를 '마까기틀'이라고 부른다는 것을 읽은 우리나라 모든 독자들은, 필자의 구체적인 설명 없이도, 즉시 '막 두들겨 패는 무기라는 뜻이로구나'라고 깨달았을 것이다. 평생을 바쳐 아스때가 언어를 연구해 온 멕시코 학자들조차도 아직까지 이것을 왜 '마까기틀'이라고 부르는지 이해하지 못하고 있는데, 우리나라 사람들은 누구든지 저절로 깨닫는다. 이것이 우리말이 아니었다면 가능한 일일까?

오른쪽 그림은 멘도사 고문헌(Códice de Mendoza)에 나오는 전투 장면으로서, 두 명의 전사가 각자 둥근 방패와 마까기틀을 들고

---

16 Morris Swadesh, 「Estudios sobre lenguas y cultura」, Instituto Nacional de Antropología e Historia, 1960. p.52.

있다. 상투를 하지 않은 사람은 크게, 상투를 잡힌 사람은 작게 그려져 있는데, 아스태가 그림에서는 이긴 자를 크게 그리곤 했다. 전투에서 이긴 자는 상투를 풀어 헤친 아스태가 무당이다. 그가 무당이라는 것은 귀 근처에 피를 흘리는 모습으로 알 수 있다. 아스태가 무당들은 중요한 제사를 올리거나 전투에 임할 때, 스스로 귀에 상처를 내어 피를 흘려, 미리 신에게 소원을 빌곤 했다.

독자들은 전투에서 진 자도 상투를 하고 있다는 것을 주목하기 바란다. 신대륙 발견 이전 멕시코에는 아스태가제국에 대항하던 적국이 몇 곳 있었는데, 필자는 그들의 언어와 풍습에서도 우리말과 우리민족 고유의 풍습을 확인했다.

● 태흐고고(Texcoco) '태양의 곳곳'

왼쪽 지도에서 보듯이, 멕시코 고대 문명을 건설했던 도시국가들은 주로 태흐고고(Texcoco) 호수 주변에서 발달했다. 태흐고고 호수 주변은 넓은 평야이고 물이 풍부하여 농사짓기에 알맞아, 많은 집단들이 각자 마을이나 도시국가를 이루고 살았다. 호수 주변의 여러 마을이나 도시들은 넓은 호수로 인하여 통나무배를 타고 서로 물물교환으로 교역하며 고대 문명을 꽃 피울 수 있었다. 1325년에 건국된 아스태가제국도 바로 이 호수 안의 나직한 섬 태노치티티땅에서 시작되었다. 신대륙의 발견으로 스페인 사람들이 온 이후에도 이 지역은 멕시코의 중심지로 계속 발달하여 오늘날 멕시코의 수도 멕시코시티가 되었다.

그런데 태흐고고는 무슨 뜻일까? 멕시코 원주민들은 이곳을 왜 태흐고고라고 불렀을까? 이 지명의 의미에 대해서도 멕시코에서는 아직 뚜렷한 설명을 못하고, 여러 가지 의견만 분분하다. 필자는 이 지명이 우리말이며, 그 형태소 구성은 다음과 같다고 본다.

태흐고고(Texcoco) → 태(te) + 흐(x) + 고(co) + 고(co)
뜻　　　　　→ 태양　　의　　곳　　　곳

이 지명은 문헌에 따라서 태흐고고(Texcoco), 태흐고고(Tehcoco), 태스고고(Tezcoco)라고 조금씩 차이 나게 기록되어 있다. 먼저 태(te)는, 앞에서 이미 설명했듯이, 원래 '태양'을 가리키는 어휘였다. 우리민족은 태양신을 믿던 사람들로서, 태양을 가리키는 어휘가 매우 다양했다. 오늘날 우리에게는 '해, 날' 밖에 남아있지 않지만, 멕시코 원주민들은 '해, 히, 날, 타(다), 태우(다)/태워, 태' 등처럼 다양하게 말했다. 이중에서 '태우/태워'는 '태우(teu)/태오(teo)'로 표기되어 '태양신'을 뜻하기도 하고, '불의 신'을 뜻하기도 했으며, 보통명사로서 '신'을 뜻하기도 하고, 형용사로 '신성한'을 뜻하기도 했다. 마찬가지로 '태(te)'도 원래는

'태양(신)'을 뜻하던 말이었지만, 나중에 '신성한'이라는 형용사 뜻으로 주로 사용되었다[17]. 앞에서도 이미 설명했듯이, 우리 선조들은 명사가 부족하여 '동사'를 명사처럼 사용한 경우가 많았다. '태오/태우/태워/타/태'는 모두 오늘날 우리가 사용하는 동사 '태우다/타다'와 관련된 말이다.

아래는 멕시코 원주민 말에서 '태오/태'를 사용한 어휘의 예들이다. 각 어휘의 형태소 구조와 각 형태소의 뜻은 다음과 같다.

1) 태오들(teotl)   →   태오/태워(teo) + 들(tl)
   뜻   →   태양신/불의 신/신   들

2) 센태오들(centeotl) → 센(cen) + 태오(teo) + 들(tl)
   뜻   →   센   신   들

3) 오메태오들(ome teotl) → 오메(ome) + 태오(teo) + 들(tl)
   뜻   → 엄마   신   들 (아스텍 최초 신/모신(母神))

4) 다가태오들(Tlacateotl) → 다(tla) + 가(ca) + 태오(teo) + 들(tl)
   뜻   → 다/전부 가(주격조사) 신성한   사람 (아스텍제국 황제 칭호)

5) 태완태백(Tehuantepec) → 태(te) + 완(huan) + 태백(tepec)
   뜻   → 태양   와   산 (태양과 산/오하가주의 한 지역 명칭)

---

17. 필자는 오늘날 우리가 사용하는 한자어 태양(太陽)이 원래의 우리말 '태'를 중국인들이 한자 '太'로 표기하고, 비슷한 의미의 '볕 양(陽)'을 덧붙여서 만들어낸 어휘로 추정한다. 원래 중국어는 태양을 '날 일(日)'로 표기했다. 그러나 어느 때부터 '태양(太陽)'이라는 어휘가 사용되기 시작했다. 오늘날 중국어 어휘에는 여러 북방 민족들의 말을 받아들인 것들이 많다. 예를 들어 '창고(倉庫)'는 원래 만주어로 '창고'를 뜻하는 '창'이라는 말에, 같은 뜻의 한자 '고(庫)'를 덧붙여서 만든 말이다. 그래서 창고(倉庫)는 '곳집 창 + 곳집 고'로 구성된 말이다.

6) 태오굿들이(teocutli) → 태오(teo) + 구(cu) +들(tl) +   이(i)
      뜻   → 신성한   굿   사람 이⟨신성한 굿하는 사람/무당/신⟩

7) 태굿들이(tecutli) → 태(te) + 구(cu) +들(tl) +이(i)
      뜻   → 신성한   굿   사람 이⟨신성한 굿하는 사람/무당/신⟩

8) 태구흐들이(tecuhtli) → 태(te) + 구(cu) + 흐(h) +들(tl) + 이(i)
      뜻   → 신성한   굿   의   사람 이⟨신성한 굿의 사람/무당/신⟩

각 어휘의 형태소를 구체적으로 설명하기 전에, 모든 독자들에게 필자가 말하고 싶은 것이 있다. 멕시코의 어떤 학자들도 지금까지 필자처럼 이 어휘들을 이렇게 형태소로 나누어 각 형태소의 뜻을 설명한 적이 없었다. 필자는 그들이 평생을 바쳐 연구한 그들 조상들의 언어를 그들이 상상할 수 없는 수준으로 세밀하게 분석하여 설명하고 있으며, 또 우리나라 독자들은 필자의 설명을 읽자마자 현대 멕시코 학자들보다 더 빨리 그리고 더 쉽게 이해하고 있다는 사실이다. 이것은 멕시코에서는 상상할 수도 없는 설명이며 빠른 이해이다. 멕시코 원주민들의 언어가 우리말이 아니라면, 다시 말해 그들이 우리민족이 아니라면 이런 일이 어떻게 가능하겠는가!

먼저 이 어휘들 끝에 사용된 '–들(tl)'은 우리말 복수형 접사 '들'이다. 멕시코에서는 이 접사가 세월이 지나면서 '복수'의 뜻이 없어지고 거의 모든 어휘의 마지막에 상투적으로 붙어 사용되기도 하고, 때로는 '사람'을 뜻하는 말로 사용되기도 했다. 우리말에서도 '이들, 저들, 그들'에서 보듯이 '들'이 사람을 의미하는 경우가 있다. '들' 다음에 가끔 사용되는 '이'는 별다른 뜻이 없는 것으로, '갑

돌〉갑돌이, 갑순〉갑순이'에서 보듯이 우리말에서 자주 볼 수 있는 언어습관이다.[18]

멕시코 원주민들에게 '신'을 뜻하는 가장 대표적인 어휘가 '태양신'을 가리키는 '태오/태워(teo)'였다. 이 말은 우리말 동사 '타다, 태우다'에서 나온 말이다. 그들은 '불의 신'을 '타다(tata)'라고 했다. '태오/태워(teo)'를 사용한 대표적인 어휘로는 '태오갈리(teocali)'와 '태오판(teopan)'이다. 전자는 '신전(神殿)'을 뜻하고 후자는 '성황당'을 가리켰다.

예 (2)의 '센(cen)'은 우리말 '세다'에 관형격 접사 'ㄴ'이 붙어서 만들어진 어휘이다. 미국의 인디언 부족들 가운데 각 지역에서 가장 강했던 인디언 부족들을 '세다(cedar)'라고 불렀고, 캐나다 밴쿠버 인디언들은 나무 중에 가장 단단한 나무를 '세다(cedar)'라고 부른다. 이 명칭을 최초로 사용한 사람은 스페인 가톨릭 신부 에스칼란테(Escalante, Dominguez Silvestre)이다. 그는 1776년경 미국 유타주와 콜로라도주를 최초로 탐험하면서, 그곳에 사는 인디언 부족들 중에 가장 크고 가장 강한 집단을 주변 인디언들이 그렇게 부르는 것을 보고 스페인어로 'cedar(세다)'라고 받아 적었다. 그때부터 '세다(cedar)'는 미국 여러 곳의 인디언 부족을 가리키는 명칭으로 기록되었고, 인디언들이 사라진 후에도 그곳의 지명(地名)으로 계속 사용되고 있다. 오늘날 미국인들은 이 지명을 영어식 발음에 따라서 '시더'라고 한다.

---

18. 필자는 '갑돌이/갑순이'의 '이'가 오늘날 우리말 서술어 '~이다'의 고어 형태라고 본다. 즉, 고대 우리말은 종결어미 '~다'를 거의 사용하지 않았으므로, 오늘날의 '그가 갑돌이다'를 '그가 갑돌이'라고 말했을 것이다. 실제로 멕시코 원주민들은 '그가 고필이다'를 '야가 고필이(Yaca copili)'라는 식으로 말했다.

오른쪽 사진은 미국 워싱턴 주의 워싱턴대학교 내에 있는 뷰크(Buke)박물관 앞에 세워져 있는 안내판이다. 안내판에는 '토템폴: 세다(cedar)의 기념물' 이라고 제목이 쓰여 있다. 워싱턴주에 살았던 '세다'족 인디언의 기념물이라는 뜻이다. 참고

토템플: '세다'의 기념물

로, 토템폴을 인디언들은 '굿대야(Kootéeya)'라고 했다. '굿하는 곳에 세운 기둥이야'라는 뜻이다.

예 (3)의 '오메'는 '엄마'의 방언이며 고어이다. 아스태가인들의 전설에 따르면, 처음에 '오메태오들'이라는 '늙은 여신'이 있었고, 이 여신으로부터 두 명의 아들 신이 태어났다고 한다. 그래서 멕시코에서는 '오메(Ome)'를 '둘'로 해석하고 있는데, 역시 잘못된 해석이다. '오메'는 우리말 '엄마'를 뜻하고, '오메 태오들'은 '모신(母神)', 즉 '신들의 어머니'를 뜻한다.

예 (4)에 사용된 '가'는 우리말 주격조사 '가'이다. '다가태오들(Tlacateotl)'은 아스태가제국 황제의 칭호로 사용되었던 말인데, 형태소 분석에 근거하여 우리말로 해석하면 '전부가 신성한 사람'을 뜻한다. 아스태가제국 황제는 '가장 높게 신격화된 무당'이었다는 사실을 고려하면 이 명칭이 그의 지위를 가장 잘 나타낸 칭호라는 것을 알 수 있다. 그는 또 '우에의다도안이(Hueytlatoani)'라고도 불렸는데, 이 칭호는 '높은 다도안이', 즉 '높은 다 도와주는 사람'을 뜻한다.

신대륙이 발견되기 이전의 멕시코 땅에는 많은 부족들이 전국에 산재해 있었는데, 각 부족을 다스리던 통치자를 '다도안이(tlatoani)'라고 부르기도 했고, '태구흐들(Tecuhtl)'이라고도 부르기도 했다. 전자는 '전부 도와주는 사람'이라는 뜻이고, 후자는 '신성한 굿의 사람'이라는 뜻이다. 각 지역의 통치자는 모두 왕이면서 동시에 무당이었다는 사실과 일치하는 호칭들이다. 다도안이 밑에는 각 씨족 집단의 수장들이 신하로서 왕을 도왔는데, 그들을 '다도흐께(tlatohque)'라고 불렀다. 우리말 '다 도울께'로서, 동사를 관직명으로 사용한 것이다.

예 (5)에 사용된 '완(huan)'은 주로 '와(hua)'로 사용되었는데, 우리말 공동격 조사 '와'이다. 다음 예가 '와(hua)'로 사용된 경우이다.

태오티와간(Teotihuacan) → 태오(teo) + 티(ti) + 와(hua) + 간(can)
    뜻 → (태양)신/신성한   터   와   족장

나와다들이(Nahuatlatoli) → 나(na) + 와(hua) + 다(tla) + 들(tol) + 이(i)
    뜻 → 나   와   모든 사람   들   이

'나와다들이'는 '나와 모든 사람들이'라는 뜻의 우리말이지만, 멕시코에서는 오늘날까지도 그 정확한 뜻을 모른 채, 아스태가인들이 사용하던 언어 명칭으로 잘못 알고 있다. 스페인 정복자들이 '너희들은 무슨 말을 하느냐?'고 질문했고, 이에 대한 대답으로 원주민들이 '나와 다들이~ '라는 식으로 대답했는데, 스페인인들은 '나와 다들이'를 그들의 언어 명칭으로 착각하면서 시작된 오류이다. 오늘날 학자들은 아스태가인들의 언어를 '나와다들이어' 또는 줄여서 '나와들어' 혹은 '나와어'라고 부른다.

예 (6)의 '구(cu)'는 우리말 '굿'이다. 스페인어는 받침소리가 없는 언어이므로 받침 'ㅅ'을 표기하지 않고 '구(cu)'로 표기했다. 멕시코를 비롯한 전 세계 학자들은 이 말이 원래 마야인들의 말이었다고 설명하고 있다. 또 6장과 7장에서 소개한 천문학과 침술도 그들은 마야인들의 것이라고 지금까지 설명하고 있다. 그렇지만 필자는 마야문명의 주인공도 우리민족이었다는 것을 보여주는 숱한 증거들을 그들의 언어, 문화, 고고학적 유물 등에서 발견했다. 천문학과 침술도 역시 우리 선조들이 가져간 것이었다는 증거로 필자는 천문학을 바탕으로 한 달력과 침술에 대한 설명에서 우리말 용어를 비롯한 다양한 증거들 제시했다. 남미 잉카제국에도 '굿(cu)'이라는 우리말을 사용했다. 가장 뚜렷한 증거 가운데 하나가 잉카제국의 수도였던 구스고(Cuzco)라는 지명이다. 구스고는 '굿의 곳', 즉 '굿하는 장소'라는 뜻의 우리말이다.

예 (6), (7), (8)의 어휘들은 모두 '신성한 굿의 사람들', 즉 '무당'을 뜻하는 우리말이다. 멕시코 모든 문명에서 높은 무당은 '인신합일'로 곧 '신'이었다. 그래서 이 어휘들은 '신'을 뜻하기도 했다. 예 (8)에 사용된 '흐(h)'는 오늘날 우리말의 '의'이다. 이희승님의 「국어대사전」에 '의'의 옛말이라고 설명된 '희'가 바로 이것이다. 오늘날 호남 사투리 '나으 친구'의 '으'가 이것일 것이다.

태흐고고(Texcoco)로 되돌아가서, 이 지명은 문헌에 따라 태흐고고(Tehcoco) 또는 태스고고(Tezcoco)라고도 표기되어 있다. 주목할 것은 오늘날 우리말 '의'에 해당하는 것으로 '흐(x/h)'와 '스(z)'를 사용했다는 점이다. '흐(x/h)'는 방금 설명했고, '스(z)'에 대해서 필자는, 국어학자 이희승님의 설명대로 '의'의 고어로

'흐'가 있었지만, 방언으로 '스'도 있었을 것으로 본다. 즉 우리민족의 여러 집단 가운데 일부 집단은 '스'라고 했을 것이고, 그 집단은 멕시코로 건너간 후에도 그들끼리 자기들 부족국가를 건설하여 살았을 것이다. 페루의 잉카문명의 수도 구스고(Cuzco)의 '스(z)'도 바로 이것이다. 잉카문명을 건설한 집단은 '의'를 '흐'라고 발음하던 집단이 아니라 '스'라고 발음하던 집단이었을 것이다. 앞에서 본 지도에서, 태오티와간에 살던 집단이 뿔뿔이 흩어질 때, 일부 집단은 태흐고고 호숫가의 아스가포잘고(Azcapotzalco)로 가서 살았다고 했는데, 이 지명의 '스(z)'도 이것이다. '아스가(azca)'는 '우리의 사람'을 뜻하고, '포잘고(potzalco)'는 '푸잘고(putzalco)'로도 기록되어 있는 바, 우리말 '푹 잘 곳'을 뜻한다. 결국 '아스가포잘고'는 '우리의 사람 푹 잘 곳'이라는 뜻의 우리말로 된 지명이다. 16세기 말에 원주민 역사를 쓴 환 토바르(Juan de Tovar)는 "이 지명은 '개미굴'을 뜻하는데, 그 이유는 사람들이 매우 많이 모여 살았기 때문이다"라고 기록해 두었다[19]. 좁은 지역에 많은 사람들이 몰려 사는 곳을 '개미굴'이라고 말하는 표현법도 우리말의 표현법이기는 하지만, 보다 정확한 뜻은 필자가 해석한 대로 '우리의 사람 푹 잘 곳'일 것이다.

태흐고고(texcoco)의 마지막 부분 '고고(coco)'는 우리말 '곳곳'이다. 따라서 태흐고고는 '태양의 곳곳' 또는 '태양신의 곳곳'을 뜻한다. 우리말에서 '곳곳'은 '이곳저곳'과 비슷한 말로서 '여러 장소'를 뜻한다. 우리말은 '곳곳에 사람들이 있다/곳곳에 집들이 있다'라고 표현한다. 이 호수 주변 곳곳에 태양신을 숭배하던 부여-고구려계 우리민족의 많은 집단들이 각자 도시국가 혹은 도시국

---

19. Juan de Tovar, 「Historia y Creencias de los Indios de México」, Miraguano ediciones, 2001, p.66.

가 이전 단계인 마을을 이루고 살았다. 돌태가문명에서 토필친 집단을 쫓아내는데 성공했던 우에막도 나중에는 자기 집단을 이끌고 태흐고고 호숫가로 내려와 여러 마을을 이루고 정착해 살았다. 우에막이 떠난 툴라는 버려진 도시로 변했지만, 얼마 후에 대족장 홀로들(Xolotl)이 자기 집단을 이끌고 나타나 한동안 정착해 살았다. 그가 이끌던 집단은 매우 컸는데, 문헌에 따라 3백만 명이라고도 하고 1백만 명이라고도 했다. 그도 나중에는 그의 집단을 이끌고 태흐고고 호숫가로 내려와서 태나유가(Tenayuca)와 아골화(Acolhua)를 건설했다. '아골화'는 홀로들의 무리 일부와 우에막의 무리 일부가 합쳐져 이루어진 도시국가로서, '우리 고리'라는 뜻의 우리말이다. '고리'는 부여-고구려계 우리 선조들이 스스로를 가리키던 호칭이었다. 도시국가 '아골화'는 호수 이름을 따서 '태흐고고'라고도 불리었는데, 아스태가인들과 혼인으로 동맹을 맺고 살았고, 아스태가제국을 건설할 때 제국 건설의 한 주체로 참가했다.

● 고고호치들(Cocoxochitl) '곳곳에 꽃들'

오늘날 멕시코 국화(國花)인 다알리아(dahlia)를 나와들어, 즉 멕시코 원주민들 말로는 '고고호치들'이라고 불렀다. 이 꽃은 오늘날 전 세계로 퍼져 재배되고 있지만, 원래 멕시코 중부 지역에서만 자생하던 꽃으로, 특히 태흐고고 호숫가에 많이 피었다.

고고호치들(다알리아)

멕시코 원주민들은 스페인인들에게 이 꽃을 가리키며 '고고호치들(cocoxochitl)'이라고 말했고, 원주민 말을 제대로 알아듣지 못했던 스페인인들은 그 말을 꽃의 이름으로 착각했다. 그래서 지금까지 다알리아의 원래 명칭은 '고고호치들'이라고 알려져 있다. 그러나 이 말은 '곳곳에 꽃들'이라는 뜻의 우리말이었다. 태흐고고 호숫가에 살던 사람들은 '꽃이'를 '호치'라고 방언으로 말했던 것이다. 태흐고고 호숫가에 건설된 도시국가들 가운데 호치밀고(Xochimico)라는 도시가 있었다. 이 도시 명칭을 환 토바르 신부는 '꽃밭'을 뜻한다고 기록해 두었다. 필자는 이 뜻이 옳다고 보는데, 왜냐하면 호치밀고의 형태소 구조와 각 형태소의 뜻이 다음과 같기 때문이다.

호치밀고(Xochimilco) → 호치(xochi) + 밀(mil) + 고(co)

뜻 → 꽃이 + 많다/오밀조밀의 '밀'과 비슷[20] + 곳

따라서 '호치밀고'의 뜻은 '꽃이 많은 곳'이 되어, '꽃밭'을 의미하게 된다.

멕시코 원주민들은 '꽃이'를 '호치(xochi)'라고 말했지만, 과테말라의 마야인들은 지금까지도 '꼬지(kotzij)'라고 한다[21]. 뒷말 '이'는 '갑돌〉갑돌이, 갑순〉갑

---

20. 오밀조밀(奧密稠密)은 한자어이다. 그런데 멕시코에서는 '많음'을 뜻하는 말로 '밀(mil)'을 사용한 예가 또 있다. 작은 텃밭들이 있는 곳을 '밀바(milpa)'이라고 했는데, 뒷말 '바(pa)'는 우리말 '밭'이다.

21. Andres Cholotio & Pablo Garcia Ixmalta, 「Gramática Descriptiva Tz'utujil」, Proyecto lingüístico Francisco Marroquín, 1998, pp.58~59./ 마야인들은 '내 꽃'을 '누 꼬지(nu kotzij)'라고 했다. '누'는 우리말 고대어 '노'이다. 앞에서 이미 설명했듯이, 고구려의 5부족 명칭 '환노부, 절노부…' 등에 나오는 '노'가

순이'에서 볼 수 있는 '이'와 같은 것이다.

 멕시코인들 : 호치(xochi) → 꽃이
 마야인들 : 꼬치(kotzij) → 꽃이

 우리 선조들은 자음 'ㄱ'소리와 'ㅎ'소리를 뚜렷하게 구별하지 않고 혼용했다. 그 증거로 '불켜다=불혀다, 불켠듯이=불현듯이, 너거들=너희들, 내께=내해' 등이 있다. 따라서 '호치'와 '꼬지'는 우리 선조들이 사용하던 같은 말의 방언이었다는 것을 알 수 있다. 즉 우리 선조들의 일부 집단은 '꽃이'를 '호치'라고 했고, 다른 일부는 '꼬지'라고 말했다. 우리민족은 멕시코로 이동하기 전부터 가지고 있던 이런 방언 차이를 바탕으로, 이동 후에도 각자의 집단으로 갈라져 다른 지역에 거주함으로써 방언을 유지했다. 방언을 사용하던 여러 집단이 함께 살게 될 때에는 여러 방언을 함께 사용하곤 했다.
 이로써 아스태가인들이 다알리아를 가리키며 말했던 '고고호치들(cocoxochitl)'이라는 말은 고대 우리말이고, 뜻은 '곳곳에 꽃들'이라는 뜻이었다는 것이 밝혀졌다. 이 꽃이 전 세계적으로 퍼진 계기는 1789년에 처음으로 씨앗을 스페인으로 가져가, 왕궁 정원에서 재배하기 시작하면서부터였다. 그 당시 스페인 왕실 정원을 돌보던 가톨릭 신부가, 자신이 존경하던 스웨덴의 식물학자 안드레아스 달(Andreas Dahl)의 이름을 따서 '다알리아(dahlia)'라고 이름 지어 퍼

 이것이다. 우리 선조은은 모음 '오/우'를 혼용하여, 지역에 따라서 '노'를 '누'라고도 말했다. 남미에서도 주로 '누(nu)'를 사용했다.

뜨림으로써, 이 꽃은 '다알리아'라는 이름으로 유럽을 거쳐 전 세계로 퍼졌다. 멕시코는 이 꽃의 원산지가 태흐고고 호숫가였다는 역사적 사실에 주목하여, 1963년 멕시코 국화로 지정했다. 이렇게 멕시코는 국명(國名)뿐 아니라 국화(國花)까지도 우리말이다.

● 애(A) '우리'

우리민족은 기원전 아득한 시대부터 만주대평원과 아무르강 유역의 광대한 영토를 차지하고 살아오면서, 하늘의 별과 달과 태양의 움직임을 전 세계에서 가장 먼저 깨달았던 뛰어난 민족이었다. 그럼에도 불구하고, 민족 고유의 문자가 없어 조상들의 위대한 역사와 지식은 오랫동안 할아버지에게서 손자로, 입에서 입으로 전해져 내려왔다.

역사와 지식이 쌓일수록 그것을 기록할 문자의 필요성을 절실하게 느꼈던 우리 선조들은 지역별·씨족별로 문자를 만들려는 노력을 했는데, 환단고기에 전해지는 가림토문자나 가야토기에 새겨진 기호문자 등이 그 흔적의 일부이다. 아메리카로 건너 간 우리민족도 문자를 만들려는 노력을 계속하여, 여러 지역에서 기호문자를 만들었던 흔적이 나타나고 있는데, 그 중에 가장 많이 알려진 것이 마야문자와 아스태가의 그림문자이다.

동북아의 우리 선조들 또한 이렇게 민족 고유의 문자를 만들려는 노력을 하던 차에, 우리 선조들에게 중국으로부터 한자를 급하게 받아들여야 하는 큰 변화의 계기가 발생했다. 만주대평원 서쪽 대흥안령산맥에 살던 흉노가 서쪽으로 떠난 뒤, 이 산맥에 기원후 1세기경 갑자기 선비족들이 나타났다. 그들은 점점 성장하여, 기원후 3세기 말경 중국 중원으로 내려가 새로운 문물을 받아들이면서 눈부시게 발전하게 되었고, 급기야 만주대평원에 살던 우리민족을 위협하기 시작했다. 선비족은 285년과 346년에 부여를 공격하면서부터 우리민족과 대립하기 시작했고, 광개토대왕이 통치하던 4세기 말부터는 마치 리그전을 벌이듯이 2년마다 한 번씩 일진일퇴의 공방전으로 고구려와 전쟁을 했다. 우리민족의 숙명의 라이벌로 변한 선비족의 이러한 발전에 자극 받은 우리 선조들은 중원의 선진 문물의 중요성을 깨달아, 이때부터 중원으로부터 새로운 문화를 급격하게 수용하기 시작했다. 고구려의 왕실과 지배 집단부터 중국에서 들어온 한자를 사용하고, 불교를 수용하여 믿기 시작했으며, 의복에도 중국풍이 가미된 옷을 입기 시작했다.

중국으로부터의 한자 도입은 우리말에 큰 변화를 초래하기 시작했다. 고유 문자가 없어서 방언의 차이가 심하던 우리말은, 중국 한자의 도입으로 지배계층이 사용하던 말에서부터 빠르게 한자어로 대체되면서 사라지기 시작했다. 그리고 한자가 본격적으로 널리 퍼져 사용되기 시작한 고려시대 5백 년 동안 민족 고유의 말은 급격히 사라져, 마침내 1443년 세종대왕이 한글을 창제했을 때에는 이미 대부분의 소중한 우리 고대어가 중국어로 대체되어 사라져버린 후였다.

한반도에서는 이렇게 우리 고대어가 4세기 말부터 한자로 대체되어 사라져갔지만, 아메리카로 이동한 우리민족의 말은 비록 지역별 방언 차이가 심하기는 했지만, 15세기 말 신대륙이 발견되어 백인들의 스페인어와 영어가 본격적으로 퍼지기 전까지 그대로 사용되었다. 특히 아메리카로 이동한 집단은 부여-고구려의 지배계층이 아니라 일반 백성들이었으므로, 한자를 거의 모르던 사람들이었다. 그들이 사용하던 순수한 우리말은 아메리카로 건너온 백인들에 의하여 영어나 스페인어로 기록되었다.

특히 스페인어 기록은 주로 가톨릭 신부들이 남긴 것으로서, 원주민들의 언어 자체에 상당히 깊은 관찰을 바탕으로 하였다. 비록 우리말과 음운체계가 다른 스페인어 알파벳으로 기록함으로써 우리말 발음을 정확하게 표기하지는 못한 면이 있고 해석도 자의적으로 하여 많은 오류를 포함하고 있지만, 한반도에서는 사라져버린 상당수의 순수한 우리말이 남아있었다.

필자는 우리민족이 삼국시대에 대거 아메리카로 건너갔다는 사실을 세계 최초로 발견했고, 백인들의 기록 속에서 원주민들이 사용하던 고귀한 우리 고대어 모습도 다수 발견했다. 아직 본격적으로 우리말 연구를 시작하지 못하여, 많은 기록들을 제대로 파악하지는 못하고 있지만, 지금까지 그들의 역사, 문화, 풍습, 지식에 관한 기록 속에서 필자가 발견한 우리말을 확인해 본 결과 몇 가지 특징을 추려볼 수 있다. 고대 우리말의 특징은 동사를 명사처럼 사용했다는 점, 의성어와 의태어를 매우 많이 사용했다는 점, 다양한 방언이 존재했다는 점 등을 우선 들 수 있다.

어휘면에서도 다양한 고대 우리말을 발견했다. 예를 들어, 산(山)이나 피라밋을 '태백(tepec)'이라고 불렀고, 지옥(地獄)을 '밑땅(mitlán)', 제사를 올릴 때 상위에 올리는 제물(祭物)을 '미끼(miqui)', 조상(祖上)을 '우에다들(Huetlatl)', 할아버지나 할머니를 '고리(coli)', 병(病)을 '고골(cocol)', 물고기를 '미치(michi)'라고 말했다. '고리'는 '고리타분한'에서 보듯이 '노인'의 의미가 있고, '고골'은 '골골거리다'의 '골골'에서 앞의 받침소리 'ㄹ'이 탈락한 형태이고, '미치'에서 '미'는 '물'을 뜻하고, '치'는 '고기'를 뜻한다[22].

우리가 잃어버린 민족 고유의 어휘 가운데 하나가 '우리'를 뜻하는 '아'이다. '아(a)'는 멕시코뿐 아니라 우리민족의 이동루트를 따라서 만주 북부 아무르강 하류에도 그 잔재가 남아 있었고, 캐나다 서해안 틀린깃족에게도 남아 있었다. 필자가 조사한 바에 따르면 '아'는 두 가지 의미로 사용되었다. '우리'라는 뜻과 '물'이라는 뜻이 그것이다.

먼저 '물'을 뜻하는 경우를 보기로 하자. 만주어에서 물은 '무커'라고도 했고, '아가'라고도 했다[23]. 몽골어에서는 강을 '아리하(阿里河)'라고 했고, 우리 선조들도 '압록강, 대동강, 한강' 등과 같은 강을 고려시대에는 '아리수(阿利水)'라고 불렀다. 특히 중국에서는 압록강을 그냥 '아리'라고 부르기도 했다[24]. 또 부여의 중심지가 있던 북만주 송화강의 옛 명칭이 송아리(Sung-ari)였고, 아무르강의 한 지류의 명칭이 쿵아리(Khung-ari)였다[25]. 이러한 내용을 종합해 보면, 우리 선조들은 강을 '아리'라고 불렀다는 것을 알 수 있고, '아'에는 물을 의미하는

---

[22] '미치'를 보다 구체적으로 설명하면, '미'는 물을 뜻하고, '치'는 고기를 뜻한다. '미나리'는 '물에서 자라는 나리'로서, '미'는 물을 뜻하는 예이다. 우리 선조들은 물고기를 원래 '치'라고 말했는데, 중국 한자가 도입되면서 일부 물고기의 명칭이 '어(魚)'로 바뀌었다. 예를 들어, 붕어는 원래 '붕치'였고, 숭어는 '수치'였으며, 광어는 '넙치'라고 불렀다.
[23] 김득황, 「만주어의 언어」, 대지문화사, 1995, p.46.
[24] 김운회, 「대쥬신을 찾아서」, 해냄, p.145.
[25] M.G. Levin & L.P. Potapov Ed., 「The peoples of Siberia」, Univ. of Chicago Press, 1964, p.750.

뜻이 있었다는 것도 알 수 있다[26].

다음으로, '아'가 '우리'를 뜻하는 경우를 보기로 하자. 이에 대한 증거는 다양하게 남아있다. 먼저, 「삼국지」위지동이전의 '동예편' 기록과 '진한편' 기록에, 기원전 2세기경 요동 지역에 살던 고조선계 우리 선조들이 진시황제의 전쟁을 피하여 경주 지역으로 이동한 사실이 기록되어 있다. 그들은 경주로 이동하던 길목으로 낙랑지역(오늘날 평양)을 거쳐 이동하면서 일부가 그곳에 남아서 정착하고 나머지는 경주로 이동했는데, 경주에 온 사람들이 '자기 자신들'을 '아(阿)'라고 불렀고, 낙랑에 남은 사람들을 '아잔(阿殘)'이라 불렀다고 한다. 여기서 '아'는 '우리'을 뜻하는 고대 우리말이고, '아잔'은 '우리 잔류한 사람들'을 뜻하는 말이다.

두 번째 증거로, 19세기 초에 정약용이 쓴 아방강역고(我邦疆域考)라는 책의 이름이다. 이 책은 우리나라 많은 지역의 역사를 정리한 책으로서, '아방'은 '우리나라'를 뜻한다. 「삼국지」위지동이전 '진한편'에 '명국위방(名國爲邦)'이라는 말이 기록되어 있는데, 이 말은 우리 선조들이 '나라를 방이라고 불렀다'는 뜻이다. 따라서 아래와 같은 형태소 대응분석을 통해서 '아'는 '우리'를 뜻하는 말이었다는 것을 알 수 있다.

---

26. 일부 학자들이 '아리'를 '큰'으로 해석하여, 전라북도 군산의 새만금방조제를 '아리울'이라고 명명하고, '큰 울타리'라는 뜻이라고 설명하고 있다. 그러나 잘못된 해석으로 판단된다. 송화강의 옛 명칭 '송—아리', 아무르강 지류의 명칭이 '큰—아리'였다는 사실을 고려할 때, '아리'는 그냥 '물' 또는 '강'으로 해석해야 하고, '아리수'는 '물'을 뜻하는 순 우리말 '아리'에 한자 '물 수(水)'를 중복으로 사용한 형태라고 보아야 한다. 이것은 '태백산'이 '산'을 뜻하는 우리말 고어 '태백'에 같은 뜻의 한자 '산'을 중복으로 사용한 경우나, '모찌떡'이 '떡'을 의미하는 일본어 '모찌'에 같은 뜻의 우리말 '떡'을 중복으로 사용한 경우와 같다.

아방 → 우리나라
아 → 우리
방 → 나라

세 번째 증거로, 기미독립선언문이 있다. 1919년 발표된 이 선언문은 다음과 같이 시작된다.

吾等(오등)은 玆(자)에 我(아) 朝鮮(조선)의 獨立國(독립국)임과 朝鮮人(조선인)의 自主民(자주민)임을 宣言(선언)하노라

여기서 '아 조선'의 '아'는 한자 '나 아(我)'로 쓰였다. 그러나 이 말은 '나의 조선'이 아니라 '우리 조선'을 뜻한다. 독자들은 '아'의 한자 표기가 「삼국지」위지 동이전에서는 '아(阿)'이고, 정약용의 저서나 기미독립선언문에서는 '아(我)'라는 것을 주목하기 바란다. 앞에서 설명했듯이, 같은 말을 이렇게 서로 다른 한자로 기록한 것은 우리말을 같은 소리의 한자로 차음하여 기록할 때 생기는 특징이다. 오늘날 중국과 러시아의 국경을 이루고 있는 아무르(Amur)강은 아득한 고대부터 발해시대까지 우리 선조들의 영토였다. '아무르'는 '우리 물'을 뜻하는 우리말로서, 그 형태소 구성은 '아=우리, 무르=물'이다.

한자를 잘 아는 독자들 가운데 어떤 사람은, 중국인들이 '우리나라'라는 뜻으로 '아국(我國)'을 사용하는 것으로 보아, '나 아(我)'를 '우리'라는 뜻으로 사용한 것은 중국어에서 유래된 것이고, '아'가 우리말이라는 필자의 설명은 잘못되

었다고 이야기할지 모르겠다. 그러나 그런 독자는 잘못 알고 있는 것이다. 중국어에서 아국(我國)은 축약된 표현으로, 원래는 '아문국가(我們國家)'라는 말이다. 중국어는 네 글자로 된 표현의 경우에 두 글자로 줄여서 말하는 언어습관이 있다. 아래 예문을 비교해 보면, 중국어에서 '우리'는 원래 '아문(我們)'이라고 말한다는 것을 확인할 수 있다.

1) 우리나라: 我們國家(아문국가) → 我國(아국)
2) 우리학교: 我們學校(아문학교) → 我校(아교)
3) 우리 집: 我們家(아문가) → 我家(아가)로 축약 안됨
4) 나의 집: 我的家(아적가) → 我家(아가)로 축약 안됨

예문 (1), (2), (3)에서 보듯이, '우리'는 원래 '아문'이라고 말하고, (1)과 (2)에서 보듯이 반드시 네 글자인 경우에만 '아국, 아교'처럼 축약되어 사용되며, (3)에서 보듯이 세 글자인 경우에는 축약이 안 되어, '우리 집'을 '아가'라고 말하지 않는다. 이것은 '우리'를 '아'라고 하지 않는다는 것을 보여준다. 그리고 (4)에서 보듯이 '나의'는 반드시 '아적'이라고 말하고 '아'라고 하지 않는다. 따라서 필자가 앞에서 증거로 든 '아조선'이나 '아방'에 사용된 '우리'를 뜻하는 '아'는 순 우리말이고, 중국어와는 전혀 관련이 없다는 것을 알 수 있다.

이상으로써 독자들은 우리 선조들이 '아'를 '물'이라는 뜻으로 사용하기도 했고, '우리'라는 뜻으로 사용하기도 했음을 알았을 것이다.

그렇다면 우리민족의 대이동과 함께 멕시코로 건너간 우리말에도 이 '아'가

있을까? 있다. 그런데 멕시코를 비롯한 전 세계 학자들은 안타깝게도 멕시코 원주민의 '아(a)'를 무조건 '물'로만 해석하고 있다. 스페인 신부들이 기록해 놓은 멕시코 원주민 말을 바탕으로 이것을 살펴보기로 하자.

노갈(nocal)/ 내지(nechii) – 나의 집

이갈(ical) – 이 집

아갈(acal) – 물의 집 → 우리 집

멕시코 원주민들은 '내 집'을 '노갈(nocal)'이라고도 하고, '내지(nechii)'라고도 했다. '노'는 앞에서 이미 설명했듯이 '나'의 방언으로, 초기 고구려를 구성했던 부족 명칭 '환노(奴)부, 절노(奴)부, 순노(奴)부…'에 나오는 '노(奴)'와 같다. '갈'은 오늘날 몽골의 천막집 '겔'과 같은 어휘로 추정된다. 앞에서 본 '태오갈리(teocali/신전)'의 '갈'이 이것이다. 미국 애리조나에는 몽골식 겔과 매우 비슷한 인디언 전통 집들이 있었다. 우리 선조들 가운데 만주 북서부에 살았던 사람들은 몽골족과 매우 가까이 지내며 살았던 시

몽고의 천막집 겔

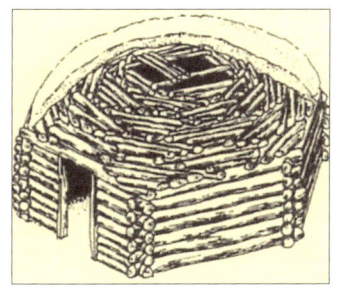

미국 아리조나의 몽골식 겔

---

27. 필자는 우리민족이 아메리카로 건너올 때, 우리민족과 친했던 소수의 몽골인들도 왔을 것으로 본다. 필자는 미국 애리조나에서 몽골식 겔뿐 아니라 몇 가지 풍습과 몽골어 어휘도 확인할 수 있었다.

대가 있었다. 가까이 살며 친하게 지내면 언어 교류가 일어나기 때문에, 서로 상대방의 어휘를 배워서 사용하게 된다. 이것을 어휘 차용이라고 하는데, 어휘 차용은 주로 명사 위주로 일어나고, 동사나 조사는 거의 차용되지 않는다. '겔'은 우리 선조들이 몽골족으로부터 차용한 어휘이거나, 두 민족이 공유하던 어휘였는데 우리의 경우에는 한자로 대체되면서 사라져버렸을 수도 있다.

'내지'는 받침소리를 살리면 바로 우리말 '내 집'이 나온다. 이 어휘를 사용한 지역은 아스태가제국과 적대적 관계로 살았던 멕시코 서부 지역이다. 멕시코 서부 지역에서도 필자는 많은 우리말과 우리민족의 상징들을 확인했다. 오늘날 모든 학자들이 서부 지역 여러 종족들은 멕시코 중부의 아스태가족과 다른 종족이라고 하지만, 그들은 원주민들의 언어를 이해하지 못하여 그런 오류를 범했다. '노갈'과 '내지'가 모두 우리말이라는 것을 알았더라면 그런 오류는 범하지 않았을 것이다.

'이갈'은 '이 집'을 뜻하는 우리말이다. '이(i)'는 우리말 지시 형용사 '이'이다. 그런데 오늘날 멕시코 국내외 모든 학자들은 '아갈'을 '물의 집'이라고 해석하고 있다. '물의 집'이라니! 이런 말이 사용될 수나 있겠는가! '아갈'은 물의 집이 아니라 '우리 집'이다.

'아'에 대한 또 다른 예로 아고필고(Acopilco)라는 지명이 있다. 이 지명은 맥이족이 아직 국가를 건설하지 못하고 유랑생활을 하던 13세기 역사에 나온다. 맥이족의 지도자 기질로포치들이(Huitzilopochtli)가 맥이족을 이끌고 100여 년 동안, 옛 돌태가문명이 있던 툴라(Tula)에서 살다가 다시 남쪽으로 이동하여 태흐고고 호숫가에 정착했을 때의 일이다. 그때 맥이족의 일파였으나 지도자 기질로포치들이와의 불화로 인하여 자기 씨족 집단을 이끌고 독립하여 다른 곳에 정착해 살던 고필(Copil)이라는 족장이 있었다. 그는 태흐고고의 여러 도시 국가 지도자들에게 찾아가서 기질로포치들이가 이끄는 맥이족 집단에 대하여 모함했다. 이에 분노한 기질로포치들이는 휘하 족장들에게 고필을 잡아오게 한 뒤, 죽여서 땅에 묻었다. 그때부터 그를 묻은 곳을 아고필고(Acopilco)라고 부르기 시작했는데, 멕시코 학자들은 지금도 '아(a)'를 '물'로 해석하여, 아고필고(Acopilco)를 '물의 고필 곳'이라고 해석하고 있다. 잘못된 해석임은 물론이다. 정확한 해석은 '우리의 고필 곳', 즉 '우리 고필을 묻은 곳'이다.

고필은 죽었지만, 그의 모함이 계기가 되어 결국 1298년경 태흐고고 주변의 도시국가들은 골화간(Colhuacan)을 중심으로 연합군을 편성하여 맥이족을 공격함으로써 전쟁이 시작되었다. 이 전쟁에서 패한 맥이족은 포로가 되어 골화간으로 끌려가서 살게 되었다. 골화간으로 맥이족을 끌고 간 골화족은 맥이족이 자기들과 같은 민족이라는 것을 알게 되어, 오히려 그들에게 살 땅을 주면서 이웃하여 함께 살도록 도와주었다. 그들은 서로 형제라고 부르며 결혼까지 하고 살았던 것이다. '골화'는 바로 '고리'와 같은 말이고, 부여-고구려를 건국한 우리 선조들이 바로 '고리'족이었다.

언어적으로도 '골화'는 바로 '고리'와 같은 말이다. 우리말 고어에서 '화=리'였는데, 용비어천가에 기록된 '불휘'가 '뿌리'라는 것이 그 증거이다. 보다 자세한 것은 다음에서 보기로 한다. '간'은 장소를 뜻하는 우리말이다(예: 장독간, 뒷간, 헛간 등).

태흐고고 호숫가에서 맥이족은 그렇게 고리족을 만나 함께 살게 되었다. 그들은 다른 도시국가들과 전쟁할 때에도 함께 참가하며, 형제로서 또 같은 민족으로서 서로 도우며 살았다. 그런데 1323년경 맥이족이 갓 시집온 골화간의 공주를 죽이는 사건이 발생했고, 이에 분노한 골화족이 맥이족을 공격하여 자기네 영토에서 쫓아 내었다. 골화족의 공격을 받은 맥이족은 허겁지겁 도망쳤는데, 그곳 지명을 처음에는 아가진티땅(acatzintitlán)이라고 부르다가 나중에 맥이가진고(Mexicatzinco)로 고쳐 불렀다. '아가진티땅'은 '우리가 진 티땅'을 뜻하고, '맥이가진고'는 '맥이가 진 곳'을 뜻하는 우리말이다. 이 두 지명을 각각 형태소로 분석하면 다음과 같다.

아가진티땅 → 아(a) + 가(ca) + 지(tzi) + ㄴ(n) + 티(ti) + 땅(tlán)
뜻   → 우리   가   지   ㄴ   터   땅

맥이가 진고 → 맥이(Mexi) + 가(ca) + 지(tzi) + ㄴ(n) + 고(co)
뜻   → 맥이   가   지   ㄴ   곳

이 형태소 분석에서, '가(ca)'는 주격조사 '가'이다. '지(tzi)'는 동사 '지(다)'의 어근이고, 여기에 관형격 접사 'ㄴ'이 첨가되어 '진(tzin)'이 되었다. '티(ti)'는 오늘날 우리말 '터'의 고어이다. '한티고개, 닷티고개, 느티고개' 등과 같은 지명들이 지금도 우리나라 곳곳에 수없이 많이 남아있다. 이 두 지명의 형태소를 비교해 보면, '아'와 '맥이'는 동사 '지다/진'의 주어 역할을 해야 하고, 뜻은 행위의 주체가 될 수 있는 '사람'이어야 한다는 것을 쉽게 알 수 있다. 따라서 '아가진티땅'의 '아'는 '물'이 아니라 '우리'로 해석해야 한다. 맥이족은 처음에는 '우리

가 진 땅'이라고 불렀다가, 나중에 '맥이가 진 곳'으로 고쳐 불렀던 것이다.

'아'를 사용한 또 다른 중요한 말이 있다. 아래 지도에서 보듯이, 아스태가 제국 절정기에 아스태가인들이 했던 말로, '센 아나확, 태노치가 달판(Cem Anáhuac Tenochca Tlalpan)'이라는 말이 그것이다. 이 말은 무슨 뜻일까? 이 말도 아직까지 무슨 뜻인지 밝혀지지 않은 채, 아스태가인들이 즐겨했던 말이라고만 전해 내려오고 있다.

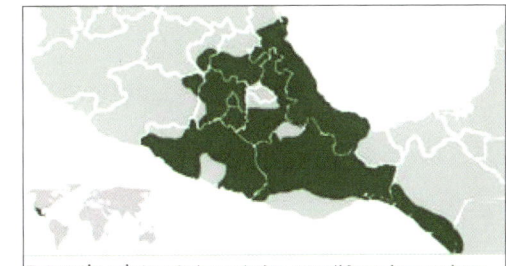

아스태가제국 전성기의 영토

멕시코에서는 '아나확(Anáhuac)'을 아직도 '물 가까이'라고 잘못 해석하고 있다. 그들은 '아'를 '물'로, '나확'을 '가까이'로 해석하고 있다. 그러나 '센 아나확, 태노치가 달판'은 '센 우리나라, 신성한 나의 사람 땅'이라는 뜻의 우리말로서, 다음과 같은 형태소로 구성된 말이다.

센 아나확 태노치가 달판 → 센 + 아 + 나확 + 태 + 노 + 치 + 가 + 달 + 판
뜻　　　　　　　　　 → 센　우리　나라　신성한 나의 사람 사람　땅　땅

우리말 '세다'와 '센'은 각각 'cedar(세다)'와 'cen/cem(센)'으로 표기되어, 아메리카 대륙 많은 곳에서 지명이나 종족 명칭에 사용되었다. 앞에서 설명한 대로 '아(a)'는 '우리'를 뜻하고, '태(te)'는 '신성한', '노(no)'는 '나의', '치(ch)'와 '가(ca)'는 '사람'을, '달(tlal)'과 '판(pan)'은 '땅, 장소'를 뜻한다. '치/가'와 '달/판'처럼 같은 뜻

15. 멕시코에 나타난 우리말　485

의 어휘를 두 개씩 중복한 이유는 서로 다른 방언을 함께 사용했기 때문이다.

만주대평원과 아무르 유역에 흩어져 살던 우리 선조들은 각 지역의 씨족들 간에 교류가 많지 않아서 어휘적으로 방언 차이가 심했는데, 아메리카로 이동한 이후에도 이러한 방언 차이는 그대로 지속되었다. 그런데 멕시코의 태흐고고 호숫가에 몰려들어 각자 도시 국가를 형성했던 집단들이 아스태가제국의 깃발 아래 하나로 뭉치면서, 서로 간의 원활한 의사소통을 위하여 각 집단이 사용하던 방언을 나란히 중복하여 함께 사용했던 것이다[28].

이제부터 '나홖'과 '나라'의 관계를 살펴보자. 15세기에 지어진 용비어천가에는 '불휘 기픈 남ᄀᆞᆫ~'이라는 구절이 있다. 여기서 '불휘'는 '뿌리'이다. 이것은 앞의 받침소리 'ㄹ'은 탈락하여 '불〉뿌'가 되고, '휘'와 '리'는 방언관계로서 같은 말이다[29]. 이에 대한 증거로, 필자는 아메리카 원주민 언어에서 '아라리이요'가 '아라휘어요(a-lā-wiā-ō)'라고 기록되어 있고, '갸랑가라(그와 가라)'는 '갸랑가화(karankawa)'로 기록된 예를 발견했다.

---

[28] 멕시코의 원주민 언어를 조사했던 모리스 스와데쉬(Morris Swadesh)는 멕시코의 모든 원주민 언어들은 원래 '하나의 언어'에서 유래했고, 아메리카의 다른 지역 언어들과 친족관계를 형성하고 있다고 말했다(p.156). 그리고 하나의 모어(母語)에서 방언으로 분화 발전되어, 긴 시간에 걸쳐 아메리카로 들어 왔으며, 그 루트는 아메리카 대륙 북쪽에서 시작하여 남쪽으로 퍼졌으며(p.160), 그 언어들은 아시아지역에서 알래스카를 통해서 들어 왔다고 보았다. 이것은 그동안 필자가 우리민족의 이동에 대하여 설명해 온 내용과 정확하게 일치한다. (참조: Morris Swadesh, 「Estudios sobre lenguas y cultura」, Instituto Nacional de Antropología e Historia, 1960.)

[29] 국어학계에서는 먼저 '휘'의 'ㅎ'소리가 탈락한 뒤에 앞의 받침소리 'ㄹ'이 뒤의 모음과 결합하여 발음됨으로써 '뿌리'가 되었다고 설명하고 있다. 그러나 이 설명은 앞에 받침소리 'ㄹ'이 반드시 있어야 성립하는데, 본문에서 예로 든 것처럼 아메리카로 이동한 우리말에서 필자가 발견한 예는 ㄹ 받침소리가 없다. 따라서 앞의 받침소리 'ㄹ' 때문에 '휘)리'로 변했다는 설명은 잘못되었다. 이러한 오류는 우리말 고어에서 같은 예를 더 이상 발견하지 못하여, 적은 예를 일반적인 언어 현상으로 확대하여 설명하는 과정에서 일어난 것이다.

불-휘 = 뿌-리

아라-휘-어요 = 아라-리-이요

갸랑가-화 = 갸랑 가-라

나확 = 나랗 = 나라

이렇게 대응 비교해 보면 '휘=리'이고, '화=라'라는 것이 분명해진다. 따라서 위에서 잠시 보았던 '골화(colhua)=고리(coli/colli)'라는 것을 다시 확인할 수 있다. 더구나 멕시코 학자들도 '골화'는 원래 '고리'라는 말이었다고 이미 설명하고 있다.

마지막으로 '나확'에서 받침소리 'ㄱ'이 나타나는 것은 우리말 고어에서 '나라'는 '나랗'이었기 때문이다.

이것으로써 필자는 아스태가인들이 제국 전성기에 자신들의 나라를 가리켜 '센 아나확 태노치가달판'라고 했던 말이 우리말이고, 그 뜻은 '센 우리나라, 신성한 나의 사람 땅'이었다는 것을 밝혔다. 이 말을 통하여 그들이 아스태가제국에 대하여 얼마나 큰 자부심을 가졌는지 다시 확인할 수 있고, 자신들을 '신성한 사람(태가)'라고 불렀던 우리민족의 얼을 다시 느낄 수 있게 되었다.

'우리'를 뜻하는 '아(a)'를 사용한 마지막 예로서 아스태가제국 초대 황제 이름 '아까마피치들이(Acamapichtli)'를 살펴보자. 그는 맥이족이 1325년 멕이곳(México)을 건설하고 나서, 그들을 쫓아낸 골화간으로 되돌아가서 왕으로 모

---

30. Nigel Davies, 「The Toltec Heritage」, University of Oklahoma Press, 1980, p.23. 저자에 따르면, 이것을 밝힌 최초의 학자는 멕시코 고고학과 언어학의 대가였던 에두어드 젤러(Eduard Seler)라고 한다.

 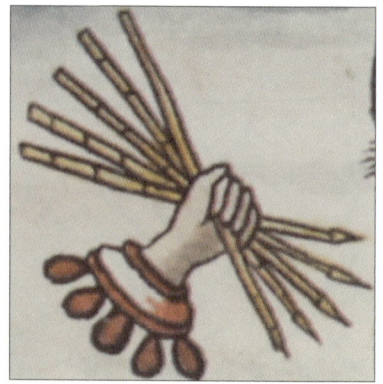

환 토바르의 책에 나오는 아카마피치들이 모습과 갈대를 쥔 손(확대)

셔온 골화간의 왕자였다. 그의 이름은 문헌에 따라 '아까마피치' 또는 '아까마피치들이'라고 기록되어 있는데, 멕시코 원주민 언어에서 명사 뒤에 오는 '–들이(tli)'는 뜻이 없는 경우가 대부분이다. 특히 사람 이름 뒤에 오는 경우는 전혀 뜻이 없다. 그의 이름을 멕시코에서는 '한 줌의 갈대(handful of reeds)'로 해석하고 있는데, 잘못된 해석이고, 정확한 뜻은 '우리 까만 피 사람'이다.

'한 줌의 갈대'라고 잘못 해석한 이유는 16세기 스페인인들이 원주민의 말을 모르는 상태에서 원주민 화가가 그린 그의 모습 옆에 갈대를 쥔 손이 그려져 있기 때문이었다.

그러나 '갈대를 쥔 손'은 기호문자로서, '뜻'으로 해석해서는 안 되고 '발음'으로 해석해야 한다. 즉, 여기서 '갈대'와 '손'을 그린 이유는 '뜻'이 아니라 '발음'을 전하기 위함이다. 먼저 멕시코 원주민들은 갈대를 '아카(aca)'라고 했다. 그리고 돌태가문명의 지도자 이름이었던 '우에막(Huemac)'에 대한 설명에서 '막(mac)'은 '손'을 뜻하던 고대 우리말이었다는 것을 보았다. 따라서 갈대 그림과 손 그림을 합치면 '아까마'가 된다는 것을 알 수 있다. 그리고 마지막으로 '갈대를 쥔 손'을 보면, 손목에서 붉은 피가 흐르고 있는 것을 볼 수 있다. 손목 아래 붉은 색 열매 다섯 개가 매달려 있는데, 이것은 핏방울을 나타낸다. 따라서 '아까마'에 '피'를 더하면, 초대 왕의 이름인 '아까마피'가 나온다. 여기에 높은 사람에게는 누구에게나 붙였던 존칭어 '치(ch)'를 붙이면 바로 '아까마피치(Acamapich)'가 된다. 이 이름을 우리말 형태소로 분석하면 다음과 같고, 각 형태소의 뜻도 아래와 같다.

아까마피치-들이 → 아 + 까마 + 피 + 치

뜻 → 우리 까만 피 사람

이렇게 형태소로 분석하면, 아스태가제국 초대 황제 이름 '아까마피치들이(Acamapichtli)'는 '우리 까만 피 사람'이라는 뜻의 우리말이라는 것을 알 수 있다. '치'는 '이치, 저치, 그치, 벼슬아치' 등의 우리말에서 보듯이 '사람'을 뜻한다. 그리고 이 말은 원래 '높은 사람'을 뜻했다.

필자가 원주민 화가 다기려(Tlacuilo)가 그려놓은 그림에서 초대 왕의 이름을 해석해낼 수 있었던 것은 '손'을 '맞'이라고 하고, '피'를 '피'라고 하는 우리말을 바탕으로 했음은 물론이다. 이렇게 멕시코 고대 문헌은 우리말을 알아야만 해석이 가능하다.

마지막으로 멕시코 고대 자료에 '까만'이라는 어휘를 사용한 예가 또 있을까? 왜 없겠는가! 아스태가제국 시대에 제국에 저항하던 타흐칼태가(Tlaxcalteca)족이 태흐고고 남동쪽에 살고 있었다. 이 사람들이 믿던 신이 태스가틀이포가(Tezcatlipoca) 또는 까마흐들이(Camaxtli)라고 불리던 신이었다[31]. 오른쪽은 태스가틀이포가 신상과 탈이

타흐칼태가의 태스가틀리포가 신상과 탈

다. 이 신상과 탈의 특징은 '검은 색'에 있다. 그래서 이 신은 '까마흐들이'라고도 불렸던 것이다. 접사 '-들이'는 뜻이 없고, '까마흐'는 '까만 것'이라는 말이다. 우리말 고어에서 '흐'와 '것'은 방언 관계였다. 그 증거로 경상도에서는 '내 것'을 '내해'라고 하는데, 이 말은 9세기 향가인 처용가에도 나온다.

또 우리말 '까만'을 사용한 지명도 있다. 멕시코에는 '떼까마잘고(Tecamachalco)'라는 지명을 사용한 장소가 여러 곳에 있다. 멕시코시티의 동쪽에도 '떼까마잘고'라는 언덕이 있고, 멕시코시티에서 남동쪽으로 약 160킬로 거리에 '떼까마잘고'라는 마을도 있다. 이 지명도 역시 아직 해석되지 못하고 있는데, 우리말로 해석하면, 글자 그대로 ' 떼 까마귀가 잘 곳'이라는 뜻이다. 우리말에서 '까마귀'를 '까막'이라고도 했고, '까막 떼'를 '떼까막'이라고도 했다.

---

31. 태스가들이포가 신은 원래 돌태가 문명의 지도자 우에막(Huemac)이 모시던 신이었다. 이 신은 우에막이 자기 집단을 이끌고 태흐고고 호숫가로 내려와 정착함으로써, 도시국가 태흐고고의 신이 되었고, 타흐칼태가족 집단이 도시국가 태흐고고를 지나서 남쪽으로 내려가 정착했는데, 그곳의 주요 신이 되었다. 우에막 집단도 우리민족의 일파였고, 도시국가 태흐고고는 아골화(Acolhua)라고도 불렸는데, '아골화'는 '우리 고리'라는 뜻의 우리말이다. 필자는 '타흐칼태가'라는 명칭도 우리말이며 '태양의 칼 대가'라는 뜻으로 본다. 이들도 우리민족의 일파임은 물론이다.

이것으로써 우리는 '우리'를 뜻하는 고대 우리말 '아'가 20세기 초까지도 우리에게 남아 있었고, 멕시코에서도 사용되었다는 사실을 확인했다. '아'를 사용한 우리 고어 중에 가장 중요한 것이 '아해'이다. 아해는 오늘날 우리가 사용하고 있는 '아이'의 옛말로 알려져 있다. 그런데 '아해'는 바로 '우리 해', 즉 '우리 태양'을 뜻한다. 중국으로부터 불교가 들어와 우리민족의 고유 신앙을 밀어내버리기 전까지, 즉 삼국시대까지 우리민족의 가장 중요한 신앙은 태양신 신앙이었다. 우리 선조들은 모든 생명은 태양신으로부터 온다고 믿어, 아이가 태어나면 '아해'라고 불렀던 것이다. 그리고 아이가 태어날 때 산모와 연결된 줄을 '탯줄'이라고 하는데, 바로 '태양의 줄', 즉 '신성한 줄'이라는 뜻이다. 독자들은 앞에서 필자가 '태'는 원래 '태양'을 가리키던 동사 '타다/태우다'에서 시작된 말로서, 나중에는 '신성한'을 뜻하는 말로 사용되었다고 설명했던 것을 기억하기 바란다.

좀판들이(Tzompantli)

아스태가제국 수도의 대신전 좀판들이

멕시코 곳곳에는 '좀판들이'라는 유적이 있다. 이 유적은 인신공양 제사로 희생된 사람들의 해골을 모아 둔 곳이다. 오른쪽 사진은 아스태가제국의 수도 태노치티땅에 있던 대신전의 한쪽 벽에 남아있는 좀판들이 벽이다. 멕시코에서는 아직까지 원주민들이 해골벽을 왜 '좀판들이'라고 불렀는지 이해하지 못하고 있다. 이 말도 우리말로서 '해골을 모아 둔 곳'이라는 뜻이다. '좀(tzom)'은 '머리'를 뜻하는 우리말 고어라는 것을 아래와 같이 우리말이나 일본어와 함께 비교해 보면 알 수 있다.

좀-판들이(Tzompantli): 해골 판
족-두리: 머리에 쓰는 모자
존-마게(ちょんまげ):   상투

족두리는 전통 혼례식에서 신부가 머리에 쓰는 모자이고, 존마게는 일본어로 '상투'를 뜻한다. 이 세 어휘는 모두 '머리'를 뜻하는 말이 공통으로 포함되어 있어야 하는데, '좀/족/존'이 공통어라는 것은 분명하다. 따라서 이 말은 '머리'를 뜻하는 우리말 고어였다는 것을 알 수 있다. 독자들은 일본인 선조들이 기원전 4세기경에 일본 섬으로 이주하기 전까지는 아무르강 유역에 살던 우리 선조들과 가까운 지역에 살았다는 사실을 기억하기 바란다.

멕시코의 '좀판들이'의 '판'은 '장소'를 뜻하는 우리말로서, '모판, 모래판, 노름판' 등에서 그 예를 볼 수 있다. 특히 '모판, 모래판'은 각각 '모가 많은 곳'과 '모래가 많은 곳'을 말한다. 따라서 '좀판'은 '머리가 많은 곳', 즉, '많은 해골들을 모아 둔 곳'을 뜻한다. 앞에서 본 '태오판(teopan/성황당)'의 '판'이 이것이다. 단어 끝에 붙은 접사 '-들이(tli)'는 뜻이 없는 요소이다.

달, 따, 땅

멕시코 원주민이 '장소'를 뜻하기 위해서 사용했던 말은 '판(pan), 곳(co), 간(can), 달(tlal), 따(tla), 땅(tlán)' 등이 있는데, 이 어휘들은 모두 우리말이다. '판, 곳, 간'은 앞에서 여러 차례 설명했으므로, 이곳에서는 '달, 따, 땅'을 설명하기로 한다.

오늘날 우리가 사용하는 '땅'을 과거에는 '달'이라고도 했고 '따(짜)'라고도 했다. '달'을 사용한 예로는 13세기에 쓰인 「삼국유사」에 한자로 기록된 ' 아사달(阿斯達)'이 있고, 오늘날도 사용되는 '양달, 음달'도 있다. '양달/음달'은 한자와 우리말이 한 어휘 속에 결합된 것으로서, 각각 '볕 양(陽)+달'과 '응달 음(陰)+달'로 구성된 말이다. '따(짜)'는 15세기 시조에 매우 자주 사용되었다. 국어학자 서정범님은 '땅'의 고어는 원래 '닫'이라고 추정하고, 그 음운변화 과정을 '닫 〉 달 〉 다 〉 따(짜) 〉 땅'이라고 했다.

민족의 이동은 풍물·풍속뿐 아니라 언어도 함께 이루어지는 법이다. 우리 민족의 대이동과 함께 '땅'과 그 고어 형태 '달, 따'도 아메리카로 건너가 그 흔적을 남겼다. 먼저 '땅'은 미국이나 중미 지역에서는 'tan(땅)'으로 기록되어 남았고, 멕시코에서는 주로 'tlán(뜰란)'으로 남았다. 앞에서 설명했듯이 이 어휘는 15세기 말부터 16세기 초 사이에 멕시코에서 일어난 '언어혼란'으로 인하여 자음 T 다음에 L 소리가 생겨난 결과이다. 따라서 자음 L을 빼고 읽어야 원주민의 원래 말 '땅(tan)'이 나타난다. 멕시코에는 '달, 따, 땅'을 사용한 지명이 매우 많은데, 그 중의 몇 개만 보기로 하자.

32. 서정범, 「국어어원사전」, 보고사, 2003, p.213.

우리말	원주민 원래 말	언어 혼란 이후 말	예
달	달(tal)	뜨랄(tlal)	아나왁가달(Anauacatlall): 우리나라 사람 땅 달판(Tlalpan): 장소, 땅
따(싸)	따(ta)	뜰라(tla)	쿠엔따(Cuentla): 쿠엔 땅 과우흐따(Cuauhtla): 독수리 땅 파판따(Papantla): 판판(한) 땅
땅	땅(tán)	뜰란(tlán)	과우흐땅(Cuauhtlán): 독수리 땅 토치땅(Tochtlán): 토끼 땅 아스땅(Aztlán): 하얀 땅 밑땅(Mictlán): 지옥

먼저 '달(tal)'을 사용한 어휘부터 보기로 한다. '아나왁가달'에서 '아나왁(확)'은 '우리나라'를 뜻한다는 것을 앞에서 확인했고, '가'는 '사람'을 뜻하는 우리말이라는 것도 확인했다. '달판'은 '장소'를 뜻하는 '달'과 같은 뜻의 '판'이 중복 사용된 것이다.

'따(tla)'를 사용한 어휘로, '쿠엔따'의 '꾸엔'은 양파와 비슷한 식물을 가리킨다. 그래서 '쿠엔 땅'은 '쿠엔이 나는 땅'을 뜻한다. '과우흐따'의 '과우'는 독수리 울음소리를 나타내는 의성어이고, '흐(h)'는 소유격 조사 '의'를 뜻한다. 따라서 '과우흐따'는 '독수리의 땅'을 뜻한다[33]. '파판따'는 '판판한 땅'을 뜻한다. 첫 글자에서 받침소리 'ㄴ'이 탈락한 것은 바로 뒤에 같은 받침소리가 나오므로 탈락한 것으로 보인다. 우리말에는 같은 받침소리가 이어지면 앞의 것이 탈락하는 언어현상이 있었던 것으로 보인다. 이런 예로, 멕시코 원주민 말에서는 '고골=

---

33. 우리 국어 고어에는 'ㅎ종성체언'이라고 하여 '명사+ㅎ'으로 구성된 어휘들이 많이 남아있는데, 아직까지 'ㅎ'의 기능을 정확하게 설명하지 못하고 있다(예: ㄱ술(秋)ㅎ, 나라(國)ㅎ, 내(川)ㅎ, 네(四)ㅎ, 하늘(天)ㅎ). 그런데 멕시코 원주민어에 분명하게 'ㅎ종성체언'이 있다. 그 중의 일부는 본문에서 필자가 설명한 것처럼 소유격 조사 '의'를 뜻한다.

골골, 도돌=돌돌' 등이 있었고, 오늘날 우리말에는 '다달이=달달이, 나날이=날날이' 등이 있다.

'땅(tlán)'을 사용한 예로서, '과우흐땅'은 앞에서 본 '과우흐따'와 같은 말이다. '토치땅'은 '토끼 땅'을 뜻하는 말인데, 우리말 고어에서 '끼'를 '치'라고 한 예가 있다.

도치를 가젯는 한아빈(持斧翁) 〈두시언해, 초간본, 1481년〉
도끼를 가진 할아버지는

'도끼'와 '도치'는 방언 관계일 것이다. 이런 예로 멕시코에서는 '미끼(miqui)'를 '미치(michi)'라고도 했다. '아스땅'은, 앞에서 이미 설명한 대로, 고조선의 도읍지였던 아사달(阿斯達)과 같은 말이며, '하얀 땅, 흰 땅'을 뜻한다. 멕시코 원주민들은 '지옥(地獄)'을 '밑땅(mictlán)'이라고 했다. '지옥'이 중국 한자어이고, 아메리카로 건너온 우리 선조들은 한자를 거의 모르던 일반 백성들이었다는 사실을 고려할 때, '밑땅'은 '지옥'이라는 한자어가 우리민족에게 들어오기 이전에 사용하던, '지옥'을 뜻하던 순우리말이었다는 것을 알 수 있다. '밑땅'은 때때로 '밑따(mitlá)'라고도 기록되어 있다. '땅'이든 '따'든 모두 우리말임은 물론이다. 멕시코 원주민들은 '지옥신'이나 그 신을 모시던 무당을 '밑땅태구흐들이(mictlántecuhtli)'라고 했다.

마지막으로 필자가 독자들에게 말하고 싶은 것은 우리말 '땅'이 오늘날 멕시코에서는 '뜰란(tlán)'으로 변해 있지만, 일부 지명에는 '땅(tán)'이 그대로 남아 있고, 멕시코 이외의 지역에서는 T와 A 사이의 자음 L 소리가 없는 형태인 '달(tal)/따(ta)/땅(tan)'으로만 사용되었다는 사실이다.

> 멕시코의 예: 유카탄(Yucatán)은 '유가땅'이라는 말이다.
> 미국의 예: 맨하탄(Manhattan)의 원래 명칭은 많아-따(Mannaha-ta) 또는 많아-땅(Manaha-tan)이었다. 노스다고타(Northdakota)와 사우스다고타 (Southdakota)의 타(ta)는 우리말 '따'이다.

● **과거시제 선어말어미 '았, 었'**

현재의 행위를 나타내는 동사 형태를 과거의 행위를 나타내는 형태로 바꾸는 방법도 언어마다 다르다. 우리말에서는 과거시제를 표현하기 위해 선어말어미 '았/었'을 동사 어간에 첨가하여 바꾼다. 예로서 몇 가지 동사를 보기로 하자.

가다 → 가 + 았 + 다 → 갔다.
보다 → 보 + 았 + 다 → 보았다/봤다
먹다 → 먹 + 었 + 다 → 먹었다.
맞히다 → 맞히 + 었 + 다 → 맞히었다.

동사 '가다'는 현재의 행위를 나타내고, '았'을 첨가한 '갔다'는 과거의 행위를 나타낸다. 다른 동사들도 이와 같이 동사 어간에 과거시제 선어말어미를 첨가하면 과거 시간을 표현하게 된다.

영어나 스페인어와 같은 언어들은 동사의 어미가 변형되어 과거 시간을 나타내고, 중국어는 동사의 현재형과 과거형이 아예 구별되지 않는다. 이와 같이 동사의 현재형을 과거형으로 바꾸는 방법도 언어마다 다르다는 것을 고려하면, 과거시제 선어말어미 '았, 었'을 동사 어간에 첨가하는 것은 우리말 동사의 독특한 특징이라는 것을 알 수 있다. (언어학에서 영어나 스페인어처럼 동사의 일부를 변형하여 과거형을 만드는 것을 '굴절'이라고 하고, 우리말처럼 선어말어미를 갖다 붙이는 것을 '교착'이라고 한다.)

그런데 멕시코 원주민들도 우리말 동사를 그대로 사용했고, 현재형을 과거형으로 만들 때, 우리말 동사의 과거시제 선어말어미 '았/었'을 그대로 사용했다는 증거가 있다. 아래 두 문장은 멕시코 원주민어 문법서를 쓴 앤더슨(Anderson)의 「아스택 언어 규칙(Rules of Aztec language)」에 나오는 문장과 그 해석이다[34].

(현재): Ni c tla-mati.   I know it.
발음: 니 그 다 마티   나는 그것을 다 안다(다 맞힌다).
(과거): Ni c mati-a.   I knew it.
발음: 니 그 마티-아   나는 그것을 다 알았다(다 맞히었다).

---
34. Arthur J. O. Anderson, 「Rules of the Aztec language」, University of Utah Press, pp.7~8.

이 예문을 비교해 보면, 동사 '마티(mati)'에 '아(a)'를 첨가하여 '마티아(ma-ti-a)'라고 하면 과거가 된다는 것을 알 수 있다. 아스태가인들의 현재 시제 동사 '마티(mati)'는 오늘날 우리말 '맞히(다)'의 발음 '마치(다)'의 고어 '마티(다)'이다. '티〉치'로 변하는 것은 구개음화인데, 우리말에서 구개음화는 주로 18세기 이후에 일어났다. 따라서 '맞히'의 발음 '마치'의 고어 소리는 '마티'가 맞고, 서술어종결어미 '−다'는 20세기 초까지 거의 사용되지 않았으므로, 오늘날 우리말 '맞히(다)'의 옛말은 '마티'가 분명하다. 그리고 이것은 아스태가인들의 '마티(mati)'와 정확하게 일치한다.

그런데 앤더슨은 '마티'에 '아(a)'를 첨가하면 '과거'가 된다고 분명하게 설명하고 있다. 스페인어로 표기하는 과정에서 받침소리가 사라졌으므로, 이를 복원하면 '아'는 '앗'이 된다. 그리고 '어' 소리는 스페인어에 일치하는 알파벳이 없어 표기하지 못하는데, 이런 경우에 초기 스페인 신부들은 '어'와 유사한 다른 소리로 표기하였다. 따라서 '아(a)'는 우리말 과거시제를 나타내는 '았/었'을 모두 표기한 형태라는 것도 짐작할 수 있다.

이로써 필자는 아스태가인들이 사용했던 동사는 현재형도 우리말과 같고, 과거형도 같으며, 과거형을 만드는 방법까지도 정확하게 같다는 것을 증명했다. 우리 선조들의 방언에 '나'를 '니'라고 말했다는 것은 앞에서 '니사금〉닌금〉임금'을 설명하면서 이미 확인했다. 멕시코와 미국의 원주민들은 '나'와 '니'를 혼용했다. '니'가 '나'와 같은 말이라는 것을 고려하면, 위의 두 문장은 문장 전체가 오늘날 우리말과 같다는 것을 알 수 있다.

● 문장 전체가 우리말인 예문들

언어는 우연히 일치하는 법이 없다. 역사적으로 전혀 교류가 없었던 어떤 두 민족 사이에 우연히 같은 뜻으로 같은 어휘를 사용한 예가 없다. 예를 들어, 불어나 독일어와 우리말 사이에 같은 어휘가 없다[35]. 영어도 역시 우리말과 같은 어휘가 없다. 일부에서는 영어의 '매니(many)'와 우리말 '많이'가 발음도 거의 같고 뜻도 비슷하다고 말하지만, 이것은 겉보기로만 그렇고, 아래와 같이 형태소로 분석하고, 각 형태소를 대응비교해 보면 완전히 다르다는 것을 쉽게 알 수 있다.

```
영어:    매니(many)  →   매(ma)         +    니(ny)
         뜻              '많다'는 뜻 없음      부사화 기능 없음
우리말:  많이        →   많             +    이
                         '많다'는 뜻 있음      부사화 기능 있음
```

이렇게 비교해 보면, 영어 '매니(many)'는 '매(ma)'와 '니(ny)'로 분석되지 않고, 각각은 뜻도 없다. 그러나 우리말 '많이'는 어간 '많'과 부사화 접사 '이'로 나눠지고, '많다'라는 뜻은 어간 '많'에 있다. 우리말은 '많이, 많게, 많아서, 많은' 등에서 보듯이 뒤에 쓰인 어미가 변해도 '많다'는 뜻이 일관되게 내포되어

---

35. 일본어나 몽골어에는 우리말과 같은 어휘가 더러 있는데, 그 이유는 그들이 우리 선조들과 과거에 가까이 살면서 서로 교류를 했기 때문이다.

있는데, 그 이유는 '많다'는 뜻이 어간 '많'에 있기 때문이다. 따라서 영어 '매니(many)'와 우리말 '많이'는 겉은 비슷해도 완전히 다른 말이라는 것을 확인 할 수 있다.

이에 비해 멕시코 원주민의 말은 지금까지 보았듯이, 지명이나 유적의 명칭 그리고 각종 관직명이 그 형태소까지도 우리말과 정확하게 일치했고, 동사의 경우에는 현재형을 과거형으로 바꿀 때 사용되는 과거시제 선어말어미까지 일치했다. 그리고 한 발 더 나아가서 아예 문장 전체가 거의 오늘날 우리말 그대로인 예들도 발견할 수 있다. 아래는 우리말과 일치하는 것으로 멕시코 원주민들이 사용하던 문장들이다. 예문 (1)만 제외하면 모든 예문들은 위에서 언급한 앤더슨(Anderson)의 문법서에 나오는 예문들이며, 해석도 그가 한 것이다.

1) Juani Hosé că'pīle[36].
   발음: 환이 호세 자블래   **뜻:** 환이 호세 (붙)잡았다(Juan grabbed Hosé).

2) Ni cac chia-ua[37].
   발음: 니 각 지와   **뜻:** 내가 짚신을 지었다/만들었다(I make sandals).
   * '니'는 '나'의 방언이고, 우리 선조들은 짚신을 '각'이라고 했다.

3) Ni c tlaçotla[38].
   발음: 니 그 다 소타   **뜻:** 나 그/그것 다 좋다(I love it/him).
   * 우리말 '좋다'를 '소타/조타'로 발음했다.

---

36. Ronald W. Langacker, 「Studies in Uto-Aztecan Grammar」, Vol.4, Summer Institute of Linguistics Publication in Linguistics, p.9.
37. Arthur J. O. Anderson, 같은 책, p.6.
38. Arthur J. O. Anderson, 같은 책, p.21.

4) Ni c tzo-tzona[39].

발음: 니 그 조 종나   **뜻**: 나 그(가) 좋다(I pat him).

* 아스태가인들은 서술어의 뜻을 강조할 때 첫 소리를 반복하는 언어습관이 있었다. 서술어 종결어미로 오늘날에는 '~다'를 사용하지만, 아메리카 인디언들은 '~나'를 사용하기도 했고, '있다(itta), 좋다(çotla), 다좋다(tlaçotla), 파다(patha)'에서처럼 '~다'를 사용하기도 했고, 대부분의 경우에는 아예 서술어 종결어미를 사용하지 않기도 했다.

5) Ni c patla[40].

발음: 니 그 파다   **뜻**: 나 그것 바꾼다(I exchange it).

* 옛날에는 물건을 팔고 사는 방식이 돈을 주는 것이 아니라 물물교환 방식으로 했다. 그래서 우리말 고어에서 물건을 '판다'는 것은 곧 다른 물건과 '바꾼다'를 의미했다.

6) Ni c ma-tia[41].

발음: 니 그 마 디어   **뜻**: 내가 그것 손 대었다(I put my hand on it).

* 앞에서 보았듯이, '마/맞'은 우리말 고어에서 '손'을 의미했다. 읽을 때 주의할 점은 '마(ma)'와 '디어(tia)'를 띄어서 읽어야 한다. 위에서 본 '마티(mati)'의 과거시제 '마티-아(mati-a)'와 구별해야 한다.

사하군(Sahagún) 신부의 기록과 우리말

1492년 신대륙을 발견한 스페인은 1521년 아스태가제국을 정복하고, 그 2년 뒤인 1523년부터 많은 가톨릭 신부들을 파견하여 가톨릭 신앙을 교육하면서, 원주민들의 고유 신앙 및 그와 관련된 풍속을 금지하기 시작했다. 가톨릭

---

39. Arthur J. O. Anderson, 같은 책, p.8.
40. Arthur J. O. Anderson, 같은 책, p.7.
41. Arthur J. O. Anderson, 같은 책, p. 7.

신부들은 먼저 원주민들의 신전을 허물어 그 돌로 성당을 짓기 시작하였고, 왕족이나 지배계층의 자식들과, 스페인 군인들과 원주민 여인들 사이에 태어난 혼혈아들을 모아 가톨릭 신앙을 바탕으로 한 유럽식 교육을 시작했다. 대부분의 가톨릭 신부들은 원주민 풍습이나 종교가 가톨릭 교리와 맞지 않는다고 하여 배척했지만, 일부 신부들은 원주민들의 언어, 역사, 문화, 풍속에 대해 깊이 관찰했고 그것을 기록으로 남겼다. 이러한 신부들 가운데 대표적인 사람이 베르나르디노 사하군(Bernardino de Sahagún)이다. 그는 원주민에 대한 모든 것을 면밀히 조사하기 위하여 미리 질문지를 만들었다. 그리고 그가 가르친 혼혈아 및 원주민 귀족 자식들을 통해 원주민 노인들에게 그 질문지를 이용하여 질문하고, 그 대답을 스페인어 알파벳으로 받아 적게 한 후에 그 내용을 나중에 스페인어로 번역하였다.

이러한 과정을 통해 나온 최초의 책은 원주민의 종교와 풍습에 관하여 조사한 「최초의 기억(Primeros Memoriales)」이었다. 그는 이 책을 바탕으로 「마드리텐세 고문헌(Códice Matritense)」를 썼고, 그 다음에 「뉴스페인의 일반 풍물 역사(Historia General de las Cosas de Nueva España)」를 썼다[42]. 아래는 그가 최초로 쓴- 사실은 그의 제자들이 원주민 노인들의 설명을 받아 적은- 「최초의 기억」에 나오는 한 페이지이다. 필자가 이 페이지를 특별히 인용한 이유는 제목과

---

42. 이 책들은 1540년경부터 1585년 사이에 쓰였다. 앞의 두 권은 모두 나와들어(원주민어)로 기록되었고, 「일반풍물 역사」는 나와들어와 스페인어로 기록되었다. 「마드리텐세 고문헌」과 「일반 풍물 역사」는 사실상 같은 내용의 책이지만, 전자는 스페인 왕실로 보내진 후에 일종의 금서(禁書)로 취급되어 왕실 도서관에 지금까지 보관되어 일반인에게 공개되지 않고 있고, 후자는 스페인어 해석이 함께 수록되고, 많은 삽화가 첨가되었으며, 일부 내용은 당시 가톨릭 교회의 요구에 의하여 수정되어 로마 교황청으로 보내졌다. 그러나 이 책도 그 후 사라졌는데, 1905년 이탈리아 플로렌스의 한 도서관에서 발견되어 「플로렌스고문헌」이라는 이름으로도 세상에 알려지기 시작했다.

그림만 봐도 멕시코 원주민들이 우리민족이었다는 것을 알 수 있는 귀중한 자료이기 때문이다.

◆ **Tlamanalitztli = Tamana-litztli**(다마나-리즈들이): 담아 놓는 짓

아래 복사판을 보면 알 수 있듯이, 왼쪽 아래에 제목을 큰 글자로 적고, 가운데에 작은 글자로 그 내용을 설명하고 있으며, 오른쪽에 설명을 보완해주는 그림이 그려져 있다.

다마나-리즈들이

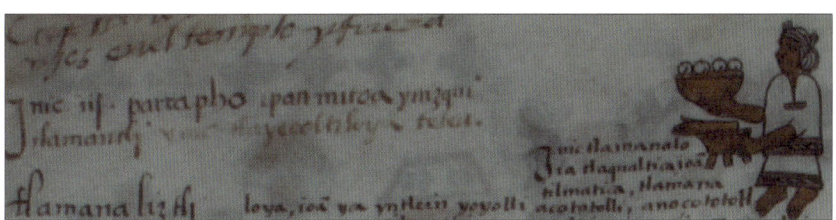

제목부터 보면, Tlamanalitztli는 '들라마나-리즈들이'로 발음된다. 그러나 앞에서 설명했듯이 자음 T 다음에 나오는 L 소리를 빼고 읽어야 멕시코 원주민의 원래 말 '다마나-리즈들이'가 나타난다. '다마나-리즈들이'의 어미 '리즈들이'에 대해서는 멕시코 학자들이 뜻이 없는 종결어미라고 설명하고 있다[43]. 이 명칭의 핵심은 '다마나'로서, 우리말 '담아 놔'라는 것을 옆에 있는 그림을 보

---

43. 필자의 판단으로는 '리즈들이'는 우리말 '~하는 짓들'을 뜻하는 것으로 보인다. 좀 더 연구가 필요하지만, 이 종결어미가 사용되는 어휘가 주로 동사라는 것을 볼 때, 행동을 나타내는 우리말 '짓'의 고어 표현으로 보인다. 멕시코 원주민들은 '젖주다'를 '찌찌-리즈들이(chichi-litzli)'라고 했다. '찌찌 주는 짓', 즉 '젖 주는 짓'을 뜻하는 것으로 판단된다.

면 알 수 있다. 그림에는 한 여인이 그릇에 음식을 '담아 놓고' 있다. 그녀는 오른손에 과일 같은 것을 담은 둥근 그릇을 들고 있고, 왼손에는 길죽하게 생긴 어떤 음식을 발이 달린 평평한 그릇에 담아 들고 있다. 발이 달린 평평한 그릇은 「삼국지」 위지동이전에 우리민족의 독특한 상으로 기록되어 있는 조두(俎豆)로 보인다. 이 상은 오늘날까지도 우리가 제사를 지낼 때 사용하는 제기(祭器) 모양과 같다.

조두

♦ **Tlalqualitztli = Talqua-litztli(달과—리즈들이): 따뜻하게 하는 짓**

이 명칭도 오늘날 멕시코인들은 '뜨랄과리즈들이'로 읽지만, L 소리를 뺀 원주민의 원래 말은 '달과—리즈들이'이다. 우리말 '달구다'는 '쇠를 달구어 두들긴다'라는 표현에서 보듯이, 어떤 것을 뜨겁게 한다는 뜻이다. 설명 옆에 그려진 그림을 보면 어떤 여인이 손을 화롯불에 따뜻하게 데우고 있다. 특히 설명에도 '손 달과(xon tlalqua)'라는 표현이 나온다[44]. 이 표현은 뜻도 우리말이지만, 동사를 '손'이라는 목적어 다음에 사용한 어순 구조도 우리말 구조이다.

---

44. 멕시코 원주민 말을 기록했던 스페인 가톨릭 신부들은 대부분의 경우에 우리말 'ㅎ'을 알파벳 X로 표기했다. 그러나 스와데쉬가 지적했듯이 알파벳 X는 'ㅅ'발음으로 읽어야 할 때도 있다. (참조: Mauricio Swadesh, 「Estudios sobre Lengua y Cultura」, Acta anthropologica 2a, Epoca II2, Instituto Nacional de Antropología e Historia, 1960, p.164.)

달과–리즈들이

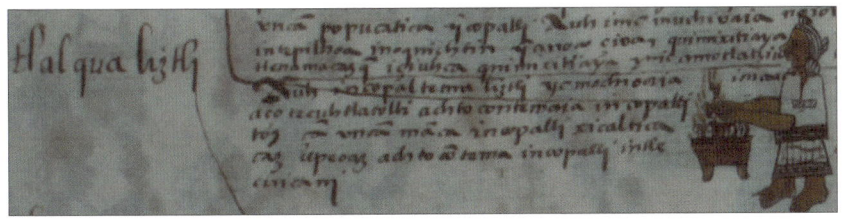

◆ **Tlatoyaçalitztli = Tatoyaça-litztli (다도야살–리즈들이): 다 도와 사는 짓**

이 풍습의 명칭도 오늘날 멕시코인들은 '뜰라도야살–리즈들이'라고 발음하고 있지만, L 소리를 빼고 읽으면 '다도야살–리즈들이'라는 원주민 말이 나온다. '다도야살–리즈들이'는 '다다살–리즈들이(Tlatlaça-litztli)'라고도 한다. '다도야살–리'든 '다다살–리'든 모두 우리말로서 '다 함께 도우며 살자'라는 뜻이라는 것을 알 수 있다. 설명 옆에 그려진 그림을 보면, 음식을 손톱으로 조금 떼어 바닥으로 던지는 모습이다. 설명에는 '음식을 먹기 전에 손톱으로 조금 떼어 바닥에 던진다'고 하는데, 우리의 고수레 풍속과 일치한다. 우리민족 고유 풍속인 고수레가 어떤 동기로 시작되었는지 아직까지 알려지지 않았지만, 멕시코에 남은 이 명칭을 보면 '서로 도우며 살자'는 고대 민족정신에서 시작된 풍속이었다는 것을 알 수 있다.

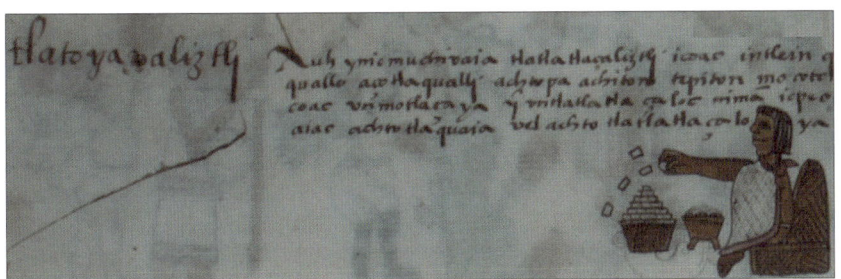

사하군 신부와 「최초의 기억(Primeros Memoriales)」의 한 페이지

● 아사달 문양: 우리 선조들의 그림문자였다

우리나라 사회학자이며 역사학자이신 신용하님은 2000년 산동반도 능양하(陵陽河)의 대문구문화 말기(기원전 2800년~기원전 2000년) 유적지에서 신기한 문양이 새겨진 팽이형 토기를 발견했다. 그 문양은 산 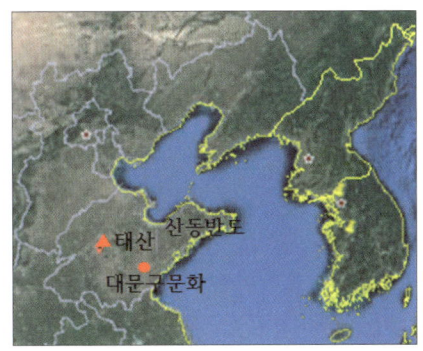 위에 구름과 태양이 새겨져 있는 아래와 같은 모양이었다. 팽이형 토기는 고조선 시대 우리민족 고유의 토기였다는 사실에 근거하여, 그 문양이 우리민족에게 매우 중요한 의미가 있다는 것을 직감한 그는 유사한 다른 문양들도 함께 찾아내어 연구한 끝에, 마침내 그 문양을 '아사달 문양'이라고 명명하였다.

팽이형 토기와 아사달 문양

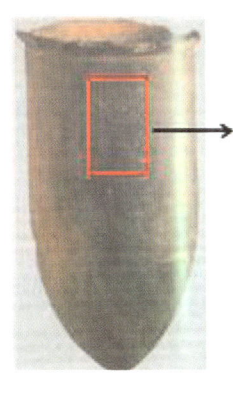 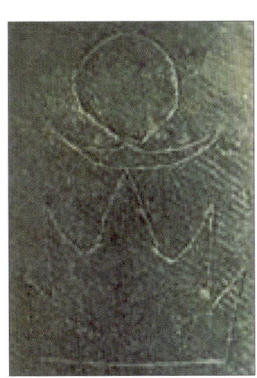 

신용하님은 '아사'는 '아침'을 뜻하던 고조선 시대 우리말로서, 구름 위의 태양 문양은 '아사'를 뜻하고, '달'은 '산'을 뜻하므로, 이 문양은 '아사달'을 뜻한다고 설명했고, 중국학자들은 이 문양은 도문(陶文-토기 문자)으로서, 이런 것이 발전하여 한자가 만들어졌다고 설명했다.

그런데 필자는 아메리카로 건너간 우리민족의 흔적 가운데 이것과 근본적으로 같은 문양이 멕시코 곳곳에 남아 있는 것을 발견했다. 멕시코 학자들에 따르면 이 문양은 아래위 두 부분으로 구성되어 있는데, 아랫부분은 '산'의 기호이고, 윗부분은 그곳과 관련된 지명이나 사건을 나타내는 기호로서, 위에서 아래로 읽어야 한다고 한다[45].

예를 들어, 다음 첫 번째 그림은 산 위에 뱀 한 마리가 그려져 있는데, 뱀은 '꼬아(coa)'이고, 산은 '태백(tepec)'이므로, 이 기호는 '꼬아태백(Coatepec)'이라는 지명(地名)을 나타내는 그림문자이다. 두 번째 그림은 멕시코 곳곳에 나타나는 기호로서, 산 위에 둥글게 휘어진 고리문양이 있다. 이 기호는 고리족이 그곳에 살고 있다는 것을 의미하는 것으로, 주로 '골화간(Colhuacan)' 또는 '골화태백(Colhuatepec)'이라는 지명을 나타내는 그림문자이다. 나머지는 에카태백(Ecatepec), 매태백(Metepec), 미태백(Mitepec), 내포팔곳(Nepopualco)이라는 장소를 각각 나타내는 그림문자들이다. 우리 선조들은 온갖 도구들을 '틀'이라고 불렀다(예: 가마니틀, 돗자리틀, 쇠로 만든 덫, 탈곡기 등). 고대 우리 선조들이 활을 무엇이라고 불렀는지는 알 수 없으나, 멕시코 원주민들은 활을 미틀(mitl)이라고 했다. '미태백' 위에 그려

---

45. Miguel León-Portilla, 「Cuadernos de Estudios Jaliscienses」, 10, Instituto Nacional de Antropología e Historia, 1992, pp.7~8.

진 것은 화살이다. 그리고 '내포팔곳' 위에 그려진 것은 '팔'이다.

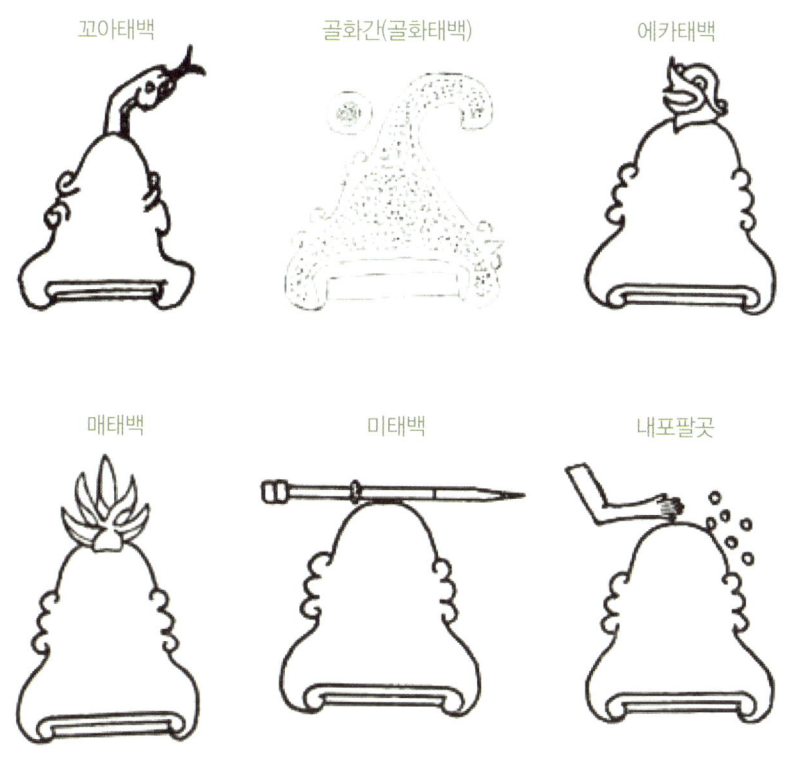

이 그림문자들의 특징은 모두 산 위에 어떤 그림을 그려서 장소 명칭을 나타내었다는 공통점이 있는데, 위에서 본 신용하님의 아사달 문양과 정확하게 그 특징이 일치한다. 산의 모양에서 멕시코의 것은 부드러운 곡선을 사용했는데, 이는 시간적 차이로 인하여 생긴 작은 변화일 것이다. 즉 멕시코의 그림문자는 모두 기원 이후의 것이고, 팽이형 토기의 그림은 기원 2000년 이전의 것으로서, 적어도 2000년 이상의 시간 차이가 있다.

필자는 이 그림문자도 고유 문자가 없던 우리 선조들이 기록의 필요성을 느껴 고안해 내었던 문자의 한 종류로 본다. 그리고 아사달 문양은 멕시코에서 전해지는 우리말을 바탕으로 읽으면 '태태백' 또는 '태워태백'이라고 읽게 된다. 우리 선조들은 태양을 '해, 날, 태, 태워/태오' 등으로 말했기 때문이다. 실제로 멕시코에는 태태백(Tetepec) 또는 태워태백(Teotepec)이라고 불리는 산들이 매우 많다. '태백'은 '산(山)'을 뜻하는 고대 우리말이므로, '태태백'은 곧 '태산(泰山)'이 된다. 실제로 아사달 문양의 토기가 발굴된 대문구문화 유적지 가까이에는 중국 오악(五嶽) 중 하나로 유명한 태산(泰山)이 있다. 또 '태/태워'는 '신성한'을 뜻하는 의미로도 사용했기 때문에, 태태백은 '신성한 산'을 뜻하던 우리말이다.

태산은 중국 역사에서도 매우 신성한 산으로 숭배되던 곳으로, 중국 최초의 통일국가를 세웠던 진시황제, 전한의 무제, 후한의 광무제 등이 천하를 제패한 후에 이 산에 올라 하늘에 제사를 지낸 곳으로 유명하다.

대문구문화 유적지와 태산이 있는 산동반도와 그 주변 지역은 기원전 1100년, 은나라가 중국민족이 세운 주(周)나라에 의해 멸망할 때까지는 우리민족이 거주하던 중심 지역 가운데 하나였다는 것과 아사달 문양을 담고 있는 팽이형 토기가 우리민족 고유의 토기라는 사실을 감안할 때, 태산의 원래 명칭은 태태백이었고, 그 산을 '신성한 산'으로 숭배하기 시작했던 사람들도 원래 우리 선조들이었을 것이다.

16.
얼: 멕시코-마야에서 발견된 우리민족의 혼

언어만큼 민족을 정확하게 구별해 주는 기준은 없다. 인간의 역사는 아득한 고대에 소수의 사람들이 넓은 땅에 흩어져 서로 교류도 없이, 오랫동안 각자 자기 집단 내의 구성원들끼리 고립되어 살면서 시작되었다. 그 당시의 언어생활에는 '나, 엄마, 아버지, 해, 달, 땅, 집' 등과 같은 소수의 어휘들을 사용했는데, 이런 어휘들은 각 집단 구성원들끼리 서로 의사소통을 하기 위해서 없어서는 안 되는 가장 기본적인 어휘들이었다. 이를 흔히 '기초어휘'라고 한다. 세월이 흐름에 따라, 각 집단의 인구가 늘고 생활이 보다 다양화되면서 집단 구성원들이 사용하던 어휘 수도 점점 더 늘어났지만, 그 말들은 그 집단 구성원들끼리만 통하는 언어였다.

각 집단 구성원들은 그들끼리만 통하는 언어를 사용하면서 더 깊은 공감대와 유대감을 형성하게 되었다. 다른 언어를 사용하는 집단과 차별화되고 그들과 영역 다툼하는 과정에서 자기 집단의 생존을 위하여 더 큰 단결력으로 자연스럽게 뭉쳐져 '운명 공동체'가 되었고, 마침내 '같은 민족'이 되었다. 이렇게 자연스럽게 하나의 운명공동체가 되고 같은 민족이 되도록 한 것은 단결력이었고, 단결력은 바로 '같은 말'을 사용하여 의사소통하는 과정에서 생긴 구성원들 상호 간의 신뢰에서 비롯되었다. 따라서 민족을 형성하는 결정적인 요소는 바로 '같은 말'이라고 할 수 있다.

인구수가 늘어나고 문명이 발달하자, 각 민족은 가까이 살던 다른 민족들과 문화 교류를 시작했고, 문명이 더욱 발달하면서 먼 곳에 살던 민족들과도 교류하기 시작했다. 문화의 교류는 언어 교류를 동반했다. 언어 교류는 다른 민족의 말을 배워서 사용하는 것, 즉 차용(借用)을 말한다.

언어 차용에는 제약이 있다. 다른 민족으로부터 아무 말이든 다 받아들이는 것이 아니라, 배워서 사용할 수밖에 없는 것만 차용하게 된다. 이를테면 다른 민족이 사용하거나 발명한 것으로, 생활에 매우 필요하여 모방해 사용할 수밖에 없는 도구나 기술과 관련된 용어의 경우에 주로 차용된다. 누에를 키워 실을 뽑아낸 뒤에 그 실로 짠 천을 비단(緋緞) 혹은 명주(明紬)라고 한다. 이 기술은 우리 선조들이 중국으로부터 배움으로써, 그 명칭인 '비단/명주'라는 말도 함께 받아들여 사용하게 된 것이다. 또 현대의 컴퓨터와 관련된 용어들, 이를테면 '컴퓨터, 프로그램, 마우스, 모니터' 등과 같은 용어들은 미국으로부터 컴퓨터를 받아들여 널리 사용하게 되는 과정에서 모방하여 사용할 수밖에 없는 어휘들이다. 이렇게 차용되는 어휘들은 주로 사물이나 기술의 명칭을 나타내는 '명사'이다. 교류를 통하여 다른 민족으로부터 보다 발달된 문화를 서로 받아들임에 따라, 관련 어휘도 서로 주고받게 되었지만, 그것은 어디까지나 '명사'에 국한된 것이었다. 동사나 조사 같은 것은 차용되지 않았다.

그리고 아무리 문화 교류가 활발하더라도 다른 민족으로부터 절대로 받아들일 수 없고, 그 민족 고유의 말로만 영원히 사용하게 되는 어휘들이 있다. 바로 기초어휘나 그 민족 고유의 풍속이나 정신세계와 관련된 어휘들이다. 이런 어휘들은 민족을 구별해주는 언어 기준 중에서도 가장 중요한 요소이다.

이런 어휘들은 아무리 간단해도 절대로 다른 민족의 것과 같지 않다. 예를 들어 '나'라는 기초어휘를 비교해 보자. 동북아의 역사가 시작된 이래로 우리민족과 매우 오랫동안 가까이 지내면서 서로 교류하거나 부대끼며 살아온, 중국인들은 '워(我)'라고 하고, 일본인은 '와다시(わたし)'라고 하며, 몽골인은 비(Би)라고 하여, 우리말 '나'와 다르다. 우리민족과 멀리 떨어져 살아온 서양인들의 언어도 보면, 영어는 '아이(I)', 스페인어는 '요(yo)', 프랑스어는 '저(je)', 독일어는 '이히(ich)', 러시아어는 '야(Я)'라고 하여 역시 다르다. 이와 같이 아주 간단하고 단순한 어휘일지라도 그 민족의 기초어휘는 절대로 다른 민족과 같을 수 없다.

그런데 지금부터 불과 60여 년 전까지만 해도 우리나라와 전혀 교류가 없던 아메리카 원주민들이 우리처럼 '나(na)/내(ne)'라고 말했다. 그들은 '나'의 방언으로 우리 선조들이 사용했던 '노(no)/니(ni)'도 사용했다. 기원전부터 지금까지 바로 이웃해 살면서 매우 오랫동안 문화교류를 해 온 중국인, 일본인, 몽골인, 만주인들조차도 같지 않은데, 아메리카 원주민들은 우리와 같은 기초어휘를 사용했고, 오늘날 우리도 잊어버린, 우리 선조들이 사용했던 방언까지도 사용했다. 이것이 우연일까?

다른 민족이 절대로 차용해 갈 수 없는 어휘에는 '나'와 같은 기초어휘뿐 아나라, 어떤 민족의 정신세계와 관련된 매우 추상적인 어휘들도 있다. 어떤 민족의 독특한 정신세계와 관련된 이러한 어휘는 그 뜻이 매우 추상적이어서, 다른 민족은 자주 듣지도 못하고, 들어도 이해하기 어려워, 금방 잊어버리게 되어 절대로 모방하여 사용할 수 없다.

그런데 우리민족의 독특한 정신세계와 관련된 매우 중요한 어휘를 아주 최근까지 사용해 온 사람들이 있다. 그들은 위에서 본 우리민족의 기초어휘 '나/내'뿐 아니라 고대 방언 '노/니'도 사용했던 멕시코-마야인들이다. 아래는 멕시코-마야 의학서에 기록된 내용으로서, 마야 원주민들의 정신세계에 관련된 'ool(얼)'이라는 어휘에 대한 설명이다[1]. 이 어휘는 우리민족에게는 너무나 중요한 말이므로 독자들도 아래 원문을 함께 읽어 보시기 바란다.

> The other vital force is the ool (which finds its equivalent in the Nahuatl tonalli). A reasonable translation might be 'the wind of life' or 'the air of life.' The ool is gathered into the body by way of the breath. It enters the lung, passes to the heart where it finds its home, and from there its vital energy is distributed, in the blood, through the whole of the body... The ool is concentrated in the heart, but affects the head as well in its job of maintaining the will. The ool is a warm or hot energy... It can also leave the body in dreams. When the body dies, the ool dissipates in

---

1. Hernán García, Antonio Sierra & Gilberto Balám(1999), 「Wind in the blood, Mayan healing and Chinese Medicine」, p. 31.

the atmosphere like a hot wind. Christianity introduced by the Spanish conquest deformed these basic indigenous concepts by confusing the ool with soul... The Maya say 'these forces don't simply leave the body- You have to throw them out, meaning that one must work consciously to maintain the health of the ool- that to abandon its care is to allow the ool to abandon the body.

또 하나의 생기(生氣)는 ool(얼)이다(이것은 나와들어에서의 토날이〈tonalli〉에 해당한다). 이것의 올바른 해석은 '생명의 바람' 또는 '생명의 공기'일 것이다. ool은 숨 쉬면서 몸 안에 축적된다. 이것은 폐로 들어가서 심장에 도달하는데, 그곳이 이 기운이 머무는 곳이다. 이곳에서부터 그 생명력이 피를 통하여 몸 전체에 퍼진다... ool은 가슴에 채워지지만, 머리에도 영향을 주어 의지를 불러일으킨다. ool은 따뜻하거나 뜨거운 에너지로서... 그것은 꿈속에서 육체를 벗어나기도 한다. 육체가 죽으면 ool은 더운 바람처럼 대기 속으로 흩어져 없어진다. 스페인의 정복으로 (마야에) 들어 온 기독교가 ool을 영혼과 혼동하여, 이러한 원주민들의 기본적 개념을 변질시켰다. 마야인들은 말하기를 "이 힘은 단순히 육체를 떠나는 것이 아니다- 당신은 그 힘을 밖으로 나타내야 한다. 무슨 말이냐면 사람은 ool을 건전한 상태로 유지하기 위하여 의식적으로 노력해야 한다는 것을 뜻한다- ool은 돌보지 않으면 육체를 떠나게 된다."

유카탄반도에서 12세기경에 꽃피었던 후기 마야문명은 멕시코에서 11세기까지 발달했던 돌태가문명의 후예들 가운데 일부가 그곳으로 가서, 남쪽의 전기 마야문명 지역에서 이동해 온 마야인들과 함께 이룩한 문명이다. 그들의 정신세계에 있는 'ool(얼)'에 관한 이 설명의 핵심 내용은 '생명력의 일종이며, 가슴에 채워지는 뜨거운 기운으로서 사람의 의지를 불태우게 하며, 몸 안에서 빠져 나오기도 하고, 영혼과는 다르게 그것을 밖으로 나타낼 수도 있으며, 건전하게 유지하기 위해서 노력해야 하고, 돌보지 않으면 없어져 버린다'는 것이다.

그렇다면, 마야인 고유의 정신력과 관계되는 이 ool(얼)은 무엇일까? 바로 우리민족의 '얼'이다. '얼'을 영어나 스페인어로 표기하면 'ool'로 표기할 수밖에 없다. '얼'은 우리민족의 혼과 정신력에 대하여 말할 때 사용하는 말이다. 얼은 가슴에 채워진다. 우리는 '가슴 가득히 민족의 얼로 채운다'는 말을 한다. 얼은 몸 밖으로 빠져 나오기도 한다. 우리는 '얼빠진 놈' 혹은 '저 놈이 얼이 나갔어'라고도 말한다. 우리의 얼은 사람의 의지와도 관계가 있고, 그 힘을 밖으로 나타낼 수도 있다. 민족의 얼을 가슴 가득히 채운 도산 안창호님이나 윤봉길님은 민족이 어려울 때 분연히 일어나 민족의 얼을 빛내신 분들이다.

마야인들의 고유 정신이라는 ool(얼)은 바로 우리민족 고유 정신이자 혼을 뜻하는 '얼'이 분명하다. '얼'의 모든 속성이 같고, 발음도 같다. 중국 문화에서는 이런 것을 혼(魂) 또는 기(氣/중국어 발음은 '치')라고 한다[2].

---

2. 기(氣)를 중국인들은 '치'라고 발음한다. 이것을 연구한 멕시코와 과테말라 학자들은 ool(얼)을 중국의 치(氣)와 비슷하다고 설명한다. 그런데 정작 이것이 코리언의 말이고 코리언의 정신 세계라는 것을 모르고 있다.

이제 우리민족의 혼이자 정신을 뜻하는 '얼(ool)'이라는 말까지 멕시코–마야문명에 남아 오늘까지 전해지고 있다는 것을 발견했다. 마야인들이 '얼'을 자기네 고유의 정신력을 표현하는 말이라고 한다는 사실도 알았다. 이것은 멕시코–마야문명을 일으킨 사람들이 우리민족이라는 사실을 단적으로 증명하는 가장 중요한 증거 중 하나이다. '얼'이 같은 사람들이 어찌 우리와 다른 민족일 수 있겠는가!

지금까지 필자는 멕시코에 나타난 우리민족의 흔적을, 상투와 갓, 두루마기와 한복, 비녀와 봉잠에서부터 수많은 생활풍습과 놀이풍습, 신앙과 유물을 거쳐서, 천문학과 달력 및 침술의 명칭에 이어, 마침내 우리민족의 정신, '얼'이라는 말까지 찾아내었다. '얼'은 우리민족의 혼이다. 우리민족의 정신세계를 단 한 단어로 표현한 말이 바로 '얼'이다. 아득한 고대부터 우리민족의 생명을 오늘날까지 이어온 생명줄이 바로 '얼'이다.

그런데 이 '얼'도 우리민족의 대이동과 함께 아메리카로 건너가 오늘날까지 면면히 이어져오고 있다. '얼'이 태평양을 사이에 두고 갈라져 있는 극동아시아와 아메리카라는 두 대륙을 하나의 혼으로, 하나의 민족으로 이어오고 있다. 우리민족의 역사가 시작된 이래 이것보다 더 충격적이며 엄청난 사실이 있었을까? 세계 역사와 우리민족 역사를 다시 써야 하는 이 진실 앞에 우리는 도대체 무엇부터 해야 할까?

이제 필자는 독자들에게, 우리민족 모두에게 말하고 싶다.

"이제부터 우리는 아메리카 대륙까지 뻗어 뿌리내린 우리민족의 얼, 그 얼을 이어받은 우리민족의 후예, 그들을 찾아 하나로 합쳐야 하지 않겠는가! 기원전 아득한 시대부터 유일하게 하늘의 천문(天文)을 깨우쳤던 현기(賢氣) 넘치던 선조들로부터 물려받은 민족의 혼, 그 '얼'을 되찾아, 다시 하나로 묶어, 새로운 천 년을 준비하는 일에 우리 모두가 매진해야 하지 않겠는가!"

오늘 우리에게 이것보다 더 숭고한 사명이 있을 수 있을까! 이 숭고하고 원대한 숙명 앞에 우리 모습은 어떠한가? 남과 북으로 등을 진 아픔에 더하여, 동과 서로 나뉘어 '자기 진영'의 이익을 위하여 양식(良識)과 양심(良心)마저 저버린 채 이전투구(泥田鬪狗)식으로 살아가는 우리 모습은 얼마나 부끄러운가!

그 부끄러움은 우리가 나아가야 할 길을 몰랐기에 지금까지 일어난 어둠 속의 혼란에 불과할 것이다. 그러나 이제 어두움은 끝났다. 선조들의 위대한 발자취를 발견했고, 아메리카로 이어진 민족의 혼 '얼'을 찾아내었다. '얼'은 오늘의 우리가 이제부터 무엇을 해야 하는지, 어느 방향으로 나아가야 하는지 알려주는 빛이다. 그 빛은 우리민족이 하나가 되어, 민족중흥의 새로운 시대로 나아갈 수 있는 길을 환하게 비추고 있다.

동북아에서부터 아메리카로 이어진 민족의 혼 '얼'은 위대한 선조들이 남겨놓은 우리민족의 유산이다. 오늘의 우리는 '얼'을 통하여 아메리카의 형제들을 되찾고, 그들이 세운 많은 나라와 형제의 맹(盟)을 맺어 지구촌의 새로운 역사, 우리민족의 새로운 천 년을 열어야 하는 숭고한 사명을 부여받았다. 이 사명은 우리 모두를 꿈과 희망이 넘치는 민족중흥의 길로 인도할 것이다. 우리 젊은이들에게 희망찬 내일을 설계할 수 있는 길을 열어 줄 것이다. 따라서 우리 모두가 가슴을 활짝 열고 손에 손을 잡고서 이 길로 나아가야 할 것이다.

우리민족은 원래 '태가'였다. 신성한 사람들이었다. 지금부터는 그동안의 닳혀진 마음으로 살아온 우리 모습을 반성하고 다시 '태가'로 돌아가서, 숭고한 민족 정신 '얼'로 동과 서는 물론이고 남과 북도 하나가 되어, 길이 찬란하고 위대한, 꿈과 희망이 넘치는 새로운 역사를 시작해야 할 것이다.